《山西文華》編纂委員會 編

山西出版傳媒集團
三晉出版社

山西文華·史料編

增修河東鹽法備覽

第一冊
卷首至卷一

清 江人鏡等◎修 清 張元鼎等◎纂

圖書在版編目(CIP)數據

增修河東鹽法備覽 / (清)江人鏡等修;(清)張元鼎等纂. —太原: 三晋出版社, 2018.7
ISBN 978-7-5457-1716-7

Ⅰ. ①河… Ⅱ. ①江… ②張… Ⅲ. ①河東—鹽業史—清代 Ⅳ. ① F426.82

中國版本圖書館 CIP 數據核字(2018)第 141401 號

增修河東鹽法備覽

修　　者: 〔清〕江人鏡等
纂　　者: 〔清〕張元鼎等
責任編輯: 張仲偉
封扉設計: 山西天目·王明自

出 版 者: 山西出版傳媒集團·三晋出版社（原山西古籍出版社）
地　　址: 太原市建設南路 21 號
郵　　編: 030012
電　　話: 0351-4922268（發行中心）
0351-4956036（總編室）
0351-4922203（印製部）
網　　址: http://www.sjcbs.cn

經 銷 者: 新華書店
承 印 者: 山西人民印刷有限責任公司

開　　本: 700mm × 1000mm　1/16
印　　張: 102.75
字　　數: 550 千字
版　　次: 2018 年 7 月　第 1 版
印　　次: 2018 年 7 月　第 1 次印刷
書　　號: ISBN　978-7-5457-1716-7
定　　價: 600.00 圓（全七册）

《山西文華》編纂委員會

《山西文華》學術顧問委員會

《山西文華》分編主編

出版説明

山西東屏太行，西瀕黄河，北通塞外，南控中原，是中華民族的主要發祥地之一。中華文明輝煌燦爛，三晉文化源遠流長。歷史文獻豐富、文化遺産厚重，形成了兼容並包、積澱深厚、韵味獨特的晉文化。山西省政府决定編纂大型歷史文獻叢書《山西文華》，以彙集三晉文獻、傳承三晉文化、弘揚三晉文明。

《山西文華》力求把握正確方向，尊重歷史原貌，突出山西特色，薈萃文化精華，按照搶救、保護、整理、傳承的原則整理出版圖書。叢書規模大，編纂時間長，參與人員多，特將有關編纂則例簡要説明如下。

一、《山西文華》是有關山西現今地域的大型歷史文獻叢書，分「著述編」「史料編」「圖録編」。每編之下項目平列；重大系列性項目，按其項目規模特徵，制定合理的編纂方式。

二、「著述編」以一九四九年十月一日前山西籍作者（含長期在晉之作者）的著述爲主，兼收今人有關山西歷史文化的研究性著述。

三、「史料編」收録一九四九年十月一日前有關山西的方志、金石、日記、年譜、族譜、檔案、報刊等史料，以影印爲主要整理方式。

四、「圖録編」主要收録一九四九年十月一日前有關山西的文化遺産精華，包括古代建築、壁畫、彩塑、書畫、民間藝術等，兼收古地圖等大型圖文資料。

五、今人著述采用簡體漢字横排，古代著述采用繁體漢字横排。

《山西文華》編纂委員會

出版前言

清光緒五年（一八七九），山西巡撫曾國荃兩次上奏朝廷，請示重修《山西通志》，獲准後即下全省修志檄文，設館聘人，展開工作。這一年正好也是《河東鹽法備覽》梓行九十週年。時任河東道的江人鏡報請曾國荃同意，組織人力依照《河東鹽法備覽》原有體例開始纂修《增修河東鹽法備覽》。江人鏡自任督修總裁，河東鹽法監掣同知張元鼎任提調總纂，八名品銜較低的候補鹽官分纂分校，候補監掣同知李潮海負責幫辦提調，候補監掣同知賈世琅負責總校，候補知州劉祖蔭負責總核。時間節點始於乾隆五十四年（一七八九），迄於光緒八年（一八八二）。其素材來源是道光十五年（一八三五）河東道但明倫延請永樂司馬周曾毓匯編而未刊行的鹽志二十四册，並以《課歸地丁全案》爲輔助資料。道光十六年（一八三六）以後的史實，則「搜羅案牘，博訪舊聞，參互考訂，仍從《備覽》體例，按門續增」。光緒八年書成，江人鏡請時任山西巡撫兼管鹽政衛榮光作序。未及付梓，江氏調任，署理河東道吳其復當年完成刻印，並也書序於前。光緒二十年（一八九四），署理河東道閻迺珏因「恐年湮久遠，案牘散佚」，命雕版工人補刻十餘年來職官功績和本人新序予以重印，即此次影印之底本。

《增修河東鹽法備覽》在結構上沿襲《河東鹽法備覽》分爲十二個門類：鹽池、運治、官職、渠堰、坐商、運商、引目、課額、律例、學校、奏疏和藝文。同樣在每門開篇撰有一段小序。在語言上，《增修河東鹽法備覽》與《河東鹽法備覽》的追求也頗相似。《河東鹽法備覽》稱：「是編據實直書，但求質實明白，不以藻繪爲工。」《增修河東鹽法備覽》言：「是編專重政務紀載，只詳實事，不以富麗爲工，冀可信今而傳後。」以上兩點體現了《增修河東鹽法備覽》對《河東鹽法備覽》的繼承，但是《增修河東鹽法備覽》在内容上根據實際需要做了若干改變。

一是豐富了圖考。《河東鹽法備覽》卷首詳繪了河東鹽池全圖，「其餘無關政務，概不列圖」。《增修河東鹽法備覽》作者則認爲：「各省鹽務惟河東獨有專城，古所謂鳳凰城是也。鹽池、運治既立專門，例得繪圖。凡三省行鹽引地暨廟署學校，皆與鹺政有關。今謹一一詳繪，以便觀覽。」因此於卷首繪圖十六幅，可謂詳備珍貴。計有鹽池圖、山西省行鹽四十四州縣圖、陝西省行鹽三十四廳州縣圖、河南省行鹽三十二廳州縣圖、運治全圖、萬壽宫圖、文廟圖、關帝廟圖、池神廟圖、文昌廟圖、察院圖、道署圖、監掣署圖、宏運書院圖、河東書院圖、野狐泉圖。

二是調整了條目。有事無可增目亦不存者，比如鹽池門類下的源流、形勢、物産、星野、疆域、風俗、引式與律等，在《河東鹽法備覽》刊行到《增修河東鹽法備覽》編纂的九十年時間，没有什麼變化可以記載，《增修河東鹽法備覽》直接省略。有事可增而另列新目者，比如歸丁裁引、攤課歸丁、復商、官運、引數、課程、銓選則例等，屬於新生事物，《增修河東鹽法備覽》因事而宜增加了新的條目。有事可因亦可增不必別列條目者，比如《河東鹽法備覽》職官門只列實任，《增修河東鹽法備覽》增列了署理、護理等官職名目。各條目内容有詳有略，全然不計篇幅之平衡。記載較詳者有禁墻、姚渠、堤堰、招商、增價、復商引數、官運引數、復商課程、官運課程、吏部銓選則例、禁緝遏塞等。

三是奏疏的比重明顯加大。《河東鹽法備覽》共分十二卷，奏疏占一卷。《增修河東鹽法備覽》共分八卷，奏疏占三卷半。《河東鹽法備覽》收元代奏疏一篇，明代奏疏兩篇，清代順治朝一篇、康熙朝兩篇、雍正朝七篇、乾隆朝十八篇，共計三十一篇。《增修河東鹽法備覽》中奏疏收乾隆朝兩篇、嘉慶朝十八篇、道光朝十篇、咸豐朝十九篇、同治朝四篇、光緒朝兩篇，與此同時，《增修河東鹽法備覽》卷八上《吉蘭泰鹽務本末》收入吉蘭泰鹽務公文十九篇，共計七十四篇。以篇數計，《增修河東鹽法備覽》比《河東鹽法備覽》多收四十三篇。

四是專卷記述了吉蘭泰鹽務。《增修河東鹽法備覽》卷八上《吉蘭泰鹽務本末》收入吉蘭泰鹽務奏疏十六篇、部議三篇。奏疏内有侍郎英和兩篇，山西護理巡撫兼鹽政金應琦一篇，陝西巡撫方維甸三篇，山西巡撫兼鹽政成齡五篇，陝西總督長齡一篇，山西巡撫兼鹽政衡齡三篇，大學士慶桂一篇。這十九篇吉蘭泰鹽務專文，起自嘉慶十一年，截至嘉慶二十三年，集中反映了内蒙古阿拉善王公瑪哈巴拉將吉蘭泰鹽池獻交清朝政府管理期間的鹽務經營狀況，具有重要的史料價值。

不同於《河東鹽法備覽》需要追述清代以前的鹽政史實，且由於時代和作者的局限，《河東鹽法備覽》不可能事事追根溯源，有些資料難免經過多次加工和轉述，準確程度必然有所減損，《增修河東鹽法備覽》記載的是乾隆朝末到光緒朝初九十餘年間的河東鹽業歷史，並更加重視原始文獻的直接採用，其學術價值彌足珍貴。

二〇一八年，三晋出版社以清光緒二十年（一八九四）補刻本爲底本，影印出版《增修河東鹽法備覽》一書，納入《山西文華》叢書，使這一珍貴的河東鹽業史料再現於世，嘉惠學林，功德無量。

咸增强

二〇一八年四月

目録

第一册

第二册

第三册

第四册

第五册

第六册

卷七 奏疏

第七册

卷八上　吉蘭泰鹽務本末

卷八下　藝文

序

河東鹽池即古所謂解池也在解州安邑之間廣袤百二十里汾澮襟其東黃河帶其西中條雷首太行諸山環擁前後池泉洸瀁斥鹵充溢冀豫雍梁四千里民食皆取

一

給焉榷鹽之法自宋迄明以逮
國初具詳鹽法彙纂鹽政便覽及河
東鹽法志運城志紀
恩錄諸書乾隆五十七年蔣聚五廉訪時
兼鹽政輯有鹽法備覽分門別類
尤為簡明然天下因弊而立法者

甚且法久而弊生厥後九十餘年
間鹽法屢變不可枚舉
江君蓉舫監察河東憲夫紀載闕
如久之而無由考其原委也於是
詳稽案牘始乾隆五十四年訖光
緒七年凡有關河東鹽政足資後

人之考證者悉裒輯而類識之名曰增脩鹽法備覽體例亦仍蔣書之舊既成問序於余余嘗病仕宦者視一官如傳舍遇事以吏爲師詢以法制之沿革輒茫然其不省求無曠職不亦難乎且西北軍興

以來河東協餉歲增鉅萬督催之檄星火日下大祲而後榛墟彌望戶口消耗者幾逾半理鹺之難倍於曩昔假使任其事者非明體達用又何以變通之盡利艱難之克濟乎

蓉舫經營數載輯為是書不特九十餘年間因革損益之故瞭如指掌而於恤商利民疏引裕課諸大端固已思過半矣比奉

恩命移撫吳中不獲與 蓉舫孜孜講求相助為理以復

國初規為措置之大然法由人異得其道利溥而用饒失其道利窒而用竭所願後之君子因時制宜即是編而擴充之俾如顧亭林所謂天下皆私鹽則天下皆官鹽也豈不懿歟

光緒七年辛巳十一月撫晉使者
兼管鹽政衛榮光謹序

重修河東鹽法備覽 卷首 序

續增河東鹽法備覽序

大河東河鹽之利普晉秦豫羨者居民食賴之粮課繫之濟自虞氏彈琴而歌南風數千百年於茲矣吳殷考證闕如謫始予蘇邑臣之衡慕

一

郭楨止便覽後又有鹽法志運城志紀

附錄諸書乾隆五十四年運使蔣兆奎五薈萃羣書著鹽法備覽十卷藝尺體國政書疏引循課止法雖不見備詳今六十餘

今莫問潞革損益班班可考第歷年代久遠文獻散缺不足以昭據守肯觀察被原江公撫我任續修事請於兼管鹽政曾壽中丞叙可遂督率盟鄉撫西暨

謹同人所沿備覽體例
起自乾隆五十四年至
光緒七年止分類增輯
名曰續增河東鹽法備
覽考是書原但以治迨
道光十六年纂鹽志至十
四冊嗣更兩淮運使朱

乃梓於江以訪而得之於是書頒多采擇錄初稟成而曾爵中丞已於上年奉
旨督辦山海關防務因是兼管鹽政衛大中丞擊節暨賞錄撰序吾父與

簡端今季晉江以奉
命入覲其豫雩權斯篆以餘
亟取稾梓讀數四詳當
不失之繁簡當不失之
略而洽我
諭惠專商民之政據新因
革之宜酌盈劑虛之術

纖悉靡遺與備覽之書後先輝映洵足信今而傳後也爰屬同人謀付剞劂今乃期于届樂觀厥成祖功謟諒不獲辭序於江以綴旨之識陋率書知末知之者亦爲

新以興利教以除整贊
綱功詔辭序之盛則請
俾後之君子考是編序
光緒八年歲次壬午八
月既望
欽加二品銜
賞戴花翎署理河東兵備道

兼管山陝河南三省鹽
法道課計盡先題奏道
楚南吳其復撰并書

增修河東鹽法備覽　卷首

序

解池為古郇瑕地沃饒而近盬
繇漢唐以逮有明代置專官司
鹽榷自宋天聖時始徵課而及
於我
朝為尤盛駸駸乎追古帝解阜風

增修河東鹽法備覽

焉甲午春王正月珏忝權斯篆於茲已八閱月矣凡一切鹺政所當隨時變通因地制宜擇人任使靡不酌古准今期於參善惡考證彙纂便覽詳書以溯源流載稽鹽法備覽以資借鑑

留心於增修備覽以觀當時之亟務顧塩法形勢歷久而不變乾嘉咸豐間曾三易其法始則課歸地丁繼則復商運銷終則免商官運以識窮變通久之道也光緒以來亦小

增修河東鹽法備覽

有賀更而晉省奇荒三載戶口
雕殘豫秦商力薄私梟各
路充斥銷滯運艱欲求疏暢
戛戛乎其難哉
兼管鹽政張大中丞南圃來握
三晉整頓頹綱欲為自富自強

之計
奏請豫陝精鐫以監掣張君瑤卿
熟悉鹽務檄委總辦並遴委
分辦幫辦各員和衷共濟
一時之良法實百年之美利
洵鹺務一大轉關也珏謬司馬

巽慈展小補悉心籌畫提撥運本且添募勇丁嚴緝私販不使花私鹵泊灘私侵灌陝綱亦不使鄰私小鹽之私窒礙豫岍兼調馬步練軍駐緝本省硝池灘私禁絶奸民偷曬凡蒸庶

務職分當為敢不竭棉力圖
涓報以期仰答
朝廷庶不負
中丞恤商利民補救積疲之
至意特恐年湮代遠案牘散
軼欲踵法程而未由也爰令手民

增修河東鹽法備覽

鐫版補丁鹽志俾治鹺善政弥
久而弥光豈不懿與
光緒甲午八月署河東兵備鹽
法使者閬中閻迺珏謹序并書

增修河東鹽法備覽銜名

督修總裁官

二品銜分守河東兵備道兼管山陝河南三省鹽法道江人鏡

二品銜署理河東兵備道兼管山陝河南三省鹽法道吳其復

二品銜分守河東兵備道兼管山陝河南三省鹽法道唐咸仰

提調總纂官

道員用儘先選用知府河東鹽法監掣同知張元鼎

幫辦提調官

候補班前先知府用河東候補監掣同知李潮海

總校官

運同銜應升升用候補班前先補用監掣同知賈世瑕

總核官

前湖北候補知州劉祖蔭

分纂分校官

河東候補鹽大使黃丙華

六品銜河東候補鹽大使孟起鳳

河東候補鹽經歷程長祜

六品銜河東候補鹽大使張澄

六品銜河東候補鹽大使蔣式榕
知縣用河東候補鹽經歷陸　昕
山西候補未入流錢榮譽
河東候補鹽巡檢范一清

增修河東鹽法備覽例言

一河東鹽法舊有彙纂便覽鹽志紀
恩錄等書或繁或簡未臻美善自乾隆五十四年備覽書成
允者芟闕者補分門別類燦若列眉迨道光十五年
觀察但明倫延訂永樂司馬周曾毓彙鹽法諸書續
以四十餘年往事依志體自成一書未付梓而解任
僅存稿二十四册今取而采擇之並證以課歸地丁
復商全書道光十六年以後事實無書可稽更蒐羅
案牘博訪舊聞參互考訂仍從備覽體例按門續增

始於乾隆五十五年訖光緒七年名曰增修備覽亦述而不作之意也

一是編仍分十二門與備覽無異而條目則不盡從同良以今昔異宜所因所革不能無大同小異之處其各條內尚有餘意可補正文者加按語以發之

一各省鹽務惟河東獨有專城古所稱鳳凰城是也鹽池運治既立專門例得繪圖凡三省行鹽引地暨廟署學校皆於鹺政有關今謹一一詳績以便觀覽

一是編以課歸地丁復商官運分三層摘要錄敘梗概

已見引課門下改章原奏似毋庸備載第恐代遠年湮案卷散軼其中良法美意不可復行窺一斑而失全體缺憾實多故於各門內不嫌其略於奏疏門不厭其詳是備覽以奏疏補各門所未備是編以奏疏爲各門之統宗緣彼改章事少此則改章事多也

一有事無可增目亦不存者如鹽池源流形勢物產星野疆域風俗引式與律之類並有事可增而另列新目者如歸丁裁引攤課歸丁復商官運引數課程銓選則例之類且有事可因亦可增不必另列條目者

如備覽官職只書實任是編並書署代各任是
一是編以鹽法爲重與州縣志乘不同凡無關鹺務者
俱闕焉不詳若營制武備亦有護池緝私之責故紀
其大略
一吉蘭泰鹽務創於嘉慶十二年旋於十七年裁撤其
始終原委另纂吉蘭泰鹽務本末一編詳載奏疏以
備稽覈
一各門所載皆奉准議行案件凡詳而未行奏而未准
者均不臚載載者取其法可遵恐致漏遺不載者因

其事已寢毋使繁雜

一是編專重政務紀載祇詳實事不以富麗爲工冀可信今而傳後

一倣春秋編年之例紀事必繫以年俾先後次序不致紊亂庶易查閱

一是編雖由互證諸書而出所載皆乾隆五十年以後事前篇既見者盡爲陳蹟俱不濫入亦取刪書斷自唐虞之義

一是書係續增備覽凡體例與備覽相符者例言概不

贅及茲列數條皆與備覽不符特爲分別辨明以免

重複

增修河東鹽法備覽圖總目

池神廟圖

文昌廟圖

察院圖

道署圖

監掣署圖

宏運書院圖

河東書院圖

野狐泉圖

圖攷

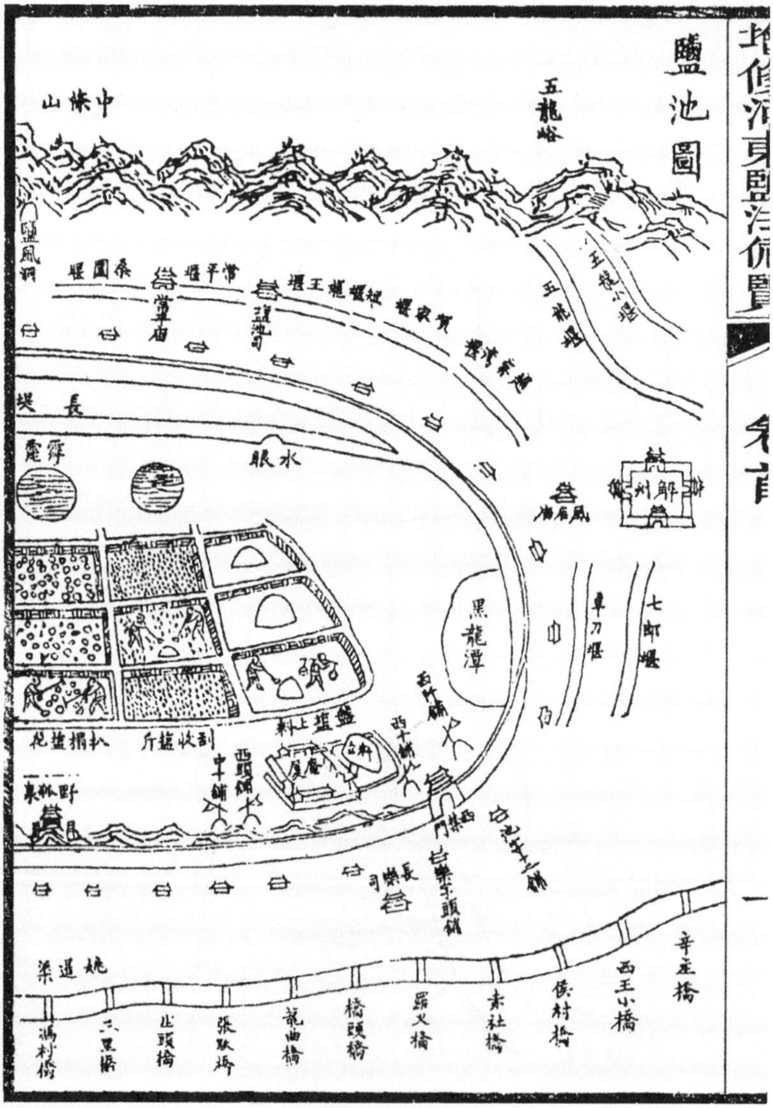
鹽池圖
中條山
五龍峪
常平堰
長堤
水眼
黑龍潭
解州
七郎堰
卓刀堰
姚暹渠
辛莊橋
西王小橋
侯村橋
龍曲橋

重修河東鹽法備覽　卷首　圖攷　二

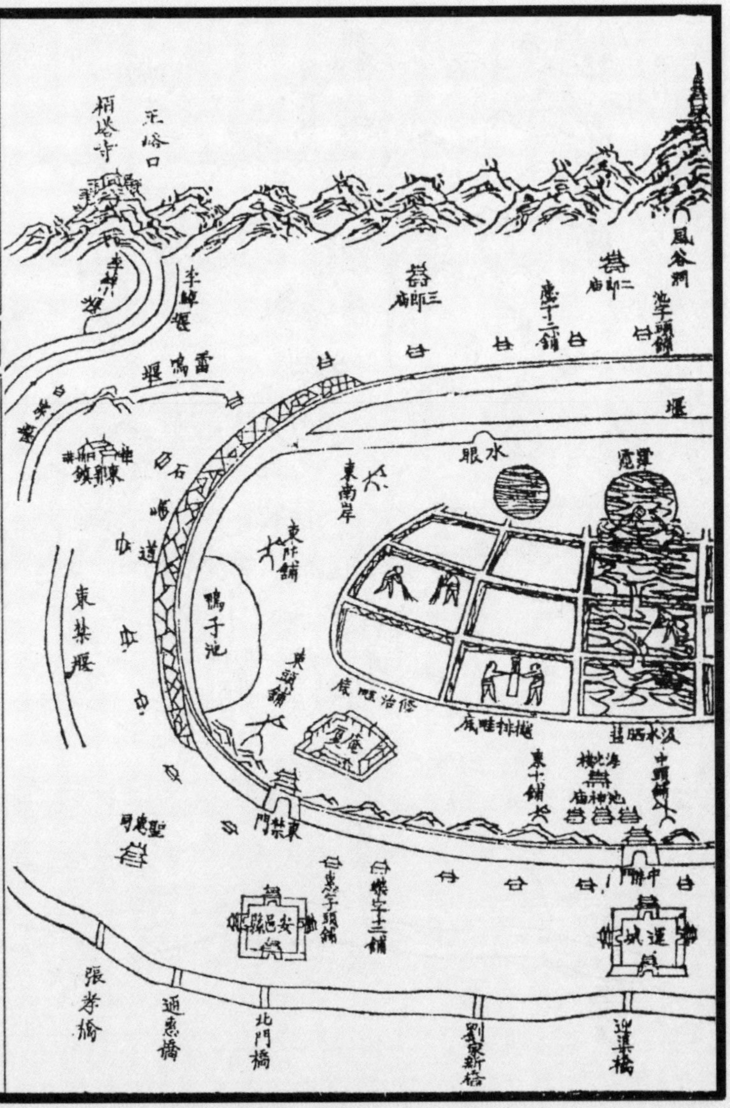

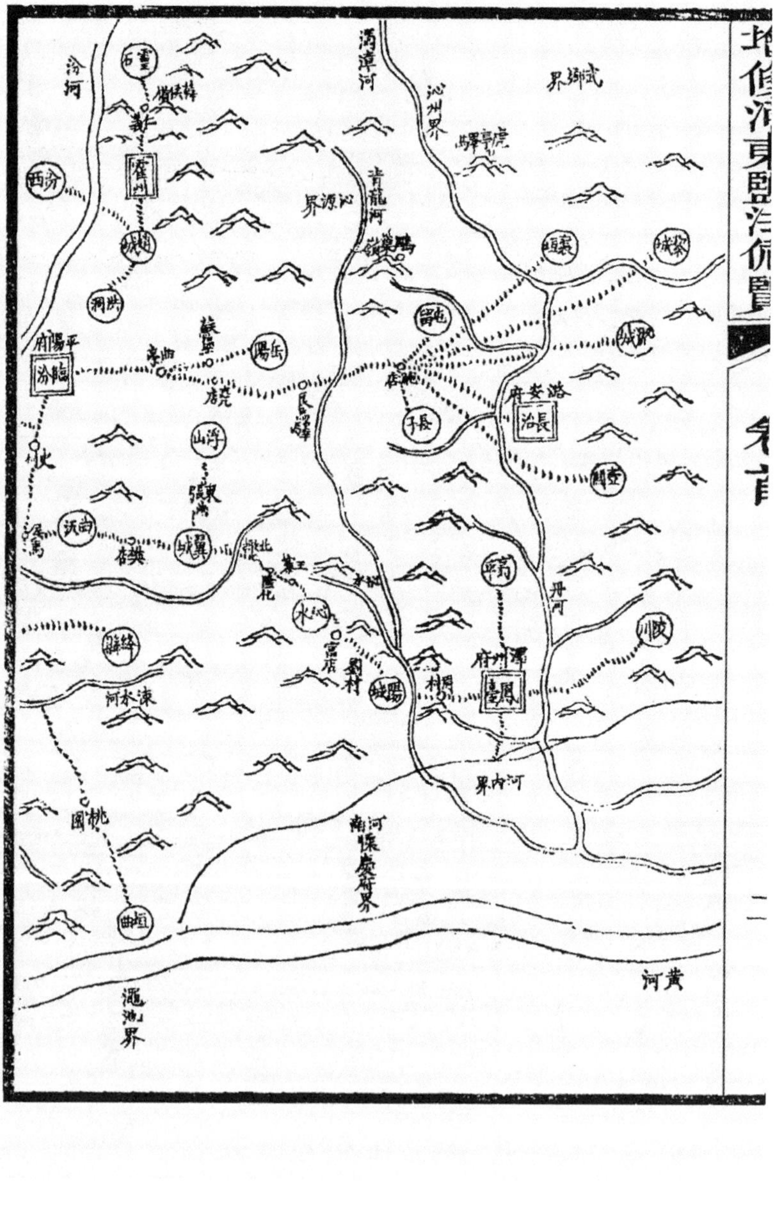

增修河東鹽法備覽 卷首 二

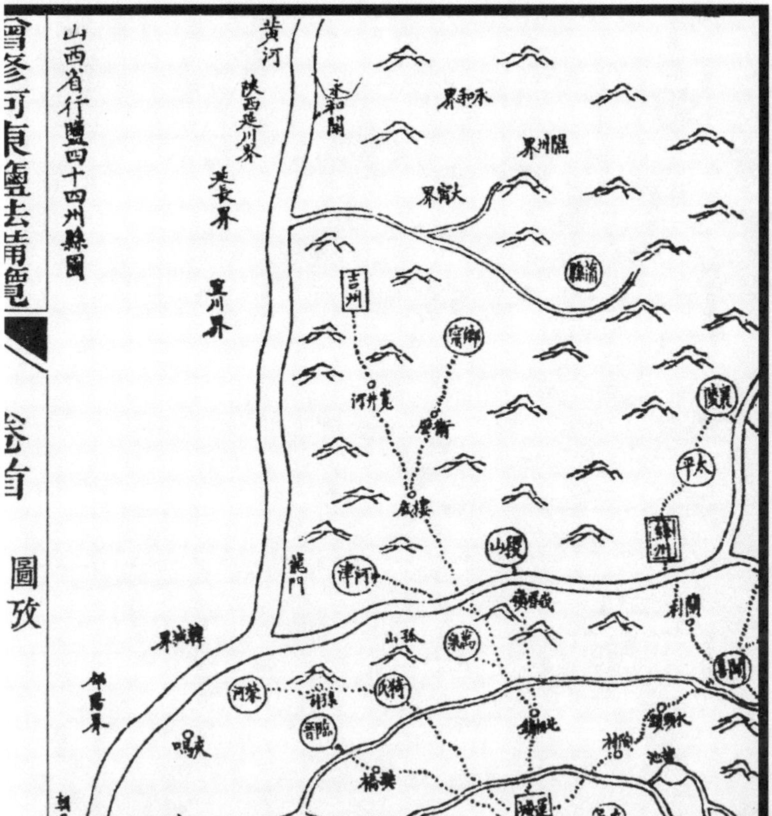
欽定河東鹽法備覽
卷首
圖攷
三
山西省行鹽四十四州縣圖
黃河
陝西延川界
延長界
宜川界
永和關
永和界
隰州界
大寧界
蒲縣
吉州
鄉寧
龍門
河津
稷山
絳州
太平
萬泉
猗氏
榮河
臨晉
韓城界
郃陽界
朝邑界
大慶關
蒲州府
永濟
安邑
運城
鹽池
解州
中條山
平陸
陝州界
閿鄉界
潼關界

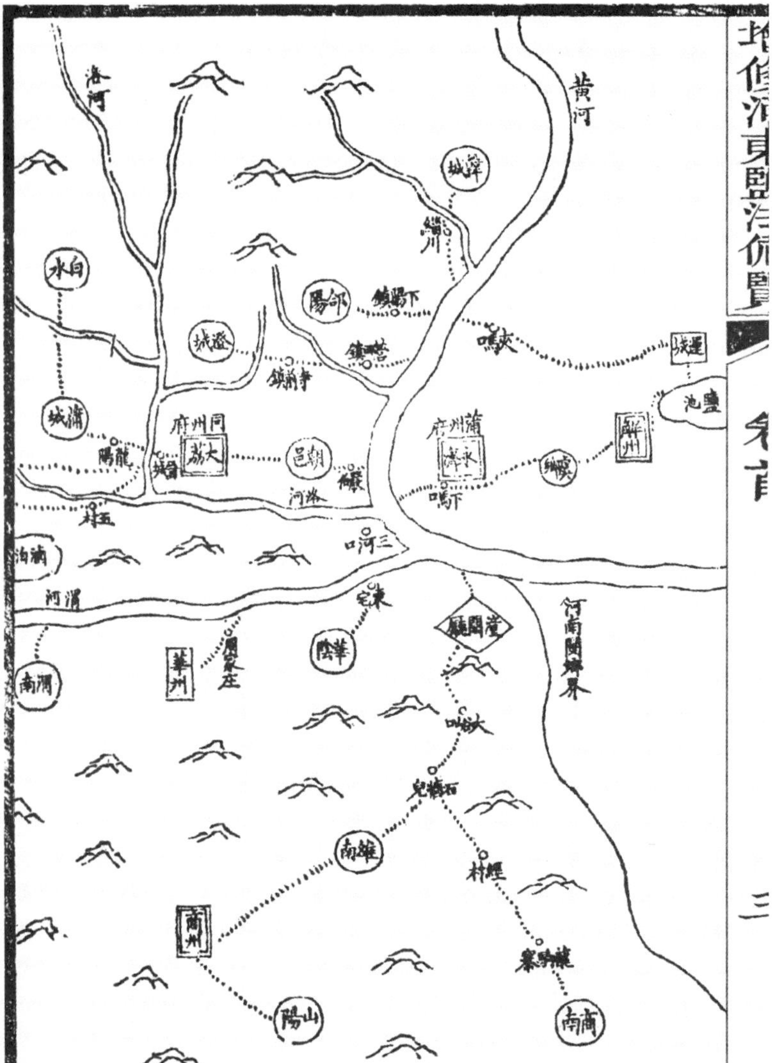

洛河
黃河
韓城
白水
郃陽
澄城
蒲城
同州府
大荔
朝邑
洛河
三河口
渭河
蒲州府
永濟
解州
運城
鹽池
華州
華陰
潼關廳
河南閿鄉界
雒南
商州
山陽
龍駒寨
商南

重修河東鹽法備覽　卷首　圖攷　四

陝西省行鹽三十四廳州縣圖

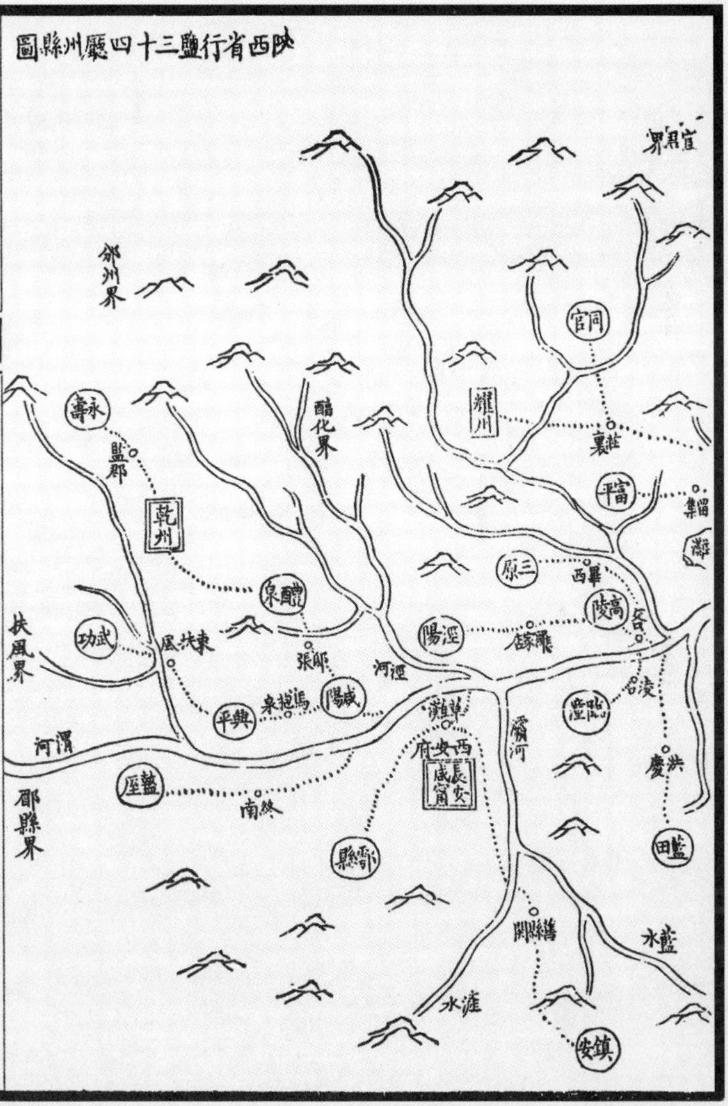

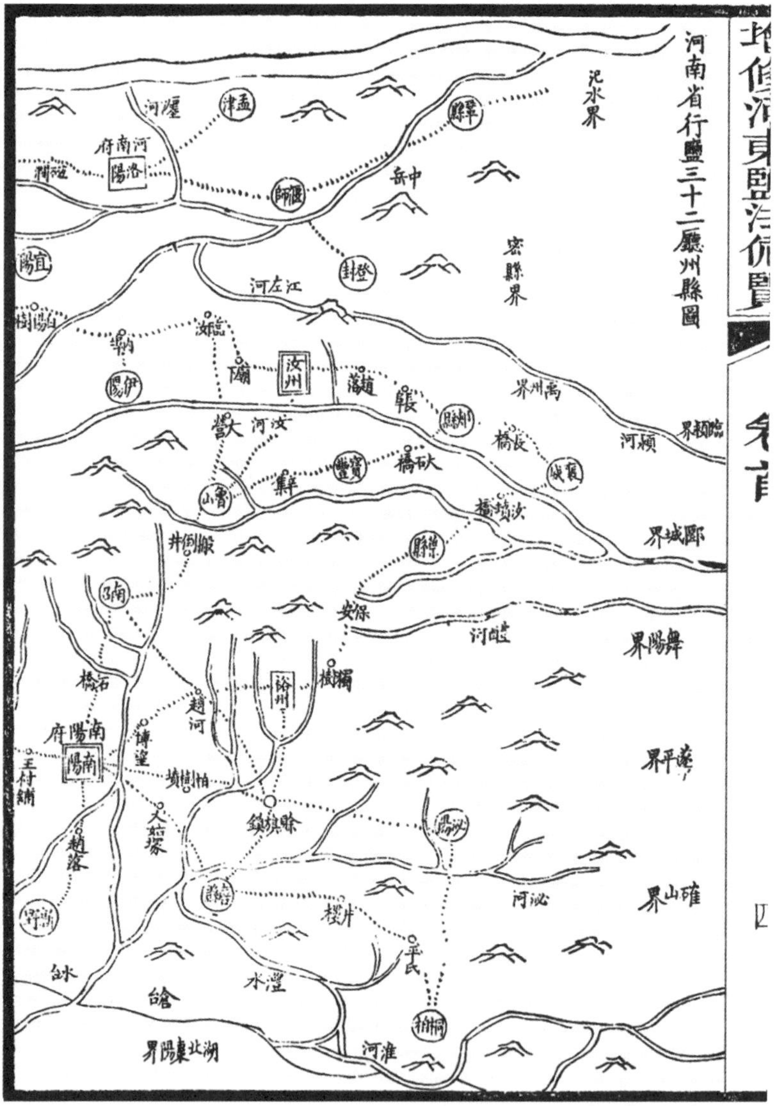
河南省行鹽三十二廳州縣圖
增修河東鹽法備覽
卷首
四
河南府
洛陽
孟津
偃師
鞏縣
汜水界
中岳
密縣界
登封
宜陽
江左河
汝州
伊陽
寶豐
汝河
禹州界
臨潁界
潁河
郟縣
襄城界
魯山
南召
舞陽界
裕州
南陽府
南陽
遂平界
泌陽
泌河
確山界
桐柏
淮河
湖北棗陽界

重修河東鹽法備覽　卷首　圖攷　五

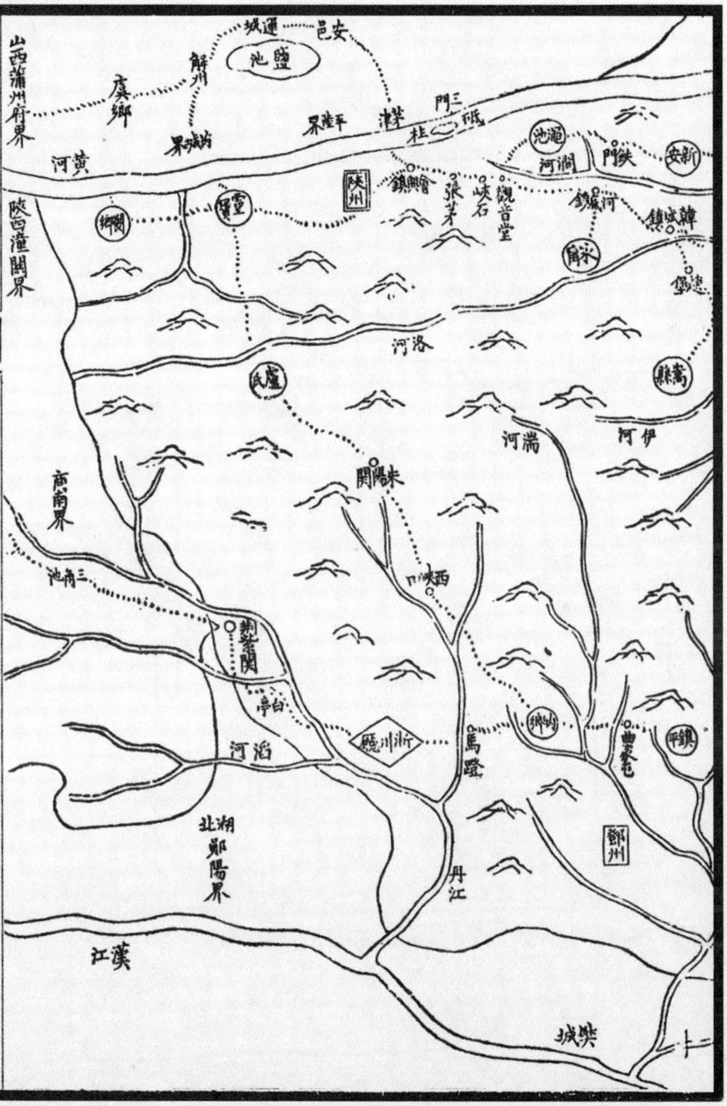

運治全圖

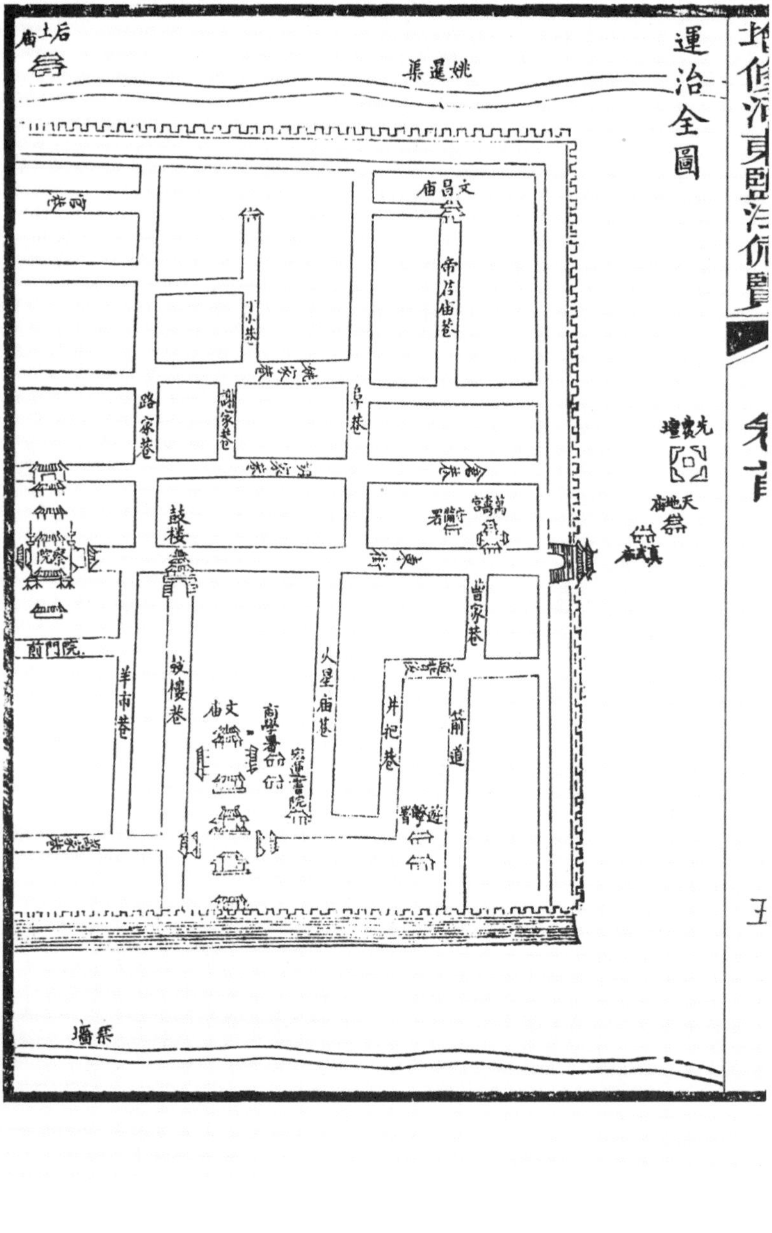

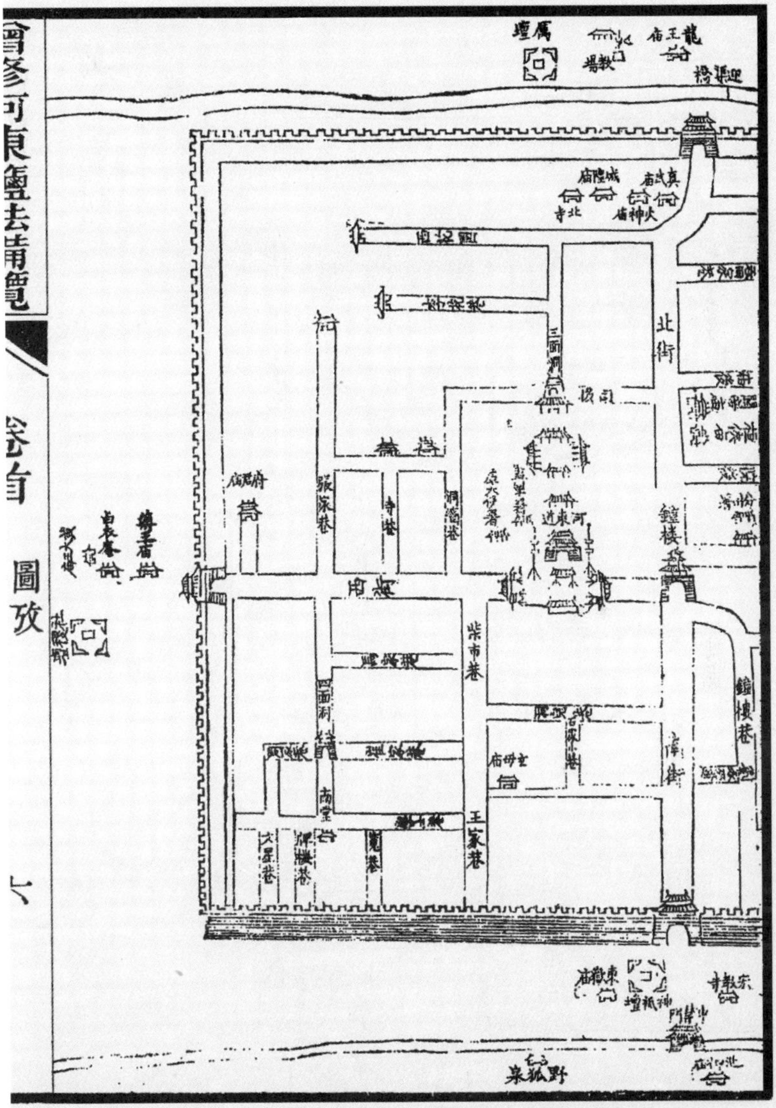
重修河東鹽法備覽
卷首
圖攷
六
厲壇
龍王廟
城隍廟
真武廟
火神廟
北寺
北街
張家巷
鐘樓
柴市巷
鐘樓巷
王家巷
野狐泉

萬壽宮圖

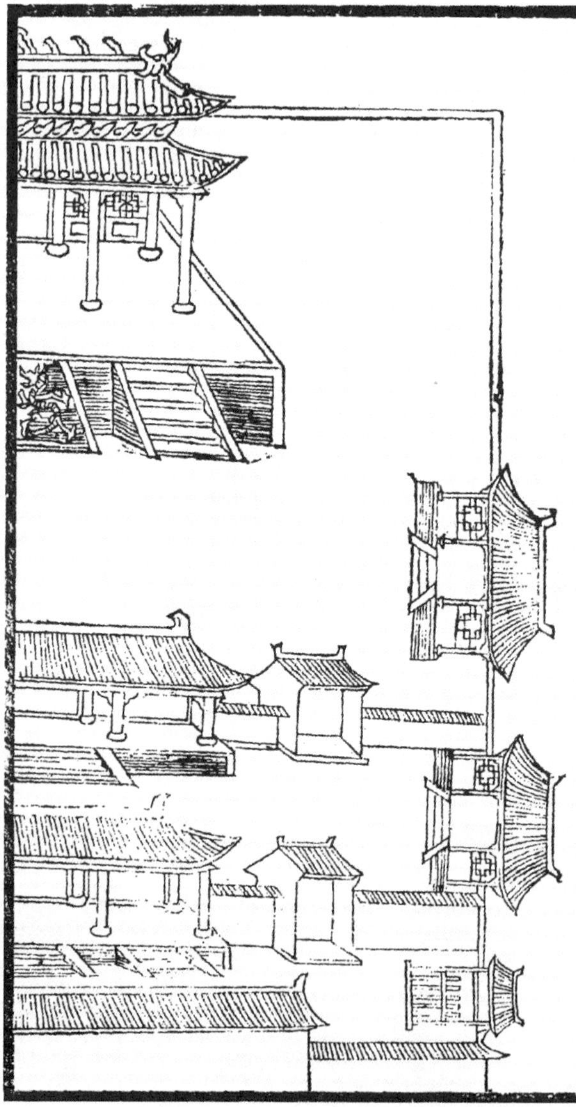

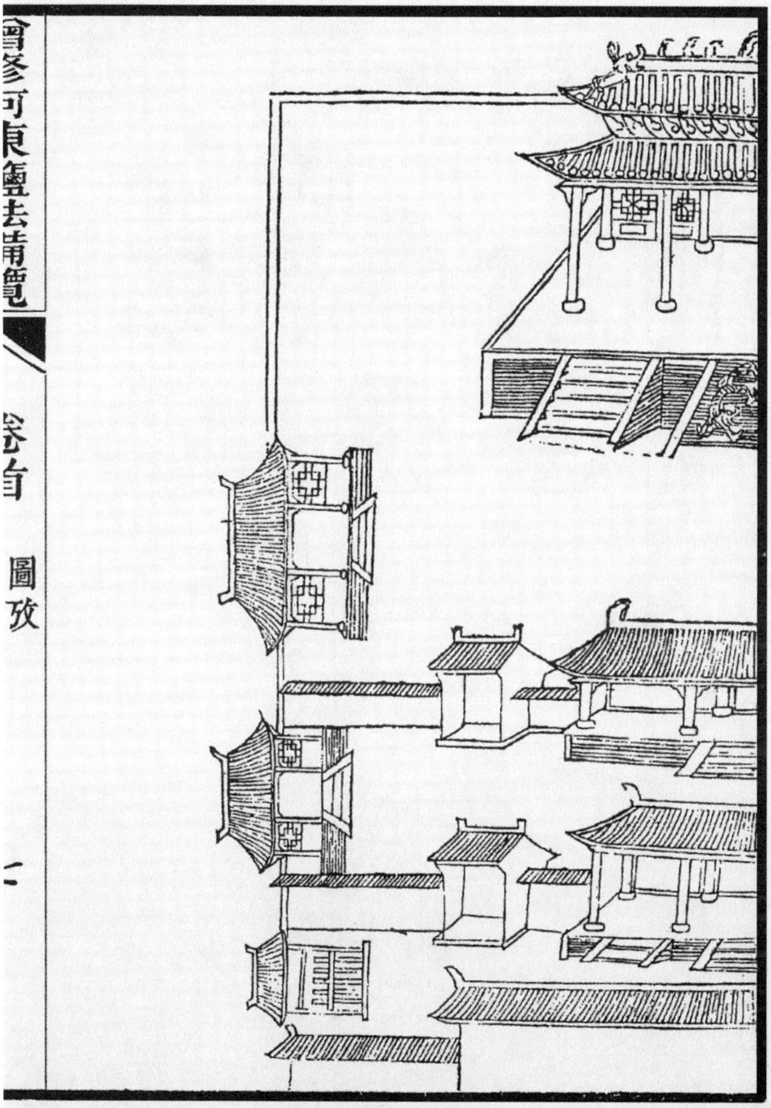
修河東鹽法備覽
卷首
圖攷
二

文廟圖

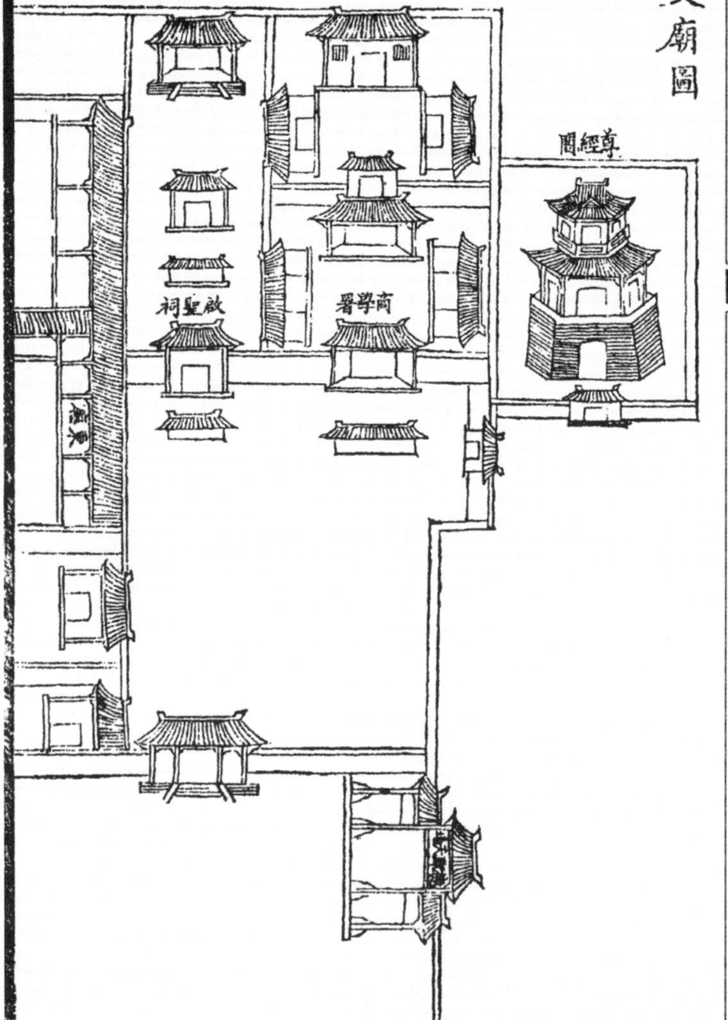

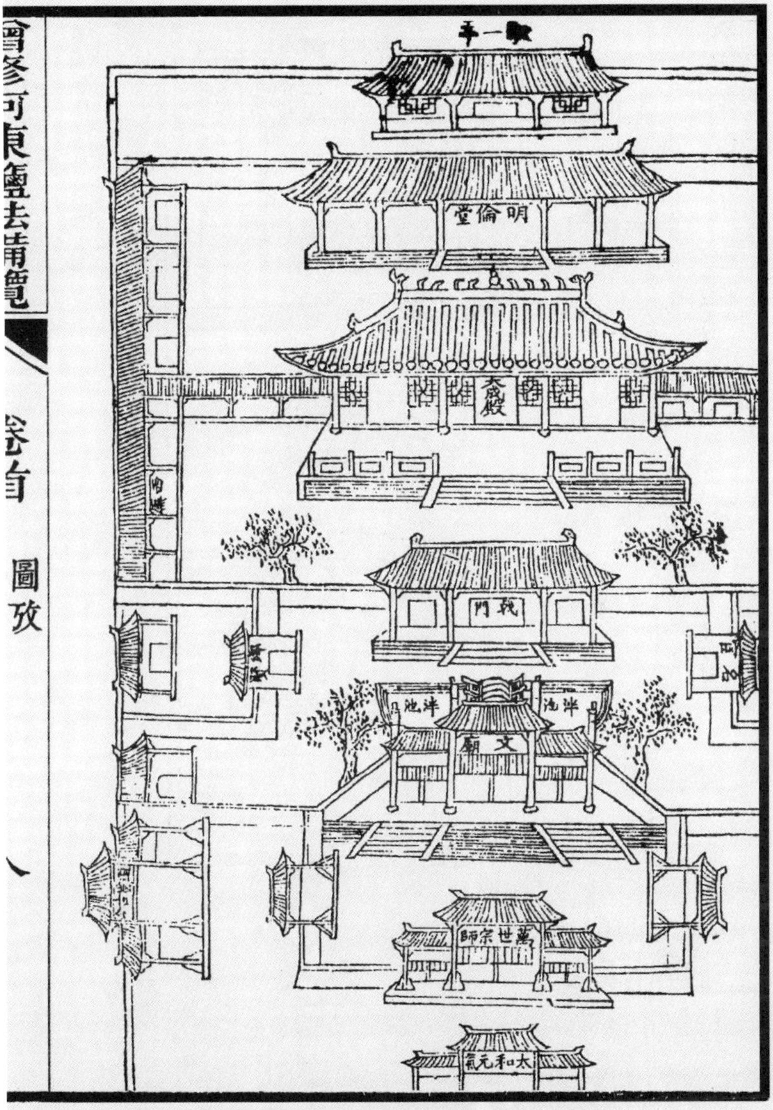
會修河東鹽法備覽
卷首
圖攷
八
敬一亭
明倫堂
大成殿
戟門
泮池
泮池
文廟
萬世宗師
太和元氣

關帝廟圖

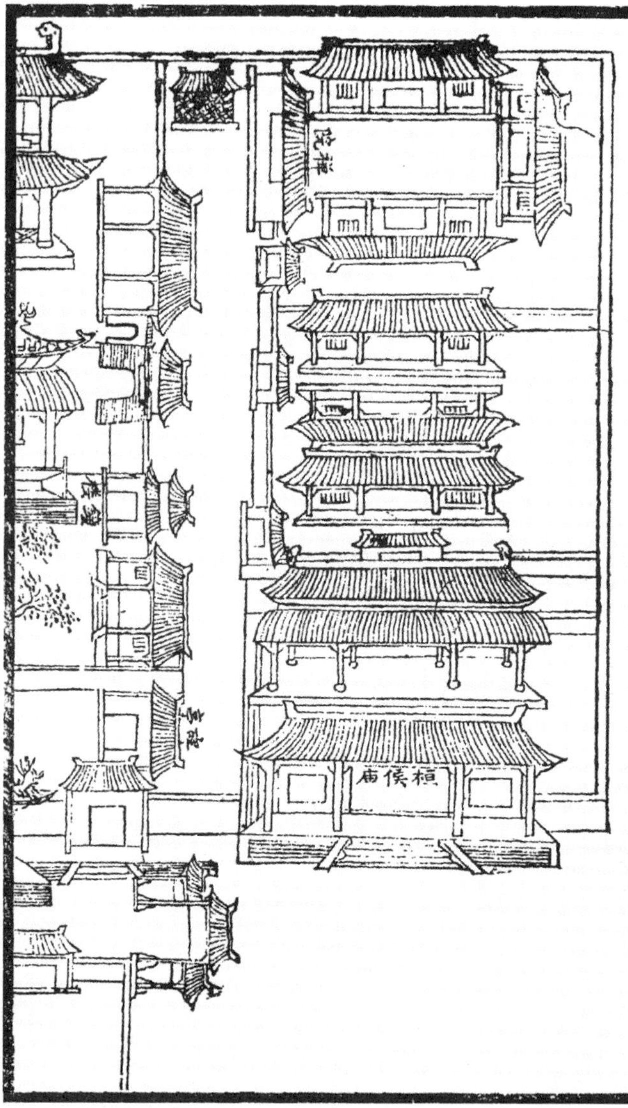

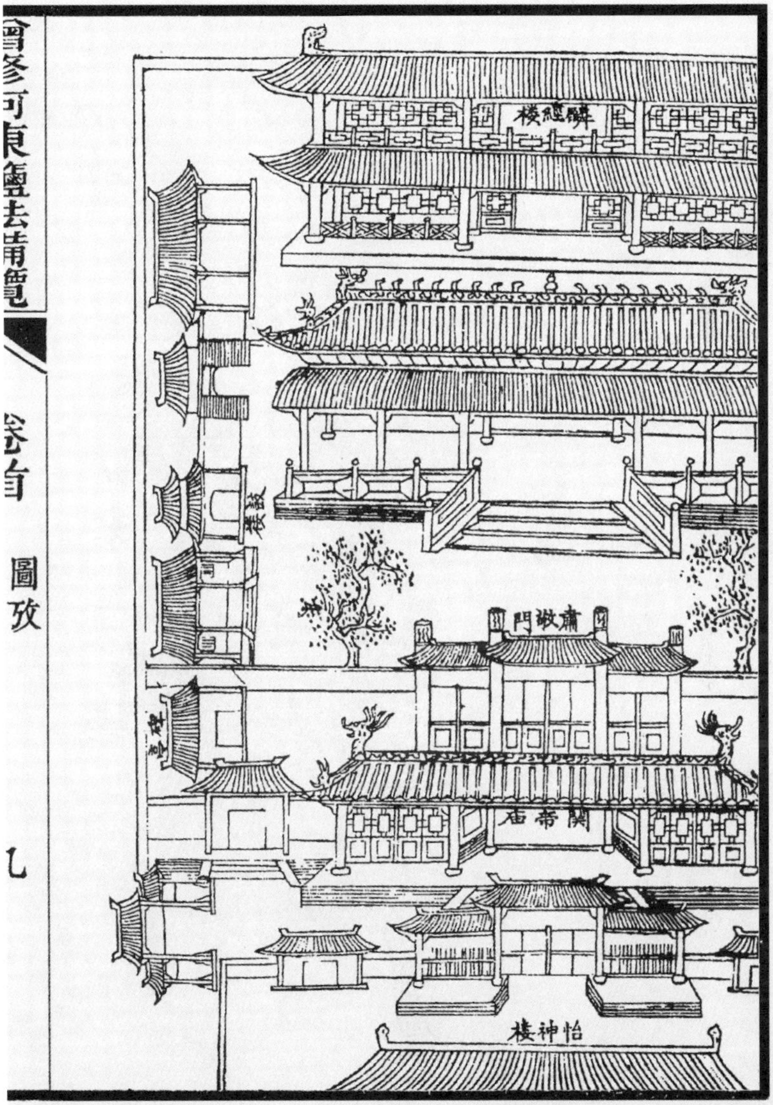
圖攷
麟經樓
肅敬門
關帝廟
怡神樓

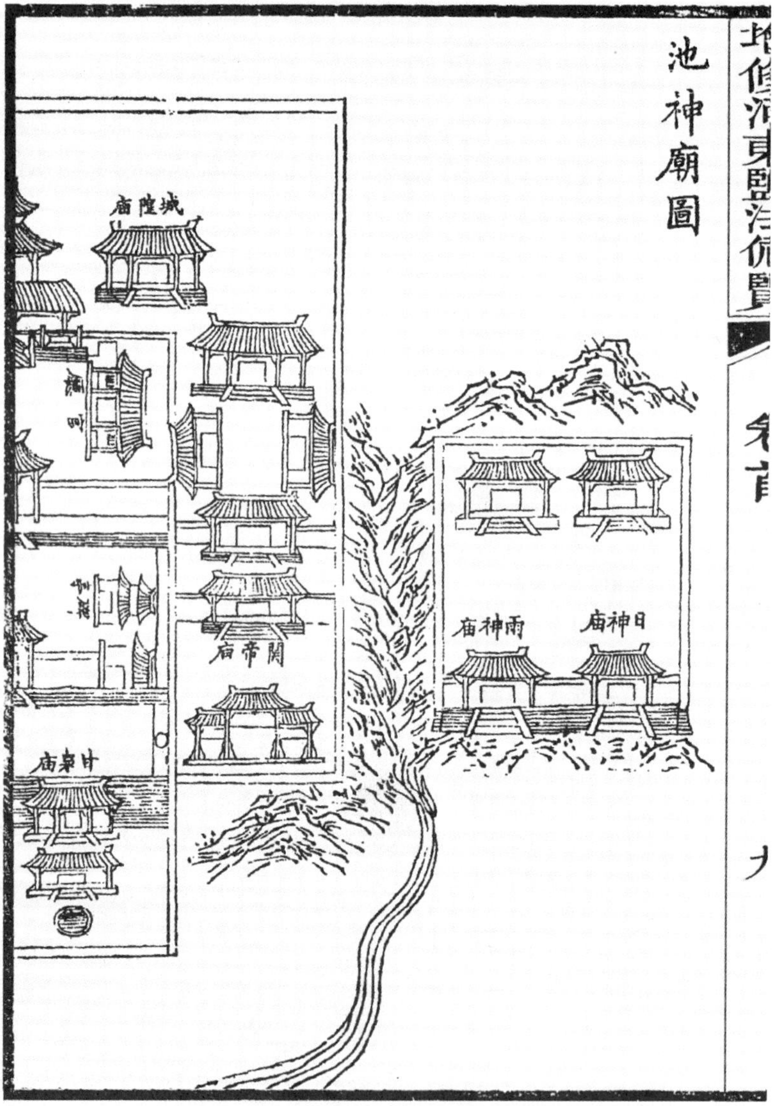
增修河東鹽法備覽
池神廟圖
城隍廟
關帝廟
甘泉廟
雨神廟
日神廟

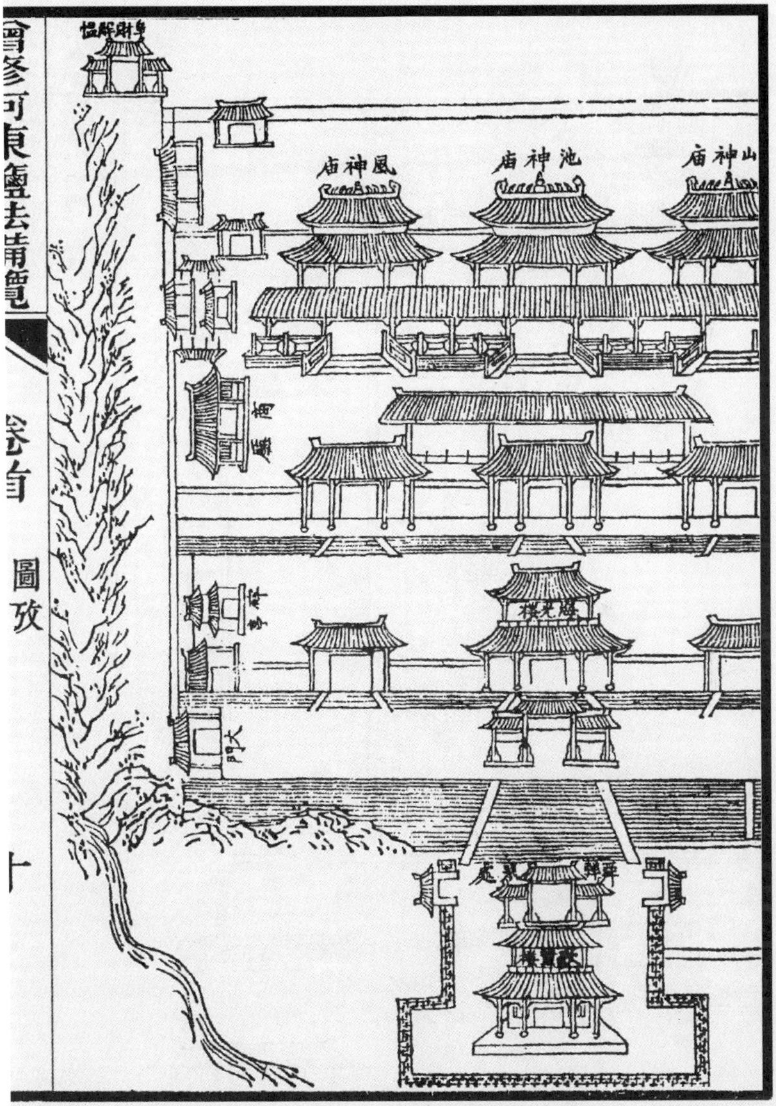

風神廟
池神廟
山神廟
大門

文昌廟圖

增修河東鹽法備覽　卷首　十

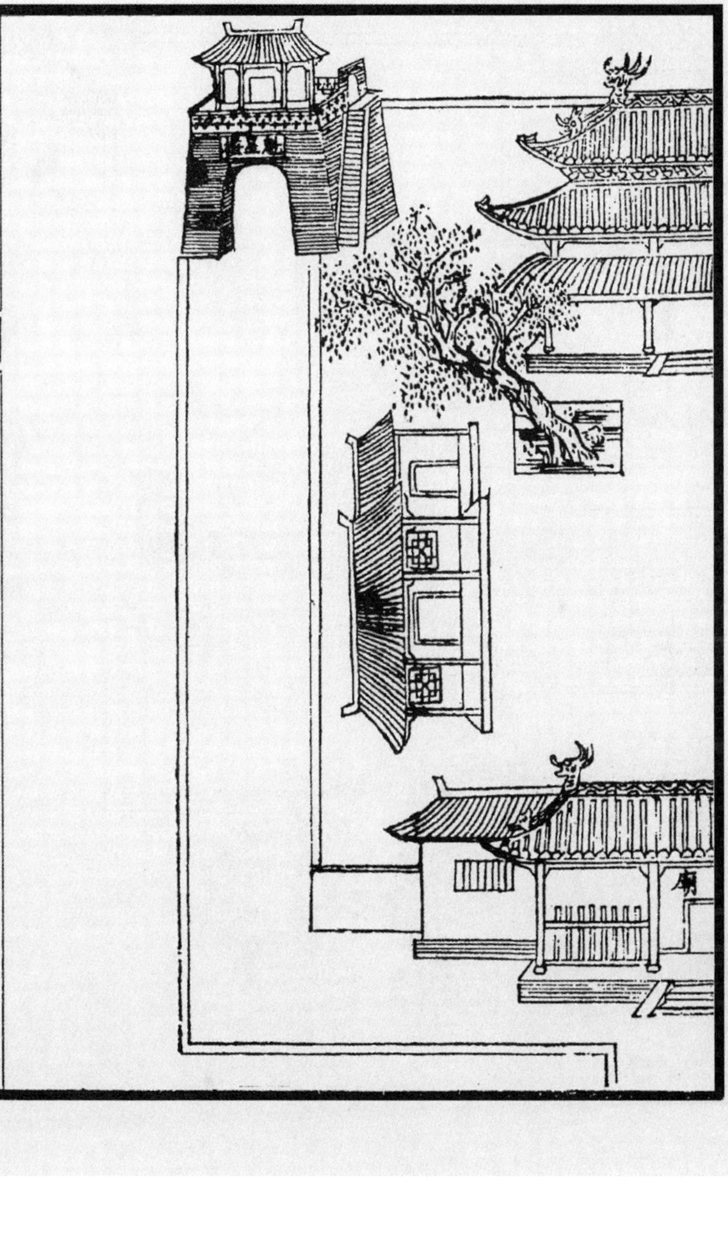
廟

察院圖

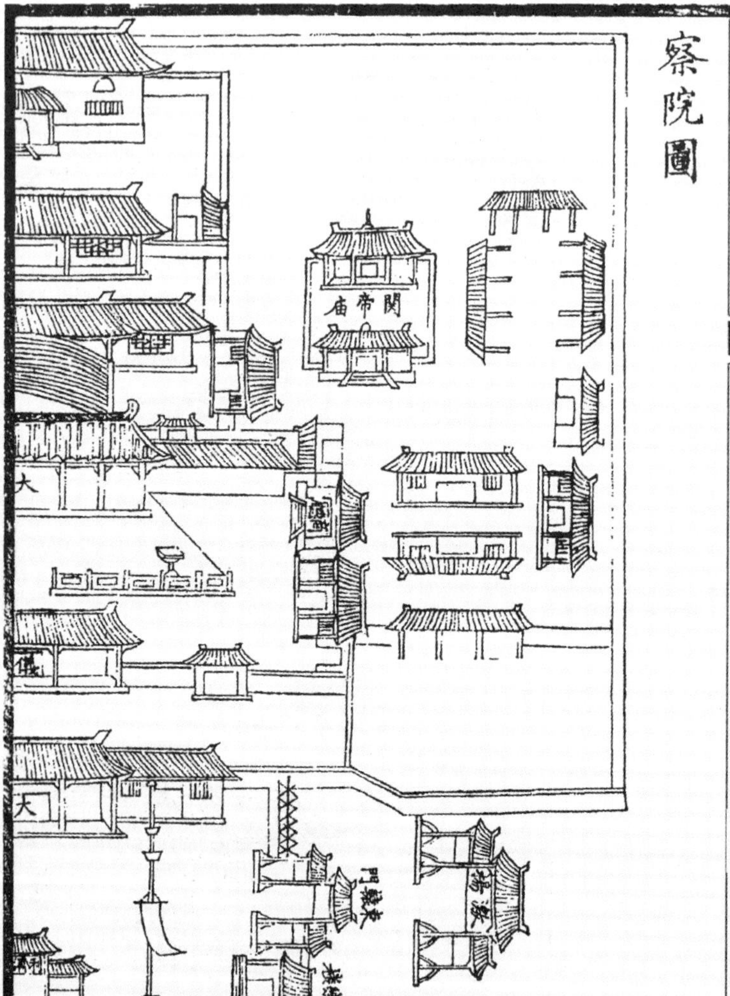

增修河東鹽法備覽 卷首 十一

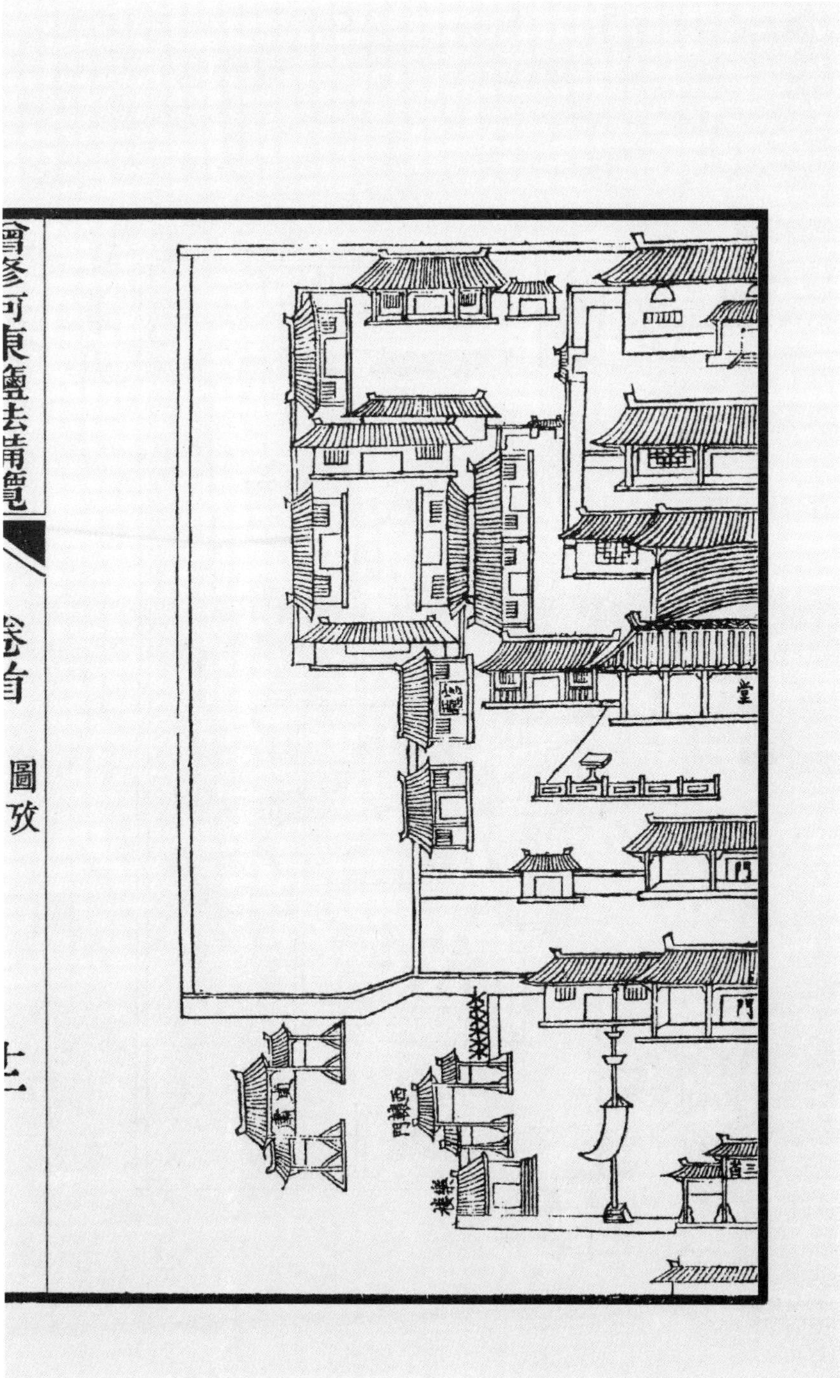
會修河東鹽法備覽
卷首
圖攷
十二
堂
門
門
西轅門

道署圖

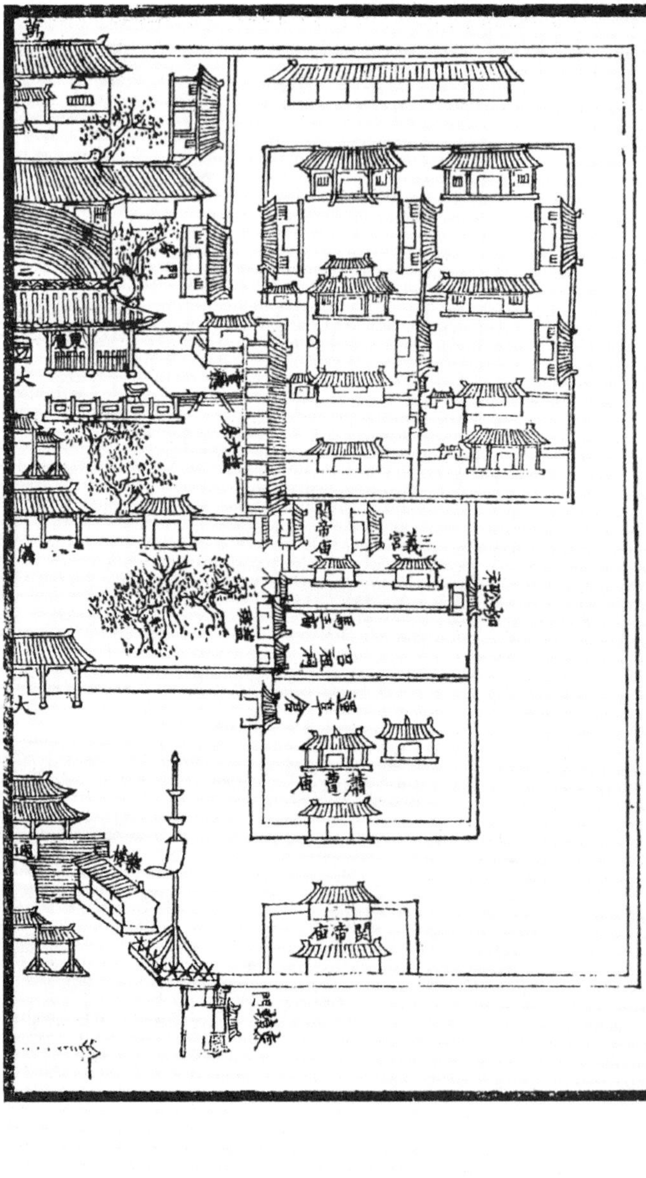

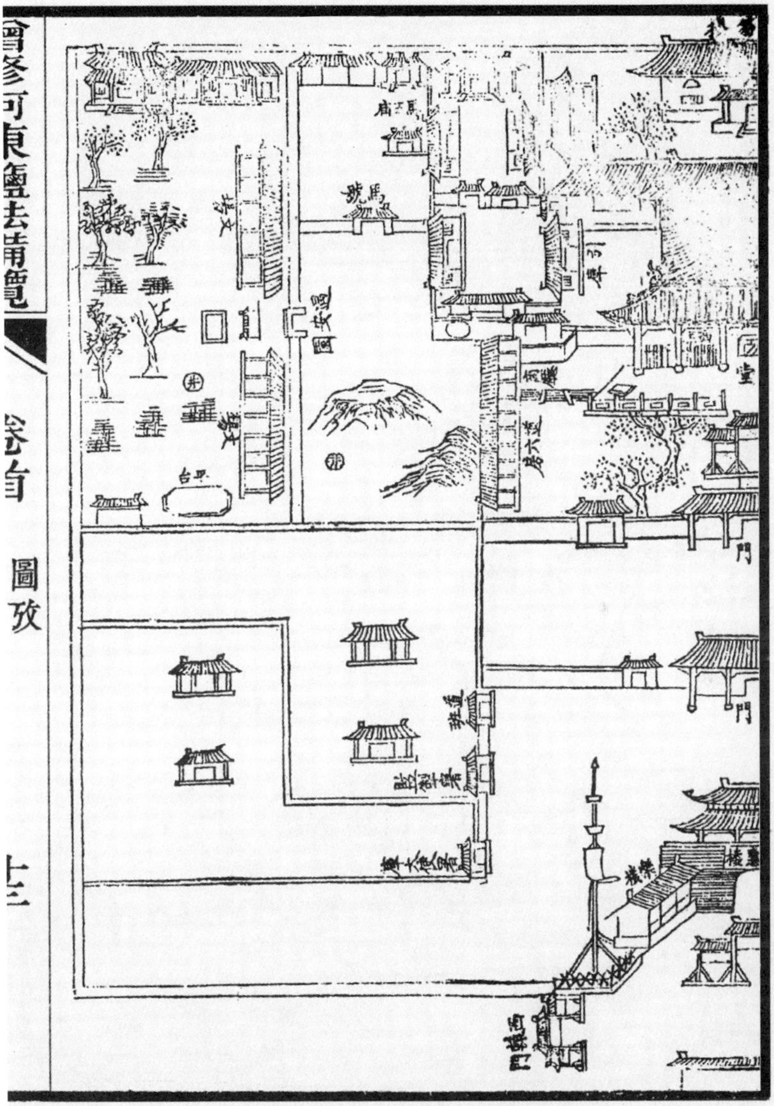
重修河東鹽法備覽
卷首
圖攷
十三
門
門

監掣署圖

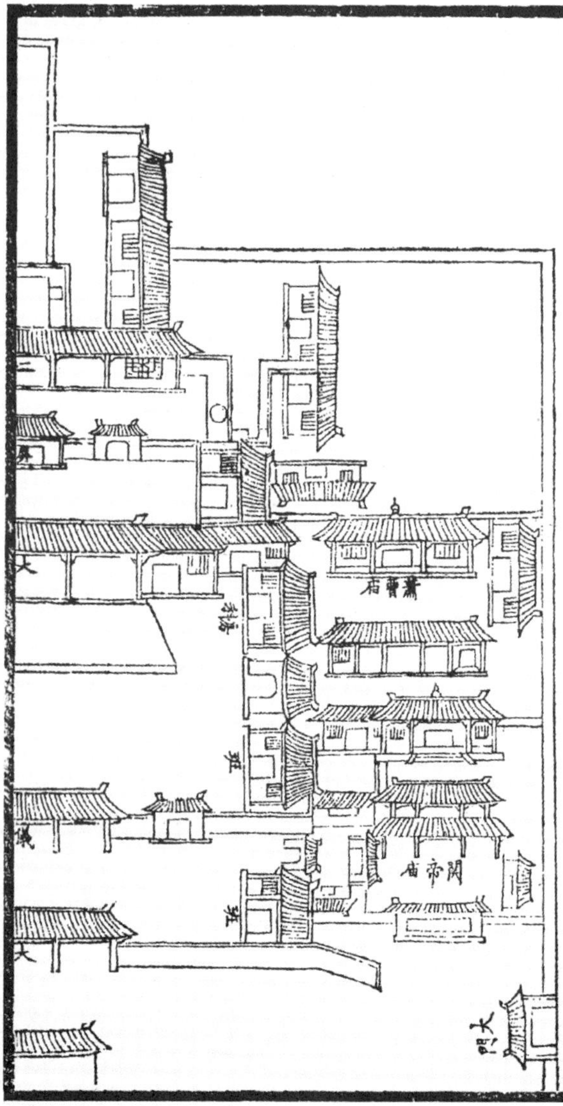

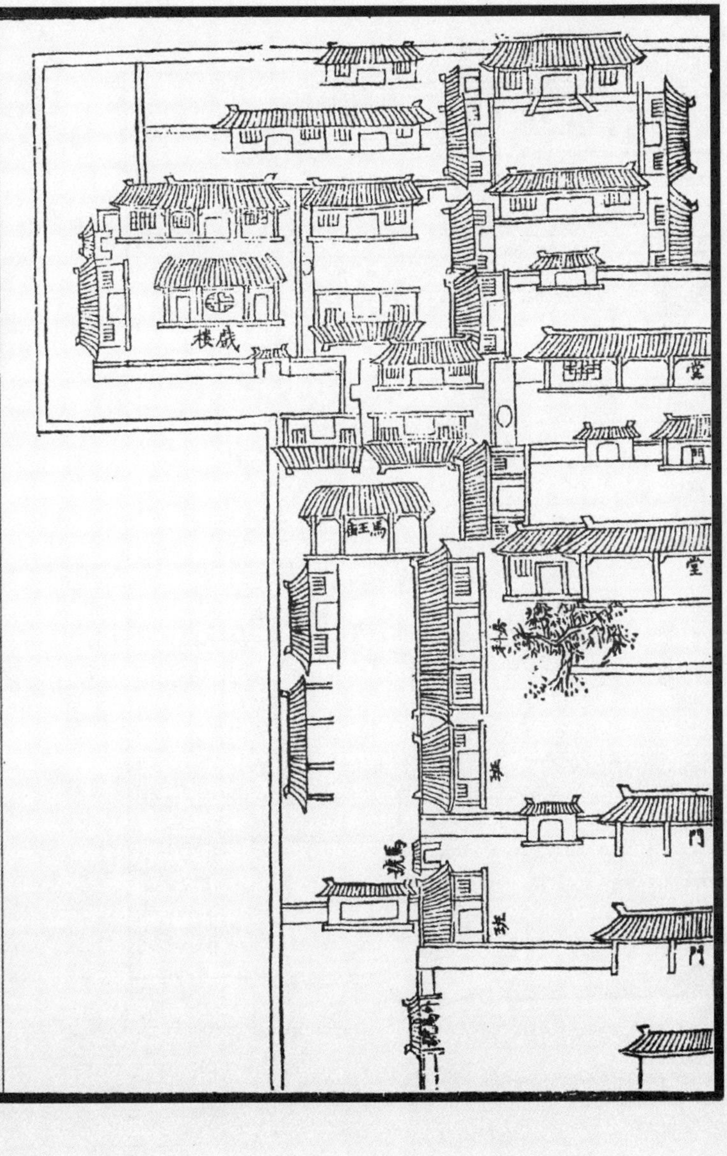
戲樓
堂
門
堂
門
門

宏運書院圖

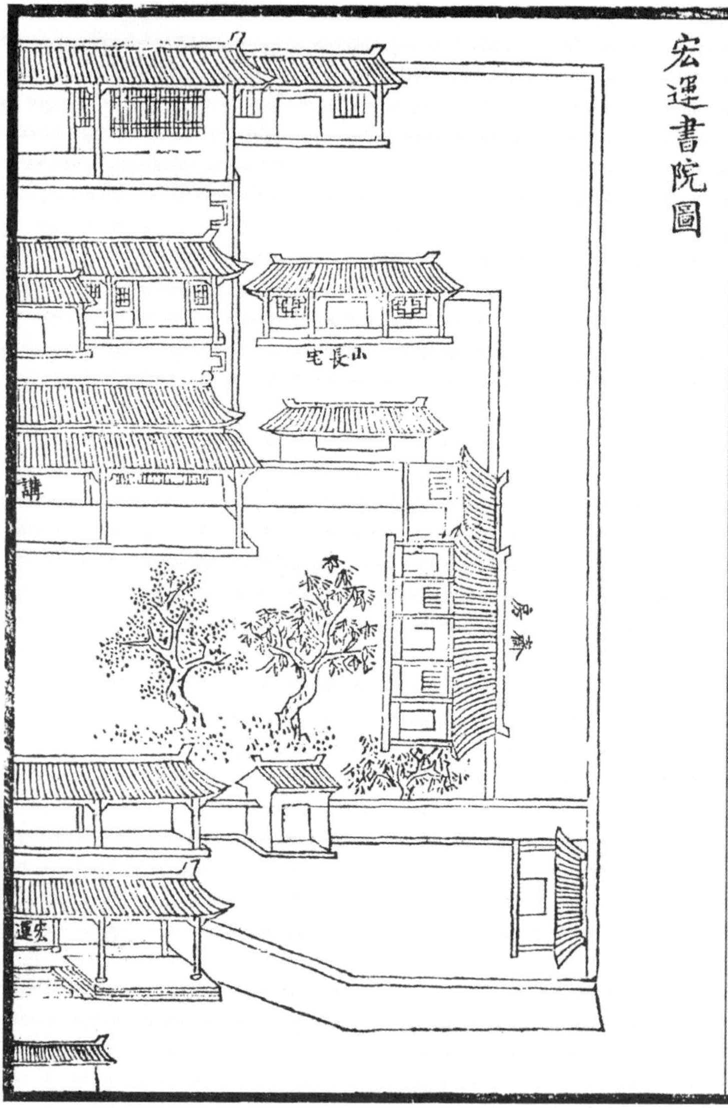

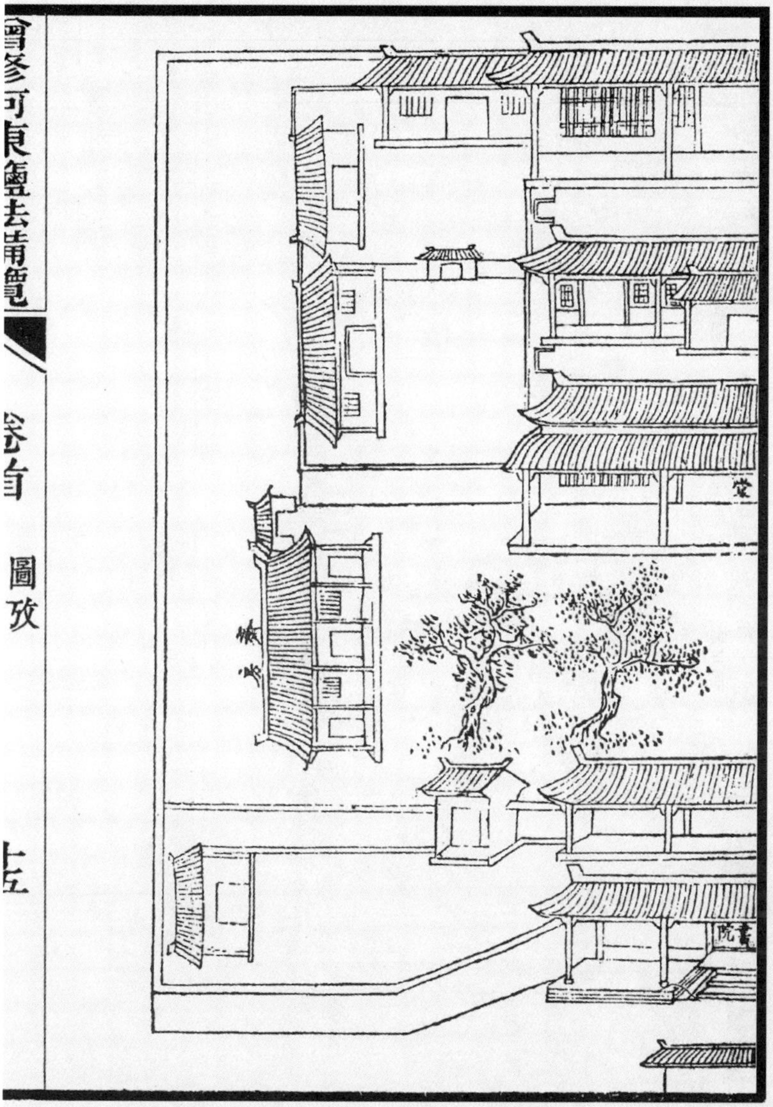
重修河東鹽法備覽
卷首
圖攷
十五
堂
書院

增修河東鹽法備覽

河東書院圖

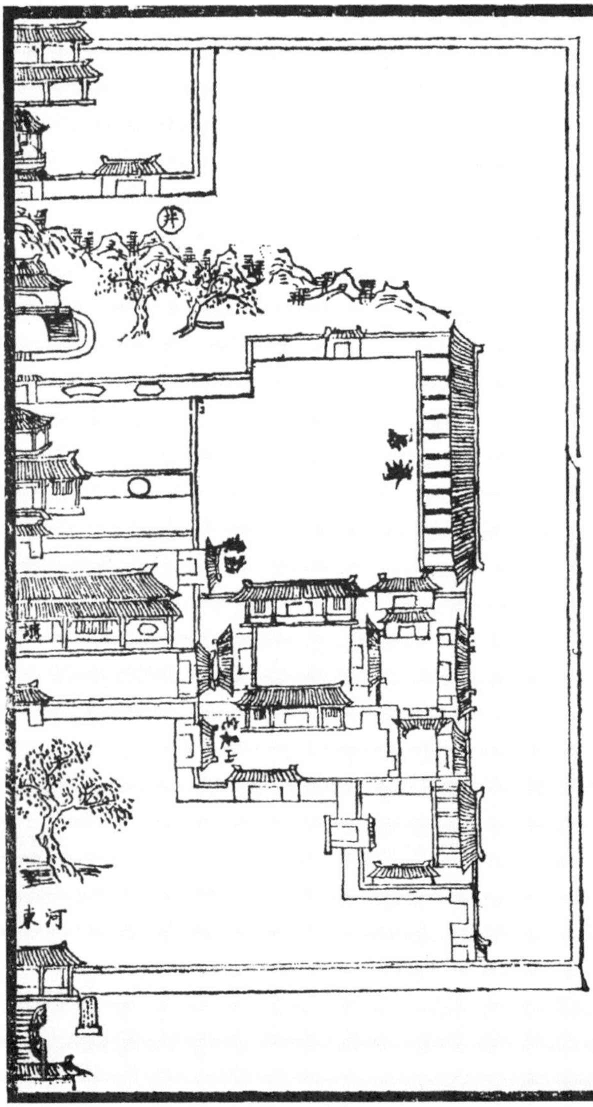

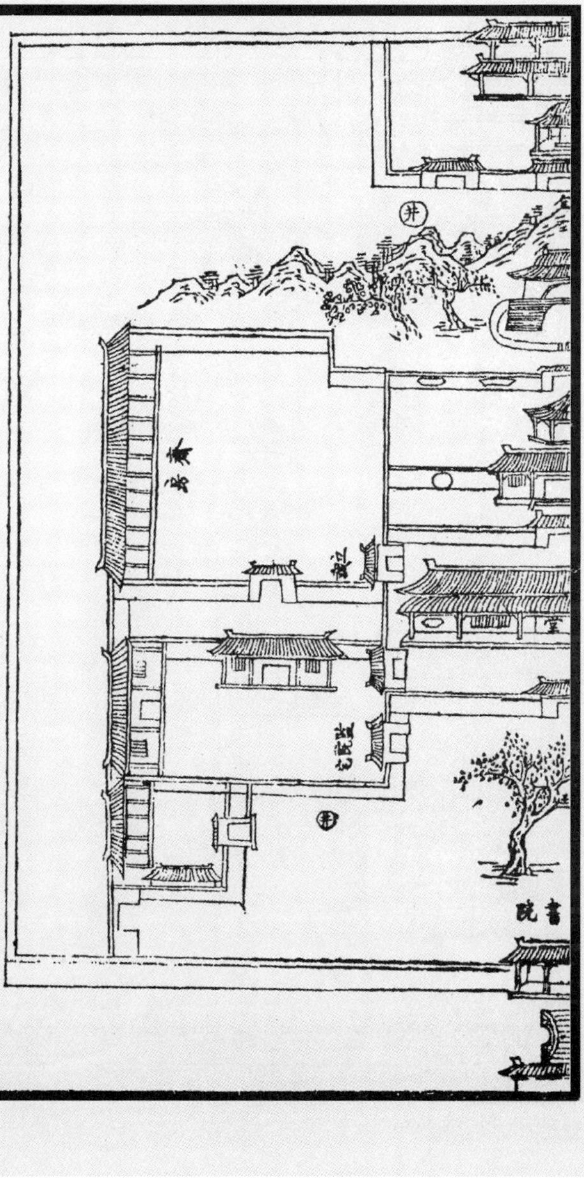
井
齋房
堂
井
書院

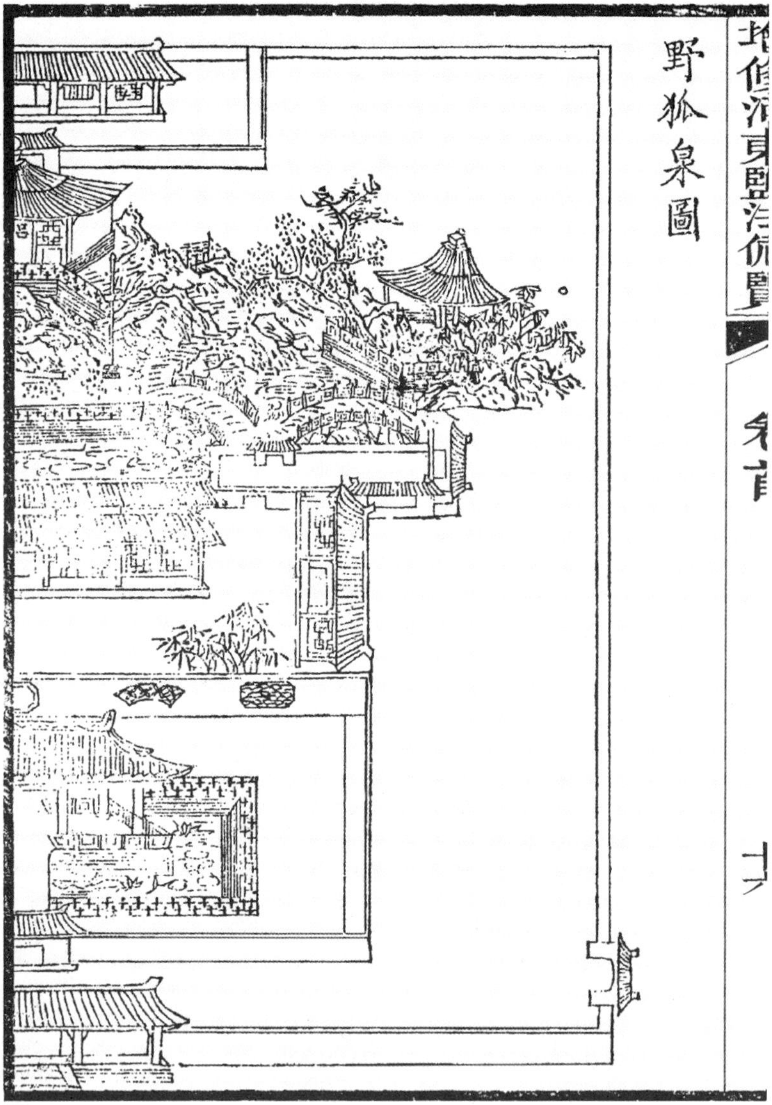
野狐泉圖

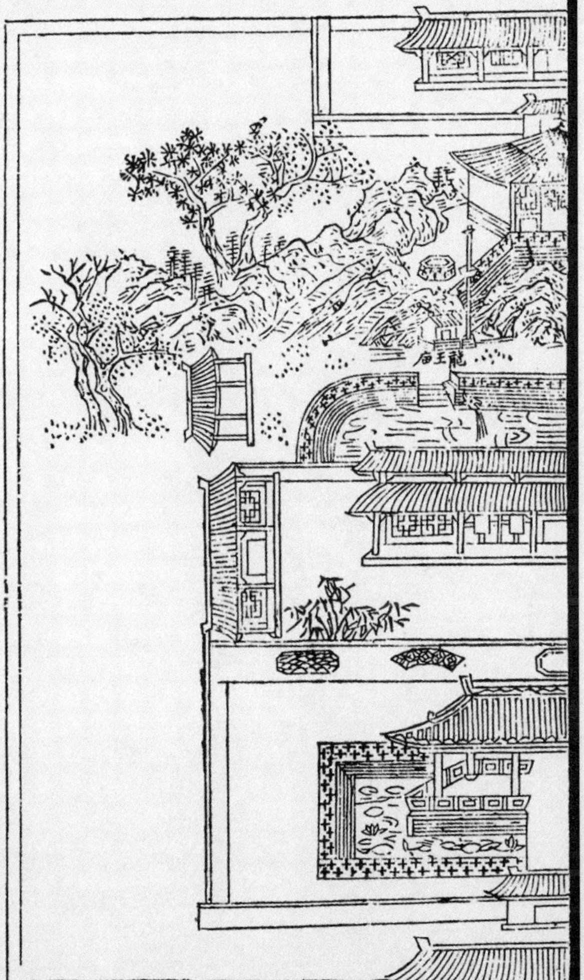
龍王廟

增修河東鹽法備覽總目

增修河東鹽法備覽分目

鹽池卷一上

女鹽池

花馬池

增修河東鹽法備覽卷一上

鹽池

鹽池在解州安邑之間周圍百二十里繚以禁垣爲三晉名區鹽法志及鹽法備覽俱首載圖說瞭如指掌皆發明本原之意也至於源流形勢以及物産前志俱已詳載無可增敘惟黑河禁垣池廟鋪舍祥異勝蹟六小池女鹽池花馬池皆迭有興廢依次記之以備稽考

禁垣

查鹽法備覽載禁牆高一丈六尺基厚六尺頂寬二尺周圍一萬七千四百二十二丈乾隆二年鹽政定柱

奏請隨時修築同輪修修渠堰各工按年估修需費在歲修五千兩內動支五十七年課歸地丁歲修銀兩部議令坐商按年交納興修嘉慶十一年復商後此項銀兩仍由坐商交納嘉慶二十年九月二十一日子時運城地震有聲如雷凡十餘日迭次震動居民俱搭蓆棚棲止中東西三場禁門及掣鹽廳秤廳均震

塌周圍禁牆被震披累坍塌八千四百餘丈鹽池內
庵廈震塌四百七十餘間壓斃者三人受傷者甚眾
河東道覺羅承光督飭監掣同知沈廷瑛並三場大
使捐廉撫卹詳明於中禁門旁另設便門以便掣鹽
毋誤商運並派各員刻日興修二十一年六月池牆
被震各工一律修整道光二年八月初六等日大雨
如注山水陡發至土石馬道距牆根二三尺不等馬
道盡行坍塌趕緊搶護九月初三日復大雨三晝夜
黑龍東禁堰同時決口水勢全注於陡坡東郭灘內

勢極浩瀚經河東道張大鏞督飭各委員將兩堰決口冒雨堵築并令各商捐貲將一千六百餘丈之馬道通體加高幫闊惟馬道以內池形低窪以寬廣數十里深至一丈數尺之灘水僅禦以單薄之馬道實不足以資鞏衛又復周歷相度奈東南北三面非峻嶺即高灘擬就中挑挖深濠不特水勢難以逆行且土性沮洳甫挖一二丈水即由底上冒更無可以引河之地西面即係鹽池而池又比灘轉低數丈隨與監掣同知秦恆柄蒲州府同知陳世昌等逐細履勘

應於禁垣內緊靠馬道築隄一道由北而南自四鋪
以至七鋪約長十餘里底寬二丈四尺頂寬八尺其
高則隨地勢之高下以二丈五尺爲準共估需工料
銀五萬兩維時各商捐修馬道費至三萬餘兩未便
再令攤捐查河東坐商從前捐存銷價本銀十五萬
兩於嘉慶十六年發交運商按年一分生息奏明遇
有緊急工程准其動用算至道光二年除動支外實
存息銀八萬六千餘兩詳請動用興修經撫臣邱樹
棠奏奉

上諭邱樹棠奏鹽池各堰衝決請築隄保護一摺晉省河東鹽池東西各堰因本年秋閒連日大雨山水盛漲致被衝決經該撫委員查明亟須築隄保護著照所請辦理所有估需銀五萬兩准其在商捐銷價生息銀兩內照數動支趕緊興修務使隄身堅固以資保衞不得稍有浮冒工竣覈實報銷該部知道欽此遵於十月興工三年正月東南風大作水浪上湧逼近牆根將新修馬道工程沖刷披累極多時池內護隄尚未工竣危險尤甚仍派員晝夜督飭各商按段搶修在馬道外

純用碎石拋填巨浸中排釘大木樁加幫護隄一道
始轉危爲安馬道上禁牆坍塌九百餘丈於護隄工
竣後次第修整經撫臣邱樹棠奏報工竣六月初三
日奉
上諭邱樹棠奏添築鹽池馬道護隄修濬姚暹渠李綽堰
及挑空涑水河各工程完竣並請歲爲經理一摺河東
鹽池馬道護隄並姚暹渠李綽堰涑水河工程據該撫
查明該委員及各該縣俱能實力撙節趕緊辦理並勸
諭村民出力挑空均已一律妥速完竣所有馬道護隄

工程係奏明動用商捐銷價生息銀兩辦理共用銀三萬五千三百七十餘兩較原估節省銀一萬四千六百二十餘兩著將節省銀兩仍歸原款至姚暹渠李綽堰工程所借銷價生息各款銀四萬八千兩今較原估節省銀六千八百十六兩零尚有應修申家堰青龍堰等處工程著卽將此項銀兩於秋後動工辦理仍於本年夏季爲始分作八年由坐運兩商攤徵還款按年報部其姚暹渠受諸山之水挾沙帶泥最易淤阻請歲爲經理著照所請於每年農隙水涸之時責成監掣同知詳

細履勘飭令運商雇工挑濬所需工費即令各商公攤由河東道驗收具報至涑水河已挑空深通民田廬舍得資保護亦著於農隙水涸之時責成各該縣勸用民力隨時修濬該撫當飭屬認眞查勘以期一律通暢於民田鹽池均有裨益毋致日久壅塞轉多糜費也該部知道欽此嗣於道光十五年七月十五日夜大雨傾注灘水陡漲石馬道漸次沖塌十九日黑龍堰沖決灘水將次漫及石馬道鹽池可危經河東道但明倫督飭場司各員並商人等無分晝夜實力搶護無如天

雨連緜灘水陡漲數尺禁牆馬道全行傾陷八月朔日水由土馬道漫入鹽池水口寬二十餘丈池內低窪畦地全行被淹新陳料鹽均搶運於高阜處所計已消化鹽九百餘名庵厦間有坍塌幸未傷人當即趕緊堵築一面申報經撫臣鄂順安將馬道漫口鹽池被淹情形具

奏在案嗣經新任河東道郭文匯議修石馬道禁牆水眼各工詳請動用銷價息銀選派商人承領興修十六年二月經撫臣申啟賢具

奏奉

上諭申啟賢奏請動項修理切近鹽池緊要各工一摺山西省河東地方上年秋間雨大水發將切近鹽池之石馬道隄堰並東禁牆等處衝損茲據該撫查明均係急不可緩之工現在派員確勘共估需費工料銀六萬兩著照所請准其將河東道庫所存商捐銷價息銀四萬八千餘兩儘數動用其不敷銀一萬一千餘兩先在公務項下暫行借撥仍俟收有銷價息銀照數歸還並飭該道乘此春融承領趕緊興修照例保固三年毋任草

率倫減工竣覈實驗收造冊報銷該部知道欽此遵飭
商人王愜泰王友于等分段承修於三月二十七日
開工九月二十八日工竣是工也照估如式修築實
用工料銀五萬九千八百有奇經撫臣申啟賢開單
奏報奉
硃批覽工部知道單併發欽此咸豐六年正月二十一日
據聖惠司巡檢陳鑄申報惠字四五六鋪石馬道因
東郭灘內積水甚盛於本月十八二十等日陡起大
風將石馬道根皮沖刷剝落並四鋪缺口將近牆根

恐有冲決之虞先後共坍五百四十餘丈並報東郭灘水深八九尺及三五尺不等河東道黃經督同署監掣同知薛珊東場大使陳承恩履勘將東郭灘積水被風激蕩衝塌聖惠司石馬道要工情形申報趕緊搶修無如東郭灘積水不涸不能興修議須挑穵引河由外六鋪尾拆卸禁牆掘成濠溝導水入池由護寶長隄內洩歸西灘停蓄於畦地無礙其長隄內外水行處並穵深溝導引使無漫溢所穵溝土以之培固長隄議已定遂刻日興工按工授值於四月二

十七日引河挑成水勢既分石馬道附近地面漸次
涸出池牆始保無患遂速籌經費興築是工正籌議
間薛珊以題補太原同知交卸河東道黃經詳請奏
留以資熟手撫臣王慶雲附片具
奏奉
旨著照所請欽此前署監掣同知薛珊遂督同東場大使
勸商捐辦於九月十六日開工七年七月二十四日
工竣所有挑挖引河修築石馬道工程共用銀二萬
七千有奇皆商捐商辦官爲指示督修經撫臣恆福

奏報奉
旨免其造冊報銷工部知道欽此同治十一年十二月十五日撫臣鮑源深
奏親勘河東鹽池察盤運庫並確訪鹺務疲滯現飭辦理情形一摺以禁牆歷久傾圮不免偷漏池私更有匪徒入池偷挖硝版賣與腳戶攙和鹽斤以致鹽味苦澀大爲潞鹽行銷之害現飭河東道將禁牆設法修整河東道升泰督同監掣同知高崇基並三場大使會議仍令商捐商辦於十三年鳩工興作閱年蕆

事周圍禁牆以及水眼隍塹通體重修完固統計工費用銀三萬二千有奇至今賴之

黑河

乾隆四十一年撫臣巴延三兼管鹽政

題請定爲歲修章程其時河身澱淤過厚歲加挑挖雖未通濬而黑河形迹尚存五十七年課歸地丁修濬事宜並不經官督責坐商致未實力歲修嘉慶十二年復商後撫臣成齡於酌留銷價案內議請挑挖竟以舊址無從確指停止仍用打井澆曬之法至今因

之

池神廟

池神廟正殿祀

昭惠裕阜鹽池之神左殿祀

中條山神右殿祀

風洞神前有海光樓大門外有地寶天成坊南有歌

薫樓舜彈琴處東

關帝廟又東

太陽廟

雨神廟迤東

甘泉廟下有甘泉二井西廡有

土地祠廟宇宏敞氣象巍然代有鼎新上答

神祐嘉慶二十年運城地震殿楹圍牆各有傾圮經

河東道覺羅成光飭商捐修道光十一年撫臣阿勒

清阿捐俸銀一千兩發交道庫飭修十五年河東道

但明倫飭商捐修

鋪舍

鹽池內中場十鋪額設總巡役一名巡役十名總斗

級一名斗級十四名東場十一鋪額設總巡役一名
巡役十八名總斗級一名斗級十六名西場十一鋪
額設總巡役一名巡役十五名總斗級一名斗級十
六名南岸原設馬快八名往來三場巡邏乾隆五十
七年課歸地丁三場裁缺内鋪斗級巡役歸三巡檢
司分管馬快八名裁汰嘉慶十一年復商三場大使
復設斗級巡役仍歸場員管理馬快永遠裁汰道光
五年池内時有匪徒偷竊料鹽添設槍手六十名鳥
槍六十杆内由運城營撥兵二十名解州安邑縣各

撥壯丁二十名在池內往來巡緝十五年以池內安
謐減去槍手三十名二十六年池內每交冬令宵小
肆竊定於冬三月加添槍手三十名光緒六年將冬
令加添槍手三十名裁撤現留常設槍手三十名鹽
池外鹽池司十二鋪額設弓兵二十名商役二十名
聖惠司額設弓兵二十名商役二十名長樂司額設
弓兵二十名商役二十名均如舊制鋪舍年久傾圮
同治十三年河東道升泰修理禁牆將鋪舍一律重
修完整弓兵商役有所棲止並籌給津貼銀兩俾得

實力緝私至今賴之又中禁門額設弓手十六名東禁門額設弓手十名西禁門額設弓手十名今仍其舊此外尚有原設商巡二十名總巡三名乾隆五十七年課歸地丁案内裁汰嘉慶十二年復商後部議毋庸復設

祥異

嘉慶二十年秋九月運城地震有聲如雷凡十餘日迭次震動鹽池禁牆庵厦俱震塌

道光十五年夏大雨陡漲東郭灘積水深丈餘秋八

月朔有巨鼋自南而北連起旋渦將馬道石工衝激水遂漫決入池畦地被淹畦鹽均被浸壞次年水退鹽生如故

光緒三年晉省大旱成災河東運城一帶被災尤重毘連秦豫均屬災區商販不通每麥一斗易銀四兩餘道殣相望村落成墟當事者力籌鉅款賑濟平糶全活無算迄今鹽池澆曬工作之人三場畦地間有荒蕪者

勝蹟

嘉慶十六年
仁宗睿皇帝駕幸五臺河東衆商王恆泰等呈稱商等領
引行鹽深資餘潤並蒙
恩准定價生計益覺寬舒此次恭逢
皇上巡幸五臺爲民祈福闔省人民同深歡慶商等情殷
瞻就恭備
賞賚銀二十萬兩稍抒蟻悃等情山西撫臣衡齡據情具
奏奉
上諭衡齡奏據河東商人王恆泰等呈稱本年恭值巡幸

五臺爲民祈福願輸銀二十萬兩以備賞賚等語該商等聞朕臨莅五臺敬輸賞賚銀兩其情詞懇切出於至誠自未便拂其所請但河東甫經復商辦運資本尚未寬裕正應優加培養且此次所用賞號銀兩亦無需二十萬兩之多著加恩賞收十萬兩照該商等所請先在藩庫閒款內借撥備用分兩年隨課歸款以示體恤所有各該商姓名並著造冊咨部賞給議敘欽此

六小池

六小池屬解州治每遇大池產鹽不足藉資接濟此

運商之業也是以開曬封禁無定乾隆五十七年課
歸地丁運商賣與附近居民澆曬嘉慶十二年復商
後撫臣衡齡
奏請仍歸運商捐資配運以杜私販嗣據河東道劉大
觀查詢各商均稱六小池産鹽味淡而苦不能行銷
懇請封禁遂飭解州查封將各業主契約追儲州庫
惟此項畦地業主輾轉租售亦已有年一旦官爲禁
止銀地兩空不足以昭公允請將畦地原約價值共
銀二千三十兩令殷實商人尉世隆等照數捐出置

買以杜私採旋奉部議凡屬畦地均係坐商經營與
運商無涉六小池似應歸於坐商承買作爲公產以
歸畫一經撫臣衡齡覆
奏查六小池畦地當課歸地丁時係運商賣與附近居
民澆曬自應循照舊規仍令運商買回以便封禁若
故令坐商買回轉多周折況現在既議封禁由該道
及丞牧隨時巡查無慮運商再爲澆曬應請照舊辦
理奉
旨准行所有緝私事宜於女鹽池併案辦理

加権銀兩嗣後應發硝池灘緝私經費詳定在公費
緝私兩款項下動支

花馬池

查舊志花馬池有三屬甘肅靈州治陝西鳳翔府屬
向食花馬小池鹽行銷河東之引按丁攤課乾隆五
十七年課歸地丁後多有潞鹽運至該處行銷嘉慶
十一年復商案內因鳳翔既食潞鹽可由渭河轉運
將該府所屬改銷潞鹽招商運辦自設官商以後由
渭河逆流挽運維艱成本過重商人不肯認辦且漢

中行銷花馬大池鹽道經鳳翔官私莫辨礙難盤詰

經山西撫臣戍甯陝西撫臣方維甸會

奏請將鳳翔府屬八州縣仍改食花馬小池鹽奉

旨飭部議覆准行陝西邠州屬長武縣行銷靈州池鹽復

商時陝西撫臣方維甸

奏請將邠州三水醇化三州縣均改食花馬池鹽奉

旨飭部覈議准行陝西興安府屬七廳縣向行河東引鹽

十六年經山西撫臣衡齡陝西撫臣董教增會

奏以地處萬山運鹽費重商人賠累難支且該處貧民

挑販靈鹽已成恆業若概行拏禁恐生事端亟宜調
劑免致貽誤課項懇請援照鳳翔府例改食靈州花
馬池鹽奉
旨准行

增修河東鹽法備覽分目

運治卷一中

武備

增修河東鹽法備覽卷一中

運治

運治一河東名區也星躔之所紀疆域之所分風尚之所沿悉詳於前志之所載第其間鹺務滙歸人民萃處凡通商裕課因時制宜胥於是徵治理焉傳所謂郇瑕氏之地沃饒而近盬城因盬而設盬即因城而統此春秋特著苦城元末始建鳳城迄今愈見規模之宏遠也

城垣

運城之建舊志備詳嘉慶二十年運城地震城垣坍塌經河東道覺羅承光詳請飭商捐款檄委安邑縣重修同治元年豫陝回捻滋擾河北一帶戒嚴河東道劉子城以運城爲鹽務重地庫儲攸關城垣歷久未修難資保守稟請於商捐團練經費項下那款興修並挑挖城外壕溝一律完固同治三年河東道楊寶臣以雨水易灌城隍復動用團練經費銀兩將城頂一律鋪甎以資完固光緒元年商人張玉成姚長盛稟請籌款興修四城門樓經河東道升泰批准由

商捐牆工項下撥款重修

萬壽宮

恭逢

萬壽元旦冬至朝賀之所嘉慶二十年地震傾圮河東道

覺羅承光飭商重修咸豐九年河東道黃經重修

按河東書院恭設

萬歲碑亭道光二年河東道張大鏞重修

壇廟

一池神廟另詳鹽池門

一文廟另詳學校門

一關帝廟乾隆五十四年運使蔣兆奎捐資重修五十六年商捐續修麟經閣嘉慶十七年商捐重修二十年地震傾圮河東道河洲詳請重修咸豐七年巡撫兼鹽政兆那蘇圖河東道文光黄經捐資重修

一文昌祠在運治東北明萬歷四十年重修

國朝順治十四年雍正十三年嘉慶十六年先後重修

道光十八年重修並添建官廳

一眞武廟同治十二年河東道升泰捐修

一城隍廟道光三年商捐重修同治八年署河東道
王溥重修
一火神廟道光二年十五年先後重修咸豐六年僧
人果域募修
一龍王廟道光元年河東道張大鏞重修
一安濟廟卽圪塔廟咸豐八年河東道黄經重修
一三聖廟在河東書院内道光二年河東道張大鏞
重修
一崔府君廟在西門内明萬歷二十四年建道光二

年河東道張大鏞重修

一呂祖祠在惠民館淩虛亭上傑閣峙空舊供神像不知昉自何時道光二年河東道張大鏞重修光緒六年河東道江人鏡飭商捐修

一旗纛廟在北門外今基址無存每年霜降致祭即在教場演武廳設位

一三郎廟在安邑縣屬之小李村道光三年邑人重修同治八年村民募修

按備覽體例關於祀典者記之朔望瞻拜者得並列

焉如文昌祠久祟祀典火神廟崔府君廟呂祖祠皆
朔望瞻拜者今增敘之以補其缺餘仍不載至社稷
壇山川風雲雷雨壇厲壇黑龍廟大郎二郎廟表忠
忠愛祠無修葺工程者備覽已詳不復述焉

公署

一巡鹽察院爲巡撫行署光緒六年河東道江人鏡
籌款發交安邑縣重修東鼓樓西鐘樓均如舊志
一河東道署在運治西街乾隆五十七年課歸地丁
運司裁汰改爲河東道署光緒二年河東道升泰於

道署西偏修射圃亭三間建官廳三間考棚六十號
加高圍牆以備考試文武生童之所署其門曰遇安
園光緒六年河東道江人鏡復建書屋三間並於園
內廣栽花木
一監掣同知署在道署西偏原係運同舊署乾隆五
十七年運同奉裁嘉慶十一年復設監掣同知十六
年同知沈廷瑛道光二年同知秦悩柄先後重修
一運學訓導署在學宮東乾隆五十七年教授訓導
奉裁所有運城

文廟即令安邑縣學官兼管嘉慶十三年復將安邑縣訓導移駐運城仍居舊署光緒六年訓導郭懋基領款重修

一經歷司署舊在通惠樓內西偏乾隆五十七年經歷裁缺嘉慶十一年奏准復設二十五年移駐河南陝州會興鎮

一庫大使署在通惠樓內西偏乾隆五十七年庫大使裁缺嘉慶十一年奏准復設仍居舊署道光十四年庫大使侯錞任內重修

一中東西三場大使署俱在運城南門内西偏西場於乾隆二十七年移駐解州城内居州判舊署乾隆五十七年三場裁缺部議俱變價充公嘉慶十一年三場復設部議現係試行毋庸另設衙署

一分駐解州州判署詳舊志

一鹽池司巡檢署在池南鹽房村乾隆五十七年裁駐知事署在中禁門内野狐泉之東部議將舊署變價充公嘉慶十一年復商後改駐池南常平村光緒三年巡檢袁縉業重修

一長樂司巡檢署如舊志

一聖惠司巡檢署如舊志

一遊擊署在運城東南隅即都司舊署同治十二年

遊擊怡壽任内重修

一守備署在東門内即把總舊署

一城守把總署在箭道西同治元年移建

一操防把總署在東城壕同治元年新設

倉儲

運儲倉在運治東乾隆五十七年課歸地丁案内經

部議

奏准將倉儲六十石零統歸運阜倉內春初一并出借坐商秋冬免息還倉以資澆曬其歲收佃灘籽粒租麥二百七十餘石照舊散給孤貧由解州州判經管出入呈報河東道照例移司報部嘉慶十一年復商案內改歸庫大使經管仍呈報河東道呈院咨部查考歲有盈餘積至五年變價報撥甘餉倉設斗級一名歲給倉麥四石

運阜倉在河東道署內東偏乾隆五十七年[illegible]歸地

丁案內經部議

奏准將倉儲穀三千九百三十一石零照舊出借坐商
秋冬免息還倉統歸解州州判經管呈報河東道照
例移司報部嘉慶十一年復商案內改歸庫大使經
管仍具報河東道呈院咨部查考同治元年庫大使
安福病故查倉內儲穀虧短三千八百九十八石八
斗零經河東道劉子城查該故庫大使有畦價銀七
百四十四兩一錢七分扣留備抵由中場大使解庫
又詳請查抄該故庫大使任所衣物變價銀三兩一

錢九分一釐由安邑縣解庫二共存銀七百四十七兩三錢六分一釐計不敷買穀還倉是以另儲於庫查倉內現存穀連運儲倉歸併六十石零共九十三石一斗因不敷出借是以停止其護池灘地歲入租麥三石七斗三升四合租穀五石六斗一合改歸安邑縣徵收照舊五年變價解交藩庫報撥復商案內仍由安邑縣徵收照例五年變價解由河東道報部候撥倉書一名倉斗級一名歲需紙筆工食銀兩向在蘆葦項下動支嗣因蘆葦一項裁汰在公務項下動支捐免充商後在雜課項下動支

恤政

一養濟院歲青孤貧全糧者三十名半糧者一百名共一百三十名嘉慶八年河東道金應琦陸續詳置地五十九畝每年每畝完租麥三斗二升五合共歲得租麥十九石一斗七升五合附收運儲倉新添半糧孤貧十二名應抑建曠遇閏加增飭委解州州判經理所置地畝每年應完錢糧銀八兩六錢二分由河東道金應琦捐廉銀七十二兩飭交安邑縣發商生息爲春秋完糧之用十八年河東道陳中孚因積

有贏餘詳明每歲仲冬一律按名添給花布麥二斗共計添養半糧孤貧十二名添給花布麥二石四斗今均歸庫大使經理

一前運使郭一裕捐俸銀四百兩發商生息爲接濟孤貧等項之需嗣後本利存銀六百兩仍發運商生息乾隆五十七年課歸地丁河東道和明改交安邑縣發當商生息詳准每歲照舊給發養濟院貧民粟米銀四十兩嘉慶十一年復商後照依辦理至今百有餘年貧民永沾德惠尚有餘存息銀復撥鋪司工

食戶鹽房飯食京提塘文揭經費等用足徵仁人利溥善政益彰立德立功並垂不朽矣

一粥廠設自同治三年河東道楊寶臣任內因運城人烟稠密窮民乞丐甚多時屆隆冬凡鰥寡孤獨老弱殘廢無計營生者饑寒交迫往往致塡溝壑捐廉倡率並勸諭各官紳商捐資購米設廠散粥明定章程遴員經理並將餘金置備棉衣棺木以救凍餒而收暴露行之兩年貧民全活無量旋恐臨時捐募難期經久遂飭坐運兩商每掣池鹽一名各捐銀一錢

五分共捐銀三錢由是經費有常歷久不倦至今貧民深有賴焉

一同善局設於同治三年彼時運城紳商勸感河東道楊寶臣殮埋暴露知爲善舉遂踴躍捐資禀請設立同善局遵照粥厰章程辦理遇有貧民路斃買棺殮埋經河東道暨安邑縣批准照辦十二年河東道升泰將粥厰經費餘賸銀兩發交同善局以備施捨棺木並藥餌棉衣等項之用量入爲出每於年終該局紳商將所用帳目開單呈送道署備案

坊集

運治九坊差糧俱隸安邑縣兼稽地方奸匪責由鹽經歷查察嘉慶二十五年鹽經歷移駐河南陝州會興鎮兼理批驗事宜所有稽查地方事務專責分駐運城之解州州判管理

武備

運城武備自同治元年改設遊擊以來原額新添外委額外並馬步戰守兵五百六十六員名責成遊擊認眞督練居中防護內撥防安邑汛外委一員戰守

兵二十六名東郭汛守兵五名撥防北相汛外委一員戰守兵五名喬陽汛守兵五名張村汛守兵五名王范汛守兵五名將軍廟汛守兵五名除撥北安二汛兵五十八名外實存城兵五百八名額外六員亦駐防城內四門仍設門兵四十名巡池弁兵隨時酌派又平陸縣茅津渡相距河南陝州一河之隔乃運城東南門戶平垣營遊擊督率兵弁駐劄其閒以爲保障同治元年並在縣屬之南溝村分設專汛於平垣本營內派撥外委一員守兵五十名以資巡防再

咸豐十年獨捻各逆竄擾豫陝運垣戒嚴河東道委員八人稽查四城門挑選練勇二百名委員管帶防堵嗣因團練局經費支絀該勇漸次渙散同治二年復令坐運兩商分別捐貲將道署前挑募練勇六十名監掣署前挑募練勇四十名三場會同三司前共挑募練勇一百名領帶練勇教習六名次第招回歸於各衙門按期演習以資捍衛而護鹽池逆城工完竣團練經費有着捐項遂停厥後鄰省肅淸裁減一百名酌留一百名哨長二名在城設局操練光緒七

年因各路緝私不敷分派添募十名除撥五姓湖緝私十六名三門口暨鞏孟緝私二十名襄郟緝私十名北相鎮駐防二十名餘皆分派查池查牆及駐紮池南緝私守庫查街隨時遣用

增修河東鹽法備覽分目

官職卷一下

巡撫兼鹽政

河東鹽法道

監掣同知

運學訓導

經歷兼批驗大使

庫大使

中場大使

東場大使

西場大使

分駐解州州判

鹽池司巡檢

長樂司巡檢

聖惠司巡檢

運城營

遊擊

都司

守備

把總

外委把總

增修河東鹽法備覽卷一下

官職

夫官制沿革古職考辨前志詳言之矣鹽務官員舊有題名之刻任是官者當思夙夜匪解以裕
國而利民方爲無忝厥職是以題名之外政績附焉溯自備覽書成迄今已九十餘年分職建官代有因時而更置者按秩分序以備參攷

鹽政

巡撫兼鹽政乾隆五十七年河東鹽務課歸地丁撫

臣馮光熊

奏請將鹽政印信繳銷嘉慶十二年潞鹽復歸商運仍

以巡撫兼管鹽政由部另頒鹽政印信兼管吉蘭泰

鹽務

俸廉奉裁已詳舊志

歷任題名

書　麟滿洲鑲黄旗人乾隆五十五年任升兩江總督以河東商力積疲疏請調劑

馮光熊浙江嘉興縣舉人乾隆五十六年任五十七年疏請課歸地丁繳銷鹽政印信

長　麟滿洲正藍旗進士乾隆五十七年任調浙江巡撫

蔣兆奎陝西渭南縣進士乾隆五十七年任

倭什布滿洲正紅旗人嘉慶二年任

伯麟滿洲正黃旗人嘉慶三年任

同興滿洲鑲黃旗人嘉慶九年任以上五任均未兼鹽政

成齡滿洲鑲黃旗人嘉慶十一年任是年河東鹽務疏請復歸商運所有鹽政事宜仍歸巡撫兼管十六年再任

金應琦安徽歙縣舉人嘉慶十四年任

初彭齡山東萊陽縣人乾隆庚子科進士嘉慶十四年任

衡齡滿洲鑲紅旗人嘉慶十五年任十六年再任

成　格滿洲正黃旗進士嘉慶二十二年任二十三年再任

和舜武滿洲正黃旗人嘉慶二十二年任

邱樹棠湖北漢陽縣進士道光二年任

張師誠浙江歸安縣進士道光四年任

福　緜滿洲鑲紅旗人道光四年任

盧　坤順天府涿州進士道光八年任

徐　炘順天府大興縣舉人道光八年任

阿勒清阿滿洲正藍旗生員道光十年任

尹濟源山東歷城縣進士道光十二年任

鄂順安滿洲正紅旗生員道光十三年任

申啟賢河南延津縣人嘉慶乙丑科進士道光十五年任

楊國楨四川城都府崇慶州人嘉慶甲子科舉人道光十九年任

梁萼涵山東榮城縣人道光二十二年任

吳其濬河南固始縣人嘉慶丁丑科狀元道光二十五年任

王兆琛山東福山縣人嘉慶丁丑科進士道光二十八年任

季芝昌江蘇江陰縣人道光壬辰科探花道光二十九年任

龔裕江蘇清河縣進士道光二十九年任

兆那蘇圖滿洲鑲黄旗人廕生道光二十九年任

哈　芬滿洲正藍旗人咸豐三年任

恆　春滿洲正白旗人嘉慶庚辰科進士咸豐三年任疏請捐免充商山西改爲官運官銷豫陝改爲官運民銷

王慶雲福建閩縣人道光己丑科進士咸豐五年任升四川總督

恆　福蒙古鑲黃旗人廕生咸豐七年任

英　桂滿洲正藍旗特通阿佐領下人道光辛巳恩科繙譯舉人咸豐八年任原任體仁閣大學士

沈桂芬順天宛平縣人道光丁未科進士同治二年任原任協辦大學士

趙長齡山東利津縣人道光丁未科進士同治五年任

鄭敦謹　湖南長沙縣人道光乙未科進士同治七年任升刑部尙書

李宗羲　四川開縣人道光丁未科進士同治八年任升兩江總督

何　璟　廣東香山縣人道光丁未科進士同治九年任旋升浙閩總督

鮑源深　安徽和州人道光丁未科進士同治十年任

曾國荃　湖南湘鄉縣優貢光緒三年任是年晉省大旱成災力籌賑濟全活無數五年請裁加費羨餘商民感戴六年奉
命督辦山海關防務去日老幼婦孺遮道焚香者數百里旋授陝甘總督

葆　亨　滿洲正藍旗廩生光緒六年七月護

松　椿　滿洲鑲藍旗附生光緒六年十二月護

衛榮光　河南新鄉縣人咸豐壬子科進士光緒六年任是年調任江蘇巡撫

張之洞　直隸南皮縣人咸豐壬子科解元同治癸亥科探花光緒七年任現任兩湖總督

奎斌　蒙古鑲白旗生員光緒十年四月護旋改暫署以應得七成公費銀五千六百兩並於河東道七成公費內提銀二千兩暨以外減免公費奏請每年報効銀一萬四百兩

剛毅　滿洲鑲藍旗人繙譯生員光緒十一年十一月任准將藩庫發商科場抵攤兩欵生息銀二十萬兩十年還本五年還利以釋商困河東甘餉課不敷解奏請按年由藩庫籌墊銀十萬兩十五年調江蘇巡撫

豫山　滿洲正黃旗監生光緒十五年四月護十月任

潘駿文　安徽涇縣廪貢光緒十六年閏二月由山西按察使護嗣升任福建布政使

劉瑞祺江西德化縣人同治壬戌科進士光緒十六年三月任

奎　俊滿洲正白旗人光緒十七年十月護是月卸任

胡聘之湖北天門縣人同治乙丑科進士光緒十八年正月護現任山西布政使

張　煦甘肅靈州人咸豐癸丑科進士光緒十八年十一月任

奏請陝西渭北河南鞏孟襄葉郏等處試辦督銷補商力所不及以清口岸

吏役附後

鹽院書吏十八名飯食銀一百四十四兩廪給銀九百六十兩

皂隸八名工食銀八十六兩四錢

班頭二名工食銀一十六兩

上號吏四名工食銀二十一兩六錢

快手四名工食銀二十八兩八錢

按增修備覽十二門俱截至光緒七年止獨官職門

加至二十年者緣補載巡撫張

奏准試辦豫陝督銷疏議故鹽政續增題名鹽道監掣

亦連類及之第篇章急就未能詳攷政蹟匡其不逮請俟後之君子

河東道

河東道向駐蒲州府專管兵備水利乾隆五十七年課歸地丁運司裁汰雖澆曬販運聽民自便但運城八煙輻輳澆曬工作人夫聚集至鹽池每慮水患皆應督飭保護必須監司大員駐劄稽查方臻妥善奏准移駐運城兼管鹽法道嘉慶十一年鹽務復歸商運部議以河東道兼管鹽法毋庸復設運司惟河東

鹽引行銷山西陜西河南三省所有督銷催課查私等事皆應認眞經理關防內若僅鑄兼理鹽法道字樣恐陜西河南引地州縣心存歧視呼應不靈應鑄頒河東道兼管山西陜西河南鹽法道關防以昭信守乾隆五十七年頒有專

勅敬謄於左

勅山西分守河東兵備道兹命爾分守平陽等處河東道事務加兵備銜兼管山西陜西河南鹽法駐劄蒲州府管轄平蒲二府解絳吉隰四州及所屬各縣地方其經管錢穀

各官仍照舊聽爾統轄經營蒲州協營官兵俸餉都司以下等官聽爾節制調遣首在撫綏黎民勤宣德意約束衙門官吏胥役使知恪遵法紀無致作弊生事擾害商民監司本源既正方可表率屬員用循職業宜加意防河修城積聚糧餉督緝盜賊稽查逃人仍誡諭有司簡訟清刑潔己愛民興利除害生聚教訓共圖保障凡行鹽地方該管州縣嚴飭場竈戸丁稽核派銷鹽引飭捕役以緝私販剔侵蠹以疏積壅察照戸部議准鹽政事宜逐款舉行凡係流移人口須設法招徠各復本業不許奸人借端作害開

蠲荒田年終造報如大兵徵討經由地方糧草舟車皆當通融豫備以待臨時支給事竣報核無容有司朦朧橫派重困小民所屬官員有貪殘溺職者轉報該撫參處支放官兵俸餉嚴加查察如有扣剋短少聽爾揭參爾仍聽巡撫節制年終將行過事蹟開送該撫咨部考察爾受茲委任須持廉秉公殫心竭力使小民樂業斯稱厥職如或貪黷乖張因循怠忽貽悞地方責有所歸爾其慎之故勑

河東道正四品俸銀一百五兩坐永濟縣養廉銀四千兩在藩庫動支

歷任題名

和　明滿洲正黃旗慶安佐領下人乾隆五十三年任五十七年課歸地丁裁駐運城兼管鹽法道

金應琦安徽歙縣舉人乾隆六十年任洊升山西巡撫

王如金江蘇華亭縣人嘉慶九年任

張體公山東金鄉縣人嘉慶十年任

鄭人慶四川廣安縣典吏嘉慶十年任

劉大觀山東邱縣拔貢嘉慶十一年任詳准復商事務

茅　豫浙江山陰縣進士嘉慶十五年任

琫　彌　滿洲鑲白旗佟慶佐領下人嘉慶十八年任
陳中孚　湖北武昌府進士嘉慶十八年任
覺羅承光　滿洲鑲黃旗人嘉慶二十年任
河　洲　漢軍正黃旗人嘉慶二十一年任
葉汝芝　直隸滄州人嘉慶二十一年任
張大鏞　江蘇昭文縣舉人嘉慶二十五年任
曹恩綬　河南儀封廳舉人道光三年任
韓文顯　浙江仁和縣舉人道光五年任
羅士菁　雲南石屏州進士道光十二年任

但明倫 貴州廣順州人嘉慶己卯科進士道光十三年任

郭文匯 江西新建縣進士道光十五年任

文　柱 江西瑞昌縣拔貢道光十八年任

徐澤醇 漢軍正藍旗進士道光二十二年任

李百齡 廣西蒼梧縣進士道光二十三年任

馮德馨 山東濟甯州進士道光二十五年任

文　光 漢軍正黄旗進士道光二十五年任

張錫蕃 江蘇元和縣人咸豐元年任三年帶勇赴垣曲縣防堵八月髮逆由豫竄入晉境攻垣曲城率兵登陴固守奈兵單糧絶城陷殉節

文　海　漢軍鑲黃旗人咸豐三年任詳辦捐免充商歿於遼州防所

黃　經　廣東順德縣人道光甲辰科進士咸豐四年任詳辦三省引鹽改爲官運政聲卓著升山西按察使同治五年奉
旨入祀名宦祠

劉子城　直隸滄州人道光己亥科舉人咸豐九年任

楊寶臣　福建邵武縣人同治二年任辦理河防請減加費

李慶翱　山東歷城縣人咸豐壬子科進士同治六年任帶勇督辦河防八年四月署山西按察使九年七月回任升山西按察使布政使遞升河南巡撫

王　溥　陝西蒲城縣人道光戊戌科進士同治八年署嗣升兩淮鹽運使

俞世銓　江蘇吳縣人咸豐丙辰科進士同治九年任

升　泰　蒙古正黃旗恩傑佐領下人同治十年任加
修禁牆升浙江按察使嗣升雲南布政使授
伊犁參
贊大臣

江人鏡　安徽婺源縣人道光己酉科舉人咸豐癸丑
科內閣中書同治十年十月護光緒三年正
月任適值奇荒三載詳裁加費羨餘請塡五姓湖
蒲灘私畦鹽井歷署山西藩臬現任兩淮鹽運使

卓熙泰　廣西藤縣人道光壬午科舉人光緒
三年三月護時值大祲籌辦賑務

吳其復　湖南湘鄉縣人
光緒八年三月署

唐咸仰　廣西宣化縣人道光己酉科拔貢光緒
八年九月任九年升任河南按察使

黃照臨　湖南石門縣人同治壬戌恩科舉人光緒
九年八月由大同府護十二月任試辦太汾
行銷詳准奏省包釐節省經費以實庫款潔己勤
政事必躬親公餘輒微服巡察洞悉商情民隱十

年閏五月署
山西按察使

丁體常　貴州平遠縣附貢光緒十年閏五月由大同府護十一年二月任請裁續增五款以紓商困四月署山西按察使十一月回任現任甘肅鞏秦階道

俞廉三　浙江山陰縣監生光緒十一年四月由太原府護十二年五月再護詳寢鹵泊灘化私爲官免礙商運現任冀甯道歷署山西按察使布政使

邁拉遜　滿洲鑲紅旗人荆州駐防同治丁卯科舉人光緒十二年九月任詳調練軍大修姚暹渠以除池患因鹽務積疲請由藩庫按年籌墊銀十萬兩奏解甘餉詳准科場經費籌抵攤捐生息先本後利歸款並籌款修葺
文廟池神廟重修鐘樓道署商民感之祠祀於惠民館

張貽琯　山東海豐縣增貢光緒十七年十月兼護承辦部庫捐輸體察商情竭誠敦勸衆商踴躍

輸將銀十二萬兩

現任監掣同知

吳鴻恩 四川銅梁縣人同治壬戌科翰林候選道光緒十七年十一月由太原府護朔望宣講

聖諭添設中義學以廣育才刊河東宏運兩書院同學銘及

三聖寶訓等書教化士庶修理育嬰堂以恤幼孤飭官商經理養病所全活甚衆現任甯武府知府

宜麟 蒙古正白旗人光緒十八年四月任嚴緝池私梟販斂迹粥廠變章施濟益溥十九年十二月調奉

天東邊道

閻迺玨 陝西朝邑縣附貢山西候補道光緒二十年正月署創建硝池灘六小池營房詳調馬步練軍駐緝私鹽修理堰工以固鹽池以 文介公道庫存款置運安義倉並分撥蒲解十一屬義倉穀二萬一千石有奇義倉銀二萬一千兩有奇

吏役附後

河東道書吏六房外有承發房柬房

快手十二名額編工食銀七十二兩

皂隸九名額編工食銀七十二兩

聽事吏二名額編工食銀一十二兩

門子四名額編工食銀二十四兩

傘扇夫三名額編工食銀一十八兩以上坐永濟縣

鹽法道書吏六房外有戶總科戶收科戶支科庫房招房承發房柬房

快手四十八名額編工食銀七十二兩
皂隸四十八名額編工食銀七十二兩
上號吏二名額編工食銀一十二兩
巡庫兵六名
引庫子十三名額編工食銀二十四兩
內更夫四名外更夫二名
鐘鼓夫二名學泉斗子一名
四城門門兵四十名額編工食銀七十八兩以上額編
坐安邑縣

監掣同知

河東向設運同一員駐劄運城專司監掣兼管渠堰盜販等事責任綦重乾隆五十七年課歸地丁裁缺嘉慶十一年鹽務仍歸商運旣不增設運司未便復設運同將甯武府同知一缺裁汰改爲河東監掣同知仍駐運城定爲繁難要缺於通省同知直隸州通判知州知縣中揀選才具幹練之員

題補

監掣同知正五品俸銀八十兩坐安邑縣養廉銀一

千二百兩在雜課項下動支嘉慶二十年撫臣衡齡
奏准加增養廉八百兩在銷價生息項下動支咸豐四
年捐免充商改歸辦公費項下動支

歷任題名

胡龍光河南中牟縣人乾隆乙未科進士嘉慶十一年任解州直隸州知州選授雲南楚雄府知府因條陳河東鹽務留辦復商事宜嗣請以知府借補河東監掣同知十二年七月奉頒監掣同知信印

沈廷瑛江蘇常熟縣人嘉慶十五年任

秦恆柄廣西臨桂縣人乾隆己酉科舉人道光元年任

馬振玉　順天大興縣人祖籍陝西同州府道光七年任十六年再任

徐麗生　浙江武康縣人乾隆甲寅恩科舉人道光九年署

郭書俊　山東濰縣人嘉慶庚申恩科舉人道光十二年任

楊作梅　山東濟甯州人嘉慶丁丑科進士道光十八年任

張思鎧　江西上饒縣人道光戊戌科進士道光二十八年任官至四川按察使

魯鴻疇　順天宛平縣人咸豐二年任

徐　灝　直隸威縣副榜咸豐三年署

章　澍　順天大興縣人咸豐四年任

薛　珊　陝西朝邑縣人咸豐四年十二月署六年東郭灘積水甚盛衝刷石馬道幾爲池患議乞

引河鹽池，始賴保全。時補太原同知，請暫留河東督修石馬道、姚暹渠等工，任事實心，工竣，保以知府留晉，遇有選缺，儘先題補。

曹芳溢　湖北江夏縣人，道光乙未科舉人，咸豐六年任，選台州府知府。

周雲翥　順天涿州人，道光丁未科進士，同治五年任。

阮　棻　安徽懷甯縣人，道光丙午科舉人，同治十年署。

高崇基　直隸靜海縣人，道光庚戌科進士，同治十一年任，議修禁牆，遞升至廣西巡撫。

賈世琨　江西高安縣人，光緒元年署。

馬丕瑤　河南安陽縣人，同治壬戌科進士，光緒二年署，三年十月兼署解州，時值旱災，襄辦賑務，綏靖土匪，洊升廣西巡撫。

張元鼎江蘇婁縣人道光丙午科舉人光緒四年任十一年選授甘肅慶陽府知府

李潮海陝西朝邑縣附貢光緒十一年七月署十二年九月代理時值商力疲極詳請科場抵攤二十萬生息銀先本後利歸款令各商具限呈道存案承辦蘇皖江浙鄭工順直部庫晉賑等捐開誠敦勸衆商樂輸銀四十四萬兩花翎補用知府候補監掣同知

張貽琯山東海豐縣增貢光緒十一年十二月任花翎在任候補知府

吏役附後

監掣書吏六房

外有鹽攢房支科招房柬房承發房

快手八名額編工食銀四十八兩

皂隸十二名額編工食銀七十二兩

上號吏一名

門子三名額編工食銀一十二兩

傘扇轎夫七名額編工食銀四十二兩

鋪兵二名

燈夫二名

廚子水火茶夫五名

馬夫一名

執事人役八名

運學

運學向設教授一員訓導一員乾隆五十七年課歸地丁裁缺嘉慶十一年復商十三年撫臣成齡奏准復設將安邑縣訓導移駐運城專司督課祀事係選缺

訓導從八品俸銀四十兩坐安邑縣養廉銀一百兩
在安邑額編項下動支

歷任題名

侯郁亭介休縣廩貢嘉慶五年任安邑縣訓導十二年復商移駐運城專管運學

賀希孔太谷縣舉人嘉慶十八年任

張履安太谷縣歲貢道光十二年任

武廣祿滎河縣舉人道光十四年任二十六年再任

趙紹祖崞縣舉人道光十八年任

宋敏德介休縣附貢咸豐五年任

石凌雲 汾陽縣附貢 咸豐十年任

李嘉禾 盂縣增貢 同治九年任

郭懋基 介休縣廪貢 光緒五年任

吏役附後

學書一名

齋夫三名 額編工食銀一十八兩

門斗三名

膳夫二名 額編工食銀一十三兩三錢三分三釐

廟夫二名

經歷司

河東鹽經歷兼批驗大使乾隆五十七年課歸地丁裁缺嘉慶十二年復設兼管知事嘉慶二十五年撫臣成格

奏准移駐會興鎮專管稽查民販事務係繁缺

俸銀如舊養廉銀於捐免充商案内改歸雜課項下動支

歷任題名

黄本諧江西新城縣監生嘉慶十二年任

胡坊時　安徽甯國縣拔貢道光二年任

汪應璧　順天宛平縣副榜道光四年任是年移駐河南會興鎮兼批驗大使

潘　露　浙江仁和縣監生道光十四年任

馮　諫　順天大興縣供事祖籍浙江道光三十年任

劉雁題　直隸蔚州副榜咸豐元年任

鄭敦仁　福建侯官縣監生咸豐六年任

黃　晉　順天大興縣監生祖籍江蘇咸豐九年任

熊金城　江西高安縣監生同治七年任

吏役附後

書吏

門子

皂隸

籠馬夫

批驗秤役

庫大使

運庫大使乾隆五十七年裁缺嘉慶十二年復設兼

管運皁運儲二倉事係繁缺

俸銀如舊養廉銀於捐免充商案内改歸雜課項下

勳支

歷任題名

胡艮慶　江西南豐縣監生　嘉慶十二年任

李世德　河南武陟縣舉人　嘉慶十九年任

夏蔭南　江蘇上元縣監生　嘉慶二十二年任

劉錫疇　江西新淦縣監生道光十一年任二十年再任

張式瑛　順天大興縣監生　道光十二年任

侯　錞　安徽無爲州監生　道光十三年任

韓慶瀾　山東霑化縣監生　道光二十四年任

安　福頒下監生咸豐六年任福滿洲正黄旗宗室樂福佐

楊恩齡山東濟甯州監生同治二年任

沈長慶安徽六安州監生同治九年任

張茂善江蘇婁縣監生同治十三年任

吏役如舊志

中場大使

中場乾隆五十七年課歸地丁裁缺嘉慶十二年復設定爲簡缺

俸銀如舊養廉銀於捐免充商案内改歸雜課項下

勳文

歷任題名

嚴　琦　江蘇太湖廳監生嘉慶十二年任

張大銓　江蘇昭文縣監生嘉慶十八年任

蘇廷舒　漢軍鑲白旗生員嘉慶二十四年任

李訓謨　山東濟甯州監生道光元年任

潘　露　浙江仁和縣監生道光四年任

龔自閬　浙江仁和縣議敍道光八年任

鄭尊仁　福建閩縣監生道光十四年任

葉華烜　浙江歸安縣監生道光十八年任

江德煇　安徽歙縣監生道光二十二年任

彭光照　河南靈寶縣貢生咸豐元年任

强紹瀛　江蘇溧陽縣監生咸豐四年任

屈鑑炯　陝西朝邑縣監生同治九年任

俞　斌　順天宛平縣人咸豐乙卯科副榜同治十二年任

吳傳綸　安徽懷甯縣監生光緒五年任

吏役如舊志

東場大使

東場乾隆五十七年裁缺嘉慶十二年復設定爲繁缺旋以磴口吉蘭泰兩大使改繁奉部議改簡十六年磴口吉蘭泰兩大使奉裁十八年經撫臣衡齡仍請改繁在外揀調

俸銀如舊養廉銀於捐免充商案內改歸雜課項下動支

歷任題名

邵　棻直隸天津縣舉人嘉慶十二年任二十三年再任

孟調梅河南睢州舉人嘉慶十九年任

張大銓　江蘇昭文縣監生　嘉慶二十四年任
蘇廷舒　漢軍鑲白旗生員　嘉慶二十五年任
連　魁　滿洲正黄旗生員　道光七年任
潘　露　浙江仁和縣監生　道光八年任
龔自閬　浙江仁和縣議敘　道光十四年任
鄭尊仁　福建閩縣監生　道光十七年任
徐維基　江蘇吳縣監生　道光二十一年任
江德煇　安徽歙縣監生　道光二十八年任
葉華烜　浙江歸安縣監生　道光三十年任

陳承恩漢軍鑲黃旗德克包衣佐領下監生咸豐三年任

慶　英滿洲正藍旗監生咸豐九年任

潘　銘浙江仁和縣監生同治十年任

張　斐安徽桐城縣吏員光緒三年任

吏役如舊志

西場大使

西場乾隆五十七年裁缺嘉慶十二年復設係簡缺俸銀如舊養廉銀於捐免充商案内改歸雜課項下動支

歷任題名

王鼎勳江蘇江甯縣監生嘉慶十二年任

連魁滿洲正黃旗議敘嘉慶二十年任

婁淦浙江會稽縣監生道光八年任

徐維基江蘇吳縣監生道光十二年任

鄧文典廣東歸善縣監生道光二十五年任

劉繼愷陝西朝邑縣監生道光三十年任

陳承恩漢軍鑲黃旗德克包衣佐領下監生咸豐元年任

潘銘浙江仁和縣監生咸豐四年任

張鴻儀直隸磁州監生同治十二年任

吳恩晉安徽廬江縣監生光緒三年任

曹槐湖北江夏縣監生光緒四年任

吏役如舊志

解州州判

州判乾隆二十七年移駐運城俸廉如舊

歷任題名

楚璵陝西南鄭縣拔貢嘉慶元年任

顏紹業江蘇長洲縣副榜嘉慶八年任

徐如涵貴州銅仁縣拔貢嘉慶十三年任

甘霖順天宛平縣拔貢嘉慶十五年任

張誠修山東鄒平縣拔貢嘉慶二十二年任

汪應璧順天宛平縣副榜道光元年任四年又任經歷

張映南四川成都縣副榜道光四年任

宋淵島河南商邱縣拔貢道光八年任升安邑知縣

蔣知白江西鉛山縣人嘉慶辛酉科拔貢道光二十年任

徐灡直隸威縣人道光壬辰科副榜道光二十二年任升安邑縣知縣

孫德鈞直隸清苑縣人道光壬辰科副榜道光二十八年任

崔　玲　直隸安平縣人嘉慶癸酉科拔貢咸豐元年任

紀焕述　直隸獻縣人癸酉科副榜咸豐四年任

陸憲曾　浙江桐鄉縣附貢生同治元年任

盛鏡善　江蘇武進縣廩貢生同治二年任十二年再任

張郁慶　直隸南皮縣人咸豐己未科副榜同治七年任

按前志設快手八名官馬八匹在池內巡防乾隆五十七年課歸地丁裁汰嘉慶十一年復商時部議毋庸復設道光五年因池內宵小偷竊料鹽設立槍手六十名鳥槍六十杆由運城營撥派二十

名解州撥派二十名安邑縣撥派二十名歸州判
管帶督率分舖巡緝嗣以池內安靜減去三十名
二十六年又以池內不靜於冬三月加添三十名
光緒六年以商力疲乏將加添之三十名暫行裁
撤常設槍手三十名仍留巡緝吏役詳解州志

三巡檢

乾隆五十七年課歸地丁場員奉裁飭令鹽池司代
管中場長樂司代管西場聖惠司代管東場凡遇大
計俸滿歸河東道考核嘉慶十二年場員復設仍專

管巡牆緝私之責

俸銀如舊養廉銀於捐免充商案內改歸雜課項下

動支

鹽池司巡檢歷任題名

劉福耀 江西奉新縣監生 乾隆五十七年任

沈友壎 順天大興縣監生祖籍 浙江嘉慶十一年任

董 洙 江蘇陽湖縣監生 嘉慶十二年任

許 炆 順天大興縣監生祖籍 浙江嘉慶二十一年任

徐遴善 甘肅西甯縣議 敘道光六年任

張穀生順天宛平縣議敘祖籍浙江道光七年任

熊上吉江西高安縣監生道光十七年任

惲炘順天涿州監生祖籍江蘇咸豐二年任

章廣程湖南善化縣監生咸豐十一年任

袁緡業山東長山縣監生同治三年任

吏役如舊志

長樂司巡檢歷任題名

鄭恭和浙江蕭山縣監生嘉慶十二年任

鄔彤文順天大興縣議敘嘉慶十七年任

呂世勳安徽貴池縣監生嘉慶十八年任
施國信順天大興縣議敘道光七年任
宋　甡江蘇長洲縣議敘道光三十年任
崔世華直隸深州議敘咸豐四年任
邵　煜順天通州議敘同治三年任
張　華直隸安平縣監生光緒三年任
申嗣元山東歷城縣監生光緒七年任

吏役如舊志

聖惠司巡檢歷任題名

張玉麟　浙江山陰縣議敘嘉慶元年任

龔亦馮　順天宛平縣吏員嘉慶十四年任

董　洙　江蘇陽湖縣監生嘉慶二十四年任

吳開泰　浙江錢塘縣監生道光十二年任

張世鉞　順天宛平縣監生道光十六年任

史　祐　順天通州議敘道光二十八年任

陳　鑄　直隸清苑縣監生咸豐六年任

汪先甲　安徽桐城縣監生同治十年任

錢　澍　安徽懷甯縣監生光緒五年任

苑春和直隸涿州監生光緒七年任

吏役如舊志

運城營

運城營係雍正十年改爲都司專營以逮道光年間原設都司一員把總一員外委把總二員咸豐十一年山西巡撫英桂通籌全省營制移兵移餉擇要分駐摺内聲稱運城爲鹽課重地請改添官兵以資守禦奉部議覆准裁都司一缺改設遊擊一員添設守備一員把總一員自同治元年始由藩庫支給遊擊

養廉銀四百兩守備養廉銀二百兩把總養廉銀九十兩原設把總仍舊養廉銀九十兩外委把總每員仍舊養廉銀十八兩原設添設經制官共六員歲計支養廉銀八百一十六兩

遊擊從三品俸銀二百三十一兩三錢三分七六釐養廉銀四百兩均在藩庫動支

歷任題名

陳永祥陝西安康縣世襲同治元年任是年改設遊擊即以裁缺都司升補

蘇碼康阿滿洲鑲黃旗侍衛同治四年任

怡　壽滿洲正黄旗廣道佐領下人同治十一年任

王同文山西汾西縣行伍光緒元年任

桓　昌滿洲鑲紅旗文英佐領下護軍參領光緒四年署

都司

同治元年都司裁缺改設遊擊

歷任題名

邢承誥四川崇慶州世襲乾隆六十年任

儲士雄福建泉州府行伍嘉慶九年任

楊大受江南壽州行伍嘉慶十三年任

范建衡　漢軍鑲黃旗人嘉慶十六年任

保之琳　貴州興義縣世襲道光二年任

蓋睿開　貴州畢節縣武進士道光四年任

王廷樑　雲南崑明縣行伍道光六年任

馬得貴　雲南太和縣行伍道光十四年任

西銘額　滿洲正白旗侍衛道光二十二年任

張會川　山西代州武生道光三十年任

羅書龍　江西武生咸豐五年任

陳永祥　陝西安康縣世襲咸豐九年任坐升遊擊同治元年裁改都司爲遊擊

以上都司自同治元年裁缺仍留題名以備參考

守備

同治元年增設

守備正五品俸銀九十兩六錢九分六釐養廉銀二百兩由藩庫撥給

歷任題名

增　順滿洲正黃旗人同治元年任是年增設守備員缺

武以仁山西五臺縣武舉人同治四年任

王占魁安徽阜陽縣人同治戊辰科武進士光緒三年任

把總

城守營把總係專管城守之責設自

國初備詳舊志

把總正七品俸銀三十六兩養廉銀九十兩由藩庫

撥給

歷任題名

馮翼龍山西陽曲縣行伍嘉慶十年任

張國鏡山西朔州行伍嘉慶十九年任

任正南山西太谷縣武舉人道光十年任

孫文銓　山西臨汾縣武生　道光二十四年任

常光國　山西崞縣武生　咸豐五年任

許　華　山西臨汾縣行伍　咸豐九年任

賀　福　山西臨汾縣行伍　同治四年任

新設把總

同治元年新設把總係專管操防之責

新設把總正七品俸銀三十六兩養廉銀九十兩由

藩庫撥給

歷任題名

馬得龍山西大同縣行伍同治元年任是年添設把總一員

原額兵九十六員名內外委把總二員一分駐安邑縣一分駐北相鎮存營額外外委一員馬戰兵六名步戰兵十四名守兵七十三名同治元年添兵四百七十員名內額外外委五員馬戰兵三十二名步戰兵一百名守兵三百三十三名通共運城營兵五百六十六員名原設官馬十一匹內把總例馬二匹外委額外並馬兵騎操馬九匹官兵俸餉草乾歲需銀一千四百三十九兩四錢應領

折色米銀一百三十二兩六錢八分二釐俱在藩庫動支又應領本色米二百一十二石九斗一升七合五勺本色料豆五十九石四斗俱在蒲州府倉動支添設官馬四十九匹內遊擊例馬六匹守備例馬四匹把總例馬二匹額外並馬兵騎操馬三十七匹歲需官俸銀三百五十八兩三分二釐兵餉銀六千六百八十七兩米折銀一千五百二十二兩八錢草豆折乾銀四百九十九兩二錢一分二釐統計俸餉米豆草乾銀九千六十七兩四

分四釐

增修河東鹽法備覽　卷一

《山西文華》編纂委員會 編

山西出版傳媒集團
三晋出版社

山西文華·史料編

增修河東鹽法備覽

第二册
卷二至卷三上

清 江人鏡等◎修
清 張元鼎等◎纂

山西文华

增修河東鹽法備覽分目

渠堰卷二上

督修責戍

護池灘地

增修河東鹽法備覽卷二上

渠堰

渠堰之設原以防山水而護鹽池要在濬渠深以洩水勢築堰堅以遏橫流籌議興修用資保衛洵治鹺之先務也查池南各堰輪修次第辦工限制近池山澤備覽已詳其說無須增敘惟姚暹渠疊次興修暨大池東西各堰閒有加添並議修姚暹渠河渠各章程估銷限期及護池灘地中附載各條今昔異宜謹依次增修以備稽考

姚暹渠

查姚暹渠舊制渠口寬二丈四尺底寬二丈深一丈二三尺不等計一百三十一里有奇長二萬三千七百七丈八尺來源自夏縣王峪口起歷安邑解州虞鄉四州縣會合東南一帶山水西注五姓湖又西入於河使水有所歸不致漫入鹽池爲害惟遇山水漲發挾沙帶泥水經一次即淤土一層堰身日漸披累間有單薄不堪抵禦處所其在安邑境内潰決者渠水全注東郭灘在解州境内潰決者渠水全注長樂

灘是以治鹾必先治渠以資保衛乾隆年間屢次
奏請借
帑興修或三萬兩或四萬兩不等均歸坐運各商分年
公攤歸款迨四十三年議定歲修所需工費卽令衆
商公攤毋庸報部五十七年課歸地丁照依辦理於
嘉慶二年河東道金應琦以姚暹渠淤澱詳動商捐
鹽池生息銀七千五百兩有奇重加修濬九年河東
道王如金又議請動用本年歲修及歷年歲修餘賸
銀兩擇要挑濬十二年復商後隨時督商捐資修理

道光二年夏雨水過多渠流激駛堰身沖刷塌墊之處十居四五八月初霪雨經旬山水漲發以致南堰潰決漫入長樂灘浸及池西各堰幾爲池患道光三年鹽政邱樹棠具

奏以上游之李綽堰係姚暹渠來路屢修屢壞必須另買民地改空河身重築新堰與姚暹渠一併修築經河東道張大鏞督同監掣同知秦恆柄等逐細履勘約估一切公費連買民地價值共需銀四萬八千兩請將河東道庫所存商捐銷價生息除前次奏准添

築幫護馬道土堤動用銀五萬兩外現存銀四萬餘
兩儘數借撥其不敷銀八千兩請在公務項下如數
借支所借銀兩自道光三年夏季爲始分作八年由
坐運兩商公攤歸款無庸造冊報銷奉
旨准行遵即檄委解州安邑夏縣虞鄉四州縣督工修濬
是年五月初九日
奏報工程完竣實用銀四萬一千一百八十三兩零較
原估節省銀六千八百一十六兩零奉
上諭即將此項銀兩留作修理申家堰青龍堰等工之用

等因欽此道光十二年秋雨連緜山水漲發以致八月十四日解州境內姚暹渠莊頭橋西堰身沖決全渠之水直注長樂灘內十三年正月二十八日奉

上諭尹濟源奏請借商捐息銀修築隄堰要工一摺上年山西省秋雨連緜以致姚暹渠隄堰莊頭橋西衝開缺口該堰為保護鹽池必不可緩要工自應趕緊修築以資扞衛著照所請准其在於商捐銷價生息銀兩內照估借動銀二萬二千一百三十六兩零飭令乘此春融即行修築所借銀兩著自本年春季為始分作四年由

坐運兩商四六攤捐歸款責成監掣同知解州直隸州
承修照例保固三年如限內衝壞卽令著賠仍飭該管
河東道隨時前往查察務使砌築堅固毋任草率偷減
至此項工程將來仍由商捐歸款著免其造冊報銷該
部知道欽此遵卽飭委監掣同知郭書俊解州直隸州
徐麗生督率商人等興修四月十二日一律工竣至
道光十五年五六月閒連次大雨屢有衝決經河東
道但明倫隨時搶護七月十六七等日又遇大雨水
勢盛漲致將夏縣白沙堰衝開直灌姚暹渠其黑龍

堰石馬道等處隄堰漫溢鹽池被淹經撫臣鄂順安飭令河東道督率鹽務各員竭力堵禦並將被水情形
奏明在案十六年撫臣申啟賢興修姚暹渠估需工料銀八萬兩
奏請在於藩庫銅本息銀息穀變價減半平餘歸本銀兩內借撥所借銀兩自道光十七年爲始分作八年由坐運兩商四六攤捐歸款奉
旨准行遴派解州直隸州徐麗生安邑縣知縣袁楷夏縣

知縣王檄虞鄉縣知縣宣禮分段承修如式挑濬五
月二十八日六月初十等日先後報竣咸豐六年姚
暹渠上下游多有淤澱每遇大雨輙行沖決經撫臣
王慶雲片
奏運城東郭灘積水浸池及姚暹渠亟宜空修請留署
監掣同知太原府同知薛珊撙節估辦奉
旨允准續修李綽堰工竣共用銀二萬九千二百餘兩與
歲修併案
題銷其不敷銀兩在歷年歲修餘賸銀兩內動支九年

四月經部核准具

奏十五日奉

旨依議欽此嗣後歷年照例歲修至今賴以安謐

池東各堰

池之有堰如城之有郭所以資保衛也前志載池東有白沙李綽雷鳴白家黑龍東禁共六堰丈尺基址備詳而六堰中以李綽堰爲最要扼姚暹渠之來路當山水之衝原長二千五百五十六丈內有小堰長一百十丈道光三年撫臣邱樹棠修濬姚暹渠李綽

堰等工案內
奏明另買民田添築橫石堰一道名曰迎水燕尾堰長
一百丈

池西各堰

前志內載池西有五龍硝池七郎卓刀長樂五堰內惟五龍堰爲鹽池最要保障且近解州城垣藉以扞衛匯納五峪之水故以五龍名原長八百三十五丈內有小堰長五十三丈五尺道光九年撫臣徐炘以峪口水勢湍急且根山築堰每遇水發沙石奔騰灘

則漸高堰則漸矮非特於鹽池爲害實於解州全局大有關係請將堰工一律培築高厚並加築護石及迎水石壩等工十月初六日奉

上諭徐炘奏察看鹽池情形請動項大修堰工一摺山西運城鹽池向有五龍堰工近年山水陡發間被沖塌據該撫體察情形必應大加修築約估需銀三萬兩上下請動河東商捐銷價生息銀兩著照所請即在此項商捐銀內動支銀三萬兩及時興修統俟工竣後覈實報銷倘有不敷隨案聲明如有餘賸仍令歸還原款該部

知道欽此計五龍堰又接長六十丈小堰亦接長二十
一丈
議修章程
議修渠堰即以保衛鹽池惟時事變遷章程屢改前
志内載乾隆四十三年運使程國表會同河東道詳
議歲修章程停止借
帑興修五十七年課歸地丁運商公攤銀六萬兩發交
陽曲等三十州縣當商照銅本生息例按年一分生
息名曰鹽池生息由各州縣將息銀解交藩庫作爲

河東渠堰工程之用是年撫臣馮光熊於課歸地丁善後事宜十六條內

奏稱河東運庫向有額設歲修銀五千兩今鹽池不可除歲修不可廢渠堰禁牆歲修並各堰戶工食應請每歲在於藩庫徵收鹽課項下支銀五千兩由河東道請領委員修理經大學士阿桂議

奏渠堰係保護鹽池鹽池爲坐商世業應令坐商照數交納河東道庫以備歲修奉

旨允准五十八年河東道和明詳經巡撫蔣兆奎批准將

藩庫存儲之鹽池生息撥歸宏運書院作爲膏火如有緊急工程准其酌動嘉慶十二年復歸商運十六年河東坐商捐存銷價本銀十五萬兩發交運商按年一分生息

奏明倘有緊急工程准其動用奉

旨准行在案二十一年巡撫兼鹽政衡齡飭令陽曲等三十州縣將存放之鹽池息本銀六萬兩提歸河東道庫發交運商生息如有緊急工程方准詳院酌量動用道光六年三月二十七日奉

上諭福縣奏請動項發商生息以資修築鹽池渠堰一摺河東鹽池地勢最窪向有護池隄堰三十餘道俾得層層分蓄茲據奏稱近年被水沖擊隄身漸覺單薄設遇山水漲發搶修堵禦需費甚繁所有商捐歲修銀五千兩尚不敷用自係實在情形著照所請准其於商捐銷價現存息銀內動銀五萬兩發商生息每年所得息銀五千兩即作爲歲修渠堰各工之需該撫仍飭令該道督同地方官及坐運兩商隨時興修實力妥辦務期國課民食益臻饒裕並著於年底將用過銀數造冊報部

查覆如有盈餘卽在道庫存貯該部知道欽此共計每年歲修銀一萬兩二十七年九月間因西口軍餉奉撥銷價生息銀一十萬九千兩維時此項並無存款卽以鹽課正項借撥批解嗣經戶部行催將所借銀兩照數歸補經河東道張錫蕃籌議每年將額設歲修暨續生息一萬兩全數歸補共渠堰歲修並堰戶閘夫工食飭商公捐嗣經戶部咨覆自咸豐元年爲始每歲在於歲修一萬兩內劃出銀八千兩歸還前借鹽課留銀二千兩仍歸歲修等項之用咸豐三年

各運商輸銀捐免所有鹽池銷價各項生息一律停
利歸本以後陸續催繳改發坐商前借鹽課内有未
經歸補者經部咨覆議准豁免又續銷價生息亦在
運商名下催繳改發坐商自此以後仍令坐商每年
按等捐銀五千兩作爲歲修渠堰並堰戸閘夫工食
之用統於年底將用過銀數造冊報部核銷歲修不
敷再於公費内酌量支用如遇搶險及大修鉅工由
河東道詳請
奏明先行籌借庫銀墊辦令坐商按畦錠等次分年攤

指歸款今仍其舊

按各商封納歲修銀兩無論額餘畦地以肥瘠分作五等內有雙號歸一者亦祇納歲修一分統計一等者七十一家每家納銀四十二兩二錢九分二等者三十六家每家納銀二十四兩三等者五十九家每家納銀一十二兩四等者一百七十六家每家納銀四兩六錢五等者七十八家每家納銀一兩七錢其餘歉薄不堪者西場最多中場次之皆不列等計每年共應納歲修銀五千五百一十六兩七錢九分惟

間有商力疲困封納不前者各年多寡不一不得不
酌盈劑虛是以每年歲修銀兩約以五千兩核算以
期有贏無絀今將封納歲修五等各商名開列於後

一等

孫克峻 劉集成 劉敬成 楊清茂
郭張先 周宗賢 范錫陽 范錫奎
范錫賀 孫躔賢 范林 王天泰
張用 孫砇成 景德馨 關合祿 周永祿
景奇瑞 應永豐 景新崑 楊文耀 張福 丁光榮

張王湯　景三麟　于薛盛　葛鼎盛
朱五福　張天申　卞合興　曹守澤
景德馨　王恆泰　張青　張鼎盛
曹守澤以上東阡鋪　李乾勝　岳萬昌以上東頭鋪　李祥　馥遠
劉增　彭延年　郭治勳　劉盛　生吉
王謙益　陸　曹復慶　王聖宇　陸恆裕　杜創業
李席得　許洪泰以上東五鋪　董李盛　張揚斗　郭張凝
劉祥　張嗣徽　解建基　郭行慶
喬世榮　郭順昌　朱陳德　石滄璞

路迎祥　曹守德　馬文祿　姚成邑以上東六鋪

張馬新　劉大裕　孫　立　段維錫

王世伯　張雙興　康　盛　喬世盛

張景瑞　侯王錫以上東七鋪張軌東八衛存仁鋪

二等

馬來儀　王泰亨　朱謙益以上中頭鋪　喬　宥　張雲客

范錫善　范錫瑞　薛桂興　朱光彥

景雙德　景臻瑞　郭帝篤　張　昌

張昌運　景德馨以上東阡鋪　楊善繼　吳楊茂

楊南盛　范錫高孫馬景以上東頭鋪　衛時甯許晉魁　郭元勳侯計東

郭世翔張乾以上東二鋪　劉燕生　張永發以上東五鋪　王延祚

曹守澤　萬年泰　李景文　張滿世盛以上東七鋪

馮克恭　景奇瑞　闞起郭　張世德

文際泰　孫三成　王崇　衛琇以上東八鋪

三等

袁正范充中頭鋪　王天壽中二鋪　萬年瑞　范錫治和以上中四鋪

楊怡中六鋪　范錫仁岳中七鋪　何胡景范錫潞中八鋪　劉集成中十鋪

喬宥　李南有以上東阡鋪　張澍　王曲彩

仝全金　范錫輝　吳濟　張澤遠　郭永基　陳大勳
馬之繗　閻張慶　周宗賢　官置昌　朱光庭　胡永業　張大成
張慶　范岩　馬古圖　郭東皋　張榮光　衛近宇以上東頭鋪　張舒　孫張郭
王天瑞　劉功營　荀玉　王如張　劉李　范錫洪　楊爵錫
范天錫　劉集成　范錫長以上東二鋪　周永福　劉廣生　張充　劉文起
張充　張坤　翔　李濟以上東三鋪　范錫陵　周禮明
王三益　樊自省　張振光　劉晉生　陳呂　劉日惕　周斯　范錫　盛
楊餘慶　胡建業　范錫留　劉殿掄　解成祥　馬善慶　景三林
賁啟元　張　洪裕　天申　李吳宗　秦廷祁以上東四鋪　劉光晌

李張 胡楊福　劉光晒　劉　德以上東五鋪　萬　福

楊明斗　何德先　馬守肆　劉光曙以上東八鋪

王傑生　張仲含以上東范錫垣東十九鋪吳李郭鋪

四等

朱順德　郭汝翠　李　錡　陳樂成

許廷憲　董連發　王世芳　宋三錫

王劉昇　曹廣裕　郭姚昌以上中頭鋪　宋四德

郭鎮疆　范時熙　李玉隆　劉光昶

郭恒基 陳葉欽　張澤遠　楊胡盛以上中二鋪　張崔玉

范錫龍　許晉魁　張　蔡　李　煜

張　濬　李祥衍　張王林徵　郭　暉

席　正　王體先　白六輔　荀源慶以上中三鋪

范錫讓　粱文光　王天福　王天祿

孫達秀　張澤深　萬年慶　宋肇業以上中四鋪

張世德　衛　純　劉鈺增　樊和盛

馬萬福　郭王福　劉光曙暟　張永泰

范時發錫基　范錫含　劉晉生　張漁福以上中五鋪

衛大有　衛玉馬　范　深　張守義以上中六鋪

王孫遠　曹盛　張源　范錫闞綸

陳玉美以上中七舖　王昌盛　范錫崑　陳大幾

闞復慶萬時昌　戈徵夏　范錫澤　曹廷琇

聶王錫　王輻　范錫留以上中八舖　郭清范正

苟柳春張聖　牛順成　張友佺　范錫台

范錫維　郭皋　劉增祿以上中九舖　許晉魁

范天錫　張濬　張天申　王天福

劉祿　范天錫以上中十舖　李柱東頭郭文生舖　王天福

景劉申以上東王二舖　宏馬縣祥　范錫陵謝景新　劉陳

范錫長　周張劉　王　計　郭封肆
朱光先　文中琪　周縣新以上東三鋪　劉永翕
范錫安　王寶善以上東四鋪　張　經東五鋪　陳守成
費帝錫
范錫黎以上東八鋪　陳安成　王世正　劉慶成
劉　麟　荆孫盛　張世有　劉李瑞
張道緜　張　庸以上東九鋪　馬周美　宋肇基
劉成德　范　琨　路歌薰　王　偕
劉王佐　董張盛　康德演　張世瑞
李鴻業　丁八瑞　許仁基　張福玉以上東十鋪
王天佑　吳紹鳳　張　廷　范天錫

郭順昌　范天錫以上西頭鋪　張世慶　劉鈺

范天錫　喬信義　張乾　張廷

李玉隆　范天錫以上西二鋪　張澤昌　劉光畯

張鵬　衞大有　劉祿　周永福

王慶盛　王公盛　范天錫　宋肇業

張璠以上西三鋪　范錫琦　劉天成　張鼎盛

曹盛　郭封肆　戈徵夏　許晉魁

郭王富　范天錫以上西四鋪　蔡毓英　范天德

范錫澤 岩　張天申　庾瑞昇　郭元勳

許泰徵　郭元勳　劉乾鼎以上西五舖　張永榮西六舖

范錫鳳　梅周田以上西七舖　范錫福　范錫光

張存仁　澤深　范錫鼎　劉天成以上西八舖　張世德西九舖

五等

宋肇仁　郭鍾俊　南耀源　景席瑞

劉敬成以上中二舖　楊李高中三舖　張程章　范天錫以上中四舖

馬之驃　常凝　路鏵　張廷以上中五舖

路復新　劉王興　劉仁義　劉李祥

周永盛　張天申以上中六舖　范錫榮　薛天福　孟昌裕

范錫阜　馮胡盛以上中七舖　張文芳　李大成
王用舒以上中八舖　張鵬　楊多福　劉彩
雷自文以上中九舖　王運隆東阡舖　蕭丁隆　張肇漢　范錫治　張敦敬
文景泰　范承以上東三舖　喬劉遜東九舖　王友　荀特正
范錫安以上西頭舖　樊公正　張充　劉集成
曹守澤以上西二舖　呂毓漢　王慶成　范天德以上西四舖
范天錫　郭順昌　許晉魁以上西五舖　范恆
范錫黎　張公勝　李馬鳳　張泰
呂世仁　高昌　范錫川　范祥

范　厚　王昌瑞　張天申　萬立翔以上西六舖

孫祿泰　楊克明　李炎如　范天錫

范錫安以上西七舖　李惟亨　范錫陽　范天德

郭元勳以上西八舖　李文琦　張　琦　衛承志以上西九舖

李宗瑞　張存仁以上西十舖　郭翟斗　石裕菴

曹　盛　應永豐以上西阡舖

議定姚暹渠歲修章程

乾隆四十三年巡撫兼鹽政巴延三

奏明姚暹渠分南北兩岸北堰係居民修築南堰係動

帑修濬除三年一次輪修年分已有額設銀五千兩照
額挑濬外如非輪修年分堰身沖决實係急工仍令
運同隨時搶修動用額設銀兩其餘淤澱處所於冬
季農隙時委員勘明令坐商雇夫挑濬所挖之土培
築南堰其民修北堰令地方官於每年冬季查勘沖
汕之處督率居民各按地界修築五十七年課歸地
丁運同裁缺由河東道委員會同各州縣照章歲修
嘉慶十二年復商後運同一缺改設監掣同知道光
三年撫臣邱樹棠

奏報大修姚暹渠李綽堰工竣案內聲明姚暹渠受諸山之水最易淤澱嗣後應請歲爲經理每年農隙水涸之時責成監掣同知詳細履勘飭令運商雇夫挑濬所需工費卽令各商公攤完工後具報河東道驗收詳院以昭愼重奉

旨允准咸豐三年運商捐免改歸坐商捐修至今因之

議定河渠並修章程

查涑水河自絳縣横嶺山發源歷聞喜夏縣安邑猗氏等縣南抱姚暹渠匯歸五姓湖又西入於河每遇

夏秋淫雨水勢漲溢與姚暹渠合流爲患原定議修
章程前志備載乾隆四十三年撫臣巴延三
奏明每年於冬令水涸之時飭令各該縣查勘有無沖
汕應修之處先行報明於次歲春融令各照依舊定
成規修濬工竣申報查考道光三年撫臣邱樹棠
奏報渠堰工竣善後章程案内聲稱涑水河現已一律
挑濬不特於鹽池有益即各該處民田廬舍亦資保
障嗣後亦應照姚暹渠歲修章程責成各該縣每年
於農隙之時勸用民力隨時修濬以期永遠通暢奉

旨允行

估銷限期

向來估修丈尺應需銀數例定於十月內造冊

題估次年四月內造冊

題銷道光六年撫臣福縣

奏准額設商捐歲修銀五千兩不敷應用又在銷價生

息息銀項下動銀五萬兩發商生息每年息銀五千

兩添作歲修歷經具

題估銷在案十五年准工部咨都水司案呈山西鹽池

渠堰續增歲修銀五千兩之題辦各案與原設歲修銀五千兩咨案事屬兩歧嗣後辦理歲修案件將咨部估銷之案歸入具

題案內一併照例

題估

題銷所需銀兩仍不得過額定一萬兩之數卽以道光十五年爲始以昭畫一而歸簡易咸豐三年運商捐免積發銷價息本故發坐商仍復歲修五千兩舊額照例具

題估銷

督修責成

渠堰禁牆馬道護隄爲商民命脈必須隨時修理各

有議定責成前志內載修理渠堰爲運同專責其沿

渠各州縣一併加意防護倘有疎虞照例条處乾隆

五十七年課歸地丁運同裁缺撫臣馮光熊

奏河東鹽池南山一帶客水羣趨所有護池禁牆渠堰

應請由河東道委員照舊歲修如經理不善池有損

壞卽將河東道条賠治罪經大學士阿桂核議具

奏奉
旨允准嘉慶十一年撫臣成甯於籌酌復商案内
奏稱河東向設運同一員專司監掣並兼管渠堰今復
改商運請將甯武府同知裁汰改爲河東監掣同知
仍兼管禁牆渠堰事宜奏
旨允准道光三年撫臣邱樹棠
奏請挑修渠堰案内聲明承修工段本係解州安邑夏
縣虞鄉四州縣所轄地面即責成該州縣等承修並
令照例保固三年如限内沖壞分别參處賠修仍歸

監掣同知總司其成道光九年十三年十五年屢與鉅工俱係監掣同知督同各州縣修理至今因之

護池灘地

查護池灘地村名里數前志已載惟自卓頭村以下至夏縣屬之傳村共十三村灘地租麥共二百七十石三斗五合六勺統入運儲倉給散孤貧口糧向歸鹽經歷管理乾隆五十七年課歸地丁經歷裁缺改歸解州州判經理與運阜倉一體報部嘉慶十二年復商後改歸庫大使管理至今因之

附籽粒灘地

安邑縣經徵張良村東郭苦池三、村灘地共租銀七百九十三兩四錢三分一釐六毫向係

題明充餉由運庫報部覈銷乾隆五十七年課歸地丁

奉准部議改由安邑縣夏縣分別徵解本省藩庫報

撥

經歷司經徵東郭村湯里村任村三村灘地共租麥變價銀一百七十兩九錢八分五釐一毫八絲六忽名曰小麥變價向由運庫報部覈銷乾隆五十七年

課歸地丁奉准部議改由安邑縣徵解本省藩庫報
撥
三場大使分徵介村從善村卽嵬尤村灘地共租麥
三石七斗三升四合穀五石六斗一合向貯運皁倉
積至五年糶價充餉乾隆五十七年課歸地丁三場
大使裁缺改歸安邑縣徵收照舊五年變價解交藩
庫報撥嘉慶十二年復商後仍歸安邑縣經徵十三
年經河東道劉大觀詳請巡撫成齡咨准此項灘地
歲徵麥穀積至五年變價仍將銀兩解交河東道庫

報撥

附鹽站籽粒地

絳州之白家淵村與橫嶺關站嶺聞喜縣之東鎮教場西關夏縣之長樂村安邑縣之運城北門外與陶村各有鹽站地屬醝務四縣歲解籽粒銀十兩二錢六分向係歸入正項充餉由運庫報部覈銷乾隆五十七年課歸地丁奉准部議由各縣徵解本省藩庫

報撥

增修河東鹽法備覽分目

坐商卷二中

坐配

增修河東鹽法備覽卷二中

坐商

凡行貨曰商居貨曰賈事有專責何獨於經營畦業者不曰坐賈而曰坐商以鹽之爲貨必待行而後銷有藉行商之力而於運商有別故曰坐商每年鳩工修畦澆曬成鹽以供運商配掣利至厚也前志各條代有沿革今依次增修以資考證

錠名

錠載舊志爲坐商領引納課之則每十二錠商人撥

月納課一錠每六錠商人分雙單月亦各納課一錠每錠計銀五十兩三場商名四百二十有五共二千七百八十八錠又零引一百七十道統爲半錠共二千七百八十八錠半嗣後運商納課鹽引加增仍捐坐商錠名在坐商論畦亦以六錠爲一號以十二錠爲雙號是以錠名爲坐商根窩歷久不變乾隆五十七年課歸地丁坐商自行澆曬事不經官督責中西兩場畦錠多荒東場亦閒有之嘉慶十二年復商後仿照長蘆淮浙章程引目改塡運商旋經撫臣成齡

於酌留銷價案內
奏請以所收銷價將各場荒畦仍照舊制二千七百八
十八錠半如式修整奉
旨允准十六年一律修完迄今錠名如舊

銷價

查銷價原因坐商種鹽領引運商借引行銷而設是以每錠出銷價銀二十四兩交納運庫發給坐商收領以爲澆曬工本由來已久前志備詳乾隆五十七年課歸地丁民販計值買鹽遂無銷價名目嘉慶十

二年復商案內經撫臣成齡

奏稱鹽池圍牆內舊有黑河近被泥水淤澱且畦爻荒
廢亟宜分別修治查現在引目雖係改填運商而畦
地仍係坐商世業銷價在所必需惟照舊交收恐該
運商有所藉口擡價病民請將舊定銷價每錠二十
四兩減去十成之三酌留七成由運商照交道庫由
河東道飭屬將中西兩場畦地趕緊修治所收銷價
作爲工需並查明東場應修處所依次修理完竣再
挑黑河經戸部議

奏奉
旨允准十六年撫臣衡齡以各處荒畦均已一律修整惟
黑河舊址久已淤澱無從挑挖疏請將扣存七成銷
價除發過修畦並商役工食等項淨存元綠合課色
庫平銀十五萬兩發商生息經部議准按年一分生
息至此後銷價自嘉慶十七年起每年照舊發給坐
商以作澆曬工本奉
旨允准十七年四月經河東道茅豫詳經撫臣衡齡批准
每錠應納銷價銀十六兩八錢仍照額畦二千七百

八十八錠半與運商現行額引三十五萬一百七十
三引共應出銷價銀四萬九千二十四兩有奇之數
按引圖分某運商地方圖分得某坐商畦錠若干名
應封銷價銀若干兩由坐運兩商自相授受仍登註
冊內每年呈送巡撫衙門備查咸豐二年改引行票
案內經
欽差侍郎王慶雲等以坐商賣鹽並不交課既得鹽價復
得銷價或將錠名私相轉典以冀漁利而運商重出
無名之費

奏請每錠銷價定爲六兩交收奉
旨准行三年運商捐免充商案內撫臣恆春
奏請仍遵舊案每錠給銷價銀六兩以額畦二千七百八十八錠半合算共銀一萬六千七百三十一兩向按運商地方額引鬮分交收此時課程畫一並無額餘之分應統按三省五千名引數一律勻攤每名應攤銀三兩三錢四分六釐隨課徵收每年年終驗明錠票按錠給發俾資澆曬奉
旨准行至今遵辦

再查銷價銀兩原爲澆廲而設後有不肖坐商將錠名輾轉典賣重復射利是以雍正十二年運使程仁圻刊有印票按錠分給其原來圖式已載前志嗣於嘉慶十九年撫臣衡齡以畦地原係官產自課歸地丁後錠票半皆失散各商私相買賣並不聲明遂致漫無稽考嗣後遇有買賣必須隨時呈明河東道飭場查明方准更名註冊並請照原定畦稅章程辦理等情移咨戶部旋准咨覆查畦地雖係官產實與民人田地無異應照民人買賣田地例一體投稅印契

取結至從前錠票既皆失散應按原額二千七百八
十八錠半一律由河東道另發隨錠印票以息日久
紛爭之弊

附隨錠印票式

欽命山西分守河東兵備道兼管山陝河南三省鹽法道
隨帶加二級紀錄九次陳　爲設立隨錠印票以杜
詐僞而絕訟端事案蒙
山西巡鹽部院衛　檄飭接准
戶部咨河東坐商輾轉典賣畦地僅以的名契劵爲

據將來難保無覬覦盜賣致滋流弊應立隨錠印票令其永遠執業不至紛爭等因實爲妥善本道查照舊案捐資刻板印刷開填字號鈐用道印分給原來報

部錠商每錠隨用印票一張令其永遠執照如遇典賣以及取贖原錠務將印票同契券一併交收倘無印票徒立私券日後爭訟事發除不准外仍以重複作弊通同詐騙從重治罪等因詳呈

兵部侍郎兼都察院右副都御史巡撫山西兼管提

督鹽政印務節制太原城守尉衡蒙　批如詳按畦
給發印票呈請咨
部查核在案合行發給印票永遠遵照毋違須至票
者
右給　場　鋪　限商人　執照
嘉慶十九年　月　日
畦地
查前志內載三場額畦四百六十五號餘畦一百二
十號共額餘畦五百八十五號按場分鋪依次臚載

惟東場阡鋪中舊係餘畦二十號嗣於復商後查出南岸續開張昌運餘畦一號嘉慶十六年經撫臣衡齡

奏報三場荒畦一律修完案內計報額畦四百六十五號餘畦一百二十一號共額餘畦五百八十六號自道光十五年山水入池三場被淹畦地一百七十餘號經河東道飭場督商如式修整光緒三四年間晉省旱荒河東被災尤重種鹽人少工價倍昂且銷數無多鹽價減色坐商率皆賠累致有荒畦現經河東

道江人鏡監掣同知張元鼎隨時督飭興工修治以
期規復舊制

澆曬

夫鹽之產於西北者一在吉蘭泰掃土淋曬名曰土
鹽一在花馬池掘從地下名曰陰鹽惟河東之大池
端資澆曬澆曬者灌之以水如農人之澆灌田園人
事既盡然後因地利乘天時風以動之日以烜之是
之謂澆曬前志內載二月初一日畦工入池蓋庵修
治自道光十五年水入鹽池畦多被淹雖屢經飭修

總未全復舊制十九年河東道文柱以屢年池鹽歉收不敷配運飭屬將開工日期提早至正月初旬開辦並明定賞罰章程飭商督率工人實力興修挼畦澆曬道光二十年冬經撫臣楊國楨以節年提早開工日期產鹽頗旺

奏請嗣後卽自正月初旬開工澆曬經戶部覈議奉

旨准行至今遵辦

挼畦內舊有黑河澆曬最利自乾隆二十二年客水入池黑河淤阻然仍不時挑濬迨嘉慶十九年黑河

淤澱無跡

奏請停修在案三場坐商皆爭效撻井之法所撻之井俗呼爲滹沱每年於八月閒完場後酌留工人掘地撻井攪水注畦謂之冬工每於年終由河東道飭場於次年正月初旬督商興工興工之時附近貧民入池坐商挑選雇集修治畦底注養滷水是爲春工迨三四月閒薰風揚波炎日蒸鹵鹽花結而成粒即所謂地寶天成也再查舊制五月至八月將刮收新鹽數目五日報司十日報院近則每年自四月起至八

月止三場大使每月兩次造報刮收新鹽數目由監掣同知轉報河東道查考每月仍由道造具總揩詳報鹽院查考

歸併

查前志內載歸併乃六錠之畦歸於一人謂之歸併例得報部更名意在稽查商籍嗣僅於司冊內聲註的名以歸簡易迨復商後經部咨准設立錠票如有買賣照民人買賣田地例投稅印契由河東道更名註冊年終報部查覈至今因之

租稞

查租稞之弊自乾隆四年十七年屢次申禁前志備詳五十七年課歸地丁畦地聽商澆曬嗣於復商後設有錠票間有無力澆曬者准其租給運商或同畦夥商承曬仍不得與市棍串通滋弊咸豐二年

欽差侍郎王慶雲等於調劑運商案內條

奏河東畦地夥稞者按年輪曬把持誤公先曬者盜乞鹽根貽害匪輕應請申明前禁責成河東道實力嚴查除已租各商令其加工澆曬以供配運外嗣後坐

商無論租賃典賣總須歸運商及同畦夥商不准市
棍串通承買承佃以杜昂價壞畦奉
旨允准咸豐四年捐免充商案內經戶部附片條
奏現在運商既經捐免坐商畦地如有無力澆曬者祇
准租粿典賣於同畦夥商管業不得市棍串通滋弊
違者鹽入官授受人及牙保均照阻壞鹽法例治罪
並請
旨勅下該撫督飭河東道詳查致弊之源力求杜弊之法
認眞查禁奉

旨依議欽此

鹽料

鹽料者堆鹽之所也俗曰料臺其高闊丈尺前志已載惟今昔情形不同每年入夏後隨時將所刮之鹽堆於畦旁另造草廬或搭蓆棚統名爲小庵夜由坐商派人看守所派之人名曰家役以防宵小偷竊至八九月間坐商各於庵㢊附近高阜處所擇地作爲料臺稟明場員移鹽上臺名曰歸料上覆以茅外加以泥以防風雨仍搭小庵各派家役看守迨十月間

由河東道派委二員會同各該場員先將池內所存新陳鹽斤一律丈量由監掣同知造具三場新陳鹽數細冊呈送河東道查考再由河東道示期親赴三場丈量後轉呈巡撫察核以昭慎重

按道光二十年撫臣楊國楨以池産新鹽零星堆貯畦旁易致風雨耗傷宵小偷竊

奏准隨時歸料事屬變通今曬商仍遵舊制較爲簡易

坐配

坐配之法始於乾隆四十二年運使程國表比照兩

淮鹽政瑞齡

奏准引畦不越之例各按運商所行之引分配坐商所曬之畦以免居奇積壓法至善也迨五十七年課歸地丁引票奉裁民販就場買鹽遂無坐配之例嘉慶十二年復商後照舊領引准各運商通融配掣仍隨時呈報查考嗣於咸豐二年改引行票案內

欽差侍郎王慶雲等

奏准每名白鹽價銀不得過六十兩青鹽價銀不得過四十兩由運商自行配定報明掣銷三年運商一律

捐免額餘引目改由官運經撫臣恆春明定㪍支章

程案内

奏稱坐商鹽價視畦產之豐歉議鹽價之長落運官於

封課後自向坐商買配池鹽仍將所配之鹽係在某

場某舖某商名下由某禁門出場卸某店運發某州

縣並票張號數須在報狀内塡註明晰赴場具報定

期放鹽之先一日該場報明河東道暨監掣同知查

覈經戶部議

奏奉

旨允准至今稱便

增修河東鹽法備覽分目

運商卷二下

增修河東鹽法備覽卷二下

運商

夫轉輸之爲運運也者周而復始運行不息之謂也河東坐商種鹽專司澆曬有運商以濟之而致遠有方鹽暢則運行不暢則運滯自免商而後本省改歸官運豫陝官民並運裕課便民胥賴乎此歷言之以備稽考

招商

河東運商自前明以來大約以五百家爲率順治十

年御史劉東政招募商人董教等一百一十餘名商數充足認地行銷最爲鹽法盛軌乾隆二十二年鹽池連遭水浸商多告退四十一年巡撫巴延三會同鹽政瑺齡疏請倣照晉省銅商之例責成舊商舉保新商五年更換乾隆四十七年巡撫農起疏請停止更換仍改長商先於現商中擇有殷實可靠者酌留三十六家卽令留商舉保新商二十四家認辦退商引地共六十家承辦一百一十九處引地因商數不敷將三省引地均勻搭配分爲五十六籤每籤以領

引九千六百道爲率按商力大小有數家夥辦一籤
者亦有一家承辦一籤兩籤三籤者其每籤所認引
地有兩縣三縣四五縣不等乾隆五十七年巡撫馮
光熊以商力疲乏請將鹽課攤歸地丁鹽斤聽民販
運計河東應徵三省正雜課銀四十八萬餘兩在於
三省行鹽完課納稅之一百七十二廳州縣均勻攤
派每地丁一兩約攤銀九分有奇奉
旨准行嘉慶十一年侍郎英和初彭齡疏請復商倣照淮
商行銷江西湖廣之例商運民銷經戶部以中州腹

地恐潞鹽侵灌淮綱未經議准是年十月十九日奉
上諭金應琦奏辦河東招商實在情形一摺據稱連日傳
集已認新舊各商核明家道殷實誠篤可靠者計舊商
王恆泰等二十四家新商賈立德等十六家共計四十
家查河東運商向係五十八家今核計尚短十八家容
再行剴切招認足數以備配掣領引開運等語此次河
東改復商運係屬招商承辦總當視該商等情願認充
方可經久無弊不容稍涉勉强前據同興奏稱舊商除
應世來一家疲乏革退外其餘五十七家現均具認復

充内有家計稍落必須幫辦者現亦有願充新商數十
家等語是新舊商認充者不下八九十家今據稱具認
未幾旋卽紛紛翻悔經金應琦詳細確核現祗有四十
家不致再有翻悔其餘尙須招認河東運商舊係五十
八家並非一定額數該商等家貲厚薄本自不齊則領
引及口岸多寡亦無難量力搭配此時如已招認足數
則已倘尙短數家或卽就現在認充之若干家核計引
數通融配運亦不必拘定五十八家之數强令湊足致
有抑勒欽此是年十一月巡撫成齡又招新商李自用

等一十八家補足五十八家之數其舊商之中雖認辦在前而續經查明確係家道中落措辦運本艱難者又不得不量爲變通是以原認五十八家之外續招商一十三家分别頂充幫辦或令獨辦一籤或令夥辦一籤以收衆擎易舉之效嘉慶二十四年巡撫成格以潞綱引鹽俱係陸運路途既遠成本太重且賣錢易銀虧折過多商力不支請將晉陝二省引鹽援照乾隆二十四年增加耗鹽成案每引酌加耗鹽十斤免其加課其豫省引鹽成本用項尤爲繁重改

爲商運民銷奉
旨准行道光二十四年巡撫梁萼涵以商力疲乏恐悞課
項准令退商舉保殷戶試辦三年名曰短商咸豐二
年
欽差戶部侍郎王慶雲江蘇布政使聯英會同巡撫兆那
蘇圖查辦河東鹽務裁減浮費留商改票引由商銷
票准民販責成現商按照原領引數請票招販納課
掣鹽咸豐四年巡撫恆春遵照部議准令運商孫慶
餘等一百餘家捐輸軍餉銀三百餘萬兩永免籤商

所有河東引鹽山陝改爲官運官銷河南改爲官運民銷並令先課後鹽旋經陝西巡撫王慶雲以陝引官運官銷運本不敷各州縣不能自出己資請按照乾隆五十七年課歸地丁成案每地丁一兩攤鹽課銀九分餘以咸豐五年上忙爲始隨同地丁銀兩徵解咸豐六年巡撫恆春復以河南引鹽自改官運民銷後因官運成本未裕兼募民運不給成本仿照官運辦理試辦一年均無貽誤奏准官民並運又經陝西巡撫吳振棫以陝鹽課歸地丁諸多窒礙請照河

南官民並運先課後鹽章程變通辦理奉
旨准行同治十一年巡撫鮑源深以御史袁承業條陳河
東鹽務利弊遵
旨查明覆奏豫陝額引自改官民並運以一成歸官二成
歸民名爲民販至本省引鹽各州縣有自行領辦者
有派人代辦者名爲運夥由各該州縣查明確係殷
實良民取具保結以領辦的名通報各衙門查考所
售之鹽務令乾潔足秤各該州縣如有私立贄見節
禮名目從嚴糸處至代運之人或有告退者必俟接

替有人新舊運夥親身赴道投具甘結方准告退至今因之

增價

從前河東鹽價按池鹽之豐歉腳價之重輕隨時長落自乾隆八年鹽政吉慶倡議定價乾隆十年鹽政衆紳保就彼時賤價定爲長額而商人始困迫後歷請增價或更議換商辦理總無良法五十七年課歸地丁引鹽聽民販運各按成本之輕重因時議價至嘉慶十一年復商案內

欽差英和初彭齡疏稱河東鹽務扼要首在招商而民人
所以不願充商者實緣從前原議以賤價定爲長額
往往賠累且河東鹽務與他省不同他省產鹽由於
煎熬每歲收有定額腳價半多水運亦有常規河東
則由於澆曬每視天日之陰晴以別鹽收之豐歉腳
價又多由陸運夏暑雨而駝載維艱冬祁寒而牽輓
不易其運本更多異致請仍照前按照成本自定賣
價經大學士慶桂等議覆晉省情形別於他省若聽
商按照成本自行定價恐無限制請

勅下該撫等於設商後將各處售鹽實價按月造册報部
試行三年再爲酌中定價奉
旨依議欽此十四年署撫臣初彭齡疏稱試行期滿商力
既舒民食無誤應請嗣後照依辦理經戸部覈覆請
旨飭下三省撫臣會議十五年護撫臣素訥會同河南陝
西撫臣疏請照乾隆五十七年以前原價比照嘉慶
十三年兩淮加價成案每鹽一斤酌加銀五釐二毫
作爲定價再於定價外暫加一釐協濟河工經費一
俟工竣奏明停止奉

旨允准十八年撫臣衡齡以三省引地加增活引奏准活
引之鹽亦照額餘引例每斤加河工經費銀一釐二
十五年河南改爲商運民銷撫臣成格疏請各商將
引鹽運至會興鎮每斤連河工經費定價銀一分七
釐聽民販賣奉
旨允准道光十一年據商人王恆泰等以銀價日增成本
較重稟請將河工加價一釐改徵制錢一文經河東
道韓文顯詳請撫臣阿勒清阿奏准在案咸豐二年
改引行票案內經侍郎王慶雲等奏准籖地視池鹽

之豐歉定鹽價之長落三年撫臣恆春於免商案內
疏稱河東鹽務改行官運即與票鹽無異請令各州
縣及委員等各就地方情形成本輕重酌定價值不
必示以限制奉
旨准行自此鹽無定價官民稱便

加耗

查河東掣鹽舊制每引二百四十斤分裝二袋俗爲
兩裝每裝袋重五斤計一百二十五斤每年自九月
起至十二月止每引加鹵耗鹽五斤係於禁門掣鹽

時加小稱錘於稱錘之旁每裝計重一百二十七斤

半期滿後將小稱錘繳存道庫前志已詳嘉慶二十

四年撫臣成格以三省引地自加吉蘭泰引課後年

歲歉收商力疲乏請將河南引鹽改爲商運民銷晉

陝二省酌量加斤經戶部議覆晉陝二省每引准令

加鹽十斤免其加課奉

旨允准咸豐二年

欽差侍郎王慶雲等奏准三省一律改引行票河南亦仿

照晉陝章程每引加鹽十斤免其加課今禁門稱式

仍按每裝淨鹽一百二十五斤袋重五斤共一百三十斤以二裝爲一引二百四十裝爲一名計淨鹽三萬斤遇加耗之月每裝加鹽二斤半計每引加鹽五斤每名加鹽六百斤

按同治二年河東道劉子城因運銷疲滯詳蒙巡撫英桂批准將加耗之小稱錘自正月起展限三箇月加出陳鹽嗣後歷屆仿照成案詳請展限或三箇月兩箇月一箇月不等至今因之

均引

查均引之法原爲引地肥磽不一乾隆四十七年奏
定商引四千六百一十六名九十七道酌順道路分
作五十六籤各商均勻搭配咨部覆准所有派定籤
目臚列前志迨課歸地丁後引票奉裁嘉慶十二年
復商案內撫臣同興奏准仍照均引之例另行搭配
今將派定籤目暨運商姓名附後
承辦雙籤二商
一商人王恆泰的名沖翰太平縣人承辦
鄧　州額引二十五名二十九引代銷八十九引餘

引一百四名一百一十引

陝　州額引十一名一百六引代銷一百引餘引三

十九名

臨晉縣額引二十二名七十引

桐柏縣額引六名五十三引代銷八十四引餘引四

十二名六十引

唐　縣額引二十名五十三引代銷九十七引餘引

一百四名六十引

一商人尉世隆太平縣人承辦

鳳臺縣額引四十八名六十三引代銷五名三十九
引
翼城縣額引六名九十二引
安邑縣額引三名六十八引
永濟縣額引十八名六十引
泌陽縣額引二十七名五十六引代銷七十引餘引
五十五名一百引
唐　縣額引二十名五十四引代銷九十七引餘引
一百四名六十引

以上二商承辦雙籤

承辦一籤三十二商

一商人孫慶餘太谷縣人的名廷擭承辦

鳳臺縣額引四十八名六十二引代銷五名四十引

襄城縣額引六名九十二引

永濟縣額引十八名六十引

安邑縣額引三名六十八引

一商人陳甯泰靈石縣人的名德灌承辦

潼關廳額引六十八引代銷八十二引餘引四十三

名七十六引

商　州額引五名六十六引代銷七十一引餘引三

十九名六十引

雒南縣額引五名一十五引代銷五引餘引十三名

商南縣額引一名八十五引代銷五引餘引三名

一商人常通裕的名德芳長治縣人承辦

潼關廳額引六十八引代銷八十一引餘引四十三

名七十六引

商　州額引五名六十六引代銷七十一引餘引三

十九名六十引

山陽縣額引二名六十八引代銷五引餘引三名

一商人葛安裕安邑縣人的名廷璿承辦

淅川縣額引十五名五十四引餘引六十四名六十

引

三原縣額引二十九名一百七引代銷二十引餘引

三名

一商人喬應昌介休縣人承辦

鎮安縣額引二名四十七引代銷一百八引餘引二

十三名三十引
安康縣額引十名七十九引代銷九十八引餘引二
十二名
平利縣額引一十名
石泉縣額引二名一十八引
洵陽縣額引三名五十引
紫陽縣額引一百三引
白河縣額引十二引
白水縣額引九名七十引代銷三十三引餘引二名

六十引

咸甯縣額引八名四十六引代銷五十一引餘引六
名六十七引

韓城縣額引六名四十九引代銷二十七引

一商人郭世濟臨汾縣人的名如山承辦

南召縣額引五名九十八引代銷十六引餘引三十
二名

登封縣額引二十六名七引代銷六十二引餘引二
十九名四十引

一商人温燕樹介休縣人的名泰履承辦
長子縣額引四十九名五十九引
洪洞縣額引十名
安邑縣額引二名九十一引
永濟縣額引十八名六十二引
蒲　縣額引二名四十七引
一商人祁天興高平縣人的名汝棐承辦
潞城縣額引二十九名九十四引代銷十八引餘引
二十四名十引

洪洞縣額引十一名

安邑縣額引三名七十引

靈石縣額引十二名四十六引代銷七十二引

一商人王益泰陽曲縣人的名繩中承辦

鄠　縣額引十四名一百五引代銷一名一百一十

三引餘引三十四名

大荔縣額引二十五名七十五引代銷三引餘引七

名十引

一商人郭九如太谷縣人的名纘[illegible]承辦

長安縣額引二十九名十引代銷一名十五引餘引

二十四名三十引

武功縣額引十二名五十六引代銷八十一引餘引

十一名一百一十引

一商人賈居易的名太谷縣人承辦

垣曲縣額引八名一百一十六引代銷一名十一引

餘引十名

聞喜縣額引三十五名二引

絳　縣額引二十八名九十四引代銷二名六十五

引餘引一名三十引

一商人郭四元太谷縣人的名纏甄傳智承辦

襄垣縣額引三十六名四十三引餘引三名

黎城縣額引二十三名三十四引

洪洞縣額引十四名五十八引

安邑縣額引三名一百一十四引

一商人楊壎篪介休縣人的名清構承辦

鎮平縣額引四十名十六引餘引七名七十八引

伊陽縣額引四名三十一引代銷五十引餘引三十

名六十引

一商人溫和合太谷縣人的名䏻璲選承辦

鄧州額引二十五名二十八引代銷八十九引餘

引五十八名三十引

一商人宋順成絳縣人的名益昌承辦

新野縣額引十四名十四引餘引二十二名八十引

萬泉縣額引十三名二十九引

趙城縣額引二十九名一百七引代銷三十四引

一商人張光裕汾陽縣人的名學孔承辦

汝　州額引三十四名九十七引代銷四十九引餘

引三十四名四十引

霍　州額引九名九十九引代銷二名一十二引

一商人劉洪茂洪洞縣人的名漢疆承辦

藍田縣額引二十六名十六引代銷八十九引餘引

十名四十引

蒲城縣額引四十四名九十八引

一商人李濟美介休縣人的名覲光承辦

洛陽縣額引十八名七十九引代銷七十八引餘引

九名

澠池縣額引十名九十五引代銷一名六引餘引四

十二名

一商人張和順介休縣人的名生玉承辦

高平縣額引三十八名一百七引

翼城縣額引四名九十五引

安邑縣額引二名七十引

曲沃縣額引三十五名二引

一商人范光裕臨汾縣人的名永祚承辦

盩厔縣額引十四名一百一引代銷一名五十六引

餘引十九名九十引

郃陽縣額引十四名七十三引代銷五十七引餘引

六名七十引

咸陽縣額引十九名五十五引代銷三十七引餘引

三名

一商人李文成介休縣人承辦的名自用

鄠山縣額引十二名十引代銷四十八引餘引二十

八名六十引

華陰縣額引十七名五十六引代銷五十一引餘引

二名六十引

郃陽縣額引十四名七十四引代銷五十八引

伊陽縣額引二名餘引七名

一商人侯六來介休縣人的名星熤承辦

長治縣額引四十八名七十九引代銷四十一引餘

引十三名六十五引

洪洞縣額引十二名

安邑縣額引四名十八引

汾西縣額引四名四引代銷一百引餘引五十引

一商人趙元合介休縣人的名元溍承辦

高平縣額引三十八名一百七引

翼城縣額引四名九十五引

安邑縣額引二名七十引

曲沃縣額引三十五名三引

一商人李和順長治縣人的名行恕承辦

絳　州額引四十三名六十七引代銷七十引餘引

十名五十引

稷山縣額引二十八名十二引

一商人史嘉會鳳台縣人的名宗經承辦

盧寶縣額引四十六名一百三引餘引十八名

芮城縣額引十八名四十四引代銷五十一引

一商人郭壽昌臨汾縣人的名廣願承辦

渭南縣額引六十二名六引

高陵縣額引十五名三十二引餘引六名

一商人閻六合介休縣人的名朝第承辦

偃師縣額引二十二名五十九引代銷三十六引餘

引二十一名六十引

岳陽縣額引五名九十七引代銷三十一引餘引六

名一百一十引

浮山縣額引九名九十九引代銷十九引餘引五名

吉　州額引四名八十四引

一商人李來山沁水縣人的名漢沖承辦

醴泉縣額引二十二名二十五引

長安縣額引二十九名一十一引代銷一名一十五

引餘引二十四名三十引

一商人梁原泉靈石縣人的名壢承辦
華　州額引二十七名三十四引代銷六十八引餘
引六名八十引
富平縣額引四十四名八十七引代銷二十九引
一商人楊崑玉介休縣人的名本浚承辦
太平縣額引三十六名八十七引代銷一名三十六
引餘引六名
鄉甯縣額引五名三十五引代銷八十六引
咸甯縣額引八名四十七引代銷五十一引餘引六

名六十八引

韓城縣額引六名四十九引代銷二十七引

一商人行公順曲沃縣人的名日晉承辦

咸甯縣額引二十五名二十引代銷一名三十三引

餘引十九名八十三引

澄城縣額引十一名一百一十五引

韓城縣額引六名四十九引代銷二十七引

一商人靳六吉洪洞縣人的名登鰲（啤㕮）承辦

咸甯縣額引二十五名二十引代銷一名三十三引

餘引十九名八十二引

澄城縣額引十一名一百十五引

韓城縣額引六名四十八引代銷二十七引

以上三十二商皆承辦一籤

承辦半籤四十商

一商人杜合昌太谷縣人的名大經承辦

南陽縣額引十六名八十三引代銷二十九引餘引

二十名

襄城縣額引九名四十八引代銷九引餘引三名七

十五引

一商人梁八愷靈石縣人的名巾直承辦

南陽縣額引十六名八十四引代銷二十八引餘引

二十名

襄城縣額引九名四十八引代銷九引餘引三名七

十五引

一商人張天福介休縣人的名企儼承辦

陽城縣額引二十一名六十三引代銷十九引餘引

十八名六十引

翼城縣額引五名二引

一商人賈恆順的名立德太平縣人承辦

盧氏縣額引二名四十六引代銷十二引餘引二十

七名四十八引

解　州額引十四名二十引

一商人范天德的名清滋介休縣人承辦

盧氏縣額引二名四十六引代銷十二引餘引二十

七名四十七引

解　州額引十四名二十引

一商人景昌源臨汾縣人的名步鰲承辦

陽城縣額引二十一名六十二引代銷二十引餘引

十八名六十引

翼城縣額引五名二引

安邑縣額引二名八十引

一商人張大成太平縣人的名峯承辦

壺關縣額引三十六名四十四引代銷二十四引

洪洞縣額引八名

安邑縣額引二名九十引

一商人劉鼎隆洪洞縣人的名大恕承辦

涇陽縣額引四十八名十五引代銷六引餘引五名

一商人梁德全介休縣人承辦

郟　縣額引二十六名八引代銷二十三引餘引十

三名一十引

一商人牛情裕長治縣人的名璵承辦

臨汾縣額引三十五名二引代銷六十八引

一商人郭鼎興長治縣人的名崇承辦

屯留縣額引二十五名六十五引餘引六名九十引

洪洞縣額引三名六十引

安邑縣額引二名

一商人張晉豐太平縣人的名體貴承辦

洛陽縣額引十八名七十八引代銷七十九引餘引

二十四名

一商人王永盛臨汾縣人承辦

新野縣額引十名餘引十八名

平陸縣額引十名三十引代銷一名八十引

一商人冀雙合平遥縣人的名清如承辦

裕　州額引五名八十六引代銷五十三引餘引二

十八名九十五引

猗氏縣額引七名五十二引

一商人李崇德襄陵縣人的名耀科承辦

裕　州額引五名八十八引代銷五十四引餘引二

十八名九十五引

猗氏縣額引七名五十三引

一商人張三承安邑縣人的名肇業承辦

宜陽縣額引二名一百二引代銷十五引餘引十九

名六十引

新安縣額引三名六十六引代銷四十六引餘引十

四名六十引

一商人劉雙和介休縣人的名茂堉承辦

宜陽縣額引二名一百一引代銷十六引餘引十九

名六十引

新安縣額引三名六十五引代銷四十六引餘引十

四名六十引

一商人王四和太谷縣人的名道仁承辦

朝邑縣額引四十二名一十八引代銷三十引

一商人杜榮陽太谷縣人承辦

閿鄉縣額引三十二名六十五引

虞鄉縣額引六名五十二引代銷一十七引

一商人孫五昌沁州人的名廷福承辦

孟津縣額引八名一百一十三引代銷十九引餘引

二十四名

虞鄉縣額引六名五十二引代銷十七引

一商人李同義長治縣人的名吉安承辦

安邑縣額引二名八十引

臨汾縣額引三十五名三引代銷六十八引

一商人王費合安邑縣人的名鳳瀚承辦

沁水縣額引十七名一百一十二引代銷六十五引

餘引十名八十引

翼城縣額引七名一百一十八引代銷二引

安邑縣額引三名二十三引

一商人冀謹信平遙縣人的名永芳承辦

陵川縣額引三十九名九十七引

翼城縣額引二名代銷三十九引餘引一名十五引

一商人董文郁介休縣人的名正誼承辦

郃陽縣額引十四名七十三引代銷五十八引餘引

六名七十引

同官縣額引二名一百一十九引代銷十八引餘引

三名六十引

耀　州額引七名二十引代銷三引餘引五名

一商人裴敬義絳　縣人的名輔廷承辦

盩厔縣額引十四名一百一引代銷一名五十六引

餘引十九名九十引

一商人郭四箴太谷縣人的名興邦承辦

長治縣額引二十四名四十引代銷二十引餘引六

名九十二引

洪洞縣額引六名

汾西縣額引四名五引代銷九十九引餘引五十引

一商人許信合榆次縣人的名漸逵承辦

長治縣額引二十四名四十引代銷二十引餘引六

名九十三引

洪洞縣額引六名

安邑縣額引四名一十八引

一商人李恆益安邑縣人承辦的名聚一

內鄉縣額引十二名代銷二十三引餘引十八名八

十五引

寶豐縣額引三名十二引代銷二十一引餘引七名

六十引

一商人騈天成沁州人承辦的名時若

內鄉縣額引十二名一引代銷二十二引餘引十八

名八十五引

寶豐縣額引三名一十一引代銷二十一引餘引七名六十引

一商人王履泰安邑縣人的名鳳瀚承辦

新野縣額引四名十五引餘引四名八十引

河津縣額引二十五名七十五引代銷八十引餘引四名一百引

一商人周元吉浮山縣人承辦

夏　縣額引三十二名九十七引

一商人楊承裕靈石縣人的名溪承辦
乾州額引二十三名八十八引代銷七十七引餘
引五名十引
永壽縣額引三名六十四引代銷八引
一商人沈祥燊太平縣人的名兆晏承辦
滎河縣額引二十三名七引代銷二引餘引九名一
百引
一商人白復義介休縣人的名雲際承辦
襄陵縣額引四十五名八十四引

一商人王復興壺關縣人承辦的名誕諫

嵩　縣額引十五名十二引代銷三十七引餘引一

十八名

一商人王雙慶壺關縣人承辦的名鳳麟

鞏　縣額引十四名一百八引代銷四十七引餘引

二十四名二十引

一商人劉人和洪洞縣人承辦的名肇興

興平縣額引十七名一十引代銷七十六引餘引十

二名

一商人劉運泰的名大韡洪洞縣人承辦

葉　縣額引一十八名四十八引代銷三十二引餘

引二十一名

一商人劉謙益的名大基洪洞縣人承辦

永甯縣額引四名四十引代銷二十七引餘引十六

名

一商人劉廣昌的名大懋洪洞縣人承辦

永甯縣額引四名四十一引代銷二十六引餘引十

六名

以上四十商皆承辦半籤

承辦半籤之二一商

一商人張泰和的洪洞縣人名 䶵承辦

臨潼縣額引二十一名七十七引代銷七十五引餘引五名四十引

此一商承辦半籤之二

承辦半籤之一一商

一商人張慶豐的洪洞縣人名 嵩承辦

臨潼縣額引一十名九十八引代銷三十八引餘引

二名八十引

此一商承辦半籤之

附查嘉慶十八年撫臣衡齡疏請將吉蘭泰鹽引八萬七千五百道歸入現行潞鹽引地均銷經大學士九卿核准名爲活引仍將均銷引數列後

一商人王恆泰桐柏縣活引十二名

鄧州活引二十七名四十六引

一商人尉世隆泌陽縣活引二十五名八十九引

一商人陳甯泰商南縣活引十名

雒南縣活引七名六十四引

一商人劉洪茂藍田縣活引十二名八十一引

一商人孫慶餘鳳台縣活引十二名九十三引

一商人李來山長安縣活引十一名一百二引

一商人靳六吉咸甯縣活引六名七十二引

一商人張三承宜陽縣活引六名三十九引

一商人侯六來長治縣活引十二名一百十七引

一商人冀謹信翼城縣活引六名八十一引

一商人閻六合岳陽縣活引十一名一百七引

一商人祁天興潞城縣活引十二名七十三引

一商人李文成魯山縣活引十三名二十五引

一商人常通裕山陽縣活引十四名一百三引

一商人郭順昌裕　州活引十三名十六引

一商人孫五昌孟津縣活引六名十六引

一商人宋順成新野縣活引十二名四十七引

一商人郭九如長安縣活引十二名三十五引

一商人楊壎篪鎮平縣活引五名

伊陽縣活引七名九十九引

一商人梁原泉華　州活引十二名三十四引

一商人白復義襄陵縣活引七名八引

一商人裴敬義盩厔縣活引五名六十九引

一商人李同義臨汾縣活引五名一百十引

一商人劉廣昌永甯縣活引三名二十一引

一商人劉雙和宜陽縣活引六名三十九引

一商人許信合長治縣活引六名四十八引

一商人王四和朝邑縣活引六名六十六引

一商人行公順咸甯縣活引六名七十二引

一商人賈恆順盧氏縣活引六名九十七引
一商人范天德盧氏縣活引六名九十七引
一商人景恆源陽城縣活引七名四十八引
一商人梁德全郟　縣活引六名十引
一商人劉運泰葉　縣活引六名十六引
一商人郭鼎興屯留縣活引五名一百一引
一商人王復興嵩　縣活引六名八十五引
一商人張泰和臨潼縣活引四名三十二引
一商人王雙慶犨　縣活引六名十二引

一商人張慶豐臨潼縣活引二名十六引

一商人楊崑玉太平縣活引七名八十八引

一商人董文郁耀　州活引四名

同官縣活引二名三十一引

一商人劉鼎隆涇陽縣活引八名二十六引

一商人張天福陽城縣活引六名一百十八引

一商人李崇德裕　州活引六名六十七引

一商人王順盛新野縣活引六名二十引

一商人劉謙益永甯縣活引三名二十一引

一商人杜榮陽閿鄉縣活引六名五引
一商人張大成壺關縣活引七名三十七引
一商人駢天成寶豐縣活引六名五十三引
一商人王履泰新野縣活引六名二十引
一商人王費合沁水縣活引六名二十八引
一商人劉人和興平縣活引四名七十一引
一商人張晉豐洛陽縣活引六名八十三引
一商人雷運隆咸甯縣活引十三名七十三引
一商人李和順稷山縣活引十二名九十三引

一商人張和順高平縣活引十二名六十七引

一商人范光裕盩厔縣活引十二名五十三引

一商人曹七合襄垣縣活引十二名六十四引

一商人張光裕汝　州活引十二名七十一引

一商人趙元合高平縣活引十二名六十八引

一商人梁八愷南陽縣活引二十名七十九引

一商人葛安裕淅川縣活引三十五名五十一引

一商人牛愲裕臨汾縣活引二十名一引

一商人温和合鄧　州活引二十五名一百十一引

一商人李恆益內鄉縣活引六名五十三引
寶豐縣活引十一名五十引
一商人李濟美洛陽縣活引六名四十二引
一商人段昌園南陽縣活引二十一名三十四引
一商人喬應昌鎮安縣活引二十三名一百十六引
以上共均銷引八萬七千五百道
按利之所在惟患不均所有前列均引籤地姓名係照創始時開載嗣後運商屢有更換或係朋夥或係頂充而籤地總未更易咸豐三年捐免充商後山西

各州縣各照引數由官領運豫陝改爲官民並運先課後鹽維時鹽務暢行納課者多而引數有定經河東道黃經議定章程以一成歸官按貲分派二成歸民配籤掣發歷屆派引之期酌量名數配作紅籤再按稟請掣籤之人數多寡添備黑籤均各呈驗底課銀兩屆期將紅黑籤併入筒內當堂掣發行之數年籤數引數隨時勻配迨後鹽務漸滯同治九年署河東道王溥定限有能早完陳課者按名酌給新引以昭獎勵餘再配籤掣發十二年後悉歸民販封陳領

新停止掣籤

掣放

昔運同責專監掣場大使職司驗放前志備詳乾隆五十七年課歸地丁民販就場買鹽運同場大使裁缺歸三巡檢司驗放嘉慶十二年復商後添設監掣同知復設三場大使掣放之法照依前志咸豐二年改引行票案内

欽差侍郎王慶雲等

奏定章程商人按照原領籤引數目限期赴道請票呈

明在於某坐商某畦某料第幾號配定鹽若干名照數封課由監掣同知督同庫大使彈收上庫方准掣鹽鹽到禁門場員核對鹽與票符並無夾帶驗放出門押運到店咸豐四年改票復引所有禁門外監商收繳籌票事宜改派委員經理現在掣鹽之法無論運官民販俱先赴鹽道衙門投具請引領紙由道批准飭支科查明引數於領紙上繕寫號數發交收執赴引庫將引領出交鹽六房搨用省縣扒記以一百二十引爲一名分摞十二把每把十引各塡運官民

販暨車戶姓名將引領回存俟封課時在道投具封
課報狀一面向坐商配鹽將引張號數鹽料舖分商
名及卸載店名具狀報場由場申送鹽道暨監掣同
知衙門批示准掣再親赴鹽道衙門每鹽一名請領
鹽政門票一張鹽道坐監票十二張其扒票各式暨
引目截角另載專條茲不贅述迨引票領齊定期放
鹽之先一日由場預報鹽道暨監掣同知查考臨期
由道籤派一員赴該場門外監收籌票該運官民販
將買配鹽帖每名計一十二張交由該場車頭散給

車戶並持引票到門除門票由運官民販自行投場轉繳外每車一輛隨給坐監票一張引十道車戶攜至料臺眼同坐商按引裝鹽卽將坐票裁付坐商收繳載鹽到門將引目呈明場員掛用門扒監票呈明場員鈴記驗放仍將引票交付車戶並給木籌照出禁門木籌監票俱交委員收繳名曰收籌車戶惟以引照鹽載赴報卸之店每名載鹽十二車合引一百二十道每車二十袋合引十道一引配鹽二袋每袋一百二十五斤爲正額中禁門設店於運城東西門

外東禁門設店於安邑縣南關西禁門設店於解州城內鹽斤掣完由場員開具掣放引鹽完竣清摺坐商送繳坐票委員送繳監票均呈鹽道衙門查銷其掣鹽門票由場員開摺加封呈繳鹽政查考

附店口

乾隆三十年運使吳雲從議請仍令各商自行立店或一店數家出具同店保結一家行私同店連坐嗣後復有兼用民店者前志備載道光五年河東道韓文顯議將民店一概封禁飭令運商自行立店各取

具連環保結由道批准發給循環印簿每月朔望將收發商鹽數目分晰填明呈報查考又監掣同知及該管場員亦各發給循環印簿按月開報送查咸豐四年免商後河東道黃經議定各處招募民店均須赴道聲明註冊照舊發給循環印簿仍將收發鹽數並運官民販姓名字號分别登註每月初一十五等日投道領換六年陝西改行官民並運下馬口夾馬口議定招募店家明定店用嚴禁勒掯今仍其舊

附車戶

車戸載鹽章程今仍舊制惟裝鹽口袋昔皆商人自備名曰新袋亦曰原袋嗣後坐商稟請改用車戸口袋名曰舊袋年深月久補綴滷溼難免分兩加重辦運者隱受其害同治十一年河東道升泰酌中定議凡掣鹽口袋車戸隨帶一半其餘一半由各該運官民販自備至今因之

行銷

舊制行潞鹽引地山西則平蒲澤潞四府屬解絳霍三州屬並隰州屬之蒲縣陝西則西同興三府屬商

乾二州屬邠州暨所屬之三水䣿化二縣河南則河南南陽二府屬陝汝二州屬並許州屬之襄城縣共行鹽州縣一百一十九處加以徵收鹽稅各州縣五十三處共一百七十二處前志已詳嘉慶十一年復商案內撫臣成齡疏稱山西岢嵐等十四州縣鹽引撥歸吉蘭泰引地行銷其餘三十州縣照舊納稅陝西鳳翔府八屬向食花馬池鹽納河東課本屬兩歧今因水運便易請派商行銷邠州暨所屬三水䣿化二縣向係河東派商行銷今因山路崎嶇費重價昂

請改食花馬池鹽經戶部核議奉
旨准行是年兩淮鹽政額勒布疏稱淮北岸銷疲滯實由
潞鹽侵灌請將泌陽桐柏二縣改食淮鹽奉
旨允准十二年河南撫臣馬慧裕以淮北地面先被水患
繼以旱運路阻
奏准將泌陽桐柏二縣仍歸河東派商承辦是年撫臣
成齡疏稱陝西漢中一帶行銷定邊花馬大池之鹽
必由鳳翔經過盤詰維艱請將鳳翔府屬八州縣仍
食靈州花馬小池之鹽行銷河東之引又附片邠州

三水醋化三處自改食靈鹽以來民皆稱便請照長
武之例民運民銷按烟戶納課毋庸設立土商奉
旨准行十六年撫臣衡齡以興安府屬六縣引地商運費
重賠累難支
奏准照鳳翔之例改食花馬池鹽十八年撫臣衡齡
奏准吉蘭泰鹽引攤入現行潞鹽引地勻銷今河東現
行引地山西則平蒲澤潞四府屬蒲解絳三州屬並
隰州屬之蒲縣共四十四州縣陝西則西同二府屬
商乾二州屬共三十四廳州縣河南則河南南陽二

府屬陝汝二州屬並許州屬之襄城縣共三十二廳州縣三省共行鹽引地一百一十處較前志少興安邠州九處納鹽稅引地山西則太汾二府屬遼沁平忻代隰六州屬共三十州縣陝西則興鳳二府屬邠州屬共十八州縣二省納稅引地共四十八處較前志多興安邠州九處少嵩嵐等十四處統共三省納課納稅一百五十八處

運程

河東運鹽程限除陝西咸甯等三十三州縣並河南

之閿鄉縣於乾隆十九年
奏明定有水程其餘皆係陸運前志按照三省引地計其道里限以時日並分別載以鹽價每發鹽時將刊刻程單付給腳戶所過地方不許容隱若有盜賣懲期按法究治嗣於嘉慶十二年道光十五十六等年各運商先後稟請改道共七州縣仍依前志分載里數程限其鹽價則自咸豐三年免商後隨時長落是以未附

山西省

高平縣計程五百四十里限十一日到謹按該處運
運商張和順趙元
合稟請改由此路
自運城三百七十里至沁水縣四十里至鄭庄四十里至端氏四十里至
十里至老馬嶺三十里至高平縣
玉齊二十
陵川縣計程六百四十里限十二日到謹按該處運
程舊由鳳臺縣王臺鋪行走嘉慶二十四年
據運商冀謹信
稟請改由此路
自運城五百一十里至高平縣老馬嶺二十里至康營三十里至米
山四十里至禮義四十里至陵川縣
陝西省

鄠縣計程六百六十里限二十六日到謹按該處運程舊由草灘行走道光十五年據運商王益泰稟請改由此路

自運城二百六十里至華陰縣路同華陰縣七十里至華州五十里至渭南縣五十里至交口五十里至新豐鎮三十里至臨潼縣五十里至西安府五十里至咸陽五十里至鄠縣

河南省

唐縣計程一千四十里限三十日到謹按該處運程舊由南陽行走道光十五年據運商尉世隆王恆泰稟請改由此路

自運城七百六十五里至葉縣過河路程俱同葉縣三十里至舊縣十里至

獨樹三十里至保安驛六十里至裕州五十里至賒旗鎮九十五里至

唐縣

鄧州計程九百九十里限三十日到謹按該處運程舊由澠池郟縣裕州行走道光十五年據運商溫和合王恆泰稟請改由此路

自運城一百八十里至觀音堂六十里至河底鎮四十里至韓城鎮四十里至趙堡四十里至白楊樹四十里至寨子街五十里至臨汝鎮三十里至廟下四十里至南召縣五十里至曹家店四十里至石橋五十里至南陽縣六十里至穰東六十里至鄧州

泌陽縣計程一千一十四里限二十四日到謹按該處運程舊由舊縣獨樹行走道光十五年據

運商尉世隆稟
請改由此路
自運城七百六十五里至葉縣過河路程俱同葉縣三十里至椰莊十八里至
劉安十五里至楊樓十五里至太尉廟十五里至五龍廟二十里至二
郎店十八里至十字谷三十里至羊冊七十里至泌陽縣
桐柏縣計程一千二百里限三十日到謹按該處運
程舊由南陽行走道光十六年據運商王恆
泰稟請改
由此路
自運城八百九十五里至裕州五十里至賒旗鎮九十五里至唐縣
七十里至平氏鎮九十里至桐柏縣
按河南鞏縣暨孟津縣向由陸運自捐免充商後各

民販率以道遠本重觀望不前以致蘆私侵灌同治
十二年經河東道升泰以疎銷積引節省運腳詳明
鹽院試辦水運自茅津渡裝載由三門順流而下運
至孟津縣屬之鐵謝鎮再由黃河入洛運至鞏縣銷
售隨據鞏縣知縣李掄元招販公僉戚攜資來運領
辦引鹽光緒元年據慎同安稟請自備資本購買船
隻運赴鞏孟一帶銷售以爲民販倡率並請遴派妥
員前往會同地方官督率巡勇嚴緝私鹽其薪水經
費在於鐵謝鎮四家鹽廠內按照鹽斤數目抽釐取

給光緒四年愼同安因災後本重加增鹽價鞏縣民人滋生事端以致虧本歇業經河南巡撫移知鹽院檄飭河東道招商運鹽接濟民食維時護道卓熙泰詳委監掣同知張元鼎督辦鞏孟鹽運由豫省通綱民販公立怡成慶字號前往接辦並於三門等處各派妥員督帶運勇會同地方官認眞緝私其薪水勇糧均由道庫支給停止抽釐從此私鹽歛跡鞏孟運銷著有成效

失水補運

河東鹽多陸運惟豫陝二省有由黄河渭河水運者乾隆十九年鹽政薩哈岱將應由水運之各州縣分别奏明嘉慶十一年復商案内將陝西興安府屬暨邠州屬引歸鹽税停止水運其陝西之咸甯長安涇陽三原渭南臨潼盩厔醴泉藍田高陵興平咸陽鄠縣商州鎭安雒南山陽商南華州華陰乾州武功永壽共二十三州縣並河南之閿鄉縣仍由水運其有遇風失水例准由地方官會同營員查勘確實限一月通詳鹽道於詳到日限半個月覈轉飭商補運限

三個月過所運口岸同治九年陝西民販天德祥等
鹽由水運行至華陰縣界猝遇風浪船隻撞破鹽斤
漂沒由華陰縣及三河口批驗委員詳請補運經鹽
院批飭河東道李慶翱查勘以所報鹽數不實未准
補運光緒四五年間陝西民販亦以鹽船失水稟請
補運因未經地方官通詳且逾例限均未准行

分別給票運鹽

給票運鹽原以防影射而杜盜賣乾隆五十七年課
歸地丁民販就場買鹽引票遂廢嘉慶十二年復歸

商運仍照前制給票運鹽咸豐三年捐免充商山西改爲官運豫陝改爲官民並運給票之法各官民於製鹽到店後將引票彙齊赴道投具報狀報明引鹽出場日期並具狀請領引皮暨連環印票由道飭房辦票經庫大使當堂給發其引張由道加封引皮仍露引角交付該官民轉給載鹽腳戶沿途隨鹽照驗查山西本省則將引票呈明地方官引張照例截角鈐印並連環印票一併繳道陝西則在運城三河口總局每名再領河票一張鹽運至下馬口夾馬口經

委員驗放裝船行抵三河口由督銷委員將河票查
銷引張照例截角蓋用戳記並連環印票一併繳道
河南則先在會興鎮總局每名請領執照一張赴場
照驗追鹽運至茅津渡經分駐茅津渡之平陸縣丞
於連環印票內揭用驗放過渡戳記再渡過會興鎮
經批驗經歷將鹽驗收引張照例截角鈐印並連環
印票一併繳道所有三省引票均由道分別將票查
銷引皮繳院引張鑿孔解赴戶部查銷
改置年季商首

在昔鹽歸商運設立商廳內有綱總承辦公事並有廳攤名目乾隆四十七年改綱總爲值年司季前志備詳乾隆五十七年課歸地丁商廳裁撤停止廳攤嘉慶十一年復歸商運復設商廳仍置派司季商首咸豐二年留商改票案內
欽差侍郎王慶雲疏稱商廳攤派有十餘萬兩之多該司季把持漁利大爲衆商之害現在改引爲票一切浮費悉數鐲除商廳應即裁撤遇有應辦事件於運商中擇派公正殷實者三家定爲值綱三省各派值省

一家管理事務其坐商則由河東道籤派二十家爲長額每年以五家輪流辦公經理收放池内新增槍手工食暨運城粥廠等項光緒六年新增槍手奉裁仍專辦粥廠及鹽務一切事件至今因之

禁革州縣鹽規

鹽務陋規例禁綦嚴嘉慶十一年復商案内巡撫金應琦疏稱招商之難由於各州縣官需索陋規嘗經通飭裁革咸豐二年

欽差侍郎王慶雲奏准留商改票申明前禁所有商人浮

費無論何項名目全行裁革不准再有絲毫抑勒倘
各該管官吏及行鹽各地方官再有前項弊端一經
發覺即照坐贓科罪並准令該商販等徑赴巡撫衙
門控告問實嚴參咸豐六年巡撫王慶雲奏請嚴禁
需索以衞課運設鄰省州縣或有阻撓鹽法者定即
據實查參奏
上諭陝西巡撫吳振棫已會同妥議章程力求嚴禁所有
河南行銷潞鹽引地著英桂嚴飭河陝汝道及各屬文
武員弁兵役人等均不准需索留難如有此等情弊即

著從嚴究辦以整鹺綱而暢課運等因欽此欽遵在案

同治十一年御史袁承業條陳河東鹽務利弊遵

旨查明嚴飭行鹽各州縣如有私立贄見節禮名目定行

從嚴參辦光緒七年河東道江人鏡以本省行鹽各

州縣每有招商代運私立規費等弊應嚴申例禁惟

地方官有疏銷之責所需緝私經費亦須酌量籌給

詳明鹽院批准嗣後按照銷鹽數目抽收緝私經費

並按引地之上中下分爲三等上等引地每銷鹽一

名收銀三十兩中等引地每銷鹽一名收銀二十兩

下等引地每銷鹽一名收銀十兩此外如有絲毫勒

索定卽從嚴叅辦以期永遠遵行

扒票各式

查前志內載扒票各式自乾隆五十七年課歸地丁

引目奉裁扒票皆廢嘉慶十二年

奏准復歸商運扒票仍照舊制咸豐三年變商爲官三

省盡一並無額餘之分隨裁餘引各扒其稽運護運

二票一併裁汰咸豐五六年閒豫陝二省相繼改爲

官民並運各有省扒山西仍用省縣扒八年加靈寶

引三百名又添靈寶引扒餘皆如舊今將添設各扒

增列於後

河南引扒式

押
河南省發賣官鹽引

陝西引扒式

押
陝西省發賣官鹽引

靈寶引扒式

押　河南省靈寶縣發賣官鹽引

再查嘉慶二十四年河南

奏改商運民銷二十五年設民販賣鹽照票嗣於道光

五年撫臣福縣咨部覆准定以雙連式樣在騎縫處

蓋用批驗大使印信一備存查一給民販今將票式

附後

雙連存查照票票式

山西河東兵備道兼管鹽法道　爲遵
旨議奏事照得豫省應行潞鹽各州縣議請改爲商運民銷奏准
部覆酌定章程委員駐紮會興鎮發給民販照票銷售等因
遵奉在案今據　　州民販　　運鹽　名　百　十引
販至　　州銷售繳票期限以鹽數之多寡酌定十引以上者
限三箇月繳銷一名以上者限六箇月繳銷倘有逾限侵越
等弊該委員詳請行文該州縣查明究辦合行發給照票爲
此票仰該民販即將　　州鹽斤若干塡明票內呈繳委員
申報本道衙門查銷毋得貽誤干咎須票

存查

道光　年　月　日

字第　號

照票

山西河東兵備道兼管鹽法道　爲遵
旨議奏事照得豫省應行潞鹽各州縣議請改爲商運民銷奏准
部覆酌定章程委員駐紮會興鎭發給民販照票銷售等因
遵奉在案今據　　州民販　　運鹽　名　百　十引
販至　　州銷售繳票期限以鹽數之多寡酌定十引以上者
限三箇月繳銷一名以上者限六箇月繳銷倘有逾限侵越
等弊該委員詳請行文該州縣查明究辦合行發給照票爲
此票仰該民販卽將銷售過　州鹽斤若干塡明票內呈繳
委員申報本道衙門查銷毋得貽誤干咎須票

右票給民販　　收執

道光　年　月　日

改引行票票式

製鹽官票

兵部侍郎兼都察院右副都御史山西巡撫部院兼管鹽政糧餉事務 照得

河東鹽法會同

欽差大臣奏

准各項事例已經通行遵奉在案其題定鹽斤改引行票先課後鹽並

運鹽口岸四款合行開列鑄造銅版印刷給付商人收執照票製

鹽前去發賣施行須至票者

一每票仍照引目淨鹽二百五十斤爲一票鈐鹽法道印信

一每票編列三省字號照引先納正課方准支鹽運賣

一凡商人運鹽不許鹽票相離違者同私鹽追斷如賣鹽三日內

不交退票者杖六十將舊票影射重運者同私鹽論罪僞造鹽

票者處斬

一行鹽口岸

山西平陽府　霍州　絳州　設聞喜縣之小郭店

潞安府　岳陽一縣　設洪洞縣之曲亭鎮

澤州府設翼城縣

蒲州府　解州　垣曲一縣設運城西門

河南開封府　南陽府　河南府　汝州　襄城一縣設會興鎮

陝西西安府　同州府設臨晉縣之夾馬口

西安府屬　富平三縣　同州府屬　大荔四縣

商州屬　山陽四縣設永濟縣之下馬口

右票給商人　收執照鹽准此

咸豐　鹽道印信　年　月　日

院押

咸豐二年侍郎王慶雲等

奏明設立此票所以代引運鹽其截角繳銷均與引同

四年捐免充商改票復引此票遂停

河南加票票式

兵部侍郎兼都察院右副都御史山西巡撫部院兼管鹽政糧餉事務　照得
河東鹽務　奏准免商後改票復引已經通飭遵奉在案今
綱額引尚未領到恐届時有誤運銷據鹽法道稟請暫行用票代
引合行頒發票式並開列運鹽口岸四款印刷給付商販收執按
票掣鹽照例截角依限繳銷俟官引領到後再行更換須至票者

一每票為一名合一百二十引鈐鹽法道印信不足一名尾數亦
給票一張註明零尾細數

一每票編列三省字號照例先課後鹽

一凡商販運鹽不許鹽票相離違者照私鹽追斷如賣鹽三日內
不交退票者杖六十將舊票影射重運者同私鹽論罪偽造鹽
票者處斬

河東運鹽

代引大票

一三省行鹽口岸　山西平陽府霍州絳州設聞喜縣之小郭店潞安府長陽縣設洪洞之曲亭鎮澤州府設翼城縣蒲州府解州垣曲縣設運城西門

河南設會興鎮　陝西設三河口

右票給　　　收執照鹽准此

咸豐　鹽法道印　年　月　日

院押

此票設於咸豐四年捐免充商改票復引時以引未

領到暫行給票代引六年靈寶加票三百名九年河

南加票三百三十名十年河南又於三百三十名之外再加二百七十名共六百名統用此票嗣後靈寶改發部引河南停止加票此票遂廢

增修河東鹽法備覽分目

奏銷期限

增修河東鹽法備覽卷三上

引目

行鹽之有引猶入市有契度關有繻蓋以導鹽使行周流無滯也私販者法無寬貸商運者行若合符此判官私杜夾帶裕

國課濟民食惟於引乎是重鹽池行引自宋迄今歷有年所其間加少加多或裁或復前志所已詳者悉從其畧前志所未及者謹續以增

鹽引本末

河東鹽引之制創自炎宋洎乎有明代有增減更僕難數已詳於彙纂鹽法志紀
恩錄諸書而法亦近古而難行我
朝定鼎除去明季之浮加在順治時則額行四十萬九千九百三十三引在康熙時則額行四十一萬七千四百四十三道在雍正時則額行四十二萬六千九百四十七道在乾隆時則額行六十六萬六千九百四十七道五十二年五十四年間產鹽缺額商力積疲五十七年經山西巡撫馮光熊

奏准將鹽課攤歸地丁所有行銷河東鹽之山陝河南共一百七十餘廳州縣歲額引四十二萬六千九百四十七道餘引二十四萬道槪予停領嗣於嘉慶十二年復歸商運酌定額餘引六十萬五千二百七十九道迨至咸豐二年改引行票共成額代餘活引六十八萬三千八百四十五道四年捐免充商改爲官運共行額引四千九百九十八名七十九引五年議加靈寶鹽票三百名七年改領部引九年加票三百三十名十年續加鹽票二百七十名是年四月又加

活引五百名同治二年滯銷准將活引五百名暫行停緩四年並將前加票六百名一併停止從此歲額五千二百九十八名七十九引即現在行銷之引數也然此特大畧耳其中隨時更變因地制宜一切細目臚列於後

歸丁裁引

乾隆五十六年大學士公阿桂等議

奏河東鹽課攤歸地丁一摺內稱查山西行鹽之陽曲等八十八廳州縣共行額餘引二十四萬二千一百

七十九道每年地丁銀二百八十三萬二千七百十七兩零陜西行鹽之咸甯等五十二廳州縣共行額餘引一十八萬四千餘道每年地丁銀一百四十七萬二千一百十三兩零則是引少而地丁較多河南行鹽之洛陽等三十二州縣共行額餘引二十三萬九千九百九十道每年地丁銀六十六萬六千四百十五兩零則是引多而地丁較少更有向食土鹽蒙古鹽僅領河東引張交納税銀之陽曲等四十四州縣及陜西之鳳翔府一府長武縣一縣本屬參差不

齊若照原奏均勻攤派於地丁較多之山陜二省未
免向隅殊難一律攤派或令河南引多地方較現擬
地丁每兩均攤九分有餘之數由該省酌量增攤在
河南所加無多衆擎易舉而山陜二省行鹽州縣不
致著重似於調劑之中微寓權衡之道應交山西陜
西河南三省巡撫會同籌酌定議具奏再查河東歲
額正餘鹽引共六十六萬六千九百四十七道該撫
等既稱課歸地丁無需商運所有行鹽部引應准停
領奉

旨依議欽此

復商引數

嘉慶十一年三月初四日山西巡撫同興准軍機大

臣字寄奉

上諭昨據倭什布奏晉省行銷蒙古鹽斤爲數最多已飛

移阿拉善王迅速派人經理等語晉省蒙古鹽斤入口

本有例禁此時阿拉善無經理之人蒙古私鹽不能侵

越內地正是極好機會與其令阿拉善侵占何如令淮

北越境暢銷著傳諭同興一面詳查舊案體察地方情

形俟英和初彭齡到晉將如何籌辦或仍歸商運之處
會議奏明候旨欽此是月十六日甘肅
欽差英和初彭齡山西巡撫同興等會商河東鹽務請禁
蒙古鹽斤水運及招商承辦潞引各緣由覆
奏據稱詳查歷年案卷體察現在情形非禁水運不能
限制口鹽非設官商不能杜絕私販應請查照舊例
阿拉善鹽斤祇准由陸路行銷不准水運其河東鹽
法仍改商運第籤商既恐不公招商亦須慎選急切
未能詳議周帀容斟酌萬全分別

題奏奉

旨著照所議行是年十二月山西巡撫成齡覈定河東吉

蘭泰引課數目

奏請自嘉慶十二年正月初一日爲始歸商行運查舊

行三省額餘引共六十六萬六千九百四十七道內

除山西陽曲等四十四州縣不食潞鹽撥歸吉蘭泰

引四萬五千六百四十五道又河南泌陽桐柏二縣

向行河東額引四千六十九道餘引一萬一千八百

道代銷引一百五十四道三共額餘代銷引一萬六

千二十三道前經部議該二縣引地撥歸兩淮所有
額餘代銷引張統應撥歸淮北商人行銷共計河東
實行額餘引六十萬五千二百七十九道前經
奏明無分額引餘引統俟試辦三年後再行酌定今應
照舊例分兩次請領擬本年先請領四十六萬五千
二百七十九道交商行運據實報銷其續增餘引一
十四萬道俟來年七月分再行請領至吉蘭泰行銷
鹽數前經查
奏酌中每年以三萬石爲率約銷鹽二千一百萬斤共

合引八萬七千五百道本年先行照數請領交商試
辦據實銷報奉
硃批覽欽此嗣於十二年河南巡撫馬慧裕等
奏稱河東池鹽招商復運內有河南所屬之桐柏泌陽
二縣本係河東引地前以該二縣毘連淮綱易於侵
越經鹽政佶山額勒布先後
奏請將潞鹽堵截令淮商改運淮鹽經部議准並咨部
請領引目在案詎淮北鹽場地面先因被水淹漫旋
經數月不雨運道阻滯辦理掣肘而該二縣士民以

舍現有之潞鹽等候淮鹽緩不濟急並以潞鹽色白
不願改食淮鹽具詞控訴爲此恭摺會議請將桐柏
泌陽二縣引地照舊仍歸河東派商辦運所有咨部
請領淮鹽引目照例繳部查銷是年六月奉
旨准行復於十三年戶部議覆山西巡撫成齡
奏晉省土鹽徵稅分別應免應留一摺疏稱岢嵐等十
四州縣原領每年額引三千四百九十四道陽曲等
三十州縣應領每年額引四萬二千一百五十一道
覈與原定引目均屬相符既據該撫查明該十四州

縣專食口鹽該三十州縣兼食土鹽所需引張應由
　山西藩司請領以節糜費而歸簡易奉
旨依議欽此十四年巡撫成齡又以續增餘引一項緩至
　次年請領該商趕運不及恐誤四月奏銷期限咨部
　覆准於請領額餘引時將續增餘引十四萬道一併
　請領
　嘉慶十七年十月大學士慶桂等議覆山西撫臣衡
　齡
　奏將河東加增吉蘭泰原定額引八萬七千五百道歸

於現行潞鹽引地行銷應如所奏辦理又據稱該商
等原請加增活引八萬七千五百道實緣現行引地
暢滯不一若令運商按地一律酌加則暢行地方不
患難銷而滯銷之地必致賠累自當因地制宜通融
辦理且應完課額既係年清年款並非儘銷儘解是
名爲活引實與額引無異亦應如所請將所增餘引
在河東現行引地內察看何處暢銷酌量配運先於
引內註明商名引地方准赴場掣鹽奏銷一律報部
奉

旨依議欽此

按河東鹽法未歸地丁以前額引四十二萬六千九百四十七道餘引二十四萬道共額餘引六十六萬六千九百四十七道嘉慶十二年復商後仍遵舊額惟陽曲等四十四州縣土鹽稅引四萬五千六百四十五道內有陽曲等三十州縣鹽稅引四萬二千一百五十一道改由山西藩司領繳岢嵐等十四州縣鹽稅引三千四百九十四道歸入吉引行銷嗣於十七年吉引八萬七千五百道撥改河東活引河東實

領引七十萬八千八百零二道山西藩司實領引四萬二千一百五十一道比較未歸地丁以前舊額實加增引八萬四千六道

復商額引分目

額引不敷行銷加餘引以濟民食河東自嘉慶十二年復商後實行額餘代銷引並山陝鹽稅引吉蘭泰改增活引計由河東歲領引七十萬八千八百二道由山西藩司歲領引四萬二千一百五十一道除吉引八萬七千五百道係運商均領不定引地外其三

省行引一百五十八州縣額餘代銷引五十九萬六千三百四十五道並山陝兩省鹽税引六萬七千一百八道謹開於後

山西省額引二十三萬八千六百八十五道

平陽府屬一州十縣

臨汾縣額行八千四百五引代銷一百三十六引代銷引始於雍正八年鹽政碩色奏請猗氏等縣減額於本省州縣暢銷地方永作代銷引分銷

洪洞縣額行八千五百十八引

浮山縣額行一千一百七十九引餘引六百引代銷

十九引
岳陽縣額行六百九十七引餘引八百三十引代銷三十一引
翼城縣額行五千一百七十六引餘引一百三十五引代銷三十二引
曲沃縣額行八千四百五引
太平縣額行四千四百七引餘引七百二十引代銷一百五十六引
襄陵縣額行五千四百八十四引

汾西縣額行九百六十九引餘引一百引代銷一百九十九引

鄉甯縣額行六百三十五引代銷八十六引

吉州額行五百六十四引

霍州屬二州縣

本州額行一千一百七十九引代銷二百五十二引

趙城縣額行三千五百八十七引代銷三十四引

靈石縣額行一千四百八十六引代銷七十二引

蒲州府屬六縣

永濟縣額行六千六百六十二引

臨晉縣額行二千七百一十引原額四千二百五十四引雍正八年改撥一千五百四十四引

於復設虞鄉縣行銷

虞鄉縣額行一千五百四十四引代銷三十四引雍正八年由臨晉縣撥給

榮河縣額行二千七百六十七引餘引一千一百八十引代銷二引

萬泉縣額行一千五百八十九引

猗氏縣額行一千七百八十五引十五引原額三千四百八十五引雍正八年

減去一千七百引令本
省能銷鹽地方代銷

解州縣屬四

本州額行三千四百引解州安邑加增引自雍正七年鹽政碩色　奏請招商認辦始

安邑縣額行五千三百引

平陸縣額行一千二百三十引代銷二百引

夏縣額行三千九百三十七引原額五千二百四十八引乾隆十一年減去一千三百一十一引令三省能銷鹽地方代銷

芮城縣額行二千二百四引代銷五十引

長子縣額行五千九百三十九引

屯留縣額行三千六十五引餘引八百一十引

襄垣縣額行四千三百六十三引餘引三百六十引

潞城縣額行三千五百七十四引餘引二千八百九十引代銷十八引原額二千八百五十二引乾隆二十九年平順縣裁汰其額引一千六百一十二道分撥潞城壺關黎城三縣行銷潞城增引七百二十二道

黎城縣額行二千七百九十四引原額二千五百七引平順縣裁缺增引二百八十七道

壺關縣額行四千三百六十四引代銷二十四引原額

三千七百六十一引平順縣裁缺增引六百三道

澤州府屬五縣

鳳臺縣額行一萬一千六百四十五引代銷一千二百七十九引

高平縣額行九千三百三十四引

陽城縣額行五千一百六十五引代銷三十九引

陵川縣額行四千七百七十七引

沁水縣額行二千一百五十二引餘引一千二百八十引代銷六十五引

以上四十四州縣額引代銷引共十七萬六千七百五十九道餘引一萬九千七百七十五道計實行引一十九萬六千五百三十四道係商運商銷

領河東引行河東鹽

太原府屬八縣行鹽稅引食土鹽

陽曲縣歲行鹽稅三千八引

太原縣歲行鹽稅二千四十八引

榆次縣歲行鹽稅三千四百五十三引

太谷縣歲行鹽稅一千八百四十四引

祁縣歲行鹽稅一千五百五十四引

徐溝縣歲行鹽稅一千三百九十二引

交城縣歲行鹽稅一千九百五十六引

文水縣歲行鹽稅二千二百五十引

汾州府屬六縣行鹽稅引食土鹽

汾陽縣歲行鹽稅二千四百六十五引

平遥縣歲行鹽稅二千九百五十一引

介休縣歲行鹽稅二千九百一十二引

孝義縣歲行鹽稅五百五十三引

石樓縣歲行鹽稅五百二十引

甯鄉縣歲行鹽稅一百五十一引

遼州屬二縣行鹽稅引食土鹽

本州歲行鹽稅八百三十引

和順縣歲行鹽稅三百七十一引

榆社縣歲行鹽稅三百六十八引

沁州屬一縣行鹽稅引食土鹽

本州歲行鹽稅七百七十四引

武鄉縣歲行鹽稅六百一十四引

平定州屬二縣行鹽
本州歲行鹽稅一千一百二十六引
盂縣歲行鹽稅一千七百二十八引
壽陽縣歲行鹽稅二千三百三十九引
忻州屬一縣行鹽
稅引食土鹽
本州歲行鹽稅二千三十九引
定襄縣歲行鹽稅八百六十引
代州屬二縣行鹽
稅引食土鹽
本州歲行鹽稅四百七十三引

五臺縣歲行鹽稅五百八十一引

崞縣歲行鹽稅一千三百三十一引

隰州屬二縣行鹽稅引食土鹽

本州歲行鹽稅一千二百三十引

大甯縣歲行鹽稅二百四十六引

永和縣歲行鹽稅一百八十四引

以上三十州縣共鹽稅引四萬二千一百五十一

道按舊制陽曲等四十四州縣向領河東之引配

食土鹽徵稅名曰鹽稅嘉慶十二年復商案內除

岢嵐等十四州縣撥入吉蘭泰引地外所有陽曲

等三十州縣鹽稅引　奏由山西藩司轉院赴部

領繳

陝西省額引十八萬四千七百七十八道

西安府屬一州十五縣

長安縣額行六千九百八十一引代銷二百七十引

咸甯縣額行八千五十三引餘引六千三百引代銷

四百八引

咸陽縣額行二千三百三十七引餘引三百六十引

代銷三十七引

興平縣額行二千五十引餘引一千四百四十引代

銷七十六引

臨潼縣額行三千八百九十五引餘引九百六十引

代銷一百十三引

高陵縣額行一千八百三十二引餘引七百二十引

原額三千一百四十引雍正八年減去一

千三百一十八引令本省暢銷地方代銷

鄠縣額行一千七百八十五引餘引四千八十引代

銷二百三十三引

藍田縣額行一千一百三十六引餘引一千二百四十引代銷八十九引
涇陽縣額行五千七百七十五引餘引六百引代銷六引
三原縣額行三千五百八十七引餘引三百六十引代銷二十引
盩厔縣額行三千五百六十二引餘引四千七百四十引代銷三百五十二引
渭南縣額行七千四百十六引

富平縣額行五千三百六十七引代銷二十九引

醴泉縣額行二千六百六十五引

同官縣額行三百五十九引餘引四百二十引代銷十八引

耀州額行八百六十引餘引六引代銷三引

商州屬四縣

本州額行一千三百三十二引餘引九千四百八十引代銷一百四十二引

鎮安縣額行二百八十七引餘引二千七百九十引

代銷一百八引

山陽縣額行三百八引餘引三百六十引代銷五引

雒南縣額行六百一十五引餘引一千五百六十引

代銷五引

商南縣額行二百五引餘引三百六十引代銷五引

同州府屬一廳一州八縣

大荔縣額行三千七十五引餘引八百五十引代銷

三引雍正十三年同州改府潼關縣改廳添設大荔縣爲附首仍行同州額引

潼關廳額行一百三十六引餘引一萬四百七十二

引代銷一百六十三引雍正十三年以縣改廳引仍舊

朝邑縣額行五千五十八引代銷三十引

郃陽縣額行五千二百六十引餘引一千五百八十

引代銷一百七十三引

澄城縣額行二千八百七十引

韓城縣額行三千七十五引代銷一百八引

白水縣額行一千一百五十引餘引三百引代銷三

十三引

華州額行三千二百七十四引餘引八百引代銷六

十八引

華陰縣額行二千九十六引餘引三百引代銷五十一引

蒲城縣額行五千三百七十八引原額七千三百七引乾隆十一年減去一千九百二十九引令三省能銷鹽地方代銷

乾州屬二州縣

本州額行二千八百四十八引餘引六百一十引代銷七十七引

武功縣額行一千四百九十六引餘引一千四百三

十引代銷八十一引

永壽縣額行四百二十四引代銷八引

以上三十四州縣額引代銷引共十萬一千二百八十九道餘引五萬八千五百三十二道計實行引一十五萬九千八百二十一道係商運辦領河東引行解池鹽

興安府屬六縣行鹽稅引食花馬池鹽

安康縣歲行鹽稅一千二百七十九引代銷九十八引餘引二千六百四十引按興安府屬舊由河東商運商銷嘉慶十六年照鳳

課例改歸鹽稅查舊志載興安由州改府改漢陰縣爲安康縣引目歸併今漢陰復廳分銷安康額引四百十引又新設甎坪廳分銷安康額引一百八十引

洵陽縣歲行鹽稅四百一十引

白河縣歲行鹽稅一十二引

紫陽縣歲行鹽稅一百三引

石泉縣歲行鹽稅二百五十八引

平利縣歲行鹽稅一十引

鳳翔府 屬一州七縣行鹽稅引食花馬池鹽

鳳翔縣歲行鹽稅一千六百五引

岐山縣歲行鹽稅二千九百九十七引

寶雞縣歲行鹽稅三千二百八十一引

扶風縣歲行鹽稅五千八百一十三引

郿縣歲行鹽稅一千八百一十八引

麟遊縣歲行鹽稅六十八引

汧陽縣歲行鹽稅一百二十九引

隴州歲行鹽稅五百八十九引

邠州屬三縣行鹽稅

邠州引食靈州池鹽

本州歲行鹽稅一千四百三引按邠州暨三水醇化二縣引鹽乾隆五十

七年以前皆歸河東商運嘉慶十二年復
商後改食靈州池鹽照鳳課例徵鹽稅
三水縣歲行鹽稅六百一十五引
醋化縣歲行鹽稅一千二十五引
長武縣歲行鹽稅八百四引雍正八年新加此引照鳳課例行銷其原額六百六十引分派陝西能銷鹽州縣代銷
以上十八州縣共鹽稅引二萬四千九百五十七
道皆行花馬池鹽仍領河東之引照鳳課舊例徵
稅行銷
河南省額引二十三萬九千九百九十道

河南府屬十縣

洛陽縣額行四千四百七十七引餘引三千九百六十引代銷一百五十七引

偃師縣額行二千六百九十九引餘引二千五百八十引代銷三十六引

鞏縣額行一千七百八十八引餘引二千九百引代銷四十七引

孟津縣額行一千七百七十三引餘引二千八百八十引代銷十九引

宜陽縣額行六百八十三引餘引四千六百八十引

代銷三十一引

登封縣額行三千一百二十七引餘引三千五百二

十引代銷六十二引

永甯縣額行一千四十一引餘引三千八百四十引

代銷五十三引

新安縣額行八百五十一引餘引三千四百八十引

代銷九十二引

澠池縣額行一千二百九十五引餘引五千四十引

代銷一百二十六引

嵩縣額行一千八百一十二引餘引三千三百六十引代銷三十七引

陝州屬三縣

本州額行一千四百二十六引餘引四千六百八十引代銷一百引

靈寶縣額行五千六百二十三引餘引二千一百六十引

閿鄉縣額行三千九百五引

盧氏縣額行五百七十二引餘引六千五百七十五

引代銷二十四引

南陽府屬一廳二州九縣

南陽縣額行四千七引餘引四千八百引代銷五十

七引原額四千七百五引雍正十二年改撥六百九十八引於復設南召縣行銷

南召縣額行六百九十八引餘引三千八百四十引

代銷十六引雍正十二年由南陽縣撥給

泌陽縣額行三千二百九十六引餘引六千七百引

代銷七十引

桐柏縣額行七百七十三引餘引五千一百引代銷八十四引
鎮平縣額行四千八百一十六引餘引九百一十八引
唐縣額行四千九百七引餘引二萬五千八十引代銷一百九十四引
鄧州額行六千五十七引餘引一萬九千五百八十引代銷一百七十八引
內鄉縣額行二千八百八十一引餘引四千四百九

十引代銷四十五引

新野縣額行三千三百八十九引餘引五千四百四

十引

淅川廳額行一千八百五十四引餘引七千七百四

十引

裕州額行一千三百七十七引餘引六千九百一十

引代銷一百七引

葉縣額行二千二百八引餘引二千五百二十引代

銷三十二引

汝州屬四州縣

本州額行四千一百七十七引餘引四千一百二十引代銷四十九引

魯山縣額行一千四百五十引餘引三千四百二十引代銷四十八引

郟縣額行三千一百二十八引餘引一千五百七十引代銷二十三引

寶豐縣額行七百四十三引餘引一千八百引代銷四十二引

伊陽縣額行七百五十一引餘引四千五百引代銷五十引

許州屬一

襄城縣額行二千二百五十六引餘引八百七十引代銷十八引

以上三十二州縣額引代銷引共八萬九百三十七道餘引十五萬九千五十三道於嘉慶二十五年經山西巡撫成格　奏准改由商運民銷

按額引者計口授鹽制既定而不可更易者也內有

更名變價引西安加增引解安新加引名雖不同均係河東舊額正賦故統歸之額引代銷引者以此處之商銷彼處之引也是雖以額作餘其原終於額引撥出實無異於正額故亦歸之額引餘引者所以濟額引之不足也內額餘引十萬道係

題明作爲定額與續領餘引有間其續增餘引十四萬道舊制儘銷儘報自乾隆四十八年均引後各州縣俱酌有定數嘉慶十二年復商後仍循舊章辦理至陝省鳳邠興安屬鹽税引該處雖食花馬池鹽而仍

領河東之引止西陽曲等縣鹽稅引該處均食土鹽
其引張雖於嘉慶復商案內改歸山西藩司領繳仍
由鹽政奏銷

官運引數

河東鹺務章程自嘉慶十二年復商後迄今數十年
間隨時酌定不過小有變更惟改辦官運爲一大轉
關溯查咸豐二年
欽差戶部左侍郎王慶雲江蘇布政使聯英會同山西巡
撫兆那蘇圖查辦河東鹽務通籌全局酌議留商改

票先課後鹽

奏稱河東鹽法自乾隆年間鹽政薩哈岱

奏請在晉省舉報富户充商嗣改爲五年更換百弊叢

生經前巡撫農起請更定長商六七十年循而不改

迨至道光二十四年巡撫梁萼涵請改短商三年更

替行之甫及六載已更八十餘商此元年所以有議

輕成本改復長商之請而部議以爲長商不如票商

之爲利多也兹擬留商改票蓋以引自商銷票准民

販而票之較勝於引者在官則省浮費在商則省辛

工其於運鹽赴岸腳價俱可從省所以輕成本利轉輸也故商人等並願將現停一半活引四萬三千七百五十道一併改票運銷其領票招販完課掣鹽截角交票各事宜即倣照兩淮票法稍爲變通以歸簡易而防弊混河南引鹽向歸商銷自嘉慶二十四年改爲商運民銷以會興鎮爲發鹽口岸商民稱便現在留商改票山陝二省均應設立口岸以便招徠除河南會興鎮照舊設立外其陝西省三十四處向由永濟臨晉縣之下馬口夾馬口渡河過載今仍從其

便山西省四十四處山路崎嶇運脚繁重自應妥爲分設所有澤州潞安平陽三府霍絳二州各屬口岸應察看適中地方設立至近池蒲解兩府州屬票鹽應於安邑運城兩處立岸發販所有鹽票由各該州縣截角中繳以上三省口岸均應派員分駐巡防並令各商販將鹽票呈交截角按限申繳再晉陝豫引鹽向係二百四十斤爲一引一百二十引爲一名八九十名爲一籤嘉慶二十四年巡撫成格

奏請調劑案內山陝二省每引加鹽十斤每名合鹽三

萬斤免其加課河南省改爲商運民銷仍照舊每引二百四十斤每名只得鹽二萬八千八百斤現在改引爲票河南應准每引加鹽十斤與山陝一律辦理一切條議
俞旨准行咸豐三年十一月復奏
上諭戶部奏河東鹽務亟籌變通一摺河東鹽務自有籤商之議百弊叢生近年以來酌議章程屢定屢改不過調停於長商短商之間仍未能經久不敝今據該部奏請運商一百餘家各按籤地之多寡家資之厚薄令捐

免充商永無籤舉之患該商無不樂從所有鹽課另議就場徵收恤商裕餉爲兩得之計據該部約計捐資可得銀數百萬兩軍餉要需亦可藉資接濟恆春今任巡撫鹺政是其專管著即照該部指陳各節速議章程奏明辦理並先將捐免銀數覈明奏報聽候撥用欽此四年正月山西巡撫恆春覆

奏河東鹽務自道光二十四年議改短商其害不可枚舉咸豐元年請復長商而極疲十數家無力辦運商累仍屬難除爲今之計自以商捐免充另於鹽池收

稅納課爲第一要圖飭經提集各商先後輸銀三百萬兩從此恤商充餉一舉兩得庶商民均霑樂利而鹺政日有起色矣河東引鹽山陜向係商運商銷嗣後請改爲官運官銷河南向係商運民銷嗣後請改爲官運民銷官運既定應仍按額委員赴部請領引張編發行運銷完殘引送部繳銷計三省歲額正引四十二萬六千九百四十七道餘引二十四萬道山西除陽曲等三十州縣鹽稅引四萬二千一百五十一道實行額引十七萬六千七百五十九道餘引一

萬九千七百七十五道陝西除鳳翔興安邠州府州屬鹽稅額引二萬二千三百一十七道餘引二千六百四十道實行額引十萬一千二百八十九道餘引五萬八千五百三十二道河南實行額引八萬九百三十七道餘引十五萬九千五十三道三省實在商行額引三十五萬八千九百八十五道餘引二十三萬七千三百六十道今改爲官運官銷官運民銷請將吉蘭泰活引永遠豁除其額餘引仍循其舊惟山西岢嵐等十三州縣鹽稅引三千四百九十四道向

歸吉引行銷吉引雖裁而此項鹽稅引未便無著應
請匀分山西行鹽州縣融銷其各廳州縣借給運本
准循山東成案酌量道里遠近額引多寡分別籌借
誠屬公允第河東行鹽地方有路甚遠而引極少者
殊難區別差等應照部議視額引之數目覈實借給
現擬每一名引一百二十道酌借運本銀三十兩額
引雖多借銀不得過三千兩用示限制統計全綱引
數以五千名合算約需借給銀十五萬餘兩於商捐
款內暫借濟運一俟銷價本銀繳齊即歸商捐原款

該州縣等即照東省章程分限五年繳還道庫以清款項是年十二月調補山西巡撫陝西巡撫王慶雲奏陝省鹽務試辦官運官銷公私窒礙請援乾隆五十七年舊案將鹽課改歸地丁攤徵所有西同商乾四府州屬向係行銷河東額引現在課歸地丁無論何處鹽斤均可由民販運河東鹽引應請停領以省案牘查漢中延安榆林鄜州綏德等屬向不領引外惟鳳興邠三府州屬民間多食土鹽及花馬池鹽自運自銷而各州縣按年仍赴河東領引所領引張並不

行用每年解課赴河東時將引張空領空繳殊屬具文今課銀既議解歸本省藩庫引張亦應毋庸請領五年二月奉准照辦六年四月陕西巡撫吳振棫疏稱陕省鹽課攤歸地丁請形棘手請倣照河南改行河東招販變通辦理本月欽奉

上諭著王慶雲將前辦章程悉心參酌通盤籌畫其有應行變通之處即咨行吳振棫會商妥辦以裕國課而便民食欽此是年八月陕西巡撫吳振棫山西巡撫王慶雲會

奏陝西官民並運發販散銷並驗票截角各事宜經部
議覆陝省西同商乾四府州屬向行河東額引自上
年鹽課改歸地丁攤徵
奏明停領引目茲既復課歸鹽自應領引營運俾清綱
分惟本年丙辰一綱初更章程若俟領引到日開辦
新綱爲時已遲應照所議先用票張權宜辦理仍令
陝省丁已綱鹽引同晉豫引目一併請領以符舊制
其鳳興邠三府州屬向例課歸地丁仍赴河東領引
上年亦經

奏明停領兹該府州仍照舊攤徵不在官民並運之例
應於下届請領引目咨内聲明劃除毋庸給領五年
添設河南靈寶縣口岸招商試辦商運官鹽以三百
名爲率係額引外加增鹽票七年始改票領引至今
因之九年天津需餉山西巡撫英桂接准部咨請加
鹽票三百三十名十年復請查照戊午己未兩綱帶
銷扣存陝省甲寅半綱引鹽六百六十名現已全數
銷竣仍舊每年加銷三百三十名外再酌加票二百
七十名共成六百名是年十月署山西巡撫常績又

請再加活引五百名斯時也各省軍興潞鹽溢銷於
川淮引地楚皖直隸諸境故能疊次議加引票嗣後
南北兵銷川鹽淮鹽蘆鹽各復引地潞引滯銷同治
元年即有請停加票之
奏嘗經部駁二年旋又請停部議准將最後增加活引
五百名暫行停緩其餘六百名仍令實力疏銷四年
十月復經護理山西巡撫王榕吉請將前加票六百
名一併停止奉部覆准將前後加票活引一千一百
名概予停辦光緒三五等年河東三省引地同遭荒

旱戶口凋殘山西巡撫曾國荃先請暫停靈寶引三百名續請將河東現引定額分别暫予酌减山西引四百名河南引三百名陜西引二百名均未蒙
允准

官運額引分目

河東鹽引縣復商以來行銷至今歲領引六十三萬五千八百三十九道溯自咸豐三年改引行票四年商捐免充山陜改爲官運官銷河南改爲官運民銷是年復奉部咨准將陜西鹽歸民運課歸地丁並屬

興邠等府州屬停領引張五年河南靈寶縣添設口
岸酌議加引三百名招商試辦六年變通陝鹽倣照
河南官民並運章程改由河東招販轉運散銷仍領
陝引以復舊制除鳳興邠等處鹽稅仍由陝省奏銷
所有鹽稅引二萬四千九百五十七道毋庸請領外
尙有岢嵐等十三州縣鹽稅引三千四百九十四道
歸入山西引地內通融分銷並靈寶口岸引三萬六
千道係官運以後議加均不在額引之中茲將三省
引地一百一十廳州縣現行引額五十九萬六千三

百四十五道行引有定地銷引有定數計地分引按引合名詳列於後

山西省現行額引一十九萬六千五百三十四道合一千六百三十七名九十四道

平陽府屬一州十縣

臨汾縣額行八千五百四十一引合七十一名二十一引

洪洞縣額行八千五百一十八引合七十名一百十八引

浮山縣額行一千七百九十八引合十四名一百十八引

岳陽縣額行一千五百五十八引合十二名一百十八引

翼城縣額行五千三百四十三引合四十四名六十三引

曲沃縣額行八千四百五引合七十名五引

太平縣額行五千二百八十三引合四十四名三引

襄陵縣額行五千四百八十四引合四十五名八十

四引

汾西縣額行一千二百六十八引合十名六十八引

鄉甯縣額行七百二十一引合六名一引

吉　州額行五百六十四引合四名八十四引

蒲州府屬六縣

永濟縣額行六千六百六十二引合五十五名六十

二引

臨晉縣額行二千七百一十引合二十二名七十引

虞鄉縣額行一千五百七十八引合十三名一十八

引
滎河縣額行三千九百四十九引合三十二名一百
九引
萬泉縣額行一千五百八十九引合十三名二十九
引
猗氏縣額行一千七百八十五引合十四名一百五
引
解　州屬四州縣
本　州額行三千四百引合二十八名四十引

安邑縣額行五千三百引合四十四名二十引
夏縣額行三千九百三十七引合三十二名九十七引
平陸縣額行一千四百三十引合十一名一百十引
芮城縣額行二千二百五十五引合十八名九十五引
絳州屬五州縣
本州額行六千五百四十七引合五十四名六十七引

垣曲縣額行二千四百七引合二十名七引

聞喜縣額行四千四百二引合三十五名二引

絳　縣額行三千九百九引合三十二名六十九引

稷山縣額行三千三百七十二引合二十八名十二引

河津縣額行三千七百三十五引合三十一名十五引

霍　州屬二州縣

本　州額行一千四百三十一引合十一名一百十

一引
趙城縣額行三千六百二十一引合三十名二十一
引
靈石縣額行一千五百五十八引合十二名一百十
八引
隰州屬一
州縣
蒲縣額行二百八十七引合二名四十七引
潞安府屬七
縣
長治縣額行一萬五千一十引合一百二十五名十

引
長子縣額行五千九百三十九引合四十九名五十
九引
屯留縣額行三千八百七十五引合三十二名三十
五引
襄垣縣額行四千七百二十三引合三十九名四十
三引
潞城縣額行六千四百八十二引合五十四名二引
黎城縣額行二千七百九十四引合二十三名三十

四引

壺關縣額行四千三百八十八引合三十六名六十

八引

澤州府屬五縣

鳳臺縣額行一萬二千九百二十四引合一百七名

八十四引

高平縣額行九千三百三十四引合七十七名九十

四引

陽城縣額行九千六百四十四引合八十名四十四

引

陵川縣額行四千七百七十七引合三十九名九十七引

沁水縣額行三千四百九十七引合二十九名十七引

以上四十四州縣平陽府屬額引四萬七千四百八十三道合三百九十五名八十三引蒲州府屬額引一萬八千二百七十三道合一百五十二名三十三引解州屬額引一萬六千三百二十二道

合一百三十六名二引絳州屬額引二萬四千一百七十二道合二百一名五十二引霍州屬額引六千六百一十道合五十五名十引隰州屬額引二百八十七道合二名四十七引潞安府屬額引四萬三千二百一十一道合三百六十名十一引澤州府屬額引四萬一百七十六道合三百三十四名九十六引外岢嵐等十三州縣鹽稅引三千四百九十四道合二十九名十四引現歸山西引地內分銷

陝西省現行額引一十五萬九千八百二十一道合一千三百三十一名一百一道

西安府屬一州十五縣

長安縣額行一萬三千七十一引合一百八名一百十一引

咸甯縣額行一萬四千七百六十一引合一百二十三名一引

咸陽縣額行二千七百三十二引合二十二名九十二引

興平縣額行三千五百六十六引合二十九名八十六引

臨潼縣額行四千九百六十八引合四十一名四十八引

高陵縣額行二千五百五十二引合二十一名三十二引

鄠縣額行六千九十八引合五十名九十八引

藍田縣額行四千四百六十五引合三十七名二十五引

涇陽縣額行六千三百八十一引合五十三名二十一引

三原縣額行三千九百六十七引合三十三名七引

盩厔縣額行八千六百五十四引合七十二名十四引

渭南縣額行七千四百四十六引合六十二名六引

富平縣額行五千三百九十六引合四十四名一百十六引

醴泉縣額行二千六百六十五引合二十二名二十

五引

同官縣額行七百九十七引合六名七十七引

耀州額行一千四百六十三引合十二名二十三引

商州屬四州縣

本州額行一萬九百五十四引合九十一名三十四引

鎮安縣額行三千一百八十五引合二十六名六十五引

雒南縣額行二千一百八十引合十八名二十引

山陽縣額行六百七十三引合五名七十三引

商南縣額行五百七十引合四名九十引

同州府屬一廳一州八縣

大荔縣額行三千九百二十八引合三十二名八十八引

潼關廳額行一萬七百七十一引合八十九名九十一引

朝邑縣額行五千八十八引合四十二名四十八引

郃陽縣額行七千一十三引合五十八名五十三引
澄城縣額行二千八百七十引合二十三名一百十
引
韓城縣額行三千一百八十三引合二十六名六十
三引
白水縣額行一千四百八十三引合十二名四十三
引
華　州額行四千一百四十二引合三十四名六十
二引

華陰縣額行二千四百四十七引合二十名四十七引

蒲城縣額行五千三百七十八引合四十四名九十八引

乾州屬二州縣

本州額行三千五百三十五引合二十九名五十五引

武功縣額行三千七引合二十五名七引

永壽縣額行四百三十二引合三名七十二引

以上三十四廳州縣西安府屬額引八萬八千九百八十二道合七百四十一名六十二引商州屬額引一萬七千五百六十二道合一百四十六名四十二引同州府屬額引四萬六千三百三道合三百八十五名一百三引乾州屬額引六千九百七十四道合五十八名十四引

河南省現行額引二十三萬九千九百九十道合一千九百九十九名一百十道

河南府屬十縣

洛陽縣額行八千五百九十四引合七十一名七十四引

偃師縣額行五千三百一十五引合四十四名三十五引

鞏縣額行四千七百三十五引合三十九名五十五引

孟津縣額行三千九百七十二引合三十三名十二引

宜陽縣額行五千三百九十四引合四十四名一百

十四引
登封縣額行六千七百九引合五十五名一百九引
永甯縣額行四千九百三十四引合四十一名十四
引
新安縣額行四千四百二十三引合三十六名一百
三引
澠池縣額行六千四百六十一引合五十三名一百
一引
嵩　縣額行五千二百九引合四十三名四十九引

陝州屬三州縣

本州額行六千二百六引合五十一名八十六引

靈寳縣額行七千七百八十三引合六十四名一百三引

閿鄉縣額行三千九百五引合三十二名六十五引

盧氏縣額行七千一百七十一引合五十九名九十一引

南陽府屬一廳二州九縣

南陽縣額行八千八百六十四引合七十三名一百

四引

南召縣額行四千五百五十四引合三十七名一百

十四引

泌陽縣額行一萬六十六引合八十三名一百六引

桐柏縣額行五千九百五十七引合四十九名七十

七引

鎮平縣額行五千七百三十四引合四十七名九十

四引

唐　縣額行三萬一百八十一引合二百五十一名

六十一引

鄧　州額行二萬五千八百一十五引合二百一十五名十五引

内鄉縣額行七千四百一十六引合六十一名九十六引

新野縣額行八千八百二十九引合七十三名六十九引

淅川廳額行九千五百九十四引合七十九名一百十四引

裕州額行八千三百九十四引合六十九名一百
十四引
葉縣額行四千七百六十引合三十九名八十引
汝州屬四州縣
本州額行八千三百四十六引合六十九名六十
六引
魯山縣額行四千九百一十八引合四十名一百十
八引
郟縣額行四千七百二十一引合三十九名四十

一引

寶豐縣額行二千五百八十五引合二十一名六十

五引

伊陽縣額行五千三百一引合四十四名二十一引

許州屬一縣

襄城縣額行三千一百四十四引合二十六名二十

四引

以上三十二廳州縣河南府屬額引五萬五千七

百四十六道合四百六十四名六十六引陝州屬

額引二萬五千六十五道合二百八名一百五引
南陽府屬額引一十三萬一百六十四道合一千
八十四名八十四引汝州屬額引二萬五千八百
七十一道合二百一十五名七十一引許州屬額
引三千一百四十四道合二十六名二十四引又
靈寶口岸加引三萬六千道合三百名
按晉陝豫行鹽各廳州縣計共引額五十九萬六千
三百四十五道合四千九百六十九名六十五引外
岢嵐等十三州縣鹽稅引三千四百九十四道合二

十九名十四引復商時撥入吉蘭泰引地行銷嘉慶十七年吉引改爲活引此引歸於河東暢銷地方代銷官運後活引豁除此項引張勻分山西引地內融銷並有靈寶縣加引三萬六千道合三百名係咸豐五年酌添口岸議增者三共行引六十三萬五千八百三十九道合五千二百九十八名七十九引卽現在歲行之引數也

領繳則例

河東鹽務未歸地丁以前領引繳引章程備覽均已

詳載茲查嘉慶十二年復商案內咨准於每年五月間由河東道詳院委員赴部請領此後額餘並鹽稅引及吉蘭泰餘引共七十萬八千八百二道統於前年五月內委員赴部具領八月內領回鈐蓋河東道印存庫陸續給商領辦除鹽稅引山西陽曲等三十州縣

奏准由山西藩司領繳外其陝西鳳翔邠州興安等屬仍於正月由道行文各地方官催領至商辦退引飭令先赴地方官用印截於奏銷前陸續由該州縣批

差申繳內惟河南三十二州縣
奏改商運民銷其退引統於陝州用印彙繳一俟齊繳
到道同陝省鹽稅引照例鑿孔收貯道庫由道詳院
差吏彙解戶部山東司查銷迨咸豐四年改章官運
後除鳳興邠等屬鹽稅引停領外統計額引曁嵜嵐
等州縣鹽稅引靈寶口岸議加引共六十三萬五千
八百三十九道每歲委員請領下綱新引仍以五月
爲期八月領回隨時督催官民領配其繳銷三省殘
引山西則由各州縣官用印陝西則由三河口委員

蓋截河南則由鹽經歷蓋印各截第四角於奏銷前
彙繳到道由道解部至領回鈐印貯庫銷完鑿孔繳
部各事宜均遵舊章辦理

奏銷期限

河東鹽課原係六月奏銷自乾隆二十八年池鹽被
水歉收經前任鹽政薩哈岱請改十月奏銷以後相
沿辦理迨五十七年改課歸丁課隨糧徵各解本省
藩庫奏限准自五月內隨同地糧奏銷之時另款報
銷俾無牽混嘉慶十二年鹽務復歸商辦商情踴躍

課銀隨運隨交歲內均可按額完足截數造報山西
巡撫成齡奏准復商鹽課於十三年四月查覈題銷
嗣是統以四月爲期較六月原限趲緊兩月並將應
徵公務官錢等款銀兩隨同正課徵解全完一併入
册奏銷且令商人領引仍舊按月先行納課毋任遲
逾致有墮引誤課等弊其未經奏銷以前徵收銀兩
即入於春秋撥册內造報酌撥及至咸豐四年免商
官運五年山西巡撫王慶雲疏請更定奏限奉部議
覆潞鹽徵課向係限至四月底奏銷茲請改爲六月

底截限七月初具題覈計祇准展兩月應准照辦陝西鹽課既攤歸地丁自應徑解該省藩庫由該省自行報撥奏銷其河東道庫所收山西河南兩省鹽課仍由河東道每年按數造報以專責成而免轇轕六年復因陝課歸丁公私窒礙山陝巡撫王慶雲吳振棫會議請照豫省官民並運章程辦理除鳳興邠鹽稅由陝省奏銷外所有西同商乾四府州屬課銀封納河東道庫應照向章由河東道依限一律造冊報銷

按分年帶銷奏銷展限始於乾隆二十五二十八等年池遭水患引積商疲鹽政薩哈岱前後

奏准將二十四五兩年餘引四十八萬道並二十六年額引三十六萬五千餘道均分作八年帶銷每年鹽引共十萬五千餘道至三十年僅完三限尚有五限未完三十二年始將未完五限帶銷全完繼自光緒二年春夏間山陝雨澤愆期豫省旱災尤重引鹽滯銷節次展限經河東道升泰詳請山西巡撫鮑源深額懇將乙亥綱未掣額引八百三十六名有奇援照

道光年間曁同治四年長蘆兩淮雲南山東等省分
限帶銷積引成案分作兩年帶銷奉
旨允准嗣後丙子丁丑戊寅三綱復以潞鹽引地迭遭大
祲疲滯益甚奏限屢居屢展陳引愈積愈多光緒三
五六等年歷經山西巡撫陳請援案分作三年帶銷
均奉部議准行

山西文華·史料編

增修河東鹽法備覽

第三册

卷三下至卷四上

清 江人鏡等◎修 清 張元鼎等◎纂

《山西文華》編纂委員會 編

山西出版傳媒集團
三晋出版社

山西文集

增修河東鹽法備覽分目

課額卷三下

課項源流

攤課歸丁

公用酌留

復商課程

正雜款目

復商公用款冊

官運課程

增修河東鹽法備覽卷三下

課額

自下供上謂之貢自上取下謂之賦課也者別乎貢異乎賦而實同乎貢與賦也自來富藏於國則朘剝為嫌利專於民則爭端易起此夷吾正筴劉晏持籌匪唯富國實以利民而其權必操之自上焉解鹽徵課𣂏宋迄明以逮

國初前志載之詳矣惟自乾隆五十七年以後凡因時損益隨地變通章程條款實難枚舉其最要莫若課

增修河東鹽法備覽

歸地丁復商運銷免商官運爲三大綱茲謹按次分編以清眉目

課項源流

河東鹽課其制立於宋天聖時元則有課稅課錠課鈔之名迨至有明始則納銀輸粟於九邊繼則大工匱帑以增課終則練兵餉銀又加派法未盡善制亦屢更我

朝定鼎將明季浮加概行裁汰歲徵課銀一十三萬一千一百七十八兩有奇順治十三年增課三萬二千

兩共計一十六萬三千一百七十八兩零康熙十五年以後遞加課銀共成二十三萬五千五百五十九兩二十八年仍復順治十三年舊額雍正初年歲入正雜課銀一十七萬一千七百二十八兩三年以後至乾隆五十年以前續有增加共徵正雜課銀五十一萬八千一百一十餘兩五十七年商力疲乏課額不敷經山西巡撫馮光熊

奏准將正雜課稅銀五十一萬三千六百八十餘兩攤歸晉陝豫行鹽一百七十二廳州縣地丁在案嘉慶

十二年復歸商運額徵正雜課銀四十八萬八千三百七十四兩零十五年加增河工經費銀一十四萬四千二百七十餘兩十八年又加吉蘭泰活引河工經費銀二萬一千兩並公費平餘課務官錢等銀六萬八千七十餘兩通共課銀七十二萬一千七百兩有奇道光年間遞有增減以二十九年奏銷計之正雜課銀共六十六萬五千兩有零逮至咸豐四年免商晉省改爲官運官銷豫陝改爲官運民銷歲徵額課銀五十二萬四千八百五十餘兩五年議加靈寶

鹽票三百名七年改引仍照正引徵課增銀三萬一千五百兩每年共徵正雜課銀五十五萬六千三百五十餘兩嗣因各路軍興潞鹽溢銷暢旺倍常九年加徵羨餘銀三萬七千三百餘兩十一年又增加費本省按引每名分三等上等四十兩中等三十二兩次等二十八兩陝豫靈引每名各六十兩共銀二十七萬三千六百兩零同治元年續加籌補羨餘銀三千四百兩每歲徵課八十七萬六百兩有奇並咸豐九年十年間先後加票一千一百名共增收課銀十

四萬三千兩同治二年四年因河東銷滯運艱迭經
籲請停減准將此票全行停辦三年減去陝靈引各
三十兩四年仍舊加徵五年以河南陝西被擾准令
將陝豫靈引減去五成加費各三十兩共減十萬八
千九百五十餘兩山西係完善之區未准覈減實存
課銀七十六萬一千七百兩有奇光緒五年
奏請酌減引費以紓商困緣河東引地被災戶口凋零
運銷日滯故也九月奉
旨准將晉省加費酌減五成上等各州縣改徵銀二十兩

中等十六兩下等十四兩計共減銀二萬七千八百
餘兩暫予減徵一年是年十二月復經
奏懇六年二月戶部議
奏准自己卯綱爲始將豫陝靈寶減臏五成加費並山
西現准暫減五成仍留五成之三等加費及先後續
增羨餘一概暫予裁除兩次共減銀二十萬五千二
百六十餘兩今每歲徵銀五十五萬六千三百五十
餘兩此歷來額課之大數也
攤課歸丁

乾隆五十七年正月大學士公阿桂等會議

奏准河東鹽課改歸山陝河南三省行鹽州縣地丁款內酌擬攤徵在案查河東鹽行三省在山西則有領引行鹽之臨汾等四十四州縣並領引只納稅銀之陽曲等四十四州縣應徵稅銀一萬九千一百五十四兩零共完課稅銀十八萬二千四百十二兩零陝西則有領引行鹽之咸甯等四十三廳州縣並領引只納稅銀之鳳翔等九州縣應徵稅銀六千九百七十八兩零共完課稅銀十三萬一千四百五十一兩

零河南則有領引行鹽之襄城等三十二州縣共完課銀十九萬九千八百十九兩零三省共完正雜課稅銀五十一萬三千六百八十餘兩又查山西行鹽各屬歲徵地丁銀二百八十三萬二千七百十七兩零陝西行鹽各屬歲徵地丁銀一百四十七萬二千一百十三兩零河南行鹽各屬歲徵地丁銀六十六萬六千四百十五兩零三省行鹽各屬共歲徵地丁銀四百九十七萬一千二百四十餘兩合計三省中山陝地丁多而課銀少河南地丁少而課銀多惟是

河南省每年正賦之外尙有奏明河工歲料幫價及搶險之年加徵銀數均係按糧攤徵較之他省稍覺繁重所有鹽課攤數不便過多應照原議均攤九分有餘之數量增三分有餘每地丁一兩攤徵銀一錢三分俾攤數稍見加增而民力仍臻寬裕查河南本省應徵鹽課銀十九萬九千八百十九兩零今攤徵銀八萬六千六百三十三兩零尚有攤賸銀十一萬三千一百八十餘兩加以山陝二省共鹽課稅銀四十二萬七千四十餘兩若在山陝各屬地丁內通計均

攤每兩一律各攤銀九分九釐零山西共攤銀二十八萬一千十二兩零覈之山西本省應徵鹽課銀十八萬二千四百十二兩零計代攤河南銀九萬八千五百餘兩陝西共攤銀十四萬六千三十七兩零覈之陝西本省應徵鹽課銀十三萬一千四百五十一兩零計代攤河南銀一萬四千五百八十餘兩統而計之河南省每地丁銀一兩攤鹽課銀一錢三分山陝二省每地丁銀一兩攤鹽課銀九分九釐零多寡已有區別與原議河南酌量增攤之處實相符焉

公用酌留

一內閣飯食銀二百兩

又解費銀三十兩

一都察院飯食銀二千六十二兩

一翰林院庶吉士規禮銀八十兩

又前二項解費銀五十兩

一戶部飯食銀六百兩

又解費銀四十兩

一甯夏將軍等養廉銀二千兩

一涼莊副都統等養廉銀二千兩
一西安將軍副都統養廉銀一千六百兩
一恭逢
萬壽油燭銀一兩三錢八分八釐
一元旦油燭銀七錢九分二釐
一長至油燭銀三錢一釐
一芒神春牛春花等物銀六兩一錢五分
一元旦晝四城門門神銀六兩二錢
一開場致祭三禁門祭品等銀四兩五錢前節省銀六八分茲仍

照原數開銷

一春秋丁祭豬羊祭品等銀一百八十七兩四錢八分前開銷銀一百六十七兩八錢四分茲仍酌留原數

一清明七月十五十月初一日三次祭厲壇豬羊祭品等銀二十二兩五錢

一三六九等月朔日祭池神廟豬羊祭品等銀一百四十八兩三錢三分前節省銀二十兩二錢四分茲留原數

一九月十三日祭關張二廟豬羊祭品等銀五兩八錢三分前節省銀四錢一分茲照原數開銷

一春秋祭　關帝廟豬羊祭品等銀三十七兩五錢二分八釐

一霜降祭旗纛神表忠祠衞民祠三處共豬羊祭品等銀一十二兩八錢三分前開銷銀十二兩三錢省銀五錢三分茲仍照舊酌留此數

一每月初一十五日各廟香資銀四兩三錢二分

一每月初一十五日宣講

聖諭鄉約工食銀一十二兩

一歲試武童設立棚廠等銀一十兩七錢五分商籍童生

歸安邑縣考試棚
廠銀兩應行裁省

一歲考文武生員給賞花紅銀七十兩八錢四分

一科考賓興文武生員盤費花紅酒筵銀一百八十九兩二錢五分二釐

一考遺才盤費銀五十兩

一賓興文武舉人酒筵銀三十兩

一文武舉人會試盤費銀二百八十兩

一解州文武舉人會試盤費銀四十兩

一每遇考貢盤費銀八兩

一每遇拔貢盤費銀一十六兩以上入條文武生員及文武舉人花紅酒筵賓興盤費並考貢拔貢等盤費共銀六百八十四兩九分二釐應請酌留

一鹽政書吏酌留飯食廩給銀一百二十二兩六錢六分六釐六毫六絲零查鹽政衙門經制貼書十八名歲支飯食銀一百四十四兩廩給銀九百六十兩今鹽政裁缺酌留書吏二名每名應分得飯食廩給銀六十一兩三錢三分三釐三毫三絲零共銀一百二十二兩六錢六分六釐六毫六絲零

一運司六房書辦酌留飯食紙價等銀一百七兩八錢九釐五毫二絲零查吏戶禮兵刑工六房經制貼書四十二名歲支紙價銀八十兩飯食銀三百七十二兩八錢今移駐河東道衙門酌留十名每名應分紙筆飯食銀十兩七錢八分九

釐五絲二忽零共銀一百七兩八錢九釐五毫二絲零

一運司禁子四名工食並刑具銀三十六兩八錢

一教授養廉銀一百兩

一訓導養廉銀一百兩以上二項教授訓導業經裁缺養廉並裁

一學書飯食銀一十二兩

一解州州判養廉銀三百兩

一池內巡役四十六名工食銀五百五十二兩向在院司養廉歸公項下動支

一鹽池司巡檢養廉銀二百五十兩

一長樂司巡檢養廉銀二百五十兩
一聖惠司巡檢養廉銀二百五十兩
一三巡檢書役飯食銀三十六兩
一三巡檢弓兵六十名工食銀七百二十兩向在院司養廉
歸公項
下動支
一看廟學泉斗子工食銀九兩
一池神廟僧人飯食銀一十四兩四錢
一禮生八名養贍銀九十六兩
一鐘鼓夫二名工食銀一十二兩前設三名共工食銀十八兩茲裁一

名節省
銀六八兩

一四城門門兵四十四名工食銀一百九十二兩前開
銷銀一百八十六兩省銀
六兩茲仍照原數酌留

一解費腳價銀三千五百兩此項銀兩向係運司徵收鹽課每遇撥解協餉以為木鞘鐵箍並押解官役盤費腳價之需今應仍留分歸晉秦豫三省藩庫各按攤徵鹽課銀數多寡實用實銷節省歸公再查鹽課遇撥京餉元寶每千兩應解飯食銀十兩散碎應解飯食銀十五兩向在官務項下動支今鹽課已歸地丁應解元寶遇撥京餉照例隨解飯食銀十兩即在鹽課項下動支計每鹽課一兩應分攤解費銀六釐八毫一絲三忽五微四纖山西省鹽課銀二十八萬一千一十二兩一錢九分零共應留解費銀一千九百一十四兩六錢八分七釐陝西省鹽課銀一十四萬六千三十七兩一

錢五分零共應留解費銀九百九十五兩三分河南省鹽課銀八萬六千六百三十三兩九錢七分零共應留解費錢五百九十兩二錢八分三釐

一內務府飯食銀一百兩

一運皁倉倉書斗級工食銀九兩以上內務府飯食倉書斗級工食二項共銀一百零九兩向在蘆葦項下動支今因不產蘆葦無項可動在運司等裁缺歸公養廉項下動支

一修築渠堰禁牆銀五千兩奉部議已令坐商交納應歸裁省

又查勘渠堰禁牆各工程供應及各役飯食銀八十兩應同修築銀兩一併議裁

以上各項共銀二萬一千六百五十六兩六錢六

分七釐一毫八絲零除歲修銀五千兩業經奉部
議裁外其原設查工飯食考試棚廠及教職養廉
共銀二百九十兩七錢五分並應議裁餘銀一萬
六千三百六十五兩九錢一分七釐一毫八絲

復商課程

河東池鹽向由商運蒙鹽入口運銷亦有定制乾隆
五十七年商力疲乏課歸地丁潞鹽聽民販運遂無
一定口岸蒙古私鹽侵越內地彼時潞鹽已無引課
人人得以販運官亦無從稽查因之充斥豫楚兩淮

嘉慶十一年五月山西巡撫同興籌議招商辦理具
奏河東鹽務前經遵
旨會同
欽差英和初彭齡
奏請仍改商運欽奉
諭旨籤商易滋流弊不若招商較爲妥善其應如何改議
章程斟酌妥善之處著會同陝西河南巡撫定議奏聞
並據
欽差英和初彭齡

奏稱查訪阿拉善鹽斤不能空運懇照河東現議商運事例一體招商試辦奉

上諭看來此二事相爲表裏爲今之計莫若將蒙古池鹽河東池鹽一並招商承辦按照成本多寡口岸暢滯情形因利乘便酌劑行銷總使得需餘潤商人自必樂從等因本年十一月山西巡撫成齡覆

奏河東吉蘭泰鹽務分別招商各辦引地並現在兩處運商均已招認足數准戶部會同侍郎英和議

奏查河東及吉蘭泰鹽務一體改歸官辦一切事宜首

在招商認地前該撫請以王恆泰等承充河東新商
馬遵義等承充吉蘭泰新商玆又據稱吉蘭泰鹽池
在黃河上游比鄰甯夏河東鹽池在黃河下游地接
豫秦兩地相去三千餘里口鹽斷不能越險行銷河
東地方原可無須潞商併辦況潞商業已一家承辦
河東數處引地更難兼辦口鹽且河東鹽行三省每
年銷引六十餘萬道納課五十餘萬兩課引較多獲
利已厚口鹽每年酌中以三萬石爲率計配引八萬
七千五百道應徵銀六萬三千五百餘兩課銀有限

獲利未見有餘口鹽潞鹽應請分別招商各辦引地

一　自應如所奏辦理奉

旨俱照所議行是年十二月復經巡撫成齡疏稱河東吉

蘭泰鹽務釐定引課數目復歸商運請以嘉慶十二

年正月初一日爲始查河東舊額課銀五十一萬五

千七百三十四兩一錢七分九釐內除陽曲等四十

四州縣向納鹽稅銀一萬九千二百九十四兩七錢

五釐前經部議撥歸甯夏鹽法道徵收又河南泌陽

桐柏二縣向納正雜課銀一萬二千二百四十九兩

六分五釐撥歸淮北徵收二共改撥銀三萬一千五
百四十三兩七錢七分實計河東舊課應徵銀四十
八萬四千一百九十兩四錢九釐内有陝西鳳翔府
八屬向食花馬池鹽每年只納正課銀六千七百兩
七錢三分二釐現經另捐
奏請改銷潞鹽應照河東之例加公務官錢餘平等項
銀五千一百四十四兩八錢八分七釐又陝西邠州
併所屬之三水醕化二縣向行河東鹽課銀二千二
百一十一兩四錢二分四釐今請改食花馬池鹽應

減去公務官錢餘平等項銀九百六十兩四錢八分
七釐統計河東每年應徵銀四十八萬八千三百七
十四兩八錢九釐較舊額四十八萬四千一百九十
兩四錢九釐之數每年多徵銀四千一百八十四兩
四錢至吉蘭泰行銷鹽數每年以三萬石爲率照河
東之例應納課務餘平銀六萬三千五百八十八兩
四錢三分八釐歸口商在甯夏鹽法道完納造報至
陽曲等四十四州縣內有准食土鹽地方所有引課
容遵照部議查明覈實酌留另行具

奏辦理奉

硃批覽欽此十三年奉准部覆岢嵐等十四州縣專食口

鹽共應徵税銀一千四百三十五兩零准其全行劃

出另由吉蘭泰運商按引照數納課以免重複陽曲

等三十州縣兼食土鹽共徵土鹽税銀一萬七千八

百五十八兩零照舊酌留由地方官徵解交納山西

藩庫毋庸遠交甘肅甯夏

正雜款目

河東歴代課額前志已備詳矣我

朝承平日久生齒日繁食鹽日衆自雍正三年後課項續有增加覈計乾隆五十七年課歸地丁案內歲徵正雜課銀五十一萬三千六百八十餘兩嘉慶十二年復歸商運奉

旨澄清鹽法優恤有加或舊制仍循或新章更定南河工籌議經費則協力輸將吉蘭泰裁改餘引則逼綱感躍除額外雜課及改解各庫諸款外實計正雜額課六十五萬五千七百九十三兩九錢三分二釐逐款分目具列於後

一三省商辦額引正課銀一十三萬九千四百二十
一兩四錢一分三釐乾隆五十七年課歸地丁以前
計額引三十五萬七千四十六
引嘉慶十二年復商後興安府屬七廳縣邠州屬三
州縣改歸鹽稅引五千一百一十五引又安康縣改
入鹽稅代銷引九十八引又隰州大甯永和三處改
食土鹽額引一千六百六十引前志因係商辦仍作
額引復商後歸入陽曲等縣鹽稅引內徵解山西藩
庫應共除去額引六千八百七十三引三省額代引
計三十五萬一百七十三引以一百二十引爲一名
合二千九百一十八名十三引每引徵銀四錢一分
六釐六毫六絲六忽六微每名合五十兩徵課共額
十四萬五千九百五兩四錢一分七釐除去賑濟米
價銀四千三百五十七兩五錢七分三釐扣錠三百
七十七兩七錢一分加增餘銀六百九十八兩二錢
二釐紙價一千五十兩五錢一分九釐均應另款開
列外實徵正課十三萬九千四百二十一兩四錢一

分三釐內有更名食鹽課西安加增引課其名雖異其實皆商辦引課至猗氏等縣代銷引課雖改額爲餘而引目猶坐錠名故皆歸入額引正課項下

一賑濟米價銀四千三百五十七兩五錢七分三釐

此款向爲額設鹽丁而設自順治二年存留解部至復商後額引每引徵銀一分二釐零加增引每引徵銀一分一釐零共徵賑濟米價銀四千三百五十七兩五錢七分三釐歸入正課項下一同徵收

一額引扣錠銀三百七十七兩七錢一分歸公充餉雍正六年復商後額引三十二萬七千八百五十七引加增引二萬二千三百一十六引在外合二千七百三十二名十七引按每名封課一錠重五十兩內正課四十八兩賑濟銀一兩五錢紙價銀三錢六分一釐七毫五絲三忽每錠多銀一錢三分八釐二毫四絲七忽計銀三百七十七兩七錢一分歸入正課項下同徵

惟加增引向無扣錠名目
另有加增餘銀謹載下條

一加增引餘銀六百九十八兩二錢二釐向領加增引一名封
課四十六兩二錢四分五釐五毫五絲五忽五微至
雍正六年加增課錠亦照額課五十兩徵收每年加
增餘銀六百九十八兩二錢
二釐歸入正課一同徵收

一額引紙價銀一千五十兩五錢一分九釐額引每名徵紙
價銀三錢六分一釐零加增引每名徵銀三錢三分
五釐零共計徵銀一千五十兩五錢一分九釐隨正
課按引徵收惟此款於領引時
差官批解戶部不入奏冊

一額引官錢公務銀十萬二千三百六十七兩二錢
四分一釐河東鹽務衙門向有河工銅斤水腳等名
色皆起於康熙年間至雍正三年始行革

去並各衙門陋規一同裁汰惟於額引加增引項下每領引一名收官錢銀十一兩搨引一名收公務銀二十四兩零八分復商後仍循舊例徵收除公用准支外餘皆報部充餉計額引徵官錢銀三萬二千九十九兩一錢九分二釐徵公務銀七萬二百六十八兩四分九釐計共十萬二千三百六十七兩二錢四分一釐

一解安引課銀三千五百八十八兩七錢五分此係雍正七年續增引課照餘引例每名納課四十九兩五錢復商後仍循舊制解安共行額引八千七百道合七十二名六十引計共徵課三千五百八十八兩七錢五分

一解安引扣錠銀十兩一錢五分解州額引三千四百道納扣錠課三兩九錢六分六釐零安邑額引五千三百道納扣錠課六兩一錢八分三釐零解安引合七十二名六十

引每名納扣錠課一錢四分計共十兩一錢五分

一解安引紙價銀二十六兩一錢解州納紙價十兩二錢安邑納紙價十五兩九錢解安引合七十二名六十引每名納紙價三錢六分計共二十六兩一錢此款與額引紙價事同一例不入奏冊

一解安引官錢入公務銀二千五百四十三兩三錢解州納官錢入公務銀九百九十三兩九錢三分四釐安邑納官錢入公務銀一千五百四十九兩三錢六分六釐解安引合七十二名六十引每名納官錢入公務銀三十五兩零八分計共二千五百四十三兩三錢

一官置昌零引課銀一百一兩八錢八釐此款係各錠名下畸零鹽數不能歸錠引一百十二道向係發商運銷不入正額雍正六年歸入公充餉計正課四十六兩六錢

六分七釐官錢十兩零二錢六分六釐公務二十二兩四錢七分五釐銷價二十二兩四錢計共六一百一兩八錢八釐復商後仍循舊例歸入正課項下一律徵收

一餘引正課銀九萬七千九百十一兩　課歸地丁以前餘引二十四萬道復商後將興邠二屬額引改歸鹽稅內安康縣餘引二千六百四十引亦並改作鹽稅故行餘引二十三萬七千三百六十道合一千九百七十八名每名納課四十九兩五錢餘引無米價照額引一例徵收於正課四十八兩之外加銀一兩五錢統作正課計共九萬七千九百十一兩

一餘引扣錠銀二百七十六兩九錢二分　餘引一千九百七十八名每名徵扣錠一錢四分共徵銀二百七十六兩九錢二分

一餘引紙價銀七百一十二兩八分　餘引一千九百七十八名每名

徵紙價三錢六分共徵銀七百一十二兩八分此款不入奏冊

一餘引官錢公務銀六萬九千三百八十八兩二錢四分 餘引一千九百七十八名每名徵官錢公務銀三十五兩零八分共徵銀六萬九千三百八十八兩二錢四分

一餘引公費銀一萬一千八百六十八兩 餘引一千九百七十八名每名徵公費六兩共徵銀一萬一千八百六十八兩

一活引正課銀三萬六千九十三兩七錢五分 嘉慶十六年山西巡撫衡齡 奏稱吉蘭泰鹽務辦運拮据奏

旨交欽差大臣文孚等查辦隨經覆 奏太汾等處各廳州縣聽其買食土鹽蒙鹽吉蘭泰額引改令河東商人於暢銷地方加配名爲活引所有正雜課款與餘

引一律徵收計行活引八萬七千五百道合七百二
十九名二十引照餘引例每名徵銀四十九兩五錢
計正課三萬六千九
十三兩七錢五分

一活引扣錠銀一百二兩八分四釐此款照餘引例每名徵扣錠課
一錢四分活引七百二十九名
二十引計一百二兩八分四釐

一活引紙價銀二百六十二兩五錢此款照餘引例每名徵紙價課
三錢六分活引七百二十九名二十引
計二百六十二兩五錢不入　奏冊

一活引官錢公務銀二萬五千五百七十九兩一錢
六分六釐此款照餘引例每名徵官錢銀十一兩公
務銀二十四兩零八分活引七百二十九
名二十引應徵官錢八千二十兩八錢三分三釐公
務一萬七千五百五十八兩三錢三分三釐計共銀

二萬五千五百七十九兩一錢六分六釐

一活引公費銀四千三百七十五兩此款照餘引例每名徵公費銀六兩活引七百二十九名二十引計四千三百七十五兩

一陝西鳳翔府屬八州縣額引鹽稅銀六千四百八十八兩四錢鳳翔八屬向領河東之引而食花馬池鹽課歸鹽稅計額引一萬六千三百道每引徵銀三錢九分八釐六絲一忽五微應徵課六千四百八十八兩四錢復商後經陝西巡撫方維甸山西巡撫成齡始議招商辦運旋因民間不願改食潞鹽奏請仍循舊例課歸地丁攤納由鳳翔府督催入屬州縣經徵解交河東道庫仍作正款

一陝西興安府屬七廳縣額餘代引鹽稅銀一千九

百一十四兩六錢七分三釐課歸地丁以前興安七屬額餘代引四千八百一十道皆係商辦復商後於嘉慶十六年經陝西巡撫董教增山西巡撫衡齡會　奏改食花馬池鹽課歸地丁攤納其應徵官錢公務公費等款照鳳課例概行減免歲行鹽稅引四千八百一十道每引徵銀三錢九分八釐六絲一忽五微零計徵課一千九百一十四兩六錢七分三釐歸於興安府七屬縣徵收解交河東道庫作為正款

一陝西邠州長武三水醕化額引鹽稅銀一千五百三十一兩三錢八分六釐雍正八年新增長武縣引八百四道照鳳課徵銀三百二十兩八分八釐歲歸該縣徵解至邠州醕化三水三州縣引三千四百四十三道向係商辦復商後嘉慶十三年經陝西巡撫方維甸　奏請改照長武例就近買食靈州池鹽按丁攤納課銀其官錢公務等款

概行減免計邠州長武三水醕化鹽稅額引三千八百四十七道照鳳課例每引徵銀三錢九分八釐六絲一忽五微零共徵課一千五百三十一兩三錢八分六釐歸於邠州並屬四州縣徵收解交河東道庫作爲
正款

一鳳翔興安邠州各屬鹽稅紙價銀七十四兩八錢七分一釐每引徵紙價三釐計鳳翔八屬額引一萬六千三百道應徵四十八兩九錢興安七屬額餘代引四千八百一十道應徵十四兩四錢三分邠州三屬額引三千八百四十七道應徵十一兩五錢四分一釐計共七十四兩八錢七分一釐不入奏冊

一唐縣餘利歸公銀四千五百兩每額引一名除去大課公務平餘並坐商銷價等銀餘銀五十四兩七錢九分三釐每餘引一名除大課官錢公務公費平餘等銀餘銀七十

二兩六錢四分三釐　奏明歸公乾隆五十七年課歸地丁以前核計唐縣額引四十名一百七引代銷引一名七十四引餘引二百九名共得餘利一萬七千三百九十九兩四分六釐內除支給商人雜費八百五十五兩三錢九分二釐外仍遵雍正六年奏准定例以四千五百兩歸公充餉作爲正款嘉慶十二年復商後仍循舊制二十五年河南引地經山西巡撫成格　奏請商運民銷此項在於河南通綱按引均攤完納至餘銀一萬二千四十三兩六錢五分四釐係飭商解交河南藩庫原委謹載唐縣續增餘利另款

項下

一澠池歸公銀三百三十四兩九錢一釐　乾隆二十八年額定

引五十三名一百一引照前按名核算計歸公銀三百三十四兩九錢一釐按年入冊　奏銷著爲定例復商後仍循舊制徵收作爲正款嘉慶二十五年河南引地改爲商運民銷此款在於河南通綱按引均

攤完
納
一三省額餘引河工經費銀一十一萬九十四兩四
錢六分　嘉慶十四年南河總督吳璥　奏請籌備南
河經費議加鹽價以濟工需奉
旨令有鹽務省分各督撫鹽政體察情形酌量議覆河東
經山西巡撫成齡於　奏定鹽價案內每斤加銀一
釐按引徵收計河東額餘引六十萬一千一百五十
五道每引行鹽二百四十斤共鹽一萬四千四百二
十七萬七千二百斤每斤加價一釐共加價銀一十
四萬四千二百七十七兩二錢奉　部覆准嗣於十六
年興安七屬額餘代引四千八百一十道改歸鹽稅
將加價一釐減免應除去銀一千一百五十四兩四
錢實徵經費銀十四萬三千一百二十二兩八錢歷
年隨同正課徵收另冊報部候撥道光十一年商人
王恆泰等以河東引地復商以來定爲錢莊彼時制
錢一千合銀一兩尚敷成本近年銀價日昂各商以

錢賣鹽易銀完課輾轉虧折呈懇山西巡撫阿勒清阿奏請援照長蘆加價成案改徵制錢經部議以制錢一千三百文易銀一兩交納奉
旨允准河東計行額餘引五十九萬六千三百四十五道共鹽一萬四千三百十二萬二千八百斤每斤加價一釐共徵銀一十四萬三千一百二十二兩八錢改徵制錢以一千三百文易銀一兩核算實徵收銀一十一萬九十四兩四錢六分

一活引河工經費銀一萬六千一百五十三兩八錢四分一釐 此款於嘉慶十八年吉蘭泰引改令河東商人配爲活引所有公費河工加價銀兩皆經山西巡撫衡齡 奏請照餘引例一律徵收計活引八萬七千五百道共鹽二千一百萬斤每斤加價一釐共加價銀二萬一千兩歷年隨同正課完納道光十一年於商人王恆泰等呈懇倣照長蘆改徵制錢案內經山西巡撫阿勒清阿 奏請與額餘引一律改徵制錢以錢一千三百文易銀一兩核算實

徵收銀一萬六千一百五十三兩八錢四分一釐

一各項餘平銀一萬二千八百九十八兩八錢九分四釐此款自嘉慶十二年復商後仍循舊例除河工經費廩費地租巡鹽贓罰籽粒蘆課小麥變價積餘併餘潞澤節省裕州歸公並唐縣續增餘利均免餘平外計額引代銷正課官務徵銀二十四萬八千二百七十二兩六錢五分八釐徵餘平銀六千二百六八兩八錢一分七釐解安引正課官務銀六千一百六十八兩三錢徵餘平銀一百五十四兩二錢七釐官置昌引正課官務銷價銀一百一兩八錢八釐徵餘平銀二兩五錢四分六釐餘引正課官務公費銀十八萬一百五十六兩二錢四分徵餘平銀四千五百三兩九錢六釐活引正課官務公費銀六萬六千四百十二兩五錢徵餘平銀一千六百六十兩三錢一分二釐鳳翔興邠鹽稅銀一萬九兩三錢三分徵餘平銀二百五十兩二錢三分三釐唐滙歸公銀

四千八百三十四兩九錢一釐徵餘平銀一百二十兩八錢七分三釐計共餘平銀一萬二千八百九十八兩八錢九分四釐

一積餘歸公銀五十一兩此款係各項官錢公務零引尾銀名曰積餘向只存留公用並不報解雍正六年題明歸公充餉查課歸地丁以前此項積餘每年以八十五兩五錢冊報旋於復商案內查明內有三十四兩四錢八分八釐零係應入額引官務項下咨部更正每年以五十一兩冊報候撥

一併餘歸公銀六百四十兩乾隆八年奏准解交內務府充公儘收儘解復商後以此項銀數無多奏准免解內務府每年以六百四十兩冊報候撥

以上三十項或係舊額或係續增或按引徵收或

指地認繳共課額六十五萬五千七百九十三兩九錢三分二釐

額外雜課

一坐商封納歲修銀五千兩鹽池渠堰各工雍正三年經鹽政馬喀奏請停止派用民夫在額引公務項下留存銀五千兩以爲歲修之費自乾隆五十七年課歸地丁於奏稱保護鹽池係內經部咨覆鹽池畦地澆曬鹽斤今聽坐商與民交易是畦地即屬坐商世業保護鹽池即所以保護畦地所有歲修渠堰禁牆各工銀五千兩應令坐商照數交納河東道庫以備歲修之用嘉慶十二年復商仍循舊章令坐商完納每年核實報銷

一畦稅無定額此係嘉慶十二年復商案內以畦地即坐商世業歷來坐商典賣畦地因

不印契以致輾轉典賣若遇爭控官亦無憑判斷
奏定於嘉慶十二年爲始凡坐商典賣畦地照民人
田土之例投稅印契以絕弊端經部覆准嗣後遇有
售賣呈明河東道投稅按契價每百兩徵稅銀三兩
附入奏
銷造報

一安邑縣護池灘地麥穀變價無定額　安邑縣護池灘地係鹽池
巡役弓兵墾種計地一百八十六畝七分每畝納麥
二升穀三升歲徵租麥三石七斗三升四合穀五石
六斗一合向歸三場大使分管徵收於奏銷時一
併造冊報部所收麥穀積至五年詳明糶價充餉至
乾隆五十七年課歸地丁案內改歸安邑縣徵收照
舊五年變價解交藩庫報撥嘉慶十二年復商後仍
歸安邑縣經徵十三年經河東道劉大觀詳請巡撫
成齡咨准此項灘地歲徵麥穀積至五年變價銀兩
仍解交河東
道庫報撥

一運儲倉餘麥變價無定額運儲倉歲收佃灘籽粒租麥二百七十石零爲養濟院散給孤貧之需如有餘賸存留備用向歸經歷管理按年冊報司院並不報部乾隆五十七年課歸地丁案內改歸解州州判經管與運皁倉一體報部每年除給散孤貧口糧外餘賸麥石按五年出糶一次解藩庫報撥嘉慶十二年復商後此項倉儲歸庫大使管理十三年經河東道劉大觀詳請巡撫成齡咨准此項變價銀兩歸存河東道庫報撥

一贖鍰無定額乾隆五十七年課歸地丁案內改歸解州安邑縣地方官辦理免解內務府充公嘉慶十二年復商後此項三省私鹽贓罰詳請各歸本省鹽法道辦理咨部覆准

以上五項俱交納河東道庫報銷之款內惟贖鍰歸各鹽道

附改解山西河南藩庫河南糧鹽道各款

一陽曲等三十州縣鹽稅銀一萬七千八百五十八兩八錢一釐　乾隆五十七年課歸地丁以前陽曲等四十一州縣鹽稅額引四萬三千九百八十五道自嘉慶十二年復商時議將大同朔平二府岢嵐嵐縣興縣臨縣永甯甯武神池偏關五寨沁源靜樂繁峙保德河曲十四州縣計三千四百九十四引改行吉蘭泰引鹽其陽曲榆次太谷祁縣交城文水汾陽孝義平遙介休甯鄉平定盂縣壽陽忻州定襄代州五臺崞縣遼州和順武鄉榆社沁州太原徐溝共計鹽稅引三萬九千九百七十一引每引仍徵鹽稅銀三錢九分八釐六絲一忽五微紙價銀三釐石樓縣計引五百二十道每引徵鹽稅銀三錢九分八釐六絲一忽五微紙價銀三釐賑濟米價銀一分二釐四毫三絲九忽四微又隰州大甯永和三州縣引地向雖改歸鹽稅課項仍照商辦錠名完納計一千六百六十引每引徵課銀四錢一分六釐六毫六絲零公務官錢銀二錢九分二釐三毫三絲零計

行鹽稅三十州縣土鹽引四萬二千一百五十一道共徵銀一萬七千八百五十八兩八錢一釐由各州縣按年解交山西藩庫隨同地糧另款造冊報銷

一唐縣續增餘利歸公銀一萬二千四十三兩六錢五分四釐 乾隆五十七年以前唐縣引地餘利共銀一萬七千三百九十九兩四分六釐除去河東庫款內充餉四千五百兩並支給商人雜費八百五十五兩三錢九分二釐外其餘銀兩向解內務府充公課歸地丁案內奉准部議改令河南巡撫轉飭徵解河南藩庫報撥嘉慶十二年復商後仍照章飭令辦運之商完納解交河南藩庫二十五年河南引地經山西巡撫成格 奏請商運民銷此項唐縣續增餘利 奏准在於河南通綱按引均攤由河東道飭商解交河南藩庫

一裕州餘利歸公銀一千兩 乾隆五十七年課歸地丁案內奉准部議令河

南巡撫轉飭徵解河南藩庫報撥嘉慶十二年復商
後仍循舊章飭令辦運之商完納解交河南藩庫二
十五年河南引地改爲商運民銷所有此項裕州餘
利歸公銀兩奏准在於河南通綱按引均攤由河
東道飭商解
交河南藩庫

一潞澤節省銀二萬兩乾隆五十七年課歸地丁案
內奉准部議令山西巡撫轉
飭徵解本省藩庫報撥嘉慶十二年復商後仍歸商
辦其節省銀兩由河東道飭商按年解交山西藩庫
報
撥

一河南鹽規銀二千二百八十七兩三錢九分九釐
河南通省鹽規雍正四年經河南巡撫田文鏡清查
奏准充解漕務運脚之費河南應行潞鹽三十二州縣
除南召縣向無鹽規其餘三十一州縣俱有應解鹽
規共銀二千二百八十七兩三錢九分九釐乾隆五

十七年潞鹽課歸地丁　奏准裁汰嘉慶十二年復歸商運仍循舊制令承辦運商在各州縣自行交納二十五年河南引地改爲商運民銷經河南巡撫姚祖同咨部覆准令河南通綱攤解由河東道飭商解往河南糧鹽道庫造冊報部

一裁省京書廩費銀一百四十七兩一錢　順治九年裁解運庫充餉乾隆五十七年課歸地丁案內改解本省藩庫嘉慶十二年復商仍照舊章由曲沃縣解交山西藩庫報撥

一池灘地租銀七百九十三兩四錢二分二釐　順治四年題明充餉由運庫報部核銷乾隆五十七年課歸地丁案內奉准部議由安邑夏縣徵解本省藩庫嘉慶十二年復商後仍由安邑夏縣徵解山西藩庫報撥

一小麥變價銀一百七十兩九錢八分五釐順治四年部議存貯候撥由運庫報部核銷乾隆五十七年課歸地丁案內奉准部議由安邑縣徵解本省藩庫嘉慶十二年復商後仍由安邑縣徵解山西藩庫報撥

一鹽站籽粒銀一十兩二錢六分雍正六年歸入正項充餉由運庫報部核銷乾隆五十七年課歸地丁案內奉准部議由安邑等縣徵解本省藩庫嘉慶十二年復商後仍由安邑等縣徵解山西藩庫報撥

一蘆價銀一百一十七兩九錢七分六釐雍正六年歸入正項充餉由運庫報部核銷乾隆五十七年課歸地丁案內奉准部議由安邑縣徵解本省藩庫嘉慶十二年復商後仍由安邑縣徵解山西藩庫報撥

以上十項俱係課歸地丁及復商案內分別　奏
咨議解各省藩庫及河南糧鹽道庫之項舊志因
向由運庫報撥具載款目茲雖章程變易有仍由
河東道飭催徵收轉解者有由各州縣及運商徑
解者仍臚列開載以資考覈再舊志載有蘆葦變
價一款乾隆四十九年詳明改歸坐商變價按畦
歲納價銀四百三十八兩七錢五分由運庫報部
核銷五十七年課歸地丁奉准部議裁免嘉慶十
二年復商章程仍照舊議裁此款係舊志開列嗣

奉裁免者謹附及之

按河東課項自復商以來款目數十條較課未歸丁時而有加迨咸豐四年改章官運除河工經費活引課銀及潞澤節省唐裕歸公等項永遠豁除另籌抵補外歲徵正課銀二十四萬九千九百三十二兩九錢一分七釐雜課銀二十七萬四千九百二十六兩二錢八釐更無官錢公務等一切名目統以正雜課名之其公費一款係於正供外餘銀七萬餘兩以作三省管鹽各衙門辦公經費至羨餘加費兩款乃自

咸豐年間運銷暢旺迭次續增者迄今概予裁汰

復商公用款册

一內務府飯食銀一百兩此款舊制在蘆葦變價項內支銷課歸地丁時將蘆葦銀兩除免復商後仍照舊請免奉准部議改將此項飯食銀兩在公務項下解給

一領加增活引盤費腳價銀一百三十一兩二錢五分

一加增活引紙硃飯食並解費銀三十兩一錢八分八釐

一解額餘霉爛引紙硃銀一兩四錢不等此項按引多寡覈算

無定
數

一繳活殘引飯食解費脚價銀三十二兩三錢九分

九釐

一院承差領換霉爛引盤費銀二十五兩七錢六分

二釐

一甯夏將軍副都統養廉銀二千兩

一涼莊將軍副都統養廉銀二千兩甯夏涼莊等處將軍副都統與

鹽務無涉因年羹堯爲川陝總督兼管河東鹽務

題定官務時奏請於河東撥給乾隆五十七年課

歸地丁改由山西藩庫支解嘉慶十二年復商時添

設吉蘭泰鹽務歸於甯夏道就近支給嗣吉蘭泰改

爲活引此項養廉仍由河東道庫撥解甘餉時搭解舊制尚有西安將軍副都統養廉二款共銀一千六百兩課歸地丁以前亦由河東解交復商時改照課歸地丁章程就近在西安藩庫動支

一新增恭逢

皇太后萬壽油燭銀七錢

一開場致祭三禁門祭品等銀四兩五錢

一春秋丁祭祭品銀一百七十九兩九錢一分八釐

一三六九等月朔日祭池神廟祭品銀一百四十八兩三錢三分

一春秋祭文昌廟祭品銀一十五兩七錢八分 查此項於

嘉慶六年奉
旨設文昌廟祀典案內經河東道詳准照各州縣額定銀數於鹽課項下開銷咨准部覆復商後歸於公務內支銷

一鹽院皂隷八名工食銀八十六兩四錢舊制鹽政皂隷十名每名工食銀十兩八錢共銀一百八兩復商時裁減二名節省銀二十一兩六錢

一鹽法道紙硃銀二百兩

一鹽法道六房書吏飯食銀三百七十二兩八錢舊制運司六房經制書辦貼書等四十二名歲共支銀三百七十二兩八錢復商後改設鹽道仍照舊章支給

一鹽法道六房紙價銀八十兩各房呈上行下紙張之用

一鹽法道總收支三房廩工飯食銀四百一十八兩

二錢七分五釐舊制總收支三房共書辦三十人每歲支銀四百一十八兩二錢七分五
釐復商後仍照舊章支給
一鹽法道庫吏油紅並提塘工食等銀三百一十八兩八錢五分此項舊制歲支銀二百七十八兩八錢五分乾隆三年酌增銀四十兩復商後仍照舊章支給
一鹽法道庫吏並庫房飯食銀一百二十兩庫吏一名支銀五十兩庫書七名每名支銀一十兩
一鹽法道兵房書吏衣廩銀一十兩七錢二分二釐舊志載兵房書辦四名每名歲給衣廩銀二兩六錢八分零復商後仍照舊制支給

一鹽法道巡庫兵二名工食銀一十五兩

一鹽法道引庫子四名工食銀二十四兩在安邑縣額編項下動支

一鹽法道看庫更夫二名工食銀一十二兩

一鹽法道更夫冬衣更鑼油燭煤火飯食等銀八十兩復商後仍照舊章支給

一鹽法道禁子四名共刑具工食銀三十六兩八錢

一鹽法道快手十二名工食銀七十二兩在安邑縣額編項下動支

一鹽法道皂隸十二名工食銀七十二兩在安邑縣額編項下動支

一鹽法道上號吏即聽事吏三名工食銀一十二兩管收發文書等事工食在安邑縣額編項下動支

一鹽法道鐘鼓夫二名工食銀一十二兩

一四城門門兵工食銀二百六十四兩在安邑縣額編項下動支銀七十八兩其一百八十六兩仍在公務內支給

一監掣同知養廉銀一千二百兩舊制運同養廉銀三千兩復商時將甯武府同知裁汰改爲河東監掣同知廉俸俱照同知之例支給其紙硃書吏飯食書吏紙張三項仍照

舊制

全支

一監掣同知加增養廉銀八百兩此項於嘉慶二十年因監掣同知事務殷繁歲支養廉一千二百兩不敷辦公奏准按年酌加銀八百兩在銷價生息銀內動支

一監掣同知五品俸銀八十兩在安邑縣額編項下動支

一監掣同知紙硃銀五十兩

一監掣同知書吏犒賞飯食銀一百八十六兩四錢舊制運同書辦五名貼寫十一名歲共支銀一百八十六兩四錢復商時改設監掣同知仍照舊章支給

一監掣同知書吏紙價銀四十兩舊制運同書辦禮鹽工招攢五房每歲共支紙價銀四十兩復商後仍照舊章支給

一監掣同知門子三名工食銀一十二兩

一監掣同知皂隸十二名工食銀七十二兩

一監掣同知快手八名工食銀四十八兩

一監掣同知轎夫四名工食銀二十四兩

一監掣同知傘扇夫三名工食銀一十八兩以上五款俱在

安邑縣額編項下動支

一經歷從七品俸銀四十五兩

一經歷門子一名工食銀六兩

一經歷皂隸六名工食銀三十六兩

一經歷馬夫一名工食銀一十二兩

一庫大使正八品俸銀四十兩

一庫大使皂隸二名工食銀一十二兩

一東場大使正八品俸銀四十兩

一東場大使皂隸二名工食銀一十二兩

一中場大使正八品俸銀四十兩

一中場大使皂隸二名工食銀一十二兩

一西場大使正八品俸銀四十兩

一西場大使皂隸二名工食銀一十二兩

一三場池内斗級四十九名工食銀二百九十四兩
以上十三款俱在安邑縣額編項下動支
一三場池内巡役四十六名工食銀六百九十兩此款在安邑縣額編項下支銀一百三十八兩其餘五百五十二兩仍歸公務内支給
一鹽池司巡檢弓兵工食銀三百兩此款在解州額編項下支銀六十兩其餘二百四十兩仍在公務項内支給
一長樂司巡檢弓兵工食銀三百兩此款在解州額編項下支銀六十兩其餘二百四十兩仍在公務項内支給
一聖惠司巡檢弓兵工食銀三百兩此款在安邑縣額編項下支銀

六十兩其餘二百四十兩仍歸入公務項內支給以上各官役養廉工食如有空缺空曠報部候撥

一三巡檢商役工食銀一千七百二十八兩此款於嘉慶十三年經河東道劉大觀詳定照乾隆四十九年舊制添設商役六十名其工食在銷價生息內支給

一運學齋夫三名工食銀一十八兩在安邑縣額編項下動支

一運學膳夫二名工食銀一十三兩三錢三分三釐在安邑縣額編項下動支

一運阜倉倉書斗級工食銀九兩此款向在蘆葦變價項下支給嗣因蘆葦銀兩奉准部議除免復商章程內改將此項在公務內支銷

以上六十三項每歲支銀一萬三千三百六十六

兩八錢七釐其餘六十五款如內閣飯食並解費
都察院飯食翰林院規禮並解費戶部飯食並解
費　奏銷戶部雜費領引繳引紙硃價飯食領餘
引續增餘引並解安引盤費腳價齎投戶科領續
增餘引文批盤費續增餘引紙硃價飯食並解費
繳都察院四季循環簿腳價盤費解餉解費腳價
齎本承差盤費獎賞三省急公商人酒筵送大計
册籍盤費
萬壽油燭元旦油燭元旦畫四城門門神芒神春牛春花

冬〻至油燭春秋祭　關帝廟九月祭　關張廟霜降〻
祭旗纛神表忠祠衛民祠清明七月十月祭厲壇
等祭品每月初一十五日各廟香資宣講
聖諭鄉約工食看廟學泉斗子工食池神廟僧人飯食歲
考文武生員給賞花紅歲試武童設立武廠科考
賓興文武生員盤費花紅酒筵考遺才盤費賓興
文武舉人酒筵文武舉人會試盤費解州文武舉
人會試盤費拔貢盤費鹽院紙硃書吏飯食書吏
廪給上號吏官頭快手等工食運商支鹽小票紙

張印刷解州州判經庫三場三司養廉經庫書吏飯食三場書役弓手工食三司書吏工食學書飯食禮生養贍等銀共一萬三千九百八十九兩五錢四分一釐復商案內各條細數俱與備覽所載相符故不另列款目

按公用各款每年共支銷銀二萬七千三百五十六兩零內安邑縣地丁錢糧額編項下支銀一千三百四十二兩零解州額編內支工食銀一百二十兩銷價生息項下支銀二千五百二十八兩其

餘二萬三千三百六十六兩零俱在官務項下支銷若有節省每年報部候撥乾隆五十七年以前舊制尚有鹽政衙門修理執事稿房犒賞送須知册盤費書吏廚子火夫門子淸道旗夫後擁武執事把門各人役工食礮藥銀兩傘扇夫工食十款共歲支銀三百五十六兩四錢運司衙門修理執事門子工食飯食東房紙張轎傘搭瓜後擁武執事廚子火夫把門壯快內更夫燈夫掃堂夫鋪氈夫牙子甲首各人役工食十五款共歲支銀六百

二十四兩四錢嘉慶十二年復商時於　奏定章程內俱請全行節省經部覆准惟一切公務有例應動用公項而事非年額難以預定如齎
詔官員盤費及撥解京餉隨解飯銀祈雨謝雨等款俱准臨時酌量詳請於官務公務項下動支彙册報銷

官運課程

河東鹽課復商後迭有增減逮至咸豐四年改辦官運歲以五十二萬四千八百餘兩爲定額徵解至今增課者四多至一百餘萬兩減課者四現在徵銀五

十五萬六千三百五十餘兩溯自咸豐二年
欽差王慶雲聯英山西巡撫兆那蘇圖會
奏通籌河東全局酌擬留商改票先課後鹽各章程據
稱河東本係長商自道光二十四年商力疲極請改
短商三年籤替商則移甲換乙課則李代桃僵名爲
顧課實則百弊叢生此元年所以有改行長商之請
也查晉商疲累一在鹽本之鉅一在浮費之多一在
運腳之重輕鹽本必先定池價革浮費必先行票法
減運腳必先分口岸鹽貴之故實不在缺產而在走

私從前鹽價平時每名不過三五十兩近年坐商負
賣無課之私擡價居奇一名貴至一百二三十兩三
四十兩不等運商安得不困現擬定白鹽一名至貴
不得過六十兩青鹽至貴不得過四十兩以現定至
貴池價每引銀五錢銷價每引銀五分公用每引銀
七分零統覈改票成本山西河南每票銀一兩六錢
零陝西每票銀一兩五錢零總期成本減輕以敵私
而衞課至出鹽行鹽各地方官吏浮費每商各引地
自一千二三百兩起至四千四五百兩不等更有商

廳每年攤派五六萬兩至十餘萬兩之多擬另籌公用一款每票一張徵銀七分有奇隨課收發以爲管鹽衙門辦公之用此外不得需索分毫且河東鹽由陸運引重致遠脚費繁多每名自數十兩至百餘兩不等並擬將陝西山西之鹽一律設立口岸與河南會興鎮分爲三路鹽到口岸然後發販隨地銷售計一籖之商省官吏浮費銀二千餘兩脚價辛工等項數千兩統計河東全綱就上年鹽價比較節省銀三十八九萬兩所裁浮費除酌留公用外實裁銀二十

六萬餘兩其改立口岸亦可省公私等費十萬餘兩通共三項裁省銀七十餘萬兩茲將前請停運之一半活引課銀四萬餘兩仍交銀八萬二千二百六十餘兩折減之河工經費銀二萬餘兩亦仍復十二萬兩舊額計不及所省銀數十分之一再潞澤節省銀二萬兩係由雍正年間相沿交納並非現商節省得有餘利與豫商唐裕歸公無異均不在正課之中嗣河南改爲商運民銷所有歸公銀一萬九千餘兩攤入通省封納茲據潞澤二府商人等稟請倣照辦理

應准其歸入山西通綱按引分攤銀九分零以昭平允均奉部議准在案三年十一月大學士管理戶部事務祁寯藻疏稱河東鹽務急宜變通請
旨飭催山西巡撫速定章程山西鹽務自籤舉富戶之說起弊端百出不可究詰大抵籤舉之初胥吏視爲魚肉告充之後夥厮朘其脂膏是故定長商則苦於誅求改短商又虞其規避再四熟籌莫若使現在運商一百餘家遵照戶部上年捐免充商之請准其一律捐免所有鹽課另議就場徵收似爲恤商充餉一舉

兩得之善策欽奉

上諭恆春今任巡撫𥹁政是其專管著即照該部指陳各節速議章程奏明辦理等因四年正月山西巡撫恆春

遵

旨籌議章程並各商捐免充商緣由

奏稱河東鹽務舊係額徵正課等項銀四十八萬餘兩嗣於嘉慶十五年加徵河工經費銀十六萬四千餘兩十八年又加吉蘭泰活引課務公費等銀六萬八千餘兩彼時長商辦運已屬課重難支迨至道光二

十四年改爲短商課款雖無短絀而民情驚擾害不
可言咸豐二年復行查辦雖經大裁浮費酌定長商
而仍有極疲之商十數家誠如
聖諭不過調停於長商短商之間未能歷久不敝就目前
之時務揣現商之情形實有見於捐免充商課歸場
徵爲保民裕
國之至計現經各商捐銀三百萬兩嗣後山陝河南請
改商運爲官運均於鹽池按名納稅並定先課後鹽
酌覈每鹽一斤暫收稅銀三釐五毫每名三萬斤可

收稅銀一百零五兩以五千名合算約可共收稅銀五十二萬餘兩除交納正課銀四十五萬餘兩外尚餘銀七萬餘兩卽作爲蒲灘津貼鹽池歲修及一切公費之用並請將河工經費活引課銀及潞澤節省唐裕歸公等項永遠豁除另籌抵補當經部議查山西平陽等府州縣每斤售價自一分四釐零至三分三釐零不等陝西西安等府州縣每斤售價自一分七釐零至二分五釐零不等河南南陽等府州縣每斤售價自一分入釐零至三分五釐零不等卽令隨

時長落不致大相懸殊該撫所定稅銀三釐五毫似屬稍輕擬每斤酌加五毫統以四釐爲率此外除鹽價池腳山腳等費外一切浮費概行刪除則每斤總計成本不過七八釐斷不致因稅本較重或至滯銷卽以五千名合算約可收稅銀六十萬兩以之抵補河工經費等項豁除之課較有實際其課額公費宜分別報銷三省官運現行額餘引四千九百九十八名七十九引每鹽一斤收稅銀四釐每名三萬斤可收稅銀一百二十兩覈算共收稅銀五十九萬九千

八百三十九兩統俟試辦一年後如果運銷無滯除
公費外即可作爲定額是年十二月調補山西巡撫
陝西巡撫王慶雲因陝省試辦官運諸多掣肘請援
舊案課歸地丁庶能官民兩便陝西西安同州商州
乾州四府州屬自嘉慶十一年改歸商運行銷河東
引鹽由商納課其餘八府州屬鹽課向歸地丁攤徵
所有西同商乾四府州三十六廳州縣咸豐三年奏
銷額徵地丁銀一百二十二萬二千七百三十七兩
七錢二釐准照每地丁銀一兩攤徵鹽課銀九分九

釐二毫此外不准有絲毫加耗加費應徵鹽課銀十二萬一千二百九十八兩四錢五分二釐以咸豐五年上忙爲始其漢中延安榆林鄜州綏德五府州屬課向歸丁徵解藩庫自應循舊辦理惟鳳翔興安邠州三府州屬雖歸地丁攤徵仍解河東完納未免事出兩歧今西同商乾四府州屬已議解歸本省藩庫所有鳳興邠三府州屬鹽課亦應一律解交本省藩庫年清年款毋庸再解河東再查河南鹽課自咸豐四年改爲官運嗣因籌本未裕議於河東叅募民運

與官運並行但不給運本餘照官運章程辦理以期額課有盈無絀六年淮河南巡撫英桂咨覆晉省果能廣招民販官運偶有不及自有民運行銷民運或缺仍有官運接濟並行不悖毫無窒礙從此照議酌辦是年四月陝西巡撫吳振棫

奏陝省鹽課十二萬一千餘兩改歸地丁併徵一案於咸豐五年二月奉部覆准乃行之年餘凡糧少課輕之處尚能按限催交其糧多課重等處率皆觀望不前推原其故近年連次捐輸兵差絡繹茲復加徵鹽

課實覺竭蹶不遑且丁糧或有蠲緩之時鹽課向無蠲緩之例小民以追呼爲苦不免有他日之憂又按糧攤課與歷辦引課多寡迥殊即如蒲城富平二縣戶部照引加課俱僅五千三百餘兩商辦課額尚不及此數今按糧攤算蒲城應納課一萬一千二百餘兩富平應納課九千三百餘兩其數增至一倍兼以小民納無鹽之課驗眉賣無課之鹽此尤衆情阻撓之所由來也近聞豫省鹽課自改行河東招販先課後鹽之法銷暢課充官民稱便陝省大致相同似可

倣照變通辦理奉
旨允准六年八月山陝巡撫王慶雲吴振棫會議陝省復
課歸鹽官民並運發販散銷驗票截角各事宜疏稱
鹽法初經變通總以顧課爲要務現擬官民並運先
封課而後掣鹽似與前辦官運官銷先鹽後課之議
較有把握且照前定稅則每斤納課銀四釐以陝西
額引一千三百三十一名零計之應徵課銀十六萬
八千餘兩較之課歸地丁僅攤徵銀十二萬一千餘
兩亦有贏餘所擬下馬口夾馬口二處各委員一人

驗票稽查又於三河口設立總局委員一人專司截
角繳銷截角之後任聽販運隨處散銷不必定價均
如所請辦理五年議加靈寶縣口岸鹽票三百名每
斤四釐每年增正課銀一萬五千兩雜課銀一萬六
千五百兩公費銀四千五百兩由雜課内撥解河南
唐裕歸公鹽規等銀五千七百五十兩此官民並運
初次增課也九年正月准戶部咨河東鹽務宜倣照
四川鹽斤抽釐成案籌辦四月山西巡撫英桂覆
奏潞鹽引課自免商官運後民販辦運有利則趨無利

則去非若商運確有操縱近來淮引阻滯潞鹽行運較多鹽課有增無減未可援爲常例且潞鹽成本較重獲利不若川鹽之厚八年河南軍務與緊擬在會興鎮於民販赴豫潞鹽按斤抽釐礙難舉行當經前巡撫恆福擬在靈寶口岸課銀內每年動支銀二萬兩解交河南藩庫充餉至行運陝西引鹽業經陝省自行抽釐似未便於晉省重復抽收現擬就銷引暢滯情形將山西陝西河南三省各州縣分別等次酌取各販所得羨餘三分之一均勻覈計每名收銀入

兩每歲抽銀四萬五千餘兩又加票三百餘名每名公費銀十五兩合之前款共可得銀五萬兩有奇請歲以五萬兩解部經部議准照辦此官民並運二次增課也十年復准部咨直隸總督恆福預籌海防要需請將河東歲銷額鹽每斤增價一文豫票每名加配餘鹽入九百斤陝西靈寶等處酌盈劑虛亦不無小補等因前來當經體察情形山西行鹽各州縣運腳甚重鹽價較昂未便再行加價豫陝兩省銷鹽未見暢行亦未便加配擬查照前次扣存陝省甲寅半

綱引鹽六百六十名勻入戊午己未兩綱帶銷數目
除每年加銷三百三十名仍照前案解六留四以備
本省防堵經費外再酌加二百七十名每名課費一
百二十兩計可得銀三萬二千四百兩全數撥解天
津另於道庫各款內動銀一萬七千餘兩每年湊成
五萬兩並請加票課餘自庚申開綱起現在海防經
費緩不濟急擬先行籌備二萬兩解津以應急需部
議應如所請辦理至每月應解天津餉銀二萬兩另
摺議令於此項加票款內奏解應令遵照

奏案按月照數湊足二萬兩解往不得僅以此項加票銀五萬兩解清後遂置月餉於不顧此官民並運三次增課也是年四月御史薛書堂條陳河東鹽務近因淮鹽阻滯楚皖多食潞鹽去冬川省多事川鹽亦滯潞鹽更暢自七八九年以來鹽價昂貴聞每逢發引之期鹽務人員各分數名其餘令各商先行交銀然後掣籤每引一名就地即可賣三百餘金除交課銀一百二十兩外尚可餘利二百餘兩當此軍餉支絀之時此項鹽利亟應變通歸公請就原引酌加課

銀或於例引外量加引數每年再增鹽課六十萬兩
經部酌覈如所擬於例引外量加引數河東鹽斤業
經該撫
奏明每年加增六百名如再令加增引票數多轉致壅
滯不若就原引每名再加課銀一百二十兩共二百
四十兩完繳官商等尚有餘利可獲並無窒礙而河
東鹽課每年可多收銀六十萬兩共銀一百二十萬
兩於兵餉實有裨益應請
旨飭下山西巡撫查照該御史原奏情形

奏明辦理六月山西巡撫英桂爲潞鹽行銷三省暢滯
不同加課難期畫一擬遴明幹大員前往查辦酌議
加費加票以濟餉需先將大概情形覆
奏十月署理山西巡撫常續具
奏前因准部議覆御史薛書堂請令河東酌加課銀六
十萬兩該撫英桂擬加鹽價銀三萬四千餘兩查與
前議增課六十萬兩數目大相懸殊仍令照數倍增
課款妥議籌辦奉
硃批著英桂恪遵前議迅速籌辦破除情面正己率屬自

無格礙之理也欽此嗣據該撫籌擬每年酌加引費銀二十萬餘兩復以所請尚有不實不盡仍令遵照前議速籌增課六十萬之數奉准飭遵在案茲據該署撫常績以河東鹽務委員候補道鍾秀等會同鹽道劉子城議請自辛酉綱爲始再加活引五百名合前加定六百名爲一千一百名正雜各課可增銀十四萬三千兩陝豫兩省及新增活引每名酌加領引費銀六十兩本省仍分三等上等長治等八州縣每名四十兩中等長子等十九州縣每名三十二兩下等

絳州等十七州縣每名二十八兩共合領引費銀三十三萬九千餘兩統計增銀四十八萬二千餘兩除去外銷各款實應報撥銀四十二萬餘兩即令解交部庫以充京餉此官民並運四次增課也同治二年四月山西巡撫英桂

奏陳河東鹽務自改官民並運以來行銷通暢故有加增羨餘之議辛酉綱又議加費本省分爲三等豫陝每名六十兩又加票一千一百名蓋因川淮道阻豫陝平靖潞鹽得以遠行湖北故能運銷踴躍課項全

清詎自上年五月八月豫省兩次被賊竄擾行鹽地
方節節梗塞又値陝回滋事陝省片引不行迨豫境
稍淸而蘆鹽又復侵及潞鹽引地湖北一帶川鹽淮
鹽漸次充斥其價均較潞鹽爲賤潞鹽自加賦之後
成本太重以致阻隔不行日益壅滯本省亦因成本
太重增長鹽價民間嘖有煩言竊思加費加票原摺
內曾有日後川淮路通卽當酌量裁減之語刻下若
非裁減加費停止加票萬難以恤商力而保正課五
月奉部議覆所有河東最後加增之活引五百名應

准其自壬戌綱起至癸亥綱止暫行停緩其餘六百名仍令實力疏銷至請將新加引費無論豫陝本省各予酌減五成查河南額引一千九百九十名一百十引每名加引費銀六十兩共銀一十一萬九千九百九十餘兩山西額引並嵜嵐州引一千六百六十六名一百八引分上中下三等加費共銀五萬五千七百兩有零現在河南軍務漸平路無梗塞鹽可暢銷山西係完善之區豈得將原加引費率行覈減所請將豫晉引費酌減五成之處應毋庸議至陝西額

引一千三百三十一名一百一引每名加引費銀六十兩共銀七萬九千九百一十兩五錢又靈寶額引三百名每名加引費銀六十兩共銀一萬八千兩陝省軍務未息販運較難所有本年加費應准其酌減五成通計暫停加票並暫減陝西及靈寶加費共銀十四萬三千九百五十五兩零此官運以來減課之一也再正課羨餘四萬五千餘兩咸豐十一年照額徵收同治元二兩年均短七千餘兩三年晉撫疏稱十一年實有籌補三千四百兩在內元年籌補之三

千四百兩因加票歸二年帶銷已於二年春撥聲註
經部
奏令嗣後於例不報撥雜款内按年籌補在案旋據册
造籌補羨餘銀三千四百兩在晉省上中下三等引
内按名加徵查正課羨餘原定每名八兩前因册造
每名改徵三四五兩節次駁查嗣據覆
奏原詳清摺實徵三四五兩不等請毋庸議同治四年
十月護理山西巡撫王榕吉據河東鹽道楊寶臣詳
請具

奏懇將續加票課分別停減經部議覆潞鹽續加課票惟辛酉一綱全完加課四十八萬兩至壬戌綱卽值陝西回匪河南捻匪竄擾迭據前撫顧請展緩均經察看情形分別議准已足以示體恤若遽將奏定之案統行裁減停止恐非覈實之道惟該署撫所稱潞鹽運楚釐金增重不如從前暢旺髮捻各逆不時竄擾南汝等處陝西兵燹之後戶口凋殘過半食鹽頓減尚係實情應如所請准將前後加票一千一百名暫行停辦豫陝二省咸豐十年所加每名課銀六十

兩暫行裁減銀三十兩至山西究屬完善之區所有
加課應令照舊徵收不准減半以示區別此官運以
來減課之二也光緒五年九月戶部議覆山西巡撫
曾國荃疏稱據河東鹽法道江人鏡詳呈潞鹽行銷
山陝河南光緒三年三省引地同被奇荒戶口凋零
鹽務日形疲滯是年冬間曾請裁汰三省加費並暫
停靈寶加引未蒙
俞允旋因運銷仍滯復經懇請將丁丑綱未完積引一千
一百七十餘名比照乙亥丙子兩綱成案亦分三年

帶徵奉

旨淮行在案溯自咸豐四年改辦官運歲徵正雜課銀五十二萬四千八百兩零彼時各省軍興江路阻塞淮鹽川鹽停運回捻各匪蹂躪西北花馬池及長蘆兩路運道梗絕潞鹽遂得溢銷於江楚河陝直隸諸境暢旺倍常於是陸續增收引票加費羨餘各款統計正課加課歲可得銀一百餘萬兩實爲撥解京協各餉一大宗乃徵收甫一二年江楚肅清川淮兩路鹽皆暢行而潞銷漸滯加以捻回各匪疊擾豫陝道途

梗阻河東銷滯運艱同治元年卽有請停加票之

奏當經部駁二年四年先後復請停減加票加費綜計共減銀三十一萬七千八百餘兩僅存應徵加費銀十六萬四千六百餘兩暨羨餘及籌補羨餘銀四萬七百餘兩茲據該撫具陳河東三省引地迭遭災旱食鹽戸少運鹽騾馬宰斃殆盡腳價陡增曬鹽人工孑遺僅存成本過重坐運各商虧賠甚鉅積困難紓自係實在情形惟該撫在晉言晉目擊商情困累不憚再三請命上乞

恩施而戶部綜覈度支不能不兼權中外查河東正雜額
課及公費歲徵銀六十萬兩歷年儘數指撥西征餉
需及金營歲餉其加費羨餘等銀則按年撥解京餉
十五萬兩雷營餉六萬兩但令徵收足數亦不過祇
數報撥倘再議減議停解款將何從籌措該撫所請
減額引裁羨餘礙難照准其陝豫靈各岸加費業經
先減五成當此需用浩繁之際縱不能力圖復額又
豈容屢議減停所請應毋庸議第請停減各課係爲
因災銷滯補救頹綱起見亦不能不量加體恤擬請

暫將現辦戊寅一綱應徵晉引加費准援陝豫靈各岸加費減半成案酌減五成上等各州縣改徵銀二十兩中等十六兩下等十四兩計共應減銀二萬七千八百餘兩此官運以來減課之三也是年十二月山西巡撫曾國荃因河東引鹽滯銷益甚仍請裁汰續增加費羨餘並暫減額引

奏稱河東引地連年災祲前曾懇將晉豫陝三省鹽引自己卯綱起分別暫減並請將三省加費暨羨餘及籌補羨餘銀兩一律裁汰准戶部議覆准將現辦戊

寅一綱應徵晉引加費援案酌減五成其三省額引
羨餘及豫陝加費未蒙准減茲據河東鹽道江人鏡
詳稱遵查晉豫陝三省凡係河東引地三年連遭荒
旱戸口流亡十之六七目下每年銷數日形短絀滯
引愈積愈多天災流行人力亦窮於術非不知引課
關繫餉源但鹽不暢銷課從何出課不封納餉從何
籌因之歷年奉撥京協各餉未能照數撥解與其日
後貽誤坐失機宜何如先事綢繆尚堪補救現在各
省運道復舊潞鹽滞銷又值大災之後銷路更窄若

令加費羨餘前因暢銷而遞增茲不因滯銷而求減
實屬力有難支況求減之數均係咸豐年間迭次加
徵之課並未請減原額如以川淮花馬池鹽之有餘
補潞綱之不足通盤籌畫似於
國計民生均無窒礙據該民販稟由監掣同知張元鼎
詳經河東道呈請前來伏思河東鹽引因疲滯銷該
道所詳各節委係實在情形合無仰懇
恩施俯准自戊寅綱起仍將豫陝靈減賸五成加費並本
省現蒙暫減五成仍留五成之三等加費暨前後續

增羨餘一併裁汰俟試辦數年轉滯爲暢卽當漸次請復以濟餉需如蒙裁減請自奉准部覆之日爲始按數減收以昭覈實六年二月奉部議准將三省加費羨餘自己卯綱爲始一概暫予裁除計共減銀十七萬七千四百六十餘兩此官運以來減課之四也

徵收則例

河東課則嘉慶十二年復商後仍照課未歸丁以前徵收以五月至九月爲課限惟每月改於三六九爲開庫日期公務一項亦統於課限內全完次年四月

奏銷其各州縣鹽稅統於奏銷前由該州縣分別批解河東道庫候撥至咸豐二年改引行票將三省額代餘活引歲徵正雜科則即定爲行票科則其山西潞澤節省改照河南通攤唐裕歸公之例以全復活引通綱攤算每票應徵銀八分零加以銷價每引銀五分公費每引銀七分零銷價一款係額代鹽引應有之項餘活引內有公費而無銷價兩相抵算山西河南每票徵銀一兩一錢零陝西每票徵銀一兩零四年改辦官運額引五十九萬九千八百三十九道

合四千九百九十八名七十九引每一百二十引爲
一名每名配鹽三萬斤每引合鹽二百五十斤每斤
收銀四釐每名納正雜課及公費銀一百二十兩統
共徵銀五十九萬九千八百三十九兩除公費每名
十五兩每歲共徵銀七萬四千九百七十九兩八錢
七分五釐外每名納正雜課銀一百五兩每歲實徵
銀五十二萬四千八百五十九兩一錢二分五釐其
奏銷改至六月底截限七月初具
題公費用款另行彙册詳報每月開庫仍依三六九日

爲期

一正課每名納銀五十兩每引合銀四錢一分六釐六毫六絲零

一雜課每名納銀五十五兩每引合銀四錢五分八釐三毫三絲零　此二款係每歲徵課定額

一公費每名納銀十五兩每引合銀一錢二分五釐

河東鹽行三省管鹽各衙門皆有辦公經費當商運時均取給於廳攤自咸豐二年

欽差查辦後革除浮費永禁廳攤名目另籌公費銀五萬三千三百餘兩隨同正課交納以爲辦公之需四年改爲官運　奏請於正供外餘銀七萬四千九百七十九兩八錢七分五釐作一切公費之用

按咸豐四年改辦官運每鹽一斤以四釐計課部議
係因河東原
奏每斤徵課三釐五毫酌量加爲一引徵銀一兩以符
整數其實河東原覈之每斤三釐五毫亦係通併山
陝河南引額多寡牽算定爲按引課額

額外加課

一靈寶正課每名五十兩每引合銀四錢一分六釐
六毫六六絲零雜課每名五十五兩每引合銀四錢五
分八釐三毫三絲零公費每名十五兩每引合銀一

錢二分五釐

一羨餘及籌補羨餘陝豫靈引每名十兩每引合銀八分三釐三毫三絲零山西上等八州縣每名十一兩每引合銀九分一釐六毫六絲零中等十九州縣每名七兩每引合銀五分八釐三毫三絲零下等十七州縣每名四兩每引合銀三分三釐三毫三絲零

光緒六年概予停徵

一加費陝豫靈引每名六十兩每引合銀五錢同治五年每名各減去五成銀三十兩每引合銀二錢五

分山西分爲三等上等每名四十兩每引合銀三錢
三分三釐三毫三絲零中等每名三十二兩每引合
銀二錢六分六釐六毫六絲零下等每名二十八兩
每引合銀二錢三分三釐三毫三絲零光緒五年酌
減五成上等每名二十兩每引合銀一錢六分六釐
六毫六絲零中等每名十六兩每引合銀一錢三分
三釐三毫三絲零下等每名十四兩每引合銀一錢
一分六釐六毫六絲零六年全數裁除
按靈寶正課一萬五千兩雜課一萬六千五百兩公

費四千五百兩羨餘及籌補羨餘晉陝豫靈引多寡
不一共銀四萬七百六十四兩四錢二釐領引加費
晉陝豫靈多寡不一共銀二十七萬三千六百三兩
五錢五分一釐同治五年准減陝豫靈引加費五成
共減銀十萬八千九百五十兩厥後歲徵銀一十六
萬四千六百五十三兩五錢五分一釐光緒五年酌
減山西三等加費五成共減銀二萬七千八百五十
兩三錢九分九釐零六年准將晉陝豫靈兩次減賸
五成加費並先後續增羨餘全行裁停惟靈寶引未

蒙准裁除公費外仍徵正雜課銀三萬一千五百兩

連額課銀五十二萬四千八百八十九兩一錢二分

五釐現實共徵銀五十五萬六千三百五十九兩一

錢二分五釐

撥解定制

河東向有解內務府諸款經課歸地丁及復商二案

內奉部議分別改解藩庫及河東道庫其戶部紙價

由河東道於差員領引時解交其殘引飯食等款由

河東道於差吏繳殘引時解交至京餉並外省協餉

無定地亦無定數例於每歲奏銷後聽候部撥奉撥
後由河東道委員護解自雍正六年奉部覆准照長
蘆委解鹽課例塡給勘合至今遵行

課錠平色

河東課用小錠權輿於雍正十二年奉部
奏准各省鹽課悉令解交散碎以便給發乾隆年間報
撥京協各餉即以商納小錠紋銀起解嘉慶十三年
准戶部咨飭將解交藩庫潞澤節省並庴裕歸公銀
兩補足成色等因經山西巡撫成齡咨覆向解內務

府銀兩係照封納鹽課成色歷年並未奉有駁飭茲改歸本省藩庫交納雖該商等聲敘九九成色實與向解内務府銀色無異請仍照河東向例徵收鹽課成色解交咸豐四年免商官運課銀胥由銀匠傾銷交庫候撥所有加平及傾銷火耗辛工飯食等項由行鹽各州縣及承辦委員按照每名酌給銀八錢以爲公費其課錠仍照課未歸丁時十兩小錠其銀色仍照向解内務府商納成色其正副法馬二副昉自雍正八年赴部具領乾隆五十五年又差員赴部換

領歷來撥解甘餉及京協餉均以部頒法馬帶往比較彈兌嗣於同治元年委員候補鹽經歷孫延祺長樂司巡檢崔世華管解甘餉行至平涼府城被賊阻擾不能前進崔世華旋因守城積勞病故孫延祺亦因平涼失陷殉難餉爲賊有所帶法馬遺失從此貯庫者只存一副每遇解餉卽以部頒法馬較準錢法馬代之

官運公用款冊

一內閣官員飯食銀二百兩

又盤費銀三十兩
一都察院飯食銀二千六十二兩
一翰林院庶吉士規禮銀八十兩
又解前兩項盤費銀五十兩
一內務府飯食銀一百兩
一戶部飯食銀六百兩
又盤費銀四十兩
一奏銷戶部雜費銀一百三十兩
一領引繳引共銀七百五十兩

一領餘引續增餘引盤費腳價銀三百五十兩

一續增餘引紙硃飯食並解費等銀四十八兩三錢

一賫投戶科領續增餘引文批盤費銀八兩

一解紙硃價飯食銀二十三兩七錢不等霉爛引多寡不定紙硃飯銀按引照加

一補解霉爛引紙硃價銀無定數引數多少不一每引仍按三釐核算飯銀照加

一院承差領換霉爛引盤費銀二十五兩七錢六八分

一釐

一解餉解費腳價銀三千五百兩此係撥解甘餉及各協餉動用

一京餉新增鹽引雜課酌提解費銀三千五百兩

一領加增活引紙硃飯食並解費等銀三十兩一錢八分八釐

一領加增活引盤費腳價銀一百三十一兩二錢五分活引自改官運時豁除此二項通歸裁省咸豐九十年間先後加票一千一百名紙硃盤費等銀即在此款內撥用加票停辦仍然節省

一繳都察院四季循環簿共銀一百二十八兩此項節省

一賞本承差盤費銀二百兩此項節省

一送大計冊籍盤費銀十兩

一掣運支鹽小票紙張印刷等銀四十兩

一獎賞三省急公商人酒筵銀四十兩

一甯夏將軍都統養廉銀二千兩

一涼莊將軍都統養廉銀二千兩

一恭逢

萬壽油燭銀一兩三錢八分八釐

一恭逢

皇太后萬壽油燭銀七錢

一每月初一十五日宣講
聖諭鄉約一名木鐸一名工食銀一十二兩
一冬至油燭銀三錢一釐
一芒神春牛春花等物銀六兩一錢五分
一元旦油燭銀七錢九分二釐
一元旦晝四城門門神銀六兩二錢
一開場致祭三場門祭品銀四兩五錢
一春秋丁祭豬羊祭品銀一百七十九兩九錢一分
八釐課歸地丁時酌留原數一百八十七
兩四錢八分復商後節省如今數

一三六九等月朔日祭池神廟豬羊祭品銀一百四十八兩三錢三分

一春秋二季祭　關帝廟豬羊祭品銀三十七兩五錢二分八釐

一五月十三日祭　關帝廟豬羊祭品銀一十八兩七錢六分四釐

一春秋二季祭文昌廟祭品銀一十五兩七錢八分

一二月十三日祭文昌廟祭品銀七兩八錢九分

一清明七月十五日十月初一日三次祭厲壇豬羊

祭品銀二十二兩五錢

一九月十三日祭關張二廟豬羊祭品銀五兩四錢二分課歸地丁時照原數開銷五兩八錢三分復商後節省銀四錢一分

一霜降祭旗纛神表忠祠衛民祠三處豬羊祭品銀一十二兩三錢課歸地丁時酌留原數十二兩八錢三分復商後節省銀五錢三分

一每月初一十五日各廟香資銀四兩三錢二分

一看廟學泉斗子二名工食銀六兩

一池神廟道士一名飯食銀一十四兩四錢

一歲試文武生員給賞花紅銀七十兩八錢四分節省

多寡無定數

一歲試武童設立棚廠等銀一十兩七錢五分課歸地丁時商籍武童歸安邑縣考試此項裁省復商後仍開銷如今數

一科考賓興文武生員盤費花紅酒筵銀一百八十九兩二錢五分二釐節省多寡無定數

一考遺才盤費銀五十兩

一會試賓興文武舉人酒筵銀三十兩盤費銀二百八十兩酒筵節省無定數盤費文武各半

一解州文武舉人會試盤費銀四十兩文武各半

一每遇拔貢盤費銀一十六兩

一鹽院紙硃銀四百兩

一鹽院書吏十八名飯食銀一百四十四兩廩給銀九百六十兩舊制鹽政書吏十八名課歸地丁時酌留二名歲支銀一百二十二兩六錢六分六釐六毫六絲零復商後仍給發如今數

一鹽院皂隸八名工食銀八十六兩四錢原開銷銀一百八兩復商時節省二十一兩六錢

一鹽院班頭二名工食銀一十六兩

一鹽院上號吏四名工食銀二十一兩六錢

一鹽院快手四名工食銀二十八兩八錢

一河東鹽法道紙硃銀二百兩

一鹽法道六房書吏八十五名飯食銀三百七十二兩八錢紙價銀八十兩舊制運司六房書吏四十二名課歸地丁時酌留十名歲支銀一百七兩八錢九釐五毫二絲零復商後改設鹽道仍照舊給發如今數

一鹽法道總收支三房書吏三十五名廪工飯食銀四百一十八兩二錢七分五釐

一鹽法道庫吏油紅並提塘工食等銀三百一十八兩八錢五分

一鹽法道庫吏一名並庫書七名飯食銀一百二十兩

一鹽法道兵房書吏六名衣廩銀一十兩七錢二分五釐

一鹽法道禁子四名刑具工食銀三十六兩八錢

一鹽法道看庫更夫二名工食銀一十二兩又冬衣油燭煤火飯食銀八十兩

一鹽法道巡庫兵六名工食銀一十五兩由門兵內撥四名仍食門兵工食

一鐘鼓夫二名工食銀一十二兩

一四城門門兵四十四名工食銀一百八十六兩課歸
地丁時酌留銀一百九十二兩復商後支給二百六
十四兩內七十八兩在安邑縣額編項下動支官運
後仍照舊開銷內
撥四名看守道庫

一監掣同知養廉銀一千二百兩外嘉慶二十年奏准加增養廉銀
八百兩在銷價生息銀內動支官運時
銷價停息歸本改由公費項下籌發

一監掣同知紙硃銀五十兩

一監掣同知書吏十六名犒賞飯食銀一百八十六
兩四錢

一監掣同知書吏紙張銀四十兩
一經歷養廉銀三百兩
一經歷書吏一名飯食銀一十二兩
一解州州判養廉銀三百兩
一東場大使養廉銀三百兩
一中場大使養廉銀三百兩
一西場大使養廉銀三百兩
一三場書吏三名扒書六名槍手二十名工食銀六百兩每場二百兩

一三場巡役四十六名工食銀五百五十二兩復商案內

此款共銀六百九十兩內一百三十八兩在安邑縣額編項下支給官運後仍舊

一庫大使養廉銀三百兩

一庫大使書吏一名飯食銀一十二兩

一鹽池司巡檢養廉銀二百五十兩

一長樂司巡檢養廉銀二百五十兩

一聖惠司巡檢養廉銀二百五十兩

一三巡檢書吏各一名共飯食銀三十六兩

一三巡檢弓兵六十名工食銀七百二十兩復商時開銷銀

九百兩內一百八十兩鹽池長樂司在解州額編內各支銀六十兩聖惠司在安邑額編內支銀六十兩官運後仍照舊章支給

一學書一名飯食銀一十二兩

一禮生八名養膳銀九十六兩

一運皁倉倉書一名斗級一名工食銀九兩

按嘉慶十二年復商案內酌議河東復設官役應支養廉工食並各項應行動支銀兩仍照向例在鹽課官務款內報銷咸豐四年改辦官運更無官錢公務名目所有每年公用各款合計銀二萬六千八百八

十四兩六錢三分一釐均在雜課內支銷如有節省
附入鹽課冊內報撥統於奏銷時彙冊送部覈銷以
外若四城門門兵三場巡役三司弓兵等工食解州
支銀一百二十兩安邑縣支銀二百七十六兩共銀
三百九十六兩此係由解安額編內分支者若監掣
同知經歷庫大使三場大使俸銀訓導俸銀及養廉
等銀四百二十五兩鹽法道引庫子上號吏快手皂
隸等工食銀一百八十兩監掣同知門子皂隸快手
轎夫傘扇夫等工食銀一百七十四兩經歷門子皂

隸馬夫等工食銀五十四兩庫大使皂隸三塲皂隸斗級等工食銀三百四十二兩運學齋夫膳夫工食銀三十一兩三錢三分三釐共銀一千二百零六兩三錢三分三釐此係由安邑縣額編內全支者且若監掣同知加增養廉銀八百兩暨三司商役工食銀一千七百二十八兩復商後俱在銷價生息內動用官運時銷價歸本生息無着此二款係改由辦公費項下籌發者一切公項開銷非由雜課款册已詳復商故不再列細目恐重複免牽混也

增修河東鹽法備覽分目

律例卷四上

條例

處分則例

銓選則例

禁緝扼塞

增修河東鹽法備覽卷四上

律例

粤稽虞廷分職庭堅作士洎成周司寇掌邦禁詰姦慝刑暴亂莫非刑期無刑辟以止辟降及春秋鄭鑄書晉鑄鼎厥後代有刑法志刑政幾無德禮之遺我

朝政簡刑清明德慎罰

欽定大清律例一書刑賞胥歸忠厚鹽法備極精詳律則備覽悉編兹不疣贅例則隨時變更遞有增益謹將鹽務之處分則例及銓選則例詳述於左

條例

一凡豪强鹽徒聚衆至十人以上撐駕大船張挂旗號擅用兵仗響器拒敵官兵若殺人及傷三人以上者比照强盜已行得財律皆斬爲首者仍梟首示衆傷二人者爲首斬決爲從絞監候傷一人者爲首斬監候爲從實發雲貴兩廣極邊烟瘴充軍凡得贓包庇之兵役俱擬斬監候私售之竈丁及窩頓之匪犯俱改發雲貴兩廣極邊烟瘴充軍其雖拒敵不曾殺傷人爲首絞監候爲從流三千里若貧難軍民將私鹽

肩挑背負易米度日者不必禁捕

一凡兵民聚衆十人以上帶有軍器興販私鹽拒捕殺人及傷三人以上之案爲首并殺人之犯斬決傷人之犯斬監候未曾下手殺傷人者發近邊充軍傷二人者爲首斬下手者絞俱監候傷一人者爲首絞監候下手者實發雲貴兩廣極邊烟瘴充軍爲從俱滿流若拒捕不曾傷人者爲首實發雲貴兩廣極邊烟瘴充軍爲從滿流其雖帶有軍器不曾拒捕者爲首發近邊充軍爲從流二千里若十人以下拒捕殺人

不論有無軍器爲首者斬下手者絞俱監候不曾下手者發近邊充軍傷至二人以上者爲首者斬監候下手之人絞監候止傷一人者爲首絞監候下手之犯杖一百流三千里其不曾下手者仍照私鹽律杖一百徒三年若拒捕不曾傷人者爲首杖一百流三千里爲從照私鹽本律擬徒其不帶軍器不曾拒捕不分十人上下仍照私鹽律杖一百徒三年若十人以下帶有軍器不曾拒捕者爲首照私鹽擬本罪加一等徒律杖一百流二千里爲從杖一百徒三年其

失察文武各官交部議處有拏獲大夥私販者交部議敘

一凡竈丁販賣私鹽大使失察者革職知情者枷號一個月發落不准折贖該管上司官俱交該部議處

一凡回空糧船如有夾帶私鹽闖閘闖關不服盤查聚至十人以上持械拒捕殺傷人及拒捕不曾殺傷人並聚眾十人以下拒捕殺傷人及不曾殺傷人者俱照兵民聚眾十人上下例分別治罪頭船旗丁頭舵人等雖無夾帶私鹽但闖閘闖關者枷號兩個月發

近邊充軍隨同之旗丁頭舵照爲從例枷號一個月杖一百徒三年不知情不坐賣私之人及竈丁將私鹽賣與糧船者各杖一百流二千里窩藏寄頓者杖一百徒三年其雖不闖閘闖關但夾帶私鹽亦照販私加一等流二千里兵役受賄縱放者計贓以枉法從重論未受賄者杖一百革退販私地方之專管官兼轄官及押運官並交部議處隨幫革退其雖無夾帶私鹽倚持糧船闖閘闖關者押運等官革職隨幫責三十板革退不服盤查持械傷人者押運等官革

職隨幫責四十板革退倘關閘各官勒索留難運官
呈明督撫叅處
一拏獲販私鹽犯承審官務須先將買自何人何地以
及買鹽月日數目究明提集犯証並密提竈戶煎鹽
火伏簿扇查審確實將賣鹽及窩頓之人均與本犯
按照律例一體治罪若查審無據卽屬虛誣將本犯
依律加三等治罪如承審官不能審出誣攀者交部
分別議處若審出買自場竈卽將該管鹽場大使並
沿途失察各官題叅議處其不行首報之竈丁均照

販私例治罪

一拏獲私鹽限四個月完結如人鹽並獲者將所獲鹽貨車船頭匹等項全行賞給如獲鹽而不獲人確查鹽犯實係脫逃者以一半賞給一半充公倘有故縱情事無論巡役兵丁受賄者計贓以枉法從重論未受賄者杖一百革退所獲鹽貨等項一概充公不准給賞私鹽交與本處鹽商照官鹽價值立卽變價騾馬牛驢如延挨不變以致倒斃著落該州縣官照中等價值賠補車船等物照依時價據實變解報部查

核倘有侵漁捏報情弊並逾限不行完結及不即變價報解者將該州縣分別議處治罪

一鹽船在大江失風失火者查明准其裝鹽復運倘有假捏情弊以販私律治罪

一拏獲船載車裝馬馱私鹽該地方官如不按律治罪曲爲開脫者該管上司察出卽照故出人罪律從重叅處

一引鹽淹消具報到官該地方州縣官卽會同營員查勘確實限一月內核轉到道該道於詳到之日起限

半月內逼詳鹽政飭商補運限三月內過所運口岸該鹽政仍將淹消補運鹽斤數目報部其沿途督撫及該管鹽道知府仍隨時查察如有州縣營員扶同商人揑報及勒索捺擱情弊即行指名題叅商人照例治罪

一江西省行銷淮鹽各州縣並山西省河東鹽池地方除商雇巡役仍各照例辦理不得擅帶鳥槍外其各派出緝私員弁兵役准其攜帶鳥槍編列字號官爲給發遇有大夥私梟搶竊賊匪持械拒捕者許令施

放鳥槍抵禦登時格殺者照罪人持械拒捕登時格殺律勿論若非格殺或遇零星小販及雖屬大夥而非持械拒捕或緝私兵役所帶鳥槍並無官編字號實係抵禦聚衆私梟輒行放槍致有殺傷者各依罪人不拒捕而擅殺傷律分別科斷至准帶鳥槍之處一俟梟販稍戢即行停止倘准帶鳥槍緝私人員仍有以力不能擒藉口者即以故縱私鹽律從重懲究

其江西省各州縣每月應銷引鹽若干均分作十分責令該管道府將鹽快兵丁按月提比如月內緝私

快兵能拏獲大夥私梟兩起及引鹽暢銷十分以上者酌量優賞銷至八九分者免其責罰如至七分者笞四十六分者笞五十五分者杖六十枷號一個月四分者杖七十枷號四十五日三分者杖八十枷號兩個月二分者杖九十枷號七十五日滿日折責仍留役如止銷至一分者杖一百枷號三個月滿日折責革役各該員弁隨時稽查約束如有任聽兵役得賄包庇者卽照故縱衙役犯贓例衆處

一凡販私鹽徒如有略置貨物裝點客商被官兵格傷

後挾制控告者除聚衆販私殺人罪犯應死無可復加外餘依巡獲私鹽裝誣平人滿流律上加一等發附近充軍若與販本罪已至充軍復行挾制控告者於犯事地方加枷號一個月滿日發配

一凡鹽商雇募巡役令將姓名報明運司造册送部如因緝私被鹽匪殺傷或殺傷鹽匪者依販私拒捕殺傷及擅殺傷罪人各本律例分別科斷若僅止報縣有名並未詳司造册報部者各以凡鬭殺傷及與販私鹽本律例從其重者論

處分則例

一鹽政合計所屬初叅欠不及一分者停其陞轉罰俸三個月欠一分者罰俸一年欠二分者降俸二級欠三分者降職一級欠四分者降職二級欠五分者降職三級欠六分者降職四級俱令戴罪督催完日開復欠七分以上者革職以上俱公罪

一鹽場大使被叅後限一年全完如限滿不完不復作分數仍照原叅分數題叅照知縣官地丁錢糧例原欠不及一分年限內不全完者降一級留任再限一

年催徵如有不能完照所降之級調用公罪原欠一分年限內不全完者降三級調用公罪若年限內果能上緊催徵如止一二釐未完者議以降三級留任再限一年催徵如又不能完照所降之級調用公罪原欠二分年限內不能全完者降四級調用原欠三分年限內不能全完者降五級調用原欠四分以上年限內不全完者革職俱公罪

議處

一分司被參後限年半全完如限滿不完照場大使例

一鹽運使提舉司被參後限年半全完原欠不及一分
年限內不全完者降一級戴罪督催再限內不全完
者降二級戴罪督催三限內仍不全完降三級調用
公罪原欠一分至四分以上年限內不全完者俱照大
使例處分
一鹽政被參後限二年全完如限滿不完原欠不及一
分者罰俸一年一分以上者降俸二級二分以上者
降職一級留任三分以上者降職二級留任完日開
復原欠四分以上者降三級調用五分以上者降四

級調用六分以上者降五級調用七分以上者革職
俱公
罪

一接徵接催官員以到任之日為始州縣大使等官限
一年接徵布政使道員知府直隸州知州運使等官
限一年半接催督撫限二年接催如限滿不完題叅
之日照現在未完分數依初叅例處分

一署事官經徵督催處分俱照現任官例議處署印不
及一月免議

一直省各州縣應解包課銀兩如有未完覈計分數照

兼管鹽務之州縣未完分數例議處

一鹽道統計所屬作爲十分如鹽引缺銷照地方官未完分數處分

一督銷鹽引未完被參之後嗣經奏准停運統銷原參官已無承銷之責應照錢糧續奉蠲緩之例將原參處分一律改議完結

一行鹽地方州縣官有私派戶口勒買銷引者革職私罪該上司失於查參府州降三級調用司道降二級調用鹽政降一級調用兼理鹽法之督撫降一級留任

俱公罪

一鹽引不行題明擅自挪撥者該管官降一級調用私罪鹽政降一級留任兼管之督撫罰俸一年俱公罪

一前官已完鹽引不行送部查銷及題報鹽引遲延或申報鹽引前後矛盾者將該管官罰俸一年公罪督催轉報之鹽政運使鹽道及兼管鹽法之督撫俱罰俸六個月俱公罪

一竈戶將官鹽攙和沙土照例治罪勒令改煎督煎之提舉大使等官係縱容者革職私罪失察者降一級調

用

用公罪若知情受賄者革職治罪著落煎賠私罪其府州縣官有兼管督煎者亦照此分別議處

一運銷各屬官鹽有攙和沙土者許承銷之州縣呈報參究如州縣官明知徇隱革職一體著賠私罪

一鹽池渠牆隄堰歲修大修工程責令運同管理仍於附近州縣内擇其才幹誠實者遇修築時委用五六員協助監修令運同督責其成如有修築不堅牆堰倒決者該鹽政題參將專管協助等官各降一級戴罪督修公罪工完之日題請開復

一竈丁透漏私鹽該管場大使自行查出立時拏究者免議其或雖經查出犯已在逃未能拏獲僅止詳報通緝者將該大使革職留任限一年緝拏（公罪）限內全獲或獲犯過半兼獲首犯者准其開復限滿不獲即行革職（公罪）如年限內犯被鄰境拏獲將革留之案扣限四年無過開復

一竈丁透漏私鹽經場大使自行查出詳報通緝者兼轄之上司俱准其免議若並非自行查出詳報通緝除該大使照例革職無庸限緝外將兼轄之運同運

判降二級留任限一年緝拏公罪限滿無獲罰俸一年再限一年緝拏公罪再限不獲仍罰俸一年逃犯照案緝拏公罪運使降一級留任限一年督緝公罪限滿無獲罰俸六個月再限一年督緝公罪再限不獲仍罰俸六個月逃犯照案督緝公罪以上運使運同運判降留之案限內獲犯准其開復或拏獲別案私鹽亦准其抵銷無獲扣限三年無過開復

一鹽場各官果能留心巡緝拏獲別場透漏私鹽准照鄰境地方官拏獲私鹽之例按其次數分別議敘

一凡軍民人等私煎私販該管地方官失於覺察降三級調用公罪兼轄官降一級調用公罪自行訪拏究辦者免議若雖經查出詳報通緝而未能獲犯將該管官降三級留任限一年緝拏公罪逾限不獲照所降之級調用公罪兼轄官免議

一衙役私煎私販本管官失於覺察革職公罪兼轄官降一級調用公罪自行訪拏究辦者免議若雖經查出詳報通緝而未能獲犯將本管官革職留任限一年緝拏公罪逾限不獲即行革任公罪兼轄官免議

一專管地方之印捕官一年內能拏獲小夥私鹽二起者紀錄一次四起者紀錄二次六起者加一級每按二起照此遞加兼轄之道員府州一年內統計所屬拏獲小夥私鹽五起者紀錄一次十起者加一級每按五起照此遞加

一專管官一年內能拏獲小夥私鹽一起者紀錄一次二起者紀錄二次三起者加一級四起者加二級五起者不論俸滿即陞兼轄官一年內統計所屬拏獲大夥私鹽三起者紀錄一次六起者紀錄二次九起

者加一級十二起者加二級每按三起照此遞加

一本地私鹽興販出境及鄰邑私鹽入境販賣該管之州縣吏目典史等官不能擒獲扣限六個月查參係小夥私鹽不及十人爲小夥將該管官罰俸一年再限一年緝拏公罪限滿不獲罰俸二年鹽犯照案緝拏公罪係大夥私鹽十人以上及帶有軍器者爲大夥將該管官罰俸一年再限一年緝拏公罪限滿不獲降一級留任鹽犯照案緝拏公罪

一私鹽經由過境並無在境販賣情事後經別處發覺

係小夥將失察過境之印捕官罰俸六個月公罪係大夥將失察過境之印捕官罰俸一年公罪
一私鹽出境過境入境經武職汛員及交界處所之州縣能將人鹽並獲者概免本境官失察處分如本境印捕官僅獲鹽斤而人犯未獲僅獲人犯而鹽斤未獲者將失察處分減等議結應降一級留任及罰俸二年者均減爲罰俸一年應罰俸一年者減爲六個月應罰俸六個月者減爲三個月
一私鹽出境過境入境該管印捕官明知故縱不即擒拏或首犯潛匿在境隱諱不報或將大夥捏作小夥

或人鹽並獲輕爲開脫者俱革職私罪兼轄之府州降二級調用公罪如徇庇不叅降三級調用私罪

一地方官拏獲私販務將人鹽數目據實詳報如具報失實其鹽斤並未入己者降二級調用公罪若將所獲鹽斤侵入己橐或與各役分肥者俱革職治罪私罪府州道員知情者降三級調用私罪不知情者照不揭叅劣員例議處

一小夥私鹽拒捕傷人之案州縣官失察一次者降職一級二次者降職二級俱戴罪勒限一年緝拏限滿

不獲罰俸一年仍帶降職處分緝拏如又限滿不獲各照所降之級留任俱公罪拏獲及半准其開復或拏獲別案私鹽亦准其抵銷無獲按限開復失察三次者降三級調用公罪道員知府直隸州知州等官無庸以通屬州縣併計失察二次者降職一級三次者降職二級俱戴罪督緝限滿不獲罰俸六個月仍帶降職處分督緝如又限滿不獲各照所降之級留任俱公罪拏獲及半准其開復或拏獲別案私鹽亦准其抵銷無獲按限開復失察四次者降二級調用公罪

一大夥私鹽聚衆十人以上拒捕傷人者州縣印捕官降一級留任道員府州等官罰俸一年俱限一年緝拏俱公罪限滿不獲專管官照所降之級調用兼轄官降一級留任俱公罪

一私梟拒捕之案無論大夥小夥地方官於限內拏獲及半者免議文職拏獲武職准其免議武職拏獲文職亦准其免議交界之所此州縣獲犯卽免彼州縣處分彼州縣獲犯卽免此州縣處分此指出境過境入境彼此地界交接者若犯由別處拏獲卽照例減等議結非私梟出入經而言

由之州縣爲別處凡屬員應減免處分者兼轄之上司亦一體減免

一私梟在過境入境時拒捕其失察出境之員仍照販私出境例議處在入境時拒捕其失察過境之員仍照販私過境例議處

一私梟拒捕州縣官諱匿不報或將數起報作一起者俱革職私罪兼轄之府州降二級調用道員降一級調用俱公罪如上司徇庇不叅降三級調用私罪

一地方奸徒有搶奪鹽店及鬨鬧場竈等事文武員弁

即行協拏究出主使同夥能獲犯過半兼獲首犯者免其處分如不能獲犯與獲不及半照盜案例題參議處限年緝拏限滿不獲亦照盜案例處分如獲犯過半未獲首犯亦照盜首不獲例參處限緝倘平時既無約束臨事不即擒拏有意姑息致長刁風將該管員弁革職私罪各犯交與接任官照案緝拏該管道府州廳不行揭報照失察給照販私例降一級留任再罰俸一年公罪

一已撫鹽梟復行販私將原出結官及約束不嚴之地

方官照失察撫綏人丁爲盜例降一級調用公罪

吏部銓選則例

一正八品以下官員取具赴選文結咨部停其投供驗
到在籍候選惟正八品之鹽庫大使不歸月選係揀
選引
見之缺令其每月初一日驗到候補

一候補鹽運使道府人員取具文結京官印結未居投
供之期先行赴部驗到者遇有請
旨缺出准其開列請

旨如驗到之後又居應行投供之期不行投供者請
旨之缺仍不准開列奏
旨即用人員免其取具原籍文結亦令投供驗到扣限再
行選用
一雙月大選運同提舉俱一選一陞
一單月急選運同用應補一人捐納一人京陞治中一
人
一州縣以上月選各官並鹽庫大使業經揀選引
見奏

旨員缺概不准外省題補如奉
特旨准其題補題留部選之員尙未給憑赴任不入班次
即用若已領憑前往無任可到者留於該省遇應得
之缺補授如一時無應得之缺暫令委署俟有應歸
月選之缺吏部亦即扣留知照該督撫題補
一舉人候選知縣補授鹽庫大使五年期滿保題以知
縣用者歸於單月俸滿教職二人之後選用以後如
無人將應補人員抵選其病痊捐免坐補並終養捐
免坐補捐入應補各員不准抵選

一鹽課大使布庫大使批驗所大使等項鈌出應用舉人班次出鈌在二十日以前者將本月應選之舉人按科分名次挨名擬補如二十一日出鈌到部適值知縣班內亦應用舉人先儘名次在前之負擬選知縣外名次在已選知縣之後擬用鹽庫等大使再每月知縣班內正選之外舉人又應擬正備再備者二十一日以後適遇鹽庫大使等項鈌出應俟月選知縣引見之後仍照上月投供名次再行擬補至截鈌以前已經

擬用大使之員未經引
見遇該省題補有人卽將該員扣除仍歸下月舉人原班
銓選或本月再遇有鹽庫大使缺出舉人又經到班
仍以該員揀補不得因其係扣除另補之員另將名
次在後之正備舉人擬用

一各省首領佐貳雜職自從六品以至未入流並捐納之鹽庫等大使俱以到任之日准其前後接算（如調任人員仍俟咨報到任後始准前後接算）歷俸已滿六年者該督撫鹽政調取驗看詳加甄別（其由舉人揀補及舉人捐納鹽庫大使仍歸五年期滿案內辦理不

在此例其中實有人材出衆著有勞績堪膺保薦人員
詳細確查如有試用咨署得缺業經詳請實授者准
其仍以咨署到任之日計俸扣滿六年准其保薦出
具切實考語該督撫鹽政照例具題吏部查明與例
相符准其保薦毋庸送部引
見俟具題奉
旨後註册入於卓異班內以應陞之缺通較日期先後陞
用如奉
旨日期相同按俸次先後陞用其二次六年俸滿者以初

次俸滿之日起算俟陞至知縣以上等官再送部引見至引

見時以不准保薦不能勝任扣除者將歷經保舉陞用之

督撫司道各官照例分別議處

一各項捐納考職議敘人員中式進士歸班及中式舉

人有願就原班選用者候選之州同州判縣丞鹽庫

大使及司府首領等官俱照七品以下京官中式各

按本任推陞之例辦理停其以知縣候選以上願就

原班候選人員在京取具六品以上京官印結具呈

投部在外由本籍督撫咨部均免其註銷原職不願者仍專歸進士舉人本班截取赴部候選

一孤缺無缺人員俟各本班積缺之員補用五缺後准其正從對品借補一人如正從對品之項該省又係孤缺無缺准其再降一等以小缺借補地方人員專以地方之缺借補鹽員專以鹽員之缺借補不得互相借補鹽員內正八品鹽庫大使准其借補正八品之鹽大使其孤缺無缺人員情願借補者各督撫先行咨部存案於季報册內各員名下註明遇借補到班時將情願借補之員按

到省先後挨次借補其再降一等借補者仍與應行
借補之各項人員統較先後補用如遇原班到班仍
准一體咨補
一各省鹽運司運副運判缺出令該督撫會同鹽政除
先儘著有勞績即用先用人員補用外如即用先用
無人將部發人員按一應補一委用一捐納三班輪
流補用至鹽運司經歷補足鹽大使銀數後以改捐
上庫之日與輪班應補之捐納試用鹽大使比較到
省先後補用何例到班即與何例比較以上運判經

歷二項補捐銀兩各按各例分别辦理

一各省鹽場大使布政司庫大使批驗所大使三項給與正八品職銜與按察司知事等官一體較俸陞轉遇有缺出按一應補一捐納一舉人指缺輪用如應補無人以舉人抵用每一缺指撥一人毋庸掣籤其員缺有同日到部者於驗看時掣定先後引見補授候補場員遇有前項缺出較投文日期先後通融補用至指捐之鹽庫大使遇應用捐納班次先儘補用指捐之員如無專項捐納人員亦准通融補用

一各省鹽運司知事到省試用在五年以上尚未得缺遇有巡檢典史應歸月選之缺以從前到省日期與捐納試用人員統較日期先後酌量試署（如輪用何例捐納之員即與何例人員比較日期先後）實授後即照現補之缺計俸陞轉遇鹽運司知事缺出不得再以該員請補

一大挑分發各省試用之一等舉人於到省後試用一年期滿該督撫即行切實甄別其甄別以知縣用者如一時無相當縣缺准以原銜借補直隸州州同州判府屬州同州判府經歷縣丞鹽庫大使等項（如所借均

係在外要缺得缺後仍照原銜陞轉其有借補之後丁憂回籍嗣經服
闋不准遽照大銜借補小缺之例一體赴部照知縣
補用由本籍督撫給咨仍發原省令該督撫仍以佐
貳等缺補用若甄別以佐貳改補者遇有直隸州州
同以下鹽庫大使以上等項缺出准其補用各照現
補之缺計俸陞轉
一凡各項議敘人員不准告降其餘候補候選提舉運
副告降者以通判用通判告降者以按察司經歷知
事布政司都事鹽運司經歷外府經歷外縣縣丞其

各項告降人員取具同鄉京官印結具呈投部准其告降以具呈日期註册附於本年本項人員之末選授補用

一地方各官如有商籍省分行銷鹽務本有住址產業又歸併考試商籍之省分若廣東行銷六省鹽務其六省商人子弟統歸廣東考試之類俱令迴避鹽場官員止令迴避本籍毋庸祖籍倘祖籍地方實有鹽務事業亦准祖籍切實聲明迴避仍行令祖籍督撫確實報部倘有揑飾照例議處如鹽運使本籍省分所銷引地及該處處𥔵丁竈戸等項仍由該運使現莅任所管轄者其現任之缺亦照

本省之例令其詳
明督撫奏請迴避

一鹽務官員雖係鹽政所屬如有與該省地方督撫藩臬兩司各大員係屬祖孫父子嫡親伯叔兄弟及外姻親屬中父之姊妹夫母之父及兄弟妻之父及兄弟妻之胞姪己之女壻嫡甥俱令官小者迴避此外如鹽場與地方官員有父子同官一府者如父爲知府子爲鹽場俱令官小者迴避以別府所屬之缺補用其祖孫父子嫡親伯叔兄弟外姻親屬中父之姊妹夫母之父及兄弟妻之父及兄弟妻之胞姪己之女壻嫡甥有似此同官一府者亦應引嫌一體迴避均卽行給咨發往鄰省各以本缺補用鹽務官員如有兩鄰省均有發往者咨部

掣籤發往運同運判鹽經歷知事鄰省無缺者咨部通行掣籤改發運副惟浙江一缺提舉惟雲南三缺如有應行迴避運副卽對品以提舉改發雲南候補提舉卽對品以運副改發浙江候補如迴避改調及籤掣鄰省之後適遇應迴避之上司又經陞調至改調所掣省分該員又應迴避卽令仍回原任省分遇缺補用

一凡現充鹽商人員不准選補戶部司員戶部總司各省鹽法故現充鹽商者均令迴避不補戶部司員以杜交通之弊此外祖孫父子以及嫡親

伯叔兄弟現充鹽商者亦令其迴避戶部如堂兄弟以下遠近宗族雖無運本股分但既係同族亦應引嫌不准選補戶部山東司之缺因山東司專管鹽務至候補候選及推陞各員遇月選得缺於二十四日赴部過堂時即取具同鄉京官印結呈明辦理其分部人員應於未經掣籤以前預行呈明吏部分別覈辦

一批驗所大使等官毋論揀補分發有以親老呈明改近者亦查明該員原籍有無聲明照例分別題明以該員本省毘連有鹽務額缺省分改補改掣均按對

品補用其改掣省分如有本項額缺者仍以本缺補用俟親老事畢仍以原
官候補
一鹽運使道府請
旨缺出將丁憂服滿裁缺迴避候補降革開復及終養病
痊引
見不必坐補原缺人員俱開列名單應補道府從前本係繁缺及曾經調繁卓異並部員外用原係保送繁缺後經推陞簡缺俱准開列如捐納特用各項候選人員並應補之員原係簡缺未經調繁卓異暨部議降用道府或降革援例開復捐入應補及捐陞道員又經註銷仍補知府者俱不准開列
交部記名各員另繕夾單以及

命往各省補用人員查其在部候補時係例得請旨之員遇各省請
旨缺出統較投文及奉
旨日期先後開列進
呈恭候
簡用鹽運使服滿赴補有情願具呈改補道員者奏明帶
領引
見請
旨如奉
旨以道員用照奉

旨改補日期與候補道員較投文日期先後序用

一各館謄錄如捐職鹽庫大使應議敘數班選用者鹽庫大使定例一應補一捐納一舉人爲一班亦不得復敘數缺以免參差

一各省商人有因捐輸欽奉

特旨賞給職銜者欽遵辦理此外如奉

旨交部議敘者應各按所捐銀數給予加銜加級其應行加銜者不論各項出身均不准議敘三品職銜如應議敘加級者雖捐數較多每次議敘亦不得過三級

一同治十一年三月二十八日准

吏部咨文選司案呈准山西巡撫鮑源深咨稱候補班前遇缺補用鹽巡檢錢澍係軍功勞績保奏奉
旨以鹽巡檢分省歸候補班前遇缺儘先補用專以鹽務省分籤掣來晉查河東鹽務所屬設有鹽池聖惠長樂巡檢三缺歷年以來因無專指鹽巡檢是以遇有缺出統由地方人員序補茲查指項鹽巡檢近年接踵而至如錢澍一員係候補班前將來遇有缺出如係到班自應以該員指項鹽務之員按班請補其地方人員不得攙補若輪新班遇缺先新班遇缺以及

別項到班查明是班內並無指項之員似仍應由地方候補人員按班請補該員雖係指項而非其應補班次自不得因係指項鹽務即准請補而置新班遇缺先等班於不問事屬創始預咨查照示覆以憑飭遵等因前來查籌餉事例內開佐雜等官用候補一人委用一人捐納一人候補一人委用一人捐納一人捐輸一人候補一人委用一人議敘一人又本部會議八成實銀銓補章程內開嗣後道府以至未入流輪補班次先用新班遇缺先三人次用新班遇缺

一人再用各項輪用班次一人以五鈌爲一週至輪用各項時知縣以及佐雜並鹽務等官於試用正班到班准將分先前分間前分班插補其僅捐分先分間人員應俟捐納正班到班分先前分間前無人方准插用至候補即用委用以及各本班先到班應不准其插用分先前分間前及分先分間之員等因於

同治八年六月初三日具奏奉

旨依議欽此又通行章程內開嗣後扣留外補應歸部選佐雜等官應比照知縣定例辦理如上次已經用過

候補委用此次應用試用適遇輪補到班之本項試用無人即將其次到班之試用人員輪補不得再用候補委用之班等因通行各在案茲據該撫咨稱河東鹽務所屬設有鹽池聖惠長樂巡檢三缺歷年因無專指鹽巡檢是以統由地方人員序補茲查指項鹽巡檢近年接踵而至將來遇有缺出如係到班自應以指項之員挨班請補地方人員不得攙補若輪新班遇缺先遇缺以及別項到班查明是班內並無指項之員似仍應由地方人員挨班請補事屬創始

預行請示到部查長蘆兩淮廣東等省所設之鹽巡
檢向與地方巡檢各積各缺按照例定佐雜序補輪
次分班挨補其山西河東所屬之鹽巡檢員缺從前
既無指項捐納保舉之員而該省鹽務中除鹽庫各
大使外亦無應行借補之鹽知事是以歷辦成案均
係歸於地方巡檢內總統積缺遇有缺出向以地方
巡檢及從九品人員內按班序補近遵籌餉事例捐
納及因勞績保舉指項鹽巡檢分發山西補用各班
既已有人自應按照長蘆兩淮廣東等省序補成案

將河東鹽務解州所屬之鹽池聖惠長樂鹽巡檢三缺專歸一項將來遇有缺出另行積班積缺以上三缺均係應歸部選之缺應照地方佐雜序補輪次專以指項鹽巡檢按班序補至所稱若輪新班遇缺先遇缺以及別項到班並無指項之員應由地方人員按班請補等語查定例地方人員專以地方之缺借補鹽員專以鹽員借補不得互相借補今山西河東所屬鹽巡檢既與地方巡檢分班積缺如遇輪補之班無人卽應以其次到班之員按照定例章程挨次

接補不得再以地方各項人員攙補相應咨覆可也

禁緝扼塞

河東引地延袤二千餘里東接長蘆南界兩淮西鄰花馬池迤北一帶密邇口鹽蒙鹽而吉蘭泰之私沿河直下蒲灘之私地處適中尤易侵灌為害此三省各路私鹽不可不設法堵絕也咸豐二年

欽差王慶雲聯英會同山西巡撫兆那蘇圖條

奏緝私章程明定賞罰籌及各引地鄰私凡各口岸過載換駝過河渡口應嚴飭該地方官及派委員弁隨

時隨地實力稽查夾私影射等弊有犯必懲無論商販兵役人等如訪得窩囤私鹽准密稟該管官究辦所獲鹽斤一半充公一半賞給告捕之人州縣委員有能查拏至五萬斤以上者酌量獎勵倘怠惰失察差役徇縱以致私充官滯即將該州縣照例叅處委員記過停委如此嚴密偵查各固藩籬似於三省私鹽必能禁緝淨盡

山西省

硝池灘在解州之西六小池則又西也與大池相距

六十里地踞上游向爲五龍峪及桃花洞各處山水停瀦之所慮其泛溢爲患築五龍卓刀等堰以障之歷來大池不足籌及小池或禁或開原無一定自課歸地丁時運商賣與附近居民管業澆曬復商後遂有私曬出販等弊仍令運商買回作爲官地以便封禁道光十一年硝池灘西北一帶有開畦偷曬者經河東鹽法道韓文顯詳准每年自五月初十日起至八月初十日止委員帶領州役八名巡緝咸豐六年偷曬未淨復經平毀私畦旋改緝私章程自二月初

一日起至十月底止由河東道委員帶領槍手十二名駐緝其間同治五年十三年兩次飭塡六小池工程浩大所塡僅及十分之一光緒三年將距州城較遠之蘇老熨斗永小等三池孶雹槪行塡塞其賈瓦夾凹金井三池去州城止十餘里委員尚易稽察請從緩籌辦

五姓湖毘連永濟臨晉虞鄉湖心正當東西五姓村中故以五姓名湖地面遼濶爲姚暹涑水兩渠並鴨子池及中條山諸水匯歸之所地土井泉雖屬鹹苦

從前皆生五穀不過收成少薄自道光元二年間天雨過澇上流漲漫下流壅塞五姓湖四面灘岸一片汪洋迨至五六年後水漸浸滲灘地始出鹵氣上騰而私曬漸多迄今時越五六十年居民視爲利藪類皆棄農業而作奸私自同治十三年運勇巡查後未加整治人皆如趨市廛[illegible][illegible]庵井畦堆星羅棋布一望無涯雖有委員常川巡緝而三灘之地家以曬私爲業人以抗捕爲能例禁久干漫無顧忌光緒三年河東道江人鏡親歷查勘稟請檄委署監掣同知馬

丕璐帶運勇調練軍會同永臨虞三縣將一千一百五十餘口鹽井霉罨一律塡平掩畦悉數犁翻並議委員二人各帶運勇八名巡役二名駐紮西開張公所隨時梭巡自三月起至八月止每月與三縣在五姓村會哨一次結報河東道存案

蒲灘地屬永濟灘分南北長約百里廣袤四十餘里跨越二十四村莊界連三省濱臨黃河自嘉慶十四年黃河西徙後土性鹹鹻錯雜不能耕種近灘居民往往刮土堆積淋曬成鹽味多帶苦民間貪賤買食

灘利奸徒又攙入池鹽內銷售私販因之蠭起惟地
勢平衍隨處可通並無關攔更易透漏溯繇復商以
來歷經前山西巡撫檄飭查禁並籌議津貼在案嗣
於道光十二年大學士公長齡奏
旨查辦以嚴禁蒲私官引漸見暢銷所有民曬官銷挪引
分辦之處諸多窒礙請仍禁止私曬咸豐二年
欽差王慶雲等查辦鹽務親赴蒲灘確勘亦以河東私鹽
患在肘腋者莫甚於蒲灘亟宜嚴申禁令四年改辦
官運山西巡撫恆春復請將蒲灘照舊嚴禁奉部行

令查議據河東道詳明蒲灘情形礙難開曬非不思
節省代賦津貼銀一萬三千餘兩第以如准開曬官
運之配引有限私販之偷漏無窮不特添官設廠防
範難周而蒲私充則池鹽滯實於正課大有關係請
援照節次成案仍舊嚴禁澆曬覈給津貼查蒲灘委
員巡緝章程於道光十一年山西巡撫阿勒清阿
奏定每年自二月初一日起至九月底止派委文職二
員武弁二員分赴南北二灘往來巡查南灘委員各
帶兵役各十六名北灘地面較寬委員各帶兵役各十

名咸豐二年
欽差王慶雲聯英會同山西巡撫兆那蘇圖條陳蒲灘情
形除飭該管府縣並遴委幹員分駐認眞查禁外應
再責成蒲州協挑選得力弁兵於兩灘鹵氣最旺處
各設卡房每歲自二月起至八月止分駐巡查不許
擅離遇有堆土開池立時拏究如一年後私曬果能
堵絕將該員弁酌量獎勵二年著有成效即由山西
巡撫
奏明拔補嗣後仍循舊章惟於文職添委一員爲一正

兩副耳

雞心灘在永濟朝邑之交始出河中自嘉慶十四年黃河西徙移跨東岸勢等眠弓土多鹵斥尚能播穀亦可曬鹽向以地面無多巡防猶易未曾專設緝私委員即責成朝邑縣之大慶關主簿蒲州府經歷永濟縣縣丞典史同司查禁之事

龍王辿屬吉州河中九灘相連六十餘里至太歲窩兩岸俱危巖峭壁中寬不及三十丈而全河浩衍盡納其中又里許至壺口水從巨坎跌落奔騰澎湃鼓

浪噴沫較當日孟門呂梁之險殆逾數倍重載貨船
萬不能下皆將貨起岸用人夫牽挽空船陸行至七
郎窩再行入水吉私鹽船至此必須起撥咸豐四年
鹽務改爲官運由河東道詳呈山西巡撫請於蒲州
立卡添設巡船移會營汛督率兵役等梭織巡查應
遴派明幹之員專司其事其對渡爲陝境並請移咨
陝西巡撫轉飭該管州縣一體嚴緝
三門口屬平陸縣對渡爲河南地面該處河身窄隘
水勢險溜中流砥柱峭峙六峯其最北有兩峯相對

距岸而立中曰神門北曰人門南曰鬼門卽所謂三門也吉私鹽船到此必須停泊咸豐四年官運時河東道詳院請於該縣立卡設巡船會營弁率兵役常川查緝因距茅津渡不遠卽令平陸縣丞兼辦卡務同治初年豫省不靖河東道委員督帶運勇一百名駐紮三門防堵河口兼管緝私事宜自撤防後仍由縣丞兼辦嗣於十二年間因三省鹽務滯銷以豫省爲最內有蘆鹽小鹽餉節侵灌外有房鹽硝板影射夾私查夏縣之南溝平陸之盤南棗溝每有囤積鹽

硝由水路偷放三門運赴孟津鐵謝鎮一帶私售經
河東道升泰嚴禁房鹽委員帶勇四十名前往三門
駐紮驗放官鹽查拏私販在案至十三年撤去卡務
仍責成平陸縣丞光緒五年復奉山西巡撫曾國荃
以潞鹽疲滯日甚疏請加意整頓督飭認眞緝私亟
應查照前次三門辦法委員帶勇二十名駐緝其間
以防偷渡
磧口鎮界連臨縣永寧州爲晉省南北適中之地河
中有頭磧二磧口灘長約數里爲緝私要隘蒙鹽口

鹽及吉蘭泰私鹽自甘肅磴口下船二千餘里至山西托克托城之河口鎮又順流一千餘里即到磧口鎮鹽船難以直下向由此起岸分銷咸豐五年經山

西巡撫

奏准將汾州府通判改爲鹽捕通判移駐該處司上下之關鍵察東西之透漏督飭該衙門額設快手八名皂隸十二名並添募河快二十名巡船二隻於上下游各建卡房一座兼委撫標把總一員管帶兵丁二十名嚴緝私販不准口蒙等鹽下磧遇有河船夾帶

停泊售賣立即兜拏重懲並將賣鹽各店戶挨次編
號飭發循環印簿將收發鹽數按月輪流塡報如有
收囤蒙鹽串通腳戶越境轉販情弊卽行究辦惟河
中渡船及肩挑背負之人在所不禁
鵰巢嶺屬沁源北路蒙土等私鹽由該縣入境以此
嶺爲最要門戶而路徑紛歧又可灌至屯留所屬之
良馬鎭並由沁州等處灌入襄垣所屬之虒亭驛囤
聚分散非於鵰巢嶺設卡以淸其源於良馬虒亭設
卡以遏其流則潞澤兩郡均受其害卽令處處巡防

亦終不可限制咸豐六年山西巡撫王慶雲檄飭該管府廳州縣周歷查勘擇要於此三處立卡委員駐劄按年由該府州遴員接替稟報鹽院河東道查覈鵰巢嶺設巡役十六名艮馬鎮虒亭驛各設巡役十二名由委員管帶梭巡並會同各營縣督率兵役認眞查緝既有鵰巢嶺之卡卽可截閻寨馮村之來源有艮馬鎮之卡並可杜𦾘子山三不管嶺之偷越有虒亭驛之卡且可堵魏家坡新店村之侵灌庶潞澤各屬私鹽絕而官鹽自暢矣

陝西省

花馬池大池小池共三池在慶陽府甯州之北距府六百餘里與馬槽等池星列碁布於百里之內花馬一池實爲靈州之重鎮而小池則尤控甯夏之全勢者也池本西秦牧地卽土治鹽遂名曰花馬池明時平涼慶陽皆食花馬小池之鹽隆慶四年漢中延安改食花馬大池之鹽至萬歷四十一年鳳翔府屬始改食花馬小池之鹽我

朝因之迨乾隆五十七年課歸地丁之後多有潞鹽運

至鳳翔府屬行銷是以嘉慶十一年復商案內因鳳翔既食潞鹽可由渭河轉運將該府所屬改銷潞鹽招商辦運商人因有應交課務官錢且由渭水逆流牽挽運費過重不肯認辦承認後將混鹽發售藉免賠累且定邊花馬大池鹽應行銷漢中由鳳翔經過官私莫辨盤詰維艱請將陝西鳳翔府屬八州縣仍食靈州花馬小池鹽再邠州之長武縣向食花馬小池鹽至邠州本州及所屬醕化三水二縣向食潞鹽前已議准一併改食靈鹽其興安一府係在萬山之

中道途險遠商運費繁難免賠累至無業貧民以挑販池鹽爲生已成恆業遽行拏禁轉恐别生事端逌嘉慶十六年山西巡撫衡齡請仍改食靈州花馬池鹽官運後照章辦理

鹵泊灘介在蒲富臨渭之間廣袤數十里向有帶刀游匪踞爲窟穴出則搶掠行旅入則煎熬私鹽作奸犯科習以爲常漁利奸民販運四出久爲潞鹽引地之害歷經查禁在案光緒三年夏旱渭北被災較重匪徒乘機蠢動秋間灘地搶案迭出蒲城知縣黄傳

紳親督勇役捕獲匪首多名繫之獄窮治黨與渭南富平蒲城各縣刀匪頭目密約夥黨數百人黄夜爬城而入劫獄狀官經陝西巡撫以鹽灘久爲賊巢從未大經懲創調集重兵痛加勦洗斬擒甚衆著名匪首三十餘人飭各屬會同緝拏就地正法梟示無一漏網並將鹽灘所有私煎庵竈一律平毁匪徒始知畏法自茲以後全賴地方官隨時嚴禁庶不致故習復萌也

河南省

襄城郏縣爲南陽汝州門戶襄城所屬之潁橋尤爲私鹽入口要隘故欲緝鄰私必設卡潁橋非僅爲襄郏計實爲南汝計也查從前商運時尚各實力緝私自咸豐四年捐免充商後豫省改歸民販以致鄰私充斥民間所食者非越境蘆鹽卽開封所屬小鹽相沿日久幾成積重難返之勢甚至私廠林立多至數十家不第襄郏等處公然開廠私賣並由此侵灌南汝一帶地方同治十三年經河東道升泰詳明山西巡撫鮑源深籌動庫款委員運鹽前往該處設局試

辦隨帶勇丁十四名嚴密緝私並移咨河南巡撫轉飭地方官會同委員多派幹役認眞巡查嚴拏私販禁食私鹽總期過私疏官轉滯爲暢不得以事關隔省稍形膜視從茲私販稍知斂跡居民多食潞鹽此河東鹽行豫省實以襄郟爲咽喉重地也

鞏縣孟津毘連蘆岸鄰私最易侵灌孟津之鐵謝鎭爲潞綱東路要隘鞏縣之洛河口爲豫省闔綱關鍵其河北則有溫孟等縣其東南則有汜水縣皆屬蘆鹽引地惟西南與偃師登封嵩縣接壤地方遼闊人

烟稠密以迴郭鎮爲總匯而由黃入洛之東站船隻
往來尤緝私最要地也自咸豐四年改章後鞏孟偃
師登封一帶均被蘆鹽侵占潞鹽日漸滯銷同治十
二年鞏縣知縣招販配辦潞鹽運往迴郭鎮開設鹽
店辦理久無成效光緒元年河東道升泰詳准比照
襄城試辦不領庫本在東站設立官運總局有運販
願辦水運其鹽由平陸縣之茅津渡下船自河入洛
藉輕運費辦運數年相安無事光緒四年晉豫大旱
腳價過昂鹽斤隨時長價罙有糾衆鬧局事該地方

官仍令減價售賣以致賠本歇業從此民販等均視為畏途未敢運往不得已令通綱運販公立字號仍辦水運經護河東道卓熙泰詳明山西巡撫曾國荃飭委監掣同知張元鼎督辦計自設立官運局以來均委員扼要駐紮督銷緝私始而帶勇十二名繼而帶勇十名並由道詳院移咨河南巡撫轉飭鞏孟偃師等縣先行出示嚴禁外販入境不准居民食私仍令各地方官多派巡役會同緝私委員不分畛域在於水陸各隘口認眞查緝如有販私食私等弊立即

嚴拏懲辦

查蒙鹽行入內地厥種有四曰吉蘭泰曰花馬池曰鄂爾多斯曰蘇尼特而吉蘭泰鹽有大紅二紅之分花馬池鹽有大池小池之別蘇尼特鹽有大青瑙兒之異瑙兒亦蘇尼特地名也花馬池即明之河套鄂爾多斯乃西二盟之內蒙古部落居其地遂據其利所謂蒙鹽止此其來路例由黃河之磴口下船行至托克托城之河口鎮起岸陸運入殺虎口投稅行銷口外七廳暨大朔甯太四府忻保代三州大約以大

青鹽爲最多居十之六土鹽居十之三餘鹽不過十之一然大青鹽止能及於太原不能越太原所屬而南此祇須隨時稽查毋庸議禁者也惟鹽船從河口鎮偷越南流徑踰河曲保德至磧口鎮囤卸由孝義介休平遥等縣灌入沁源縣之閻寨村馮村並與屯留接界之鵰巢嶺爲私鹽入境要路如人字形一自東北灌至屯留襄垣黎城等縣一自東南入屯留縣分灌長子長治壺關等處又襄垣所屬之虒亭驛與沁州武鄉毘連沁州所屬向無引地各路私鹽易於

灌入襄垣及潞黎兩縣再潞郡官鹽運至洪洞縣曲亭鎮換脚馱載由屯留縣之艮馬鎮長子縣之鮑店鎮行走而私鹽亦由此經過向來商運原有連環小票然皆視爲具文以致官私不分官運以後飭各該縣運鹽至潞由曲亭發給執照填明運送何縣官鹽及馱鹽若干名仍給騾夫腰牌各一面以便稽察私鹽庶免混跡潞安同知分防太義鎮距高平交界三里向有緝私之責應仍飭督查長治之西火鎮與陵川交界長子之張店與高平接壤西火鎮之私必由

觀火嶺攔入陵川張店之私必由鮑店鎮侵及高平其鹽則花馬池爲最多居十之五六陝西神木之鹽居十之三四若吉蘭泰蘇尼特鹽僅有一二此蒙鹽由磧口侵灌潞澤兩郡之情形也且陝西府谷縣之黃甫川係蒙鹽西岸會集之所哈喇寨麻地溝爲花馬池鹽屯聚之所綏德州之銀條梁亦蒙鹽囤積之所延川縣與永和關僅隔一河延川同屬之定邊縣有連爛二池向來環縣慶陽西鳳等處皆食其鹽亦難保不轉販渡河爲潞綱害仍責成托克托城涌判

實力查禁並令河曲縣於石梯子上游保德州於天橋上下設立卡巡暨沿河各州縣要隘如興縣之黑峪口羅峪口臨縣之軍鋪灣甯鄉之三交鎮均宜堵截再永和大甯向食土鹽並准食花馬池鹽分販各處在所不免應飭永和縣於永和關嚴行稽查不准有大夥私販從此過渡其隰州午城鎮蒲縣薛關村亦應飭令查緝更有鹽艘下駛由龍王辿順流直至河南孟津縣屬之鐵謝鎮張家川售賣應於龍王辿下游鄉甯之船窩河津之禹門滎河之廟前嚴密偵

緝倶每月結報一次此水運一路當力爲禁絕者也至晉省各處土鹽名目多至十二三種有黃白紅三色內惟山陰懷仁應州之鹽可以行及太汾徐溝黃鹽其味較美應責成各州縣隨時稽查勿令囫販平定州各屬暨遼州沁州向不行銷官引所食蘆鹽爲多間有蒙鹽及本省土鹽其蘆鹽止能由平定行至遼州等處不能越此而南卽潞安亦無之惟澤州之鳳臺陵川頗受其害其蒙鹽來路一自沁源一自高平其蘆鹽來路則自河南河內縣暨輝縣兩處以縣

屬之大小口與河內連界處爲一路又縣屬與輝縣接壤之柳樹口爲一路汾郡向食土鹽兼食蒙鹽而蒙鹽來路卽在對岸之府谷吳堡綏德州等處向於肩挑背負之人一驢一騾所載從不禁絶必須隨時偵查嚴禁擾累庶水運私鹽不致肆其侵灌而西渡小販亦得安其故常此又各路土蘆蒙私尤宜分别查禁者也

按鹽務最重疏銷疏銷必先禁緝境外之私既已嚴防池內之私尤當督緝查嘉慶十三年河東道劉大

觀詳稱乾隆四十九年前山西巡撫農起因營兵環池巡邏有名無實疏請撤回營兵六十名飭商自雇商役六十名令三巡檢各管轄二十名一體巡防復商時查照舊案飭三巡檢召募商役六十名以符舊制於嘉慶十二年九月先令該役等暫行赴鋪供役起巡在案至各鋪名數多寡不齊係按照地方情形派撥今昔相同毋庸更换道光五年山西巡撫福縣

據河東道韓文顯稟請具

奏河東鹽池爲晉陝豫三省民食攸關近年以來常有

賊匪百十成羣夤夜拆牆入池搶竊鹽料持械拒捕巡役人數無多力難抵禦已檄飭解州安邑縣各撥壯役二十名前往巡緝運城營都司駐劄該處保護鹽池緝匪防奸是其專責應請於該營內就近派兵二十名派外委二員督率巡緝請照道光二年刑部
奏准江西省行銷淮鹽之例凡派出緝私貟官並兵役每名准其攜帶鳥槍一杆編列字號官爲給發遇有大夥搶竊賊匪持械拒捕者許令施放鳥槍抵禦若遇零星小竊及雖屬大夥而非持械拒捕不得擅放

鳥槍致有殺傷俟賊匪稍知斂跡卽將鳥槍撤回奉
旨准行旋據河東道詳准鳥槍均編池字爲號運城營自一號起至二十號止解州自二十一號起至四十號止安邑縣自四十一號起至六十號止由河東道派委文員運城營都司派委武弁會同各場大使督率兵役攜帶入池巡防咸豐四年官運後減去兵役三十名留解州槍手十名分巡中西兩場畦地留安邑縣槍手十名專巡東場畦地留運城營槍手十名周巡三場畦地並添運勇二十名駐緝野狐泉往來梭

巡至今因之

增修河東鹽法備覽　卷四

《山西文華》編纂委員會　編

山西文華·史料編

增修河東鹽法備覽

第四冊　卷四下至卷五

清　江人鏡等◎修　清　張元鼎等◎纂

山西出版傳媒集團
三晉出版社

山西文华

增修河東鹽法備覽分目

學校卷四下

學宮

學額

書院

科目

人物

增修河東鹽法備覽卷四下

學校

古者家有塾黨有庠術有序國有學凡所以造士作人者莫不聽逢逢鼉鼓噦噦鸞聲而歎人材之興實由於學校也況鄜瑕近監國饒民驕非教奚由保富此鹺綱既理育才尤殷今之士習樸誠人文蔚起皆

我

國家數百年培養所致也猗與休哉

學宮

學宮創建詳於前志嘉慶年間歷有修葺道光二年
河東道張大鏞復加修理規模氣象有勝於前
大成殿恭懸
列聖御書匾額已載前志嗣於嘉慶年間恭懸
仁宗睿皇帝御書聖集大成額道光年間恭懸
宣宗成皇帝御書聖協時中額咸豐年間恭懸
文宗顯皇帝御書德齊幬載額同治九年恭懸
穆宗毅皇帝御書聖神天縱額
今上御宇之七年恭懸斯文在茲額於

大成殿

皇綸丕煥殿宇增輝瞻仰之餘益深敬肅其春秋祭享樂

舞禮器並鄉賢仰德各祠以及隙地租銀學田畝數

均如前志

崇聖祠向係合祀

至聖五代咸豐六年河南學政俞樾請以

先師孔子兄孟皮入祠從祀七年奉

旨准其配享

名宦祠祀凡有功德於民者咸豐五年護理山西巡

撫王榕吉會同學政黃鈺題以原任山西按察使前
河東道黃經細心決獄不輕用刑辦理免商官運裁
浮費修渠堰奬士林增義地諸政績請祀入祠是年
四月奉准
文昌閣
魁星閣
營建詳於前志同治六年河東道楊寶臣倡捐廉銀
率官紳士子重修
附樂舞

前志載乾隆四十九年運使沈業富以佾生樂舞生疏請在商籍新生十名外錄其文理清順者四十名延請樂工教之樂舞歲給飯食銀兩在加增銷價內支發五十七年課歸地丁銷價無出經巡撫馮光熊飭將丁祭樂舞生膏火裁汰仍用佾生

學額

運學額數載於前志乾隆五十七年課歸地丁案內部議商籍童生卽在安邑縣應試由解州錄送學政按照原額考取生員均歸安邑縣訓課所有運學卽

令安邑縣學官就近管理嘉慶十二年復歸商運巡
撫成齡
奏准商籍文武童生仍由安邑縣考送鹽法道録送學
政歲試取進文生十名武生四名科試取進文生十
名並設廪增生各二十名二年一貢咸豐二年商八
捐輸粤西軍餉銀二十萬兩零除照例廣額一次外
餘銀十八萬兩六年巡撫王慶雲
奏准加永遠廣額文學十名武學四名今商學定額文
生二十名武生八名廪增貢俱如舊

附鄉試盤費

舊有捐置商課六錠照遖例收運商銷價作爲鄉試盤費詳於前志乾隆五十七年課歸地丁銷價遂廢嘉慶十二年池鹽復歸商運銷價減去三成仍舊交納咸豐二年改引行票每名銷價定爲六兩四年捐免充商改爲官運銷價隨課封納今遇鄉試之年由河東道仍照向章以六成銀給運安兩學科試錄取正案諸生以四成銀存作考遺才盤費禮房存案備核

書院

一宏運書院詳於前志其經費向在額引加增銷價內支給嗣因課歸地丁銷價無出由河東道季學錦詳准每年在商捐六萬兩鹽池生息項下動支息銀一千二百兩以備師生脩脯膏火人役工食紙張並義學束脩之費嘉慶十九年生童李映奎等稟懇酌增膏火復經河東道陳中孚詳准加增膏火銀五百八十五兩六錢加增義學束脩銀十六兩並請周恤讚禮生衣帽費歲給銀四十八兩同治四年河東道楊寶臣復詳准加增義學館師束脩銀二百兩今每

年共在鹽池生息項下動用息銀二千零四十九兩六錢以備前用考課經費款口禮房存案

附書院置錠

宏運書院舊有捐貲置錠詳於前志乾隆五十七年課歸地丁錠票奉裁庫存前收銷價銀六百兩經運使季學錦飭安邑縣發交當商一分生息每年息銀六十兩於十二月提貯道庫爲前掌院曹于汴祭祀修築等工之用門役工食銀二十四兩在書院經費內撥給其鄉試年場費銀六十兩查曹氏的派子孫

現在無有生監赴考毋庸議給嘉慶十二年復商後銷價仍歸坐商前項殘票應領銀二百八十一兩一錢二分經河東道葉汝芝以八十一兩一錢二分准令曹氏後裔領修塋域牌坊等工以二百兩仍飭安邑縣發交當商生息前後共歲得息銀八十兩歷年由安邑縣解交河東道發給曹氏後裔具領爲祭祀修築等工之用咸豐四年捐免充商改爲官運每年在公用款内封曹氏銷價銀四十兩三錢

附書院無著銷價

查嘉慶十二年池鹽復歸商運銷價扣存道庫修治荒畦十六年荒畦修竣餘賸銷價銀兩河東道茅豫詳請

奏准充公彼時未將曹氏銷價劃出致該後裔屢次請領銷價至二十一年經河東道葉汝芝批示查曹氏此項係前明御史李日宣捐貲置地

國朝運使沈業富經議立錠所有銷價銀兩自十二年至十七年除該後裔歷次支領修築等用尚有存銀七百餘兩茅前任自宜提出另行經理乃一併歸公

殊未允當此時爾先人既祭享有資宏運書院本道當籌款修補遂籌銀四百兩名爲無著銷價發商生息每年息銀四十兩定爲修理書院經費咸豐四年捐免充商繳還本銀復於五年由河東道黄經飭安邑縣發交當商仍舊生息

一河東書院創建詳於前志道光二年河東道張大鏞復加修葺首捐廉二千兩飭商捐銀三千三百兩又商人王費合續捐銀九百五十兩俱發商生息遇閏加增又每年扣捐坐商加增銷價銀一千二百三

十九兩三錢計歲共得銀一千九百餘兩以資師生脩脯膏火人役工食經費定議豫陝兩省及河東三十六屬民籍生童均准送院肄業光緒二年河東道升泰因多士日增齋房不敷棲止捐廉鳩工於堂後兩翼添置學舍二十二楹其隸商籍者仍歸宏運書院肄業考課經費款目禮房存案

附社學

運城向有養蒙之地分東西南北中五處館舍膏火悉詳前志嘉慶十九年河東道陳中孚在衛民祠內

添設義學一處因歷年脩脯過少難資館穀近於敷衍同治四年河東道楊寶臣詳准在於鹽池生息項下撥息銀二百兩擇城内適中之清淨廟宇設立義學四處就貢生生員中考取品端學優者四人爲師每處歲送束脩銀四十兩茶水煤炭香燭廟貲銀十兩按季給發今仍之

科目查鹽法備覽科分編至乾隆五十三年戊申爲止茲自五十四年己酉至光緒壬午凡有科目可據者皆採究增輯

進士

自嘉慶乙丑至同治癸亥共十人內詳人物者五人

翟鳳翔 嘉慶乙丑科官四川建昌道　郭純章 嘉慶辛未科官橫州牧詳人物

李鍔 嘉慶己卯科官湖北蘄州牧詳人物　薛宬 道光丙戌科官四川奉節縣令

陳洪鐘 道光庚子科官刑部主事　郭椿壽 道光乙巳科官廉州府知府詳人物

武士選 咸豐己未科官南皮縣知縣詳人物　劉振中 咸豐己未科官武强縣令詳人物

葛宗鄴 咸豐己未科官刑部廣東司主事　裴峻德 同治癸亥科官安徽鳳臺縣令

舉人 凡已登進士者鄉科不再書名

自乾隆己酉至光緒壬午共五十三人內詳人物者三人

宋于渭 乾隆己酉恩科官光州牧詳人物　宋銘 乾隆己酉恩科官山東壽光縣令

郭俊章 乾隆壬子科　牛廷炤 乾隆甲寅恩科官江西永豐縣令

相霖 乾隆甲寅恩科　康濟 嘉慶戊午科官直隸靈壽縣令

路法孟 嘉慶戊午科　梁甲芳 嘉慶戊午科

郭其章 嘉慶庚申恩科官臨汾縣教諭詳人物

梁永康 嘉慶辛酉科官山東冠縣令　王偉 嘉慶辛酉科

王依中 嘉慶甲子恩科官江西安仁縣令　陳士杰 嘉慶甲子恩科候選教諭

丁玉堂 嘉慶丁卯科官朔州訓導　陳彬履 嘉慶癸酉科

李源 嘉慶庚午科官趙城縣訓導　胡豐年 嘉慶戊寅科官靈石縣教諭

王梧 道光壬午科　王賚 道光壬辰科官隰州學正

閻慶熙道光甲午科　劉培楠道光甲午科

陳鳳鳴道光丁酉科　侯爾康道光己亥科

喬鶴年道光癸卯科官陝西麟遊縣令　朱鏡秋道光癸卯科

樊作楝道光丙午科官直隸薊州牧　侯迪康道光己酉科

郭椿年咸豐辛亥恩科　耿金橋咸豐辛亥恩科

景維禧咸豐辛亥恩科　郭成鳳咸豐壬子科官絳州學正

郭迎暄咸豐壬子科官崞縣訓導詳人物　姚鈞咸豐乙卯科

宋蔭嶶咸豐戊午科　胡肇魁咸豐己未恩科

李金錫咸豐辛酉科官盂縣教諭　郭迎暢同治壬戌恩科

李樹滋 同治壬戌恩科　張懋功 同治甲子科

景巽象 同治庚午科　郭煥烈 同治癸酉科

李裕道 同治癸酉科　王善成 光緒乙亥恩科

楊廷棻 光緒丙子科　孫啟瑞 光緒丙子科

惠迪吉 光緒己卯科　張毓嶲 光緒己卯科

解昌言 光緒己卯科　荆秉哲 光緒己卯科

劉毓均 光緒壬午科　李廣耀 光緒壬午科

劉宜篤 光緒壬午科　吳象恆 光緒壬午科

武舉

自乾隆壬子至同治癸酉共九人

王國泰乾隆壬子科挑兵部差官　張奕榮乾隆壬子科就衛千總

陳士榮乾隆壬子科　白殿元乾隆甲寅恩科挑兵部差官

周運通道光己酉科　王長春道光辛卯恩科就衛千總

趙之倬道光甲午科　毋長泰咸豐戊午科

樊亮采同治癸酉科

貢生已登科者不重錄

自乾隆庚戌至光緒己卯共六十五人

楊　凝乾隆五十五年恩科　宋　鈺乾隆庚戌拔貢官陝西華州州判

謝廷璣 乾隆五十五年歲貢
席作賓 乾隆五十八年歲貢
馬文瀚 乾隆五十八年歲貢
劉肇祥 嘉慶元年恩貢
王　鐏 嘉慶元年歲貢
劉清渚 嘉慶辛酉拔貢
朱履定 嘉慶七年歲貢
康嘉科 嘉慶十一年歲貢
景慶南 嘉慶十三年歲貢
孫勵恭 嘉慶十三年優貢
胡天福 嘉慶十六年恩貢
郭棟梁 嘉慶十六年歲貢
張大翼 嘉慶十六年歲貢
郭廷璋 嘉慶癸酉拔貢
王培桐 嘉慶十九年歲貢
吳　儼 嘉慶二十二年歲貢
李　琳 嘉慶二十二年歲貢
劉祥鳳 嘉慶二十五年恩貢

張　採嘉慶二十五年恩貢　　劉　法嘉慶二十五年歲貢

侯普康道光三年恩貢　　郭迎曙道光三年歲貢

王汝楫道光三年歲貢　　胡繼信道光乙酉拔貢官偏關縣訓導

梁在洲道光六年歲貢　　武安貞道光九年歲貢

王位中道光九年歲貢　　張向庚道光十二年歲貢

姚成章道光十五年歲貢　　景　淇道光十六年恩貢

任鈞安道光十八年歲貢　　孫　晧道光十八年歲貢

孫若鏞道光二十一年歲貢　　郭映奎道光二十一年歲貢

姚文彰道光二十四年歲貢　　李　丙道光二十六年恩貢

曹成基道光二十八年歲貢　李　震道光三十年歲貢

李文梓咸豐二年恩貢　劉天益咸豐二年歲貢

景　旰咸豐四年恩貢　李東洋咸豐四年歲貢

張　琳咸豐六年歲貢　劉宅吉咸豐六年恩貢

賈元杰咸豐八年恩貢　郭文耀咸豐八年歲貢

霍蔚林咸豐十年歲貢　董毓湅咸豐辛酉拔貢

楊杰元同治元年恩貢　張　珣同治元年歲貢

景　鉅同治三年歲貢　王欽敘同治五年恩貢

郭啟仝同治五年歲貢　郭方垣同治七年歲貢

劉振東同治九年歲貢　楊廷棟同治十一年歲貢

武育元同治癸酉拔貢河南試用知縣　邊雲龍同治十三年歲貢

李廷棟光緒二年恩貢　邱士麟光緒二年歲貢

王爾芳光緒四年歲貢　李春芝光緒六年恩貢

附例貢一百一十八人凡由運學廩增附捐貢者前志具載兹自乾隆五十四年

查有案可據者照依增錄

李九錫附貢　劉培棫廩貢

張崍附貢　陳德沅廩貢長蘆候補鹽運司經歷

梁起棨附貢　孫國珩附貢

李鎮都附貢　李九貴廩貢

白　璋廩貢　王毓秀附貢

賈登先附貢　郭　磾廩貢官平定州訓導

孫守恆增貢　郭　琇廩貢

闞國遴廩貢官太原縣教諭　令狐懷瑾附貢

燕步魁廩貢　何慶澄附貢

張慎修附貢　丁　琇附貢

孫守咸附貢　葛庭璿附貢官禮部司務

孫丕顯廩貢　馬于京廩貢

丁　瑞　廩貢　　萬培正　增貢
孫守益　廩貢　　田歲芳　附貢
鞏行侃　廩貢　　閻運興　附貢
孫守臨　廩貢候選訓導　　孫守復　附貢
景暢之　附貢　　董得昶　附貢
張承祿　廩貢候選教諭　　葛宗泗　廩貢官廣西思恩府經歷
郭　綸　附貢　　陳奕熙　增貢湖北候補按察司照磨
王之翰　附貢　　趙邦直　附貢
李侍孟　廩貢　　師佩蘭　附貢

王文煒附貢　張宜楫廩貢

解兆績附貢　曹錦芳增貢

周之晃附貢　葛宗濂廩貢侯選教諭

王汝榮廩貢　孫煜附貢

王鳳翱廩貢　孫勵定增貢

馬于育廩貢侯選教諭　王烱附貢侯補翰林院待詔

王運昌附貢　邢連廩貢

張承壽廩貢　王汝蕙廩貢

劉純廩貢　蔣伯康廩貢

周從龍廩貢遼州訓導　楊峻德廩貢
劉建康廩貢　馬于立增貢
楊起鵬增貢　景恩錫附貢
李　祿附監　李鳳鳴附貢
李鍾嵋附貢　張鼎亨廩貢
侯爲度廩貢　郭應麟廩貢
葛宗邵附貢　董得晟附貢
張淦魁附貢　惠敏修附貢
喬文斗附貢　張星垣附貢

朱春林附貢候選訓導　董培學附貢

景　炎附貢候選訓導　王　緯附貢

尹承綬附貢官黎城縣教諭　劉振誥附貢

梁士傑附貢　馬和鈴附貢

張　鏞廩貢候選訓導　武士奎附貢候選訓導

上官濟增貢　喬汝濂廩貢

薛春元廩貢　胡中保附貢

潘登瀛附貢　馬逢魁廩貢河南試用典史

産蕙仁廩貢　葛文鑄廩貢

胡申佑廩貢　和家瑞廩貢
岳膺桓附貢　陰惟明增貢
王恩縉廩貢　李自榮增貢
張朝鳳附貢　孫峻東附貢
劉立豫附貢　周際泰廩貢平遥縣教諭
王煒附貢　楊焜廩貢
閻寶倫廩貢　李仰白附貢
王鑑增貢　董永宣附貢
路肇翰附貢陝西試用典史　王彬蔚附貢

郭承烈附貢　令狐鐸廩貢

李濂附貢　張光遠附貢

按鹽城自設運學以來科目鼎盛由有明以迄

國朝爲前代所不及前志已詳輯矣厥後學校日興英才輩出登賢書者固更僕難數及捷南宮入詞林出爲名宦入爲鄉賢驥附蟬聯接踵而至今按科詳敘並依備覽體例或爲運產或非運產惟起自運學者皆增錄焉

人物

宋在詩安邑運城人康熙辛丑進士由庶吉士改吏
部文選司主事遷稽勳司郎中督學四川加
翰林檢討銜四川新生舊有贄儀減其三分之二
以一分資辦公貧者免之中丞以入告奉
旨設養廉贄儀全免開錦江書院以品行器識為先因父
老乞養著有讀詩近思錄論語贅言說孟說左懷
古堂詩文稿見聞瑣錄四書要義左傳便覽先儒
實行紀畧宋氏歷代傳人錄杜詩選憶往編晚年
瑣錄年八十有
三重赴鹿鳴

宋鑒字半塘在詩子乾隆戊辰進士官浙江常山
縣令調鄞縣遷廣東南雄府通判歷有惠政
祀鄞邑名宦讀書過目不忘
著有易見尚書考辨行世

王宧善乾隆壬午舉人授廣東樂會縣令時文昌縣
獲盜船數隻載洋錢百餘萬擬以洋匪論辟
瓊州府委令參決訊知為福建良民林姓等出洋
貿易被颶風破船飄泊者奮力相爭以難民定案

擢知羅定直隸州所至恤荒助賑振興文教冤獄尤多平反歸田後家無長物怡然安之舉鄉飲大賓所著有杜詩活法澳門紀畧葵錦堂文集宦遊小草

宋葆純號芝山乾隆癸卯舉人官絳州學正不數月辭歸天姿高曠不事家人生產工書善畫力追唐宋不屑爲近體遊歷江湖以詩酒自娱當時知名之士爭與交遊年八十乃卒

葛朝陽乾隆丙辰舉人授浙江常山令以德化民旋擢戸部浙江司郎中論事有卓識後告歸士林咸欽敬之庚戌歲恭逢
八旬萬壽入都祝
釐進寶頌八章寵邀
睿賞人以爲榮

葛鳴陽乾隆甲午副榜官至吏科給事中爲人慷慨好施周貧濟急見義勇爲時議重之著有宗約歌復古篇會樂軒稿保生衍慶㓜㓜心裁諸書行世

以上皆名載前志補註人物

王企屺 安邑運城人乾隆丙子歲貢官陽高縣訓導博通典籍制藝及古文詩詞追宗史漢著有音義考核困學紀聞三唐試律註釋文家模範安素堂文集睡鶴山房詩稿纂修安邑運城志行世及卒門人私謚昭靜先生以子宿善貴

晉贈廣東羅定直隸知州

郭世瀛 字甫登號雲瞻運學增廣生員性至孝父病瘡數年以口吮之親視湯藥未嘗解衣就寢少長於外祖胡氏家視表弟如胞弟終身無間言人皆稱異姓骨肉課子最嚴待先生忠且敬親友借貸無力償還者悉焚其劵施於人無德色並絕口不言

宋于渭 乾隆己酉順天舉人三署河南光州升湖北隨州歷著政績後告歸恤宗族厚親友桑梓

欽服

毛應觀夏縣人嘉慶甲子舉人知江蘇婁縣署理松江府知府學問淵博名重一時著有經圖彙考小園制藝一官錄等書行世

毛應豐夏縣人嘉慶丁卯舉人任汾陽縣訓導品行端正經術淵深著有易徵大成錄杜詩集鈔安雅堂文集典制文鈔八種以子德如貴晉贈兵部武庫司主政祀鄉賢祠

郭其章字琢如性孝友父歿於河南旅寓凶問至即日徒步行風雪中扶櫬歸以禮葬焉庚申舉於鄉官臨汾教諭晚歲得子偶與厮僕嬉戲自閣而墜厮僕懼因慰之曰此子命有不測亦命也吾不汝罪精於堪輿嘗修條山馬鞍文筆峯文風丕振士林頌之

王鳳翰字小蓬號墨卿寄籍大興嘉慶辛酉舉人己巳進士由内閣中書考取軍機章京歷戶部禮部主事轉員外郎隨扈木蘭較射布靶賞戴花翎轉郎中會鞫林清逆案釋株連者全活無數讀

禮家居修條山書院增膏火周恤親族官湖北荆州府知府修葺荆南書院捐廉生息以給膏火蛟水陡發郡城外大隄將潰督工捐貲日夜搶築水及隄而止民田廬舍賴以保全調武昌府知府郡士民建立生祠去之日歌詩誦德有竹馬歌詞曰我公任武昌我公去津鄉寮寀皆惆悵士庶盍皇皇相與攜酒漿相與獻羔羊疇重我膠庠疇咨我雨暘疇判我爰章疇築我江防疇撫我流亡道路阻且長何以慰民望願公祝報常願公第祿康官至雲南迤西兵備道

郭純章 嘉慶辛未進士任浙江仙居令調鄞縣遷鎮海濬渠修隄砌石爲楔每值江水漲流開楔引水灌田萬頃民呼爲郭公楔後升廣西橫州知州

李鍔 嘉慶己卯進士以知縣分發湖北歷任宜城孝感尋遷蘄州牧政尙簡易卓著循聲蘄民愛之

靳文蔚道光庚戌進士官戶部主事博學多聞誨人循循善誘多藉陶成以母老告歸終身奉養著有詒燕堂文稿待梓

郭椿壽道光丁酉拔貢主講河東書院多士景從癸卯中式乙巳成進士由庶吉士授編修咸豐四年

上命詞臣繕錄貞觀政要充總校糾正數十事進呈賜蟒袍江綢荷包優獎之署雷州府平反巨案詳安邑縣志旋調廉州府因屬邑失守落職後從戎開復原官以積勞病卒

劉振中道光丙午舉人任榆社教諭貧者奢於貲舉節孝者鮮遂裁革陋規實力采訪由是發潛闡幽爲諸邑最咸豐己未成進士由戶部主事出宰武強歷著善政邑民愛戴

葛宗鄒咸豐己未進士授刑部廣東司主事以母老告養歸興復書院膏火培植人文桑梓重之

武士選咸豐己未進士任直隸南皮縣知縣創建書院親課生徒修築河隄水不爲患捻逆宋景詩掠境督率紳民先幾畫策防堵皮民賴以又安擢同知加運同銜署大名同知時晉遭歲歉奉委勷辦轉運輓輸及時民沾實惠

郭迎暄其章子咸豐辛亥舉孝廉方正壬子科舉人品端學優主講解梁河中兩書院垂二十年門下多知名之士授嶧邑訓導以疾乞休

靳良臣咸豐壬子舉人由大挑授朔州馬邑鄉訓導多士景從每分給薪水以賫寒士讀造就甚衆歿後無餘貲感德者咸賻助歸葬焉

衛百行運庠生性純孝因母歿大慟遂得目疾未幾父又病癱晝夜侍湯藥衣不解帶者期年父歿哀毀骨立尋卒

按河東爲誕聖毓賢之區自乾隆五十三年運使蔣兆奎輯成鹽法備覽詳載諸賢迄今九十餘年偉人哲士後先輝映惟年歲久遠耆舊鮮存訪聞不能確實未便續增今祇據言行可考證者聊爲臚列又有名載前志如宋在詩宋鑒王宿菡善宋葆純葛朝陽葛鳴陽諸人未及錄取淑行兹特詳爲補註如有遺者俟後增輯其非運學而係運產與非運產而由運學並依前志體例要皆附近於鹽池者外此不敢濫登

增修河東鹽法備覽分目

奏疏卷五

奏興安府七屬引地仍請改食花馬池鹽按丁攤課部議

鳳翔邠州等處鹽課改歸地丁攤徵部議

河東行銷吉蘭泰活引加徵公費平餘銀兩疏　衡齡

晉商捐輸備餉疏　衡齡

晉陝酌加耗鹽豫省商運民銷部議

豫省商運民銷部咨

增修河東鹽法備覽卷五

奏疏

奏疏之名不一曰奏劄曰奏狀曰奏議曰上疏曰上書懼其泄漏封囊以進故謂之封事河東鹽務由來舊矣上而溯諸有明若元若宋鹽法之變通者不知凡幾而要非有章奏敷陳則下情未由上達我朝澄清鹽政恤商濟民法良意美其因時制宜或課歸地丁或復歸商運或捐免充商改爲官運皆爲歷代規制之所未及一時大小臣工各抒所見以求

惠濟夫商民者其奏疏可彙述焉

議覆課歸地丁疏　乾隆五十六年　大學士阿　桂

竊臣等會看得山西巡撫馮光熊疏稱竊照河東池鹽行銷山西陝西河南三省因商力疲乏之上廑

宸衷臣於

陛見時面奉

諭旨鹽課攤歸地丁是否與商民有裨令臣隨同軍機大臣酌議臣因未悉晉省鹽務情形當經奏明俟臣抵任後悉心體察率同藩司蔣兆奎通盤籌畫再行議

奏荷蒙

聖鑒在案臣到任後檢查案卷體訪輿情務求利弊之所在以便定議藩司蔣兆奎抵任復與逐細講求伏查河東鹽務商力積疲若恃換商增價爲調劑不特於事無益且商屢換則病在殷戶價屢增則困在貧民利未見而弊已隨未爲補救善策溯查從前曾有課歸地丁之議而歷久未見舉行者實由泥於法不輕變之說又或阻於從中淆惑之言一則曰課係商完今歸民納近於加賦一則曰鹽係商運今聽民便淡食堪虞其言俱似近理以致課歸地丁之說阻格不

行兹據利弊而權衡之課歸地丁鹽聽人運除去攤
入地丁之正課雜項每鹽一斤已減銀三釐零鹽價
必賤再就民人食鹽而論每人每日食鹽三錢兩月
食鹽一斤鹽無雜費又不完課每斤最少亦可減價
五文有地丁一兩之家以五口計算一年可省錢一
百五十文核計鹽課攤入地丁約畧每兩不過增攤
九分有餘以所省一百五十文之價完九分餘銀之
課向覺有餘況一兩地丁之家未必止於五口則所
省實多其無地丁之貧民賤食無課之鹽更爲便益

三省之民自無不樂從若課不歸入地丁別無調劑之法勢必議加鹽價查河東鹽價前已每斤加價四釐統計每年加銀五十六萬有餘河東行鹽正課雜項歲納銀四十八萬餘兩加價之數已浮於額今若再加一釐則應加十四萬餘兩二釐則應加二十八萬餘兩積成八十餘萬兩數載之後商力又疲有加無已迄無底止且所加之價均出於民民間納四十八萬之課較出八十餘萬之價何者爲省此歸課之道非加賦也向來私販鹽斤例禁綦嚴尙難斷絕緣

人情見利必趨雖犯法而不顧今聽其自爲販運既無官課又無雜費並無官役盤詰關津阻留豈有轉不踴躍爭先之理況百貨流通可及數千萬里之外今去鹽池之地最遠不過千餘里以家家必需之物人人獲利之事斷未有販運不前者此淡食之不足爲慮也是課歸地丁便民而非累民減價而非加賦共事實屬可行至歸課之法查山西省領引行鹽共四十四州縣有引多而地丁少者有引少而地丁多者更有向食土鹽蒙古鹽係領河東引張交納稅銀

之陽曲等四十四州縣及陝西之鳳翔一府長武一縣本屬參差不齊若將此州縣之鹽課即歸於此州縣之地丁有多有寡不免偏枯且以河南陝西山西三省比較河南引多而地丁少陝西山西地丁多而引少若分省各攤每地丁銀一兩少者僅增數分多者增至數錢多寡太覺懸殊莫若將三省應納之正課雜項共四十八萬餘兩在於三省行鹽完課納稅之一百七十二廳州縣地丁項下通計均攤約畧每兩一律攤銀九分有餘似爲均平公允再池鹽向不

收稅若令輸納池稅而仍於攤入地丁之鹽課內扣除則鹽價必致藉稅加增民間雖明減於攤納之課仍暗加於買食之鹽於小民無益而辦法徒覺兩歧所有池稅一項應請毋庸議設聽令各原畦主照舊澆曬發販流通仍官爲彈壓稽查以杜偷竊爭攘俾民食賤鹽商不更籤似屬兩有裨益如蒙

俞允即以五十七年爲始遵照辦理其一切善後事宜容

臣履勘鹽池之後另行條議奏

聞再查三省中惟山西本省地丁已有確數其豫陝二省

地丁現已飛咨豫陝撫臣查明確實以便將課銀均
勻攤入並將酌議改辦緣由一併咨移恐覆到需時
上廑
聖懷理合先將臣與蔣兆奎籌議章程恭摺具奏等因前
來臣等覆查河東鹽務商力疲乏之積久因循徒以換
商增價爲事自乾隆四十一年疏請以五年一次招
充鹽商嗣因籤商滋累於四十七年又請將五年輪
換之例停止就現商中擇其殷實者定爲長商此可
見換商之不足恃也又查自乾隆二十一年議准加

增一釐二十六年又准加增一釐四十七年又准加價二釐共計加至四釐價日益增而商仍疲乏轉以價貴啟私販之弊此又見加價之不足恃也此時若不善爲變通誠恐鹺務未能振興而商力彌形疲玩殊非補救之策本年六月間欽奉諭旨因河東商力疲乏亟須調劑將鹽課可否改歸地丁於富戶貧民均有裨益令該撫妥爲辦理等因仰見我皇上惠念商民至周極備今據該撫疏稱該處鹽務積疲

商屢换則病在殷户價屢增則困在貧民惟有課歸
地丁鹽聽民運較爲便益自係確勘該處情形妥爲
調劑應如所請准其自乾隆五十七年爲始改歸辦
理至池鹽向不收税仍請將池税一項毋庸議設聽
各原畦主照舊澆曬發販仍官爲彈壓以杜偷竊爭
攘之處辦理均屬公平妥善此次改課歸丁鹽聽民
運該撫既勘明該處各商實在疲乏請更定章程嗣
後務宜商民兩便永無弊端以期仰副我
皇上軫䘏疲商惠愛黎元之至意惟是河東引鹽向行山

西陝西河南三省今雖據該撫疏稱若將此州縣之
鹽課即歸於此州縣之地丁有多有寡未免偏枯請
以三省之鹽課雜項共四十八萬餘兩在於三省行
鹽完課納稅之一百七十二廳州縣地丁項下統計
均攤約畧每兩攤銀九分有餘但查山西行鹽之陽
曲等八十八廳州縣每年額餘引二十四萬二千一
百七十九道每年地丁銀約計二百八十三萬餘兩
陝西行鹽之咸甯等五十二廳州縣每年額餘引一
十八萬四千餘道每年地丁銀約計一百四十七萬

餘兩則是引少而地丁較多河南行鹽之洛陽等三十二州縣每年額餘引共二十三萬九千九百九十道每年額徵地丁約計銀六十餘萬兩則是引多而地丁較少若照原奏均勻攤派於地丁較多之山陝二省未免向隅殊難一律攤派或令河南引多地方較現擬地丁每兩均攤九分有餘之數由該省酌量增攤在河南所加無多衆擎易舉而山陝二省行鹽州縣不致著重似於調劑之中微寓權衡之道應交山西陝西河南三省巡撫會同籌酌定議具奏辦理

至河南陝西二省民運池鹽路程較遠其作何辦理
較爲妥協之處應一併行令陝西河南巡撫詳晰查
明咨覆晉省統入善後事宜案内核辦奉
旨依議欽此

課歸地丁善後事宜疏 乾隆五十七年 大學士 阿　桂

竊臣等議覆山西撫臣馮光熊河南撫臣穆和藺陝西撫臣秦承恩會奏河東鹽課改歸陝西山西河南三省行鹽州縣地丁款内攤徵酌議善後事宜一摺據該撫等將一切善後事宜分條酌議具奏臣等遵

奉

諭旨悉心酌議謹釐爲十六款恭呈

御覽

一奏稱課銀應年清年款各解本省藩庫也查河東鹽

課從無拖欠今攤入地丁應於徵糧易知單內註明
每地丁一兩帶完鹽課若干免其加耗字樣雖遇蠲
免地丁之年不在蠲免之例該三省地方官按數徵
收隨地丁各解本省藩庫報撥仍留課銀名目徵解
俱另立一款以免混淆其經徵各廳州縣如按年徵
解全完照例議敘如催徵不力致缺定額應令賠完
並取職名送部議處等語查該處鹽課向係按年全
完並無拖欠亦無蠲免之例今既改課歸丁仍應年
清年款應如該撫等所請嗣後各廳州縣按年徵解

全完者議敘如有未完著賠議處以專責成凡遇地丁蠲免之年不准一律蠲免並令該三省巡撫届奏銷之期另款題銷至陝西省每年徵收花馬池等處鹽課銀八千九百八十兩零係在河東鹽課之外向解西安藩庫仍報河東鹽政附冊具題今鹽政裁撤此項銀兩應逕由陝西巡撫就近題報又花馬池設有定邊場大使一員嗣後遇有員缺歴補專歸陝西巡撫核題辦理

一奏稱歸公節省等項應分省徵解也查有河南省唐

縣歸公銀一萬二千四十三兩六錢五分四釐裕州歸公銀一千兩山西省有潞澤節省銀二萬兩又各役空缺公食一項俱向解內務府交納又安邑縣夏縣聞喜縣絳縣歲徵地租麥租籽粒蘆價等銀一千九十二兩六錢四分三釐零向解運庫完納今應將歸公節省銀兩分省照舊各解內務府至麥租蘆價改解藩庫報撥其運使經歷徵收之麥租改歸安邑縣就近徵解等語查河南省之唐縣裕州歸公銀兩及山西省之潞安澤州節省等銀應令河南山西各

巡撫轉飭徵解各本省藩庫報撥毋庸仍解內務府以省齎解之煩至安邑等縣向解運庫之麥租蘆價等項銀兩應一體改解藩庫其運使經歷徵收麥租亦應改歸安邑縣就近徵解

一奏稱甯夏將軍等養廉應照舊關支也查甯夏將軍等養廉銀二千兩涼莊副都統養廉銀二千兩向在運庫動支順便搭解今鹽課既歸藩庫應於藩庫撥解甘餉時搭解又鹽課內西安將軍副都統養廉銀一千六百兩向係該處差官自赴運庫支領嗣後應

即在陝西藩庫鹽課項下就近動支等語查甯夏等處將軍副都統養廉銀共五千六百兩向在河東鹽課項下動支今既改定章程自應在山陝二省藩庫内分別搭解或就近關支

一奏稱行鹽引張宜停也查銷河東鹽之山西河南陝西共有一百七十餘廳州縣歲額引四十二萬六千九百四十七道餘引二十四萬道今課歸地丁無需商運行鹽部引毋庸再領紙張銀兩應免解納領繳雜費均歸節省其内閣飯食銀二百兩翰林院庶吉

士銀八十兩都察院飯食銀二千六十二兩戶部飯
食銀六百兩俟部議覆准支之後在於藩庫鹽課項
下照數動解等語查河東歲額正餘鹽引共六十六
萬六千九百四十七道該撫臣旣稱課歸地丁無需
商運所有行鹽部引准其停領紙硃銀兩免其交納
至內閣等衙門飯食銀兩應如所請仍在山西藩庫
鹽課項下按年委解
一奏稱私鹽之禁宜弛鹽料聽便運賣也查課歸糧輸
鹽聽人運不特河東之鹽人人可以販運卽兼有就

近買食土鹽花馬池鹽蒙古鹽之類亦不許禁阻並不許私收稅錢則處處有鹽民食無虞缺乏或恐池鹽侵越鄰境查河南界連長蘆兩淮引地然長蘆之鹽高於河東且係水運價亦賤於河東毋虞越賣汝甯一府行銷淮鹽去河東頗遠亦無礙彼處口岸惟界連湖北之處恐有越販應飭地方官留心緝禦至旺產之年池鹽充裕若任其露積在池耗竊均所不免嗣後坐商曬成鹽料除聽人買販外許坐商自運赴三省任便出售如有無力遠運情願收貯棧房從

緩售賣者亦聽其便等語查該省池鹽既歸民運自應聽從其便毋許地方官禁阻及私收稅錢至池鹽無課或恐販越鄰境現據該撫等聲明蘆鹽高於河東而運價較賤淮鹽去河東更遠無礙彼處口岸惟界連湖北之處恐有越販請飭地方官留心緝禦應令湖廣總督嚴飭所屬實力巡查不得私毫透漏再查豫省行銷池鹽各屬距鹽池頗遠北界長蘆南近兩淮或恐小民憚於遠販池鹽轉致買食蘆鹽淮鹽其弊端亦不可不防應飭令直隸江南地方官於毘

連河南地面一體堵截至池鹽旺產之年未便任其露積致有消耗偷竊應准該處坐商自運出售如有收貯棧房從緩售賣者均聽其便並令三省巡撫通飭行鹽各州縣將除引免課各緣由明白出示曉諭務期販運流通如有市棍估據把持私立界限者即行查拏從嚴究治

一奏稱司鹽各官宜裁也查鹽政各官原爲經理鹽務而設今課歸地丁撤去運商鹽聽人運已無專司之事所有鹽政運司運同經歷知事庫大使並三場大

使一概請裁俸廉節省其鹽政係巡撫兼管一切案卷應仍存巡撫衙門酌留書吏二名責令經管照舊給與工食餘皆裁汰運同知事庫大使並三場大使等衙門案卷應分别歸於河東道各科房存貯備查書役人等一併裁汰工食節省所遺衙署除鹽政署久經留爲巡撫行署毋庸置議運司署應改爲河東道署運同署應留爲公廳經歷庫大使三場大使署均變價充公知事署應將鹽池司巡檢移駐所遺鹽池司署亦變價充公各該員有借項修署未完即以

變價銀兩劃抵歸款再各員裁缺應定以五十七年
十月為期緣五十七年尚有各商應完五十六年額
餘課銀例於十月奏銷且向例額引隨課完納餘引
展限一年今提辦奏銷應飭一併完納俟奏銷後即
將鹽官裁撤運司給咨送部引
見請
旨簡用運同經歷知事場庫大使給咨赴部照例另補試
用各官咨部改掣分發一切印記屆期概行繳銷至
鹽政係臣兼管本年十月以前題本文案可以蓋用

巡撫關防應於定案接准部覆後先將鹽政印信繳銷等語查鹽政等官俸廉書役工食並各項衙署等銀既經課歸地丁撤去運商所有管鹽等官已無專司之事自應議裁現據該撫等疏請除巡撫衙門酌留書吏二名經管案卷照舊給與工食並鹽政鹽運司運同知事等衙署留爲公所外餘皆分別裁汰變價充公各該員有借項修署未完者卽以變價款內劃抵均應如所請辦理至各官裁缺應於五十七年十月內奏銷後卽將運司一員給咨送部引

見請
旨簡用運同以下各員赴部另補其試用各員咨部改掣
一切印記概行繳銷其本年十月以前題本文案亦
准蓋用巡撫印信所有鹽政印信於接准部覆後先
行繳銷
一奏稱運城應移駐道員也查運司向駐運城人煙輻
輳每歲澆曬之時工作人夫盈千累萬且畦主供給
人夫攜有糧食錢文收起鹽斤堆積並須酌平買值
鹽池卑下慮有水患亦須保護非得大員彈壓經理

難期一切妥善應將河東道移駐運司衙門管理諸
務免致廢弛所遺河東道衙門應留爲差使經過住
宿之所吏役聽其帶往運城其運使一切案卷應移
交河東道存貯備查運司書吏應酌留戶房四人經
管畦務工房二人經管渠堰禁牆事務吏禮兵刑四
房均有經管事件應各留一人共留十人以資料理
所需紙筆飯食照舊支給快皁各役亦資巡查渠堰
鹽場諸務一併留供差遣工食照舊支領餘皆裁汰
再查河東道原駐蒲州府城該道有核轉所屬直隸

州命盜案件之責遇有解審人犯就近飭發附府之永濟縣寄監今運城離安邑縣城十五里若發縣寄監殊爲不便應將運司衙門原設監獄並禁卒四名照舊存留並留工食等費其從前管獄之經歷司業經裁缺查有移駐運城之解州州判應令就近帶管河東道監獄以昭愼重至該州判所管馬快八名巡馬八匹分別裁汰變價等語查安邑縣之運城係聚集澆曬人夫堆積鹽觔之所今運司業經裁缺必須仍有監司大員駐劄今該撫等請將河東道移駐運

城彈壓經理一切自臻妥善至該道有核轉所屬直
隸州命盜案件其應行解審人犯即發運城原設監
獄令解州州判就近收管所辦似屬妥協俱應如所
奏辦理再運司衙門原有書役禁卒應准其酌留十
四名以資差遣所需工食等費照舊存留並將該州
判原有巡鹽人役馬匹等項分別裁汰變價充公
一奏稱巡檢三員宜留也查鹽池周圍一百二十里地
面遼闊奸宄易於潛藏且當澆曬之時外來工作人
夫難保無攘竊爭鬧之事未便乏員經理應請將巡

檢三員飭令分管三場稽查巡緝督勸澆曬仍令鹽
池司巡檢管中場移駐知事衙門長樂司管西場聖
惠司管東場各駐原衙門遇有地方官應辦事件該
巡檢具報河東道按界分飭解州安邑縣查辦不得
擅受濫管所有池內原設巡役斗級照舊存留歸三
巡檢分管牆外所設弓兵係巡檢額設留供差遣外
商役商巡並應裁去其三禁門亦歸三巡檢就近分
管並令巡牆弓兵兼司禁門啟閉但不得藉口稽查
留難需索該巡檢俸滿

大計卽由河東道考核廉俸工食均於藩庫徵收鹽課
並額編項下照數支給等語查鹽池等處向係三場
大使經管今大使議裁卽令原設巡檢三員分管三
場事務並將原設巡役斗級弓兵等役照舊存留各
司其事嗣後遇有地方官應辦事件該巡檢具報河
東道按界分飭解州安邑縣正印官查辦不得擅受
其議留之巡牆弓兵亦不得藉口稽查留難需索如
有前項情弊從嚴參究至該巡檢等俸滿
大計均由河東道考核廉俸工食准其在於藩庫徵收

鹽課並額編項下照數支給仍將從前運商自行雇
覓之商役商巡概行裁汰
一奏稱運學應照舊存留也查運學本爲有畦地坐商
而設其運商之有畦地者卽同坐商其子弟准與坐
商子弟一體考試文武童生由運司錄送學政考取
歲入文生十名武生四名科試止入文生十名又額
設廪增生各二十名今運商酌裁坐商仍在且該處
建有
文廟春秋祀典不可乏員經理查太原府屬之清源縣

雖裁而學仍留應照此例仍留運學其原設教授訓
導各一員應仍留資訓課兼理春秋祀典其文生考
試公費並請照舊動支節省餘銀報部候撥等語查
設立運司始有運學今運使及行鹽之運商已經議
裁則運學之名可除應將嗣後商籍童生即在安邑
縣應試仍於卷冊內註明商籍由解州錄送學政按
照原額考取同從前已進各生均歸安邑縣學訓課
以昭廣育人材之盛所有運城
文廟即令安邑縣學就近管理其原設運學官教授訓

導各一員應行裁汰該省遇有各學相當缺出另行
咨補俸廉裁汰至運學書役酌留酌减之處令山西
巡撫另行妥議報部核覆
一奏稱鹽池宜保護也查河東鹽池形如釜底大雨時
行之候若南山一帶客水羣趨於池匯而爲湖鹽池
遂廢是以歷年籌畫築堰開渠復設禁牆以資防護
而渠堰禁牆歲修並各堰戶工食向於運庫支銷銀
五千兩今鹽池不可廢歲修不可除應請照舊每歲
在於藩庫徵收鹽課項下支銀五千兩由河東道請

領委員修理以護鹽池永留美利如經理不善池有
損壞卽將河東道參賠治罪再查三場共畦地五百
八十五號各立商名詳報有案應請飭商照舊管業
遇有典賣稟明河東道立案又有六小池者坐落大
池西北產鹽無幾時開時閉其所墾畦地或照舊自
曬或覓主接曬毋庸官爲經理所設弓兵應請裁汰
額編工食應歸節省等語查鹽池畦地澆曬鹽斛以
供三省民食聽坐商與民自相交易是畦地係屬坐
商世業保護鹽池卽所以保護畦地況遇旺產之年

又許坐商自運出售體恤不爲不優所有歲修渠堰銀五千兩應令山西巡撫轉飭各坐商照數交納河東道庫以備歲修之用毋庸動支公項如經理不善將該管官參賠治罪至池內三場畦地坐商遇有典賣應稟河東道立案以備查考又六小池坐落大池西北產鹽無幾乾隆三十八年間運商復墾以濟大池之不足今運商裁汰其所墾畦地或照舊自曬或覓主接曬均聽其便自不必官爲經理所設弓兵裁刪工食節省均如所請辦理

一奏稱三門鹽秤四關牙行應存也查小販赴池買鹽與坐商自相交易雖不必官爲經理但毫無憑準易起爭端應令倣照禁門舊秤式由河東道印烙另製官秤三杆給發三場斗級收執凡有商販交易卽以此秤爲準原秤貯庫備較又外來小販人地生疎非有牙行代爲經理難保無欺誆騙逃之弊河東舊有鹽牙不領牙帖應請照舊設立由河東道點充等語查官秤牙行原以平市價而通商販該撫等旣稱查照舊式另製官秤三杆應准其製造由河東道印烙

給發三場斗級收執舊秤貯較並仍舊點充鹽牙照應商販交易仍令山西巡撫將點充名數籍貫造冊報部

一奏稱運鹽道路過渡船隻應仍其舊也查小販運鹽道路不得稍有攔阻如有前項不法之人許該商販稟明該地方官從重究懲鄉保並責又查茅津渡陌底渡二處渡口爲河南省行鹽必由之路向係運商自置渡船以便往來應將兩渡口現存商船即給該船戶收管嗣後商販行鹽過渡由河東道酌定渡錢

每百觔給錢若干以資養贍船有損壞責令船戶自
行修補等語查茅津陌底二渡口係河南行鹽必由
之路向係運商自置渡船今議以現存商船即給各
船戶收管嗣後船有損壞應令山西巡撫轉飭河東
道委員查驗責令船戶自行修補並查船內裝鹽每
百斤酌定渡錢以資養贍船戶再三省運鹽道路如
有市井棍徒攔阻者各飭地方官實力稽查有犯必
懲毋得寬縱
一奏稱積餘併餘等銀分別攤免也查商完引課零尾

所積每歲約得銀八十兩零報部候撥謂之積餘又商完課銀零收整兌每年多銀六百五十餘兩不等解交內務府充用謂之併餘徵收官務等款內漏報銀三十五兩七錢二分六釐向係附入積餘併餘各款內報收今已照數攤入地丁之內其向收積餘銀四十餘兩併餘銀六百四五十兩今課歸地丁完納既無零尾可積亦無零銀可併此項銀兩應請除免再向有外結贓罰解交內務府充公今私鹽弛禁贓罰全無即偶有竊贓應歸解州安邑縣地方官報解

毋庸另案辦理等語查商完課項內有積餘併餘等
銀六百九十餘兩現在課歸地丁並無零積自應除
免至贓罰一款亦無庸解交內務府充公卽偶有竊
贓應歸解州安邑縣地方官辦理
一奏稱蘆葦變價應裁也查鹽池南岸昔產蘆葦每歲
約可變價銀三四百兩不等乾隆七年奏明留備公
用原爲黏補城垣祠廟及倉書斗級飯食並歲解內
務府飯食之需迨後鹽畦漸逼蘆葦不生遇有前項
公費皆係運商捐辦應請革除黏補城垣等項應聽

河東道隨時籌辦外至內務府飯食銀一百兩運皁
倉倉書斗級飯食紙筆銀九兩已彙入擬留公用款
內在於裁缺歸公養廉項下照數解給報銷等語查
前項蘆葦變價公用銀兩該撫等既稱鹽畦漸逼蘆
葦久已不生向係運商捐辦今運商已裁捐項應免
嗣後黏補城垣等項應令山西巡撫轉飭河東道隨
時籌辦至內務府飯食等項既據聲明彙入擬留款
內在於裁缺歸公養廉項下解給仍令按年解交
一奏稱運皁運儲二倉穀麥應分別歸併存借也查運

城設有運阜倉實貯穀三千九百三十一石零又運儲倉實貯穀六十石零向係彙入社倉案內報部今坐商澆曬如常應請統歸運阜倉內春初一併出借坐商秋冬免息還倉以資澆曬又運儲倉歲收佃灘籽粒租麥二百七十石零爲養濟院給散孤貧之需向不報部應請照舊給散所有倉穀出入統歸解州州判經管呈報河東道照例移司轉報查考其籽粒租麥亦飭交解州州判就近管理按年冊報又護池灘地歲納租麥三石七斗三升四合租穀五石六斗

一合向係三場大使分管今將此項改歸安邑縣徵收照舊五年變價解交藩庫報撥等語查運阜運儲二倉穀石該撫等既稱統歸運阜倉内於春初出借坐商秋冬免息還倉應准其照例出借以資澆曬其租麥照舊給散孤貧統歸解州州判就近管理分别造報至護池灘地歲收租麥租穀亦應准其改歸安邑縣經徵積至五年循照成案變價報撥

一奏稱鹽務公用應酌存也查運城恭遇

萬壽元旦長至暨各廟祭祀朔望行香俱有應支款項今

運司雖裁而河東道移駐運城一切典禮所關自不可廢其禮生門兵鐘鼓夫及池神廟僧人廟學泉斗子各有執事並應酌留照舊給與工食以符體制查鹽務公用銀兩向有定款今次酌擬存留如內閣等處飯食甯夏等處將軍養廉及修池築堰等項計銀二萬一千六百五十六兩零酌擬裁減如删汰官俸役食及一切宂費計銀一萬六千二十六兩零現在分別造具細冊咨送戶部查議統俟部議覆准後將酌留銀兩造冊立案由河東道在於藩庫徵收鹽課

項下照數支領分發如有節省充公等語查前項公用銀兩除歲修渠堰銀五千兩臣等已於前款內核覆飭令坐商按年交納興修應毋庸議外其餘酌留銀兩俟該撫造冊報部到日再行核議奉

旨依議欽此

口鹽池鹽運界部議嘉慶五年

戶部議覆山西巡撫伯麟疏請在於磧口鎮芧津渡委員駐緝並點驗包數抽秤分兩以杜侵越一摺臣等伏查河東課歸地丁鹽斤聽民販賣相安已久驟難議復舊章自係實在情形惟口鹽池鹽若不酌定界限順流而下勢必直趨下流影射越販混入淮蘆引地該撫疏請口鹽至磧口鎮起岸責成汾州府知府派員稽核池鹽於芧津渡對渡登岸責成河東道派員稽核倘有賣放慢不經心者查出嚴參究辦併

令陝豫撫臣一體嚴禁等語臣等查界限既淸均令起岸存儲毋許直趨下游淮蘆引地無虞侵越惟在委員得人自不致滋擾生弊應請如該撫所請辦理至所稱按照額銷鹽數毋許額外多賣商販到岸點驗包數抽秤斤兩等語臣等查鹽斤既聽民販賣自無引票可驗大商小販源源而來先到者准其起岸後到者額數已滿必至刁難勒掯種種弊端勢所不免伏思禁截越販惟在責令起岸任其陸運腳價既昂勢難遠販私鹽將不禁而自止該撫所請按額銷

鹽數點包抽秤易滋弊竇事屬難行應毋庸議奉
旨依議欽此

籌杜鄰私以衛淮綱疏

嘉慶八年　兩淮鹽政佶山

竊查湖廣額行引數居淮南十分之七河南額行引數居淮北十分之四近來官引滯銷並非場竈透私所致實由晉鹽侵越日久四處蔓延必須先立晉鹽章程爲截流清源之道方足以衛淮綱門戶查晉省池鹽於乾隆五十七年課歸地丁之後聽民自運然祇准在原行引地銷售一越池鹽之界即爲私鹽乃因彼時未定額行之數又無監掣之官鹽不完課成本甚輕而販運者獲利甚厚故趨之若鶩愈久愈多

寖至蔓延他省雖兩淮南北與豫省接壤之處設卡
委巡非不周備無如犬牙相錯道里綿長堵緝巡邏
既難周到而私價官價貴賤懸殊即例食淮鹽之民
實難免避貴就賤臣遍訪晉鹽道路情形並核河東
舊志管見所及敬為我
皇上陳之查河南洛陽等三十二州縣向食池鹽而鄰近
開封歸德等府則為長蘆引地私販既可以侵長蘆
其汝甯府及上蔡遂平等縣例行淮北官引晉私亦
可由陳州南陽等府交界侵入若湖北襄陽安陸等

府向爲淮綱暢銷口岸今則晉私由南陽府屬新野等縣侵入襄陽蔓延安陸府荆門州等處民間貪賤食私至於官引不行漢口水販觀望不前似此情形實於兩淮引課有誤不可不亟清其源也臣與湖廣督臣吳熊光札商惟有請將晉省發豫鹽斤定以限制每年豫省例食晉鹽之洛陽等三十二州縣河東志載原額連餘引共二十三萬九千九百餘道今請照額發運民間自無淡食之虞而河東運城係河東道駐劄之處卽可交該道給票查驗以發足原額鹽

數爲止並行各該州縣知照再河東鹽池本有禁垣舊設東西中三門稱爲禁門原設有弓兵商巡總巡分門把守商運之時例閉東西二門祇准由中門出入今聽民販運則弓兵商巡總巡俱行裁革三門均可通行似應仍循舊例於鹽池三禁門照舊設立巡役或再委妥員稽查出垣鹽數又黃河渡口止准對渡不准遠越偷渡業經部議令山西巡撫於茅津渡口責成文武員弁嚴行巡緝今請黃河對岸及下游各要隘再行專委妥員添設卡巡以杜直趨順流之

弊如此池鹽出運有額稽察巡查處處有人向販池
鹽之輩自不敢任意行私無所忌憚所有鹽池三禁
門運城給票黄河渡口要隘各應委員設卡巡查事
宜伏祈
皇上飭令山西河南撫臣與臣詳悉妥議辦理其巡緝公
費兩淮衆商籌款捐解毋庸晉省籌辦庶幾淮綱藩
籬不爲晉私侵越而長蘆行豫引地亦不無有所裨
益奉
上諭據佶山奏籌杜鄰私以衛淮綱一摺豫楚兩省向爲

淮綱暢銷引地今據該鹽政稱湖廣河南近來官引滯銷並非場竈透漏所致實由晉鹽越境私販寖至蔓延是以例食淮鹽之民俱不免有避貴就賤樂於買私等弊固屬實在情形但佶山所奏祇就晉省池鹽而論朕聞山西地方多食阿拉善蒙古鹽本省池鹽不能行銷以致侵越他省並有將蒙古鹽斤販至豫楚私銷者各該處民人貪食賤鹽官鹽行銷益少甚於引課有礙是欲截流清源不獨嚴禁池鹽私越並當將蒙古鹽行銷處所劃定地界以杜流弊庶兩淮南北官引不致滯銷

其如何籌定章程之處著佶山會同吳熊光伯麟馬慧
裕三人悉心妥議具奏原摺著鈔寄閱看將此各諭令
知之欽此嗣經戸部議覆湖廣總督吳熊光等會奏查
蒙古鹽斤劃定地界山西巡撫伯麟既經遵
旨將蒙古鹽斤行銷地方現於該處及下游州縣口岸均
各添設委員晝夜巡查自可無虞侵越但有治法無
治人惟在辦理妥協毋使胥役滋事則蒙古鹽斤照
舊行銷原屬易辦至池鹽一節當日改歸地丁繼又
以商販既多未能嚴爲稽查遂以立票爲請當奉

上諭晉鹽課歸地丁原以便民茲於晉豫關津等處層層
驗票始令販運誠恐官吏等從中勒索致滋弊端而於
稽查私販越境仍無裨益其如何設法嚴禁越販又不
致擾累商民之處著該部詳悉妥議具奏臣部遵照指
駮各在案茲復經山西巡撫疏稱潞鹽每年旺產俱
浮於原行額引之外侵灌他省勢所必至是非查照
原額給票驗放不足以清其源臣等查給票一節不
惟顯違
諭旨抑且無異官銷如令官爲給票必致滋生弊端更有

貽誤其所請給票之處應無庸議

籌議嚴杜私販疏　嘉慶十一年　河南巡撫　馬慧裕

竊臣於嘉慶十一年正月欽奉

上諭南陽府屬之唐縣蒼臺鎮路通襄江旱路亦與襄陽棗陽地界毘連如何設立章程嚴杜私販著馬慧裕督同司道悉心籌議具奏等因欽此伏查豫省南陽陸路如唐縣桐柏新野泌陽內鄉淅川鄧州七州縣與楚省之襄陽棗陽鄖縣均州光化隨州一帶俱係犬牙相錯處處可通水路則有唐縣之唐河南陽之白河淅川之丹江均可直達均襄尤屬扼要應於水陸接

壤要隘之處添撥兵役設卡巡查如有盤獲越境私鹽即將本犯同船戶腳夫一并治罪仍令該地方官將有無獲私及兵役姓名按月開報以備查考其鄰楚各州縣所有鹽店概令移至近城集鎮不得在邊界三十里以內開設至本地民販凡在村莊零賣者巡查兵役不許藉端滋擾肩挑負販不得過八十斤兩亦不得以三擔五擔結隊同行一面咨會湖北在於邊境一體關會認眞堵緝以杜私販第小民趨利若鶩誠恐別尋小徑偷漏私越仍不能禁止盡絕必

須於晉豫運鹽總匯處稽查入境之數以清其源查池鹽未歸地丁以前豫省三十二州縣行銷河東正餘鹽引二十三萬九千九百九十道每引二百四十斤核籌應銷鹽五千七百五十九萬七千六百斤已敷民食自課歸地丁之後聽民自販未定額數近來該處產鹽既旺運販者多致侵有引之地若非定以額數則散漫難於稽查從前二十三萬九千九百餘引固足以敷民食而十餘年來生齒日繁或有不足應請照前加成俾民食不致缺乏然立法不周則充

斥如故查晉鹽自茅津渡過河上岸至陝州之會興鎮雇備車輛牲口起脚陸運過觀音堂地方分路東運至河南府各屬南運至南陽府汝州各屬應請嗣後責成陝州於該鎮歇鹽車廠設立循環簿核明每車每駝裝運若干斤每日登記車輛牲口之數按月稽查即將過鹽總數飭令按月分運前後計算統以七千二百萬斤爲率一經足數即行知會晉省截止不得再准裝運既無專員需索之弊亦不致有偷漏侵越之虞至茅津渡口迤東兩岸皆山河身有三門

砥柱三山近南岸之鬼門神門爲尤險舟不可行近北岸之人門水勢稍平係晉省平陸縣所轄恐有亡命牟利之徒私載晉鹽自北岸冒險順流而下豫省不能阻止卽越陝州之境二百餘里可直抵河南府屬之孟津縣渡口私登南岸應請嚴飭該處船隻不許由人門私載倘經查獲卽照大夥私販例治罪更於孟津縣之趙村渡設卡巡防如有偸漏到彼登岸地方文武各官均照例參處巡役等亦一併從重究辦如此立法周備庶私販池鹽之弊可除而豫省亦

無妨民食矣正月二十二日奉

上諭馬慧裕奏遵旨籌議嚴杜私販章程一摺據稱豫省南陽府所屬陸路如桐柏各州縣均有通襄陽等處水路唐河白河丹江均可直達均襄應於水陸接壤要隘處所添撥兵役設卡巡查至茅津渡口北岸之八門水勢稍平順流而下即可直抵孟津縣渡口應請嚴飭該處船隻不許由八門私載各等語均著照所議章程辦理務須認眞查緝不可有名無實方爲妥善惟摺內稱晉鹽自茅津渡過河至陝州之會興鎮雇備車輛牲口

分路起運東運至河南府各屬南運至南陽府汝州各屬應請嗣後責成陝州[illegible]該鎮歇鹽車廠設立循環簿按月稽查即將過鹽總數飭令按月分運前後計算統以七千二百萬斤為率一經足數即行知會晉省截止等語此則[illegible]議未協晉省池鹽從前未歸地丁時由引行銷豫省仰食河東之鹽自可按引計算定以成數易於稽核此時既係課歸地丁聽民自販是彼此販運來豫時本未定有額數今該撫請於陝州之會興鎮責令該州設立記簿發載稽查并統限七千二百萬斤之數

若如此辦理恐該地方官及胥役等得以上下其手或先到者竟掯勒不行後至者轉賣放前往種種弊端徒滋需索之漸於緝私究無裨益豫省欲防私鹽充斥莫若就晉省產鹽地方酌定運往豫省鹽斤若干以足數食用而止責成該管官員按數稽查不許額外多運以杜私販之源此一節著馬慧裕知照同興會同悉心妥議具奏將此傳諭馬慧裕并諭同興知之欽此

池鹽仍歸商運疏

嘉慶十一年　巡撫兼鹽政同　興

竊臣於三月初四日在澤州府途次欽奉

上諭昨據倭什布奏晉省大同朔平等府及口外五廳並太汾等府所屬四十四州縣向來行銷蒙古鹽斤爲數最多每年於二三月起在吉蘭泰湖內撈取並購木植製造船隻源源發運上年因馬君選被控提省審辦無人經理自春及秋並未撈取查該處積存鹽斤僅有八十餘萬斤不及每年額運十分之一若不趕緊辦理必致有誤晉省民食所關非細現已飛移阿拉善王迅速

派人經理等語此奏殊不可解向來晉省池鹽由商行運蒙古鹽斤入口本有例禁嗣經奏明分定地界行銷迨將河東鹽課改歸地丁聽民間自行販運遂無一定口岸蒙古鹽斤因此侵越內地晉省池鹽不能在本地售賣遂有私越豫省楚省侵及淮鹽各口岸並又夾入蒙古私鹽以致阿拉善鹽斤不但侵越晉省而且侵越淮綱節經降旨令該督撫等嚴禁潞私越境並不准蒙古鹽斤多越內地辦理總無良法此時蒙古鹽斤在內地存積不多又因查拏馬君選之後一年以來並未撈

鹽發運是奸商一經拏辦而阿拉善遂無經理之人蒙古私鹽不能侵越內地正是極好機會此時若爲晉省民食起見自應卽在本省或鄰境設法籌辦何以倭什布輒行飛移阿拉善王派人經理是否同興札商倭什布移知而倭什布奏片亦未詳晰聲敘從前蒙古鹽斤未經販入內地時晉省民人並不虞淡食現在蒙古鹽斤既不能發運晉省該省目前當如何籌辦並將來如何經理可以使蒙古鹽斤永不侵越內地之處必當乘此時熟籌妥辦從前晉省鹽斤所以改由民運者皆由

地方官於籤商一事辦理不公將地方富戶力能行鹽之人得賄私放强派中下之戶勒索多端商民畏累以致鹽課亦復支絀是以定議課歸地丁聽民販運本非經久無弊之法現特派英和初彭齡赴甘省查辦事件路經晉省令與同興會晤熟商著傳諭同興一面詳查舊案體察地方情形俟英和初彭齡到晉將如何籌辦或仍改歸商運之處會商妥議奏明候旨施行將此諭令知之欽此欽遵仰見我

皇上睿鑒周詳無微不燭臣跪誦之下欽佩難名臣查此

案先於二月二十日接准陝甘督臣傒什布鈔錄奏
稿咨會臣當卽札行藩司轉飭大朔甯各府將向來
如何買食口鹽現在有無不敷民食之處確切詳查
因關外地方遼闊尚未據查明詳覆臣查山西池鹽
本係由商行運卽蒙古鹽斤入口亦定有限制迨後
課歸地丁池鹽聽民販運遂無一定口岸蒙古私鹽
既已侵越内地池鹽更復充斥豫楚兩淮推原其故
總因池鹽已無引無課遂人人得以任意販運官亦
無從稽查臣前接奉

廷寄因河南撫臣馬慧裕籌議豫省私販章程欽奉
諭旨豫省欲防私鹽充斥莫若就晉省產鹽地方酌定運
往若干不許額外多運以杜私販之源等因欽此誠如
聖諭不許額外多運即除弊必先清源之意惟思池鹽既
官爲定數始准運往即與官引無異臣已與兩司河
東道籌計審思此時若不將池鹽仍歸商運終不足
以杜私販之源惟因鹽課改歸地丁以後迄今十有
餘載舊商聚散不一貧富今昔不同今欲仍復商運
必須使商力民情兩得其便臣隨札行藩司河東道

妥議詳辦因須籌畫萬全是以尚未敢冒昧陳奏今

奉

諭旨令臣與英和初彭齡會商妥議遵即一面調齊應核

案卷並飛催藩司將大朔甯各府現在買食口鹽情

形即速查覆臣校閱澤州營伍後即日迎赴平陽一

帶與英和初彭齡悉心會商再行具奏三月二十日

奉到

硃批俟奏到時再降諭旨欽此

增修河東鹽法備覽　卷五　四

請禁蒙古水運疏

嘉慶十一年　英和 侍郎

竊臣英和臣初彭齡於三月十六日馳抵平陽府遵
奉
諭旨連日會同臣同興詳檢歷年案卷體察現在情形非禁水運不能限制口鹽非設官商不能杜絕私販引界劃清庶免侵越伏查山西歸綏道屬五廳及沿邊之大同朔平兩府向例俱准其就近買食蒙古鹽斤至太原汾州等屬四十四州縣向例食本地土鹽仍納河東池鹽引課內惟岢嵐等十一州縣因土鹽不

敷亦准其兼食蒙古鹽嗣因土販過多乾隆二十八年經山西撫臣奏明令土販持引赴口採買責成歸綏道就近稽查歲底造冊報部四十五年奉
旨查禁蒙古鹽斤不許運入內地有礙官引四十七年經山西撫臣農起請弛口禁聽民自運五十一年阿拉善親王旺親班巴爾以陸運所銷無幾懇請水運經撫臣伊桑阿會議以臨縣之磧口鎮爲界其磧口以下即嚴飭吉州鄉甯等處文武官弁實力稽查毋許侵越此蒙古鹽斤准其水運之始惟時河東商人各

有引界不特口鹽不能肆出售賣即潞鹽亦不能侵越於淮蘆之閒也迨五十七年河東池鹽課歸地丁聽民自運而蒙古鹽斤連年屢經籌議誠如
聖諭辦理總無良法現在蒙古鹽斤既無人代爲撈取以致積存無幾若責令照舊水運亦必仍借內地人民代爲經理不特蒙古徒受奸民愚弄如馬君選故智而內地官引反虞私梟侵灌自應停其水運以符原
諭旨蒙古鹽斤從前未經販入內地晉省民人並不虞淡
制伏讀

食仰見我

皇上聖明睿照洞燭無遺臣等不勝欽服卷查乾隆二十

八年戶部議覆山西並無藉蒙古鹽斤接濟之說徧

查舊案惟乾隆元年前任撫臣石麟咨查殺虎口鹽

稅案內始准蒙古鹽行銷於向食土鹽不敷之州縣

又查阿拉善山鹽係因查禁鄂爾多斯蒙古鹽斤之

後始行入口行銷但相沿已久似未便全行禁止應

請除大朔兩府五廳歷係准食蒙古鹽不計外其向

食土鹽兼食蒙古鹽之岢嵐等十一州縣應照舊例

淮在河口村地方積儲由陸路行銷概不准由水運直下仍責成歸綏道督同該通判就近嚴查毋許稍有透漏是應食蒙古鹽州縣准其陸運儘可驢駝車載民食不致缺乏禁其水運不致盈千累萬順流直下引地亦可免侵銷庶於防私杜弊之中仍寓恤邊柔遠之意而蒙古鹽斤可永無侵越內地之弊矣至河東池鹽任販運銷漫無稽查其侵越勢不能遏且徵鹽課於有糧之民而錫美利於無引之販以致連年淮商困乏池鹽私販日見充盈誠如

聖鑒洵非經久無弊之法自當仍歸商運以循舊章第鐵
商既恐不公而招商亦須慎選祗在嚴杜地方官吏
賄匿鉅戶捏報中戶及一切糜費悉從撙節似尚不
難辦理惟河東鹽法弛禁日久現辦復商一切設官
分職請引歸課修渠整牆正畦分綱配掣等事案關
三省節目繁多因革損益章程非易急切未能詳議
周帀容臣同興督率司道等官分別應題應奏逐款
核辦務期斟酌萬全積弊盡除商民兩便並咨會陜
西河南兩撫臣一體查辦外所有臣等會商河東鹽

務請禁蒙古鹽斤水運及招商承辦潞引緣由理合
會銜恭摺覆奏再臣英和臣初彭齡於拜摺後即由
平陽府起程前赴甘肅合併聲明三月二十六日奉
上諭英和等奏會商河東鹽務情形一摺據稱詳查歷年
案卷體察現在情形非禁水運不能限制口鹽非設官
商不能杜絕私販應請查照舊例阿拉善鹽斤祇准由
陸路行銷不准水運其河東鹽法仍改商運第籤商既
恐不公招商亦須慎選急切未能詳議周帀容斟酌萬
全分別題奏等語阿拉善鹽斤自乾隆四十七年農起

奏准買食之後販入內地漸多嗣五十一年伊桑阿復
又議請准其水運從此水陸並銷大形充斥迨至河東
鹽課一歸地丁口鹽肆出售賣無從禁阻大爲鹽法之
害不可不趁此時嚴定限制著即照英和等所議所有
阿拉善鹽斤先將其水運斷絕責令地方官在於河口
村地方認眞嚴查無許透漏至河東鹽法之弊皆由地
方官辦理不善將籤商一事視爲利藪每屆五年更換
之期輒將殷實富户勒索賄放任意强派其弊種種以
致小民受累無窮此時若仍議籤商易致流弊自不若

招商較爲妥善其應如何改設章程斟酌妥善之處著
同興會同陝西河南巡撫定議奏聞候朕降旨至河東
池鹽將來改歸商運之後設遇晉省鹽斤缺少民食萬
一不敷亦當早爲籌及或將晉省食鹽地方近蘆東者
卽食蘆東之鹽近兩淮者卽食兩淮之鹽自漸爲充裕
並著同興等詳細籌酌如有應與各該鹽政商辦之處
一併會議以聞將此傳諭同興並諭英和初彭齡知之
欽此

籌議招商情形疏

嘉慶十一年同巡撫兼鹽政同興

竊查河東鹽務前經臣遵

旨會同臣英和初彭齡疏請仍改商運並奏明臣督同司

道等官逐款核辦嗣奉

諭旨以籤商易滋流弊自不若招商較爲妥善其應如何

改議章程斟酌妥善之處著臣會同陝西河南撫臣定

議奏聞請旨等因欽此臣當卽飛咨陝西河南撫臣詳

議俟覆到再行商辦臣查藩司金應琦前在河東道

任多年於地方情形最爲諳悉茲臣與該司月來檢

查舊案體察輿情悉心商酌通盤籌畫伏思鹽務首重招商而招商必先除弊誠使積弊盡除則利源大濬小民趨利若騖自無煩籤派之擾招商既定然後設官歸課請引行銷以及淸查三省積鹽修理各項工程等事方可次第舉行查從前商辦池鹽一切澆曬運脚辛工繁費等項成本較重賣價稍輕獲利本屬微細又復不善經理往往託人代辦以致率多賠累商多退縮不前乃不思正本淸源革除積弊調劑之商而漫爲籤商致人人視爲畏途種種弊竇久在

聖明洞鑒之中玆臣籌議復商首以興利除弊爲先務現在札飭太原平陽兩府傳詢從前舊商令將先年充商受累之弊據實逐一陳明應革除者准與革除應調劑者准其調劑仍一面先行剴切曉諭俾知此次新議之條非復從前舊行之例共使曉然於充商不致受累以期人皆樂於從事第恐小民難於慮始祗知從前受累爲實而疑此後不累爲虛仍復意存觀望若假手地方官吏勢必又蹈先年籤商故轍其流弊不可勝言臣與藩司金應琦悉心商酌惟有以商

招商之法方可免官吏勒索之弊現擬先傳乾隆五十七年舊商中之家道殷實者令其互保復充其有家已中落無人互保者是爲乏商卽令已復之舊商保舉新商承充更換如所舉不實仍惟保商是問總期保舉更換俱不經地方官吏之手而又妥議章程有弊必除有利必興俾充商者將來得免受累則此後人人樂於充商從前地方官吏賄縱鉅富捏報中戶等弊皆可不禁而自除矣合將籌議招商辦理情形先行恭摺奏

聞五月二十七日奉
上諭本日據同興奏到籌議河東鹽務招商辦理情形一
摺並據英和初彭齡奏到查防阿拉善鹽斤不能輓運
懇照河東現議商運事例一體招商代辦一摺看來此
二事相爲表裏河東鹽務從前原因籤商擾累改歸地
丁今籌議招商自較妥善現據同興奏稱擬先傳舊商
中之家道殷實者令其互保復充其家已中落無人互
保之之商卽令已復舊商保舉新商承充更換俱不經
地方官吏之手等語但以商招商勢不能如民閒交易

私事聽其自辦卽如認充申報等事亦必須官爲經理
一經官辦卽不免有胥吏經手仍恐復蹈積習卽同興
金應琦在彼或能留心查察日久難保不滋弊端況伊
二人亦未必果能自踐其言是所稱不經官吏之手徒
爲虛語扞格難行且閱同興摺内稱小民難於慮始祇
知從前充商受累視爲畏途現擬查明舊弊革除調劑
先行示諭共使曉然以期人皆樂從等語可見該省辦
理招商亦復不易因思該省民人所以不願充商者自
以滷鹽獲利細微易致賠累之故今據英和等奏稱吉

蘭泰池鹽產鹽豐旺蒙古人等性拙耽安向來不能撈
取自馬君選獲罪後各處嚴禁內地民人出口鹽池已
成廢棄磴口並無鹽斤等語是蒙古鹽池竟棄置爲無
用豈不可惜爲今之計莫若將蒙古池鹽河東池鹽一
併招商承辦按照成本多寡口岸暢滯情形因利乘便
酌劑行銷總使得霑餘潤商人自必樂從且兩省鹽務
大局以彼之有餘補此之不足庶可行之永久從前蒙
古販運係屬私鹽查禁稍疎即有侵越口岸致礙官引
之弊若一體歸商承辦則毘連地方皆官引行銷之地

不待多方立禁而私販自無侵越亦屬一舉兩得但欲如此辦理必須於山西陜西適中之地設立鹽政一員及屬下官數員專司經理此事關係重大頭緒亦復紛繁英和曾任軍機大臣初彭齡曾任巡撫今均復任大員心地亦皆明白公正著會同倭什布方維甸同興將山陜甘三省鹽務如何一律招商承辦應於何處設立鹽政以資經理其屬下應設官若干員一切衙署建置廉俸等項需費若干其行鹽地界如何分別劃定以便民食每年輸課若干其從前改歸地丁應行撥還若干

之處均一一詳細通盤籌畫妥議章程具奏此係立法之始不可不加意詳慎以期經久無弊英和初彭齡不妨多住淡旬務須博採輿論悉心酌核盡善爲要再馬君選從前爲蒙古行鹽其人本有心計蒙古人性拙偷安任其所爲伊每年所獲之利自未必盡歸蒙古著英和等留心密行訪查從前馬君選辦鹽時每年收獲利息若干其給與阿拉善王者實有若干得有准數以便將來酌量每年賞給若干俾資生計以示體恤至山西陝甘各屬民閒均有向食蒙古鹽斤處所今吉蘭泰鹽

池既成廢棄現在各該處民人豈竟淡食又係何處鹽斤供其食用亦應訪查明晰庶可洞曉全局從長籌議此一節著各該督撫查明先行覆奏將此各諭令知之

欽此

復商應行條款部議嘉慶十一年

戶部議覆據山西撫臣成齡疏稱河東鹽課自改歸地丁之後潞私侵灌淮綱我

皇上洞悉弊竇俯准仍復商運臣到任後一切應行事宜與藩司金應琦署臬司吉隆阿河東道劉大觀等稽核舊案悉心講求有必須仍舊設立者亦有應行更定裁汰者臚列條款等因具奏臣等謹按款核議恭呈

御覽

一奏稱陝西鳳翔府八屬向食花馬池鹽領河東之引名爲鳳課兹准陝西撫臣方維甸咨稱該府八屬自課歸地丁後販運河東之鹽由渭河直達寶雞水運行銷較花馬池鹽價值稍賤等語臣查鳳翔府屬向食花馬池鹽而納河東之課本屬兩歧今因水運便易鹽價較賤該處民人願食潞鹽不食花馬池鹽不惟難以勉强且亦事歸畫一此後鳳翔府八屬應請即改銷潞鹽派商行運以順民情應加公務官錢餘平等項另揩彙奏等語查掣配鹽引自應詳查地勢

體察輿情隨時量爲調劑今陝西鳳翔府八屬向食
花馬池鹽納河東之課該撫等旣因潞鹽水運便易
價値較賤民人願食請改配行銷應如所奏辦理以
利運道而順民情並據另摺奏稱應加公務等項銀
五千一百四十四兩八錢八分七釐應令照數徵收
造報

一奏稱陝西邠州併所屬之三水醕化二縣向行河東
引今陝西撫臣方維甸以該州縣山路崎嶇潞鹽至
彼費重而價昂其地距花馬池較近小民貪賤乘便

買食難以禁阻等語臣查邠州並所屬不食潞鹽亦如鳳翔府屬之不願舍近就遠似應各從其便俾裕民食其應減公務官錢餘平等項另摺具奏等語查陝西邠州並所屬之三水醋化二縣向行河東鹽引今該撫既稱該州縣山路崎嶇潞鹽到彼費重價昂其地距花馬池較近小民乘便買食亦如鳳翔府屬之不願舍近就遠請各從其便等因亦應如所奏准其改食花馬池鹽以省運費而便民食並據另摺奏稱應減公務等銀九百六十兩四錢八分三釐亦應

准其照數減徵

一奏稱部議以山西撫臣兼管鹽政查課歸地丁之先原頒有巡按河東鹽政監察御史印信一顆今旣兼管吉蘭泰鹽務印內應請增鑄吉蘭泰三字並請於

勅書內將兼管鹽政增添撰給等語應如該撫所奏俟

命下之日將應給印信行文該撫擬定字樣造冊送部吏部兼寫清漢移咨禮部增鑄頒發至所請

勅書吏部移揭內閣將兼管鹽政增添撰給

一奏稱部議以河東道兼管鹽法道毋庸復設運司查

河東鹽引行銷山西陜西河南三省所有督銷催課
查私等事皆應該道認眞經理關防内若僅鑄河東
兼理鹽法道字樣恐陜西河南引地州縣心存歧視
呼應不靈應請鑄頒河東道兼管山西陜西河南鹽
務字樣關防以昭信守其陜西鳳邠道甘肅甯夏道
俱議令兼管鹽務關防内應一併添鑄兼管鹽法字
樣俟部文行知到日各該省委員赴部請領等語係
爲信守鹽務起見應如所請其各道員關防俟該撫
擬定字樣造冊送部吏部兼寫清漢移咨禮部照例

鑄就頒發

一、奏稱河東向設運同一員駐劄運城地方專司監掣並兼管渠堰盜販等事責任綦重今既改歸商運應須復設第現在既不增設運司自不便復設運同臣與司道商酌查甯武府同知一缺職事甚簡應行裁汰改為河東監掣同知仍駐運城地方廉俸役食等項均照同知之例支給毋庸另籌如或不敷辦公俟一二年後再行酌定該同知原管鹽捕事宜併歸甯武府經管不致貽誤查現任同知舒興阿未諳鹽務

應撤回省城遇有相當鈌出再行題補等語查河東
旣不增設運司自不便復設運同但監掣鹽販等事
責任綦重自不可無專員管理今據該撫奏稱將甯
武府同知一鈌改爲河東監掣同知仍駐運城地方
其同知原管鹽捕事宜倂歸甯武府經管現任同知
舒興阿未諳鹽務撤回另補等因應如該撫所奏甯
武府同知一鈌准其改爲河東監掣同知定爲繁難
要鈌在外題補專司監掣並兼管渠堰盜販等事至
現任甯武府同知舒興阿旣於鹽務未諳應令撤回

該省遇有相當缺出酌量題補
一奏稱從前商運之時有西場中場東場大使三缺河東經歷庫大使知事三缺教授訓導二缺又陝西花馬大池鹽課大使一缺均經裁改今既復商或仍應設立或量加裁併其新舊各缺孰繁孰簡均應悉心酌定庶官無冗設事有專責臣與司道籌議現擬所設之監掣同知一缺並前經部議新設之磴口運判一缺有掣配驗放等事非才具幹練之員不克勝任擬請定爲繁難要缺在外揀補又西場大使舊係繁

缺東中兩場舊係簡缺近則東場較西場產鹽旺盛事務繁劇請將東場改爲繁缺西場中場定爲簡缺以昭核實前經部議新設之吉蘭泰磴口兩大使事務不繁均定爲簡缺又河口批驗大使一缺專司驗引截角等事甚屬繁劇應定爲繁難要缺在外揀補再陝西花馬池鹽課大使一缺業已改爲分防縣丞今應復設大使仍由山西揀補其裁缺縣丞請歸於陝西本班先補河東教授訓導自裁商後已歸安邑教諭訓導兼管俱無貽誤毋庸復設外其原設經歷

庫大使知事三缺內經歷稽察文案及書役勤惰等事庫大使有典守收放之責未能裁減惟知事職任較簡堪以併歸經歷兼管定爲繁缺如蒙

俞允俟接到部文即分別揀員題咨補授並請鑄給印信等語查河東從前原設有東場中場西場大使三缺經歷庫大使知事三缺教授訓導二缺陝西花馬池鹽課大使一缺現已復商今昔情形不同自應酌量繁簡增設裁併前據侍郎英和等請將磴口添設運判一員吉蘭泰及磴口各設鹽大使一員河口鎮添

設批驗大使一員均經議准在案今該撫奏稱磴口
運判一缺定爲繁難要缺東場大使改爲繁缺在外
揀補西場大使改爲簡缺中場仍定爲簡缺吉蘭泰
磴口兩大使事務不繁定爲簡缺河口鎭批驗大使
事屬繁要定爲繁難要缺在外揀補再陝西花馬池
鹽課大使業已改爲分防縣丞今應復設大使仍由
川西咨部揀補其裁缺縣丞歸於陝西本班先補河
東教授訓導已歸安邑教諭訓導兼管毋庸復設其
原設經歷庫大使知事三缺內惟知事一缺職任較

簡併歸經歷兼管其經歷一缺定爲繁缺等因應均

如該撫所奏辦理俟

命下之日臣部行文該撫將所定各缺分別揀員題咨到

日吏部再行核辦以上各款臣等會同核議覆奏奉

旨依議欽此

增修河東鹽法備覽 卷五

陝西鳳翔府屬改食靈鹽並邠州等處按烟户交納課銀部議嘉慶十二年

户部疏稱據山西巡撫成齡等疏稱陝西鳳翔府屬向食花馬小池鹽行銷河東引張按丁攤課迨課歸地丁之後多有潞鹽運至彼處行銷是以嘉慶十一年復商案内因鳳翔既食潞鹽可由渭河轉運將該府所屬改銷潞鹽招商辦運自設立官商以後既有應交課務官錢而由渭水逆流牽挽運費倍於民販商人因成本過重不肯認辦招募多時始有孫慶餘

張復原承認行銷而本商不能親往商夥等將混鹽發售藉免賠累且定邊花馬大池鹽應行銷漢中由鳳翔經過官私莫辨盤詰維艱請將陝西鳳翔府屬八州縣仍食靈州花馬小池鹽行銷河東之引攤納課銀毋庸設商經理所有應徵課銀向領河東額引一萬六千三百道照舊納鹽課紙價平餘銀六千七百兩零其前次照河東商運事例另加公務官錢等銀五千一百四十四兩零仍行減去又附片奏稱邠州及醋化三水二縣自改食靈鹽以來民情稱便惟

該處地瘠民貧無人認充土商是以嘉慶十二年分
鹽課尚未交納應責令各該地方官照數賠交並照
長武之例無庸設立土商俱按烟户交納課銀各等
語臣等伏查分配引地以裕商便民爲主該撫等既
因改食潞鹽商民交稱不便而定邊花馬大池鹽越
境行銷又復難於稽查自屬實在情形應如所奏將
陝西省鳳翔府所屬之八州縣一併仍食甘肅靈州
花馬小池鹽領引納課俱照未復商以前舊例辦理
其前次議加之公務官錢等銀五千一百四十四兩

仍行減去無庸徵收以符舊制再附片所奏邠州等
處地瘠民貧無人承充土商未完十二年鹽課自應
如所奏卽令地方官賠交其所稱該三處改照長武
之例民運民銷按烟戶納課無庸設立土商之處均
應如該撫等所奏辦理奉
旨知道了欽此

各商到運掣鹽疏

嘉慶十二年
巡撫兼鹽政　成　齡

竊照河東鹽務復歸商運前已陸續招商五十八家具認承充恭摺具奏在案茲查招定新舊各商内家本殷實者咸知踴躍趨公早已齊集領運其舊商之中雖認辦在前而續經查明確係家道中落措辦運本艱難者又不得不量爲變通是以原認五十八家之外續招商一十三家分别頂充幫辦或令獨辦一籤或令夥辦一籤以收衆擎易舉之效統以本年正月初一日爲開運之始催令各該商如期趕到領票

掣鹽運赴引地行銷聞有資本未齊及須延致夥商之家亦俱於二月中旬全行趕到領鹽開運計自正月初一日起至三月十三日止新舊各商共掣過鹽二千一十二名二十九引據河東道劉大觀稟稱察看各商情形因試辦三年始定鹽價一切陋規又俱革除無不仰戴

天恩感激思奮均非勉强從事臣職兼鹺務受

恩最重惟有督率司道等悉心經理隨時調劑催辦以臻妥善仰副

聖懷所有新舊各商業已到運掣鹽情形理合恭揩具奏

奉

硃批核實辦理欽此

部引未經頒發暫行給票配運部咨 嘉慶十二年

戶部咨稱上年十二月內據山西巡撫成齡疏稱河東請引成例每歲八月專差赴部請領現據各商籲請以嘉慶十二年正月初一日爲始辦運行銷時距封篆不遠赴部請領不及暫行先給印票配運俟引到時將印票撤銷經本部議覆部引未經頒發以前暫行給票配運等因在案今據咨稱河東舊額每年額餘引六十六萬六千九百四十七道內除陽曲等四十三州縣改歸吉蘭泰引地案內四萬五千六百

四十五道又河南省泌陽桐柏二縣改撥兩淮引地
額餘代銷引一萬六千二十三道二共改撥引六萬
一千六百六十八道河東實應請領額餘引六十萬
五千二百七十九道應請照舊先請嘉慶十二年額
餘引四十六萬五千二百七十九道其續增餘引十
四萬道照舊俟十二年七月間由河東道詳請咨部
請領並將引地清册送部等語查河東鹽引銅版舊
係八塊内除漢中府花馬大池銅版二塊俟陝西巡
撫造送引地清册再行鑄造外其河東鹽引銅版六

塊又桐柏泌陽二縣改撥兩淮鹽引銅版一塊共七塊相應劄行寶泉局查照本部頒行引式趕緊鑄造務於三月內鑄就送部以便刷辦應給匠役工價銀兩俟鑄造完竣再行核給再查漢中府花馬大池鹽引舊例由陝西延榆綏道漢中府頒發應行文陝西巡撫轉飭該道府速即將引地清册造送以便鑄造其吉蘭泰應行增鑄鹽引銅版應俟該撫將行鹽引地清册送部再行增鑄仍咨山西巡撫將現應請領額餘引四十餘萬道俟鹽引銅版鑄造完日本部即

行趕緊刷印行令咨部請領並將吉蘭泰引地清册即行送部以憑核辦至所稱現領引四十六萬五千二百七十九道該解紙硃飯食等銀一千五百三十六兩七錢七分五釐又承領鹽引管解紙硃書吏盤費腳價銀四百二十兩又解交鹽課散碎銀每千兩加平餘銀十五兩應請均在藩庫社義息穀變價項下借動分別解支俟本款收齊歸款等語查前項動支各款該撫既稱各商甫經掣定引地無從徵解應准暫時借動遽即照數歸款並付知山西司查照

庫儲課項親詣盤驗部議嘉慶十三年

據山西撫臣成齡疏稱鹽道庫儲課項毋庸盤查一摺河東鹽課未歸地丁以前設有運司專管經前撫臣巴延三奏定凡遇奏銷及鹽政到任幷運司交代就近派河東道代盤結報仍俟巡撫赴運城查閱營伍之便卽親詣運庫盤驗以慎庫項茲鹽務復商未設運司議歸河東道兼管每逢奏銷交代臣駐劄省會未能如期赴彼盤驗而冀甯雁平各道相距俱在千里以外附近幷無大員可委請嗣後每年奏銷及

遇該道新舊交代均毋庸委員盤驗只令該道造册結報臣兼管提督於一二年内例應出省閲兵就便親往盤查一次如遇鹽政到任亦照此辦理等語查戸部則例内開山西巡撫兼管鹽政凡運司交代及奏銷之時并現在接管到任先委道員代盤結報每年不拘何時親赴運城運庫盤驗一二次其餘再委道員盤驗不得每年全委道員以免滋弊等語今據該撫奏稱河東道兼管鹽法請於奏銷時及鹽政到任并新舊交代均毋庸盤查等因臣等查晉省自復

商以來河東道兼攝鹺政實與運司無異每年額徵課項共有四十六萬一千餘兩之多凡一切收發支銷起存徵解數目最爲繁鉅易起牽混之弊是以定例先委道員盤查復又責成巡撫親驗所以防其流弊者至爲周密今該撫并不查照定例祇以冀甯雁平二道去河東較遠附近別無大員可委該撫又不能如期盤驗率請將奏銷時及鹽政到任新舊交代三項盤查一概請免惟稱於一二年中出省閱兵時就便盤查一次實與定例未符亦非慎重庫項之道

相應請

旨飭交山西巡撫成齡查照定例將河東道奏銷時及鹽政到任幷新舊交代三項盤查先委隔屬道員代盤該撫仍於每年不拘何時親往盤驗一二次幷令取具代盤道員印結該撫加結送部查核其巡撫親身盤驗每遇一次卽行專案具題以備稽查

酌定鹽價部議嘉慶十五年

戶部疏稱臣等伏查嘉慶十一年河東鹽務復歸商運侍郎英和初彭齡前往查辦原議照乾隆十年舊制鹽不定價聽各商隨時按本銷售經大學士九卿以鹽不定價漫無限制議令試辦一年又展限二年再行酌中定價並據該處將各商等成本賣價按月造報又經臣部節次奏令刪減不得只就貴價開報計自嘉慶十二年正月起至上年年底止試辦期滿前任山西撫臣初彭齡以該處鹽務隨時銷售試辦

三年著有成效請仍照舊制毋庸定價等因具奏又
經臣部以河東鹽務事關三省民食奏令山西河南
陝西各巡撫會議去後並據御史王開雲條奏河東
鹽務應查照大學士九卿原議酌定價值亦經臣部
奏覆該三省接准部覆尚未會議旋據前護河南巡
撫錢楷以河東鹽價議減則病商議增則病民應請
查照乾隆五十七年原價酌增若干釐等因具奏奉
硃批戶部知道欽此欽遵在案今據護理山西巡撫素納
等會議將河東行鹽三省按乾隆五十七年以前原

價查照嘉慶十三年兩淮奏准之案每鹽一斤酌加
銀五釐二毫作爲定價再加一釐協濟河工經費等
語臣部查河東引鹽舊無定價自乾隆八年前鹽政
吉慶奏定貴賤兩價嗣於乾隆十年即以賤價定爲
長額迨至乾隆五十七年鹽課攤入地丁任聽民運
民銷更無一定賣價現當復商之始若不酌定例價
示以限制恐商人擡價病民殊與閭閻生計有礙是
以該處前次奏請無庸定價亦經臣部議駁今該三
省請照乾隆五十七年原價一律加五釐二毫作爲

定價臣部按該三省現在報部時價逐一比較山西省四十四州縣內洪洞浮山岳陽太平汾西吉州霍州趙城靈石蒲縣襄垣潞城黎城鳳臺高平陵川陽城等十七州縣每斤減銀自三毫及四釐三毫不等其餘二十七州縣每斤增銀自一毫及三釐二毫不等陝西省四十州縣內咸寧長安盩厔同官商州鎮安山陽商南乾州武功永壽安康洵陽白河紫陽石泉平利等十七州縣每斤減銀自四毫及八毫不等其餘二十三州縣每斤增銀自四毫及四釐一毫不

等河南省三十二州縣內洛陽偃師鞏縣登封永甯新安澠池嵩縣盧氏內鄉唐縣南陽南召鄧州新野裕州宜陽鎮平泌陽桐柏淅川葉縣汝州魯山郟縣襄城寶豐伊陽等二十八州縣每斤減銀自五毫及四釐八毫不等其餘四州縣每斤增銀自二毫及一釐二毫不等通共河東引地山西陝西河南三省共一百一十六州縣各按乾隆五十七年課未歸丁以前原價查照兩淮奏加餘息成案每斤均增賣價銀五釐二毫臣部核對近三年該處報部時價計議減

者六十三州縣議增者五十四州縣臣等公同酌議河東鹽務關係三省民食現當定價之時議減議增稍有未協均非經久之道若如該撫等所咨商者陝西省以爲無庸定價既與臣部原議不符河南省以爲酌加二三釐現據山西巡撫核明不敷成本且同係河東引地辦理殊未畫一伏查河東額引餘引共六十萬一千一百五十五道今按乾隆五十七年以前原價每斤一律加銀五釐二毫共加銀六十五萬零二百四十一兩四錢四分既據該撫等熟籌妥商

體察地方實在情形合詞覆奏應如所奏即自嘉慶
十五年爲始照乾隆五十七年以前原價一律每斤
加銀五釐二毫作爲河東引鹽定價令該商等遵照
畫一辦理違者即從重究治自奉到部文之日轉飭
所屬一體出示曉諭俾得共見共聞務使商民相安
以期
國課民食兩有裨益至暫增鹽價以濟河工經費一節
查原奏
諭旨原不必拘定三釐之數是以兩淮兩廣兩浙長蘆山

東所增鹽價均係一二三釐不等據該護撫等仍照
前撫臣成齡原議按河東額餘引六十萬一千一百
五十五道每引行鹽二百四十斤共鹽一萬四千四
百二十七萬七千二百斤每斤加價一釐共加價銀
一十四萬四千二百七十七兩二錢每年協濟河工
經費等語亦應如所奏即自嘉慶十五年起於現在
奏定例價之外每斤加銀一釐按引徵收隨同正課
於春秋二季另冊報部候撥俟河工告竣遵照原奉
諭旨即將暫加鹽價一釐奏明停止不得再行徵收以稽

原議奉
旨依議欽此

增修河東鹽法備覽　卷五　十

覆

奏興安府七屬引地仍請改食花馬池鹽按丁攤課部

議嘉慶十六年

戸部疏稱臣等伏查陝西興安府七屬原係河東引地上年八月内據山西巡撫衡齡等以該府行鹽商人運費繁重賠累難支請照鳳翔府之例改食花馬池鹽聽民販運經臣部駁令遵照定制辦理在案今據該撫等疏稱興安府地處萬山商人運鹽費用較繁難免賠累至無業貧民以挑販池鹽爲生已成恆

業若概行拏禁轉恐別生事端應仍請改食靈州花馬池鹽應徵鹽課照鳳翔府之案於七屬地丁內攤徵其隨徵公務等銀仍行減免等語臣部查陝西興安府屬前該撫等以商運維艱請改歸民運並未將該處地方確切情形逐一聲敘是以核駮今復據該撫等以興安七屬自用兵之後無業貧民以肩挑池鹽爲生數年以來已成恆業遽行拏禁轉恐別生事端若不亟爲調劑必致官引滯銷貽誤正課臣部悉心察核似屬實在情形自應量爲調劑俾得商民兩

便應如所奏將興安府七屬准其改食靈州花馬池
鹽聽民販運所有應徵鹽課紙價餘平等項銀一千
九百七十七兩零照鳳翔府之例在於該府七屬地
丁內攤徵其每年應銷額餘引四千八百一十道仍
赴河東道衙門照舊領繳至應徵公務官錢等項銀
一千六百五十三兩零查該府前因行銷河東引鹽
是以有隨徵公務官錢等項今旣改食靈鹽不在河
東潞鹽之內所有此項隨徵銀兩亦應准其照鳳翔
之例一體減免仍令該撫等將各屬攤徵銀數造具

細冊送部查核又疏稱陝省西同商乾等府州屬現行河東引鹽民間買食均屬相安今興安府屬改食池鹽係屬因地制宜他處亦難效尤等語應令該撫等轉飭各屬嗣後如有援照此案率請改易舊章者即行立時禁止俾免紛更之弊奉

旨依議欽此

鳳翔邠州等處鹽課改歸地丁攤徵部議嘉慶十八年

戶部疏稱臣等伏查嘉慶十一年河東復商案內因陝西鳳翔府屬向食靈州池鹽納河東之課奏請一併改食河東潞鹽設商經理嗣於嘉慶十三年經前撫臣方維甸因該處銷運潞鹽由渭水逆流牽挽運費倍增商人召募不前疏請將鳳翔府屬仍改食靈州花馬小池鹽課銀由各州縣攤納無庸設商並請將邠州所屬三水醇化等縣土商俱行裁撤均經臣部議覆准行在案今據陝西巡撫董教增疏稱鳳翔

府屬八州縣攤納鹽課內有按丁攤納者有按糧攤納者有按煙戶攤納者辦未畫一按丁則今昔迴殊主客莫辨按戶則丁口難齊貧富不一按里甲則數目參差均多不便請按地丁等銀所徵成數一律攤徵俾鄉曲小民易於照納且攤徵之戶均係有地之家不致逃亡無著等語臣等查該府州縣攤納課銀自應畫一辦理若按丁按戶攤徵互異參差恐啟吏胥朦混苛索等弊惟按地丁折徵成數一律攤徵庶小民易於照納自應如該撫所奏將鳳翔府屬八州

縣及邠州屬三水醇化長武三縣應徵鹽課一律歸
入地丁攤徵以歸核實奉
旨依議欽此

河東行銷吉蘭泰活引加徵公費平餘銀兩疏

嘉慶十八年
巡撫兼鹽政衡齡

竊查河東各商應領新添吉蘭泰額引八萬七千五百道前經奏明自嘉慶十八年爲始給領行銷在案查吉蘭泰原定每年額徵正課公務官錢平餘共銀六萬三千五百八十八兩零均與河東額徵數目相符毋庸置議惟既改爲河東餘引則公費一項應照河東之例徵收並將河工經費亦一律辦理以免兩歧現據河東鹽法道詳稱河東餘引除正課公務官

錢平餘外每名另加公費銀六兩共應徵銀四千三百七十五兩又加徵公費平餘銀一百九兩三錢零以八萬七千五百引核計比吉蘭泰額引應多徵銀四千四百八十四兩三錢零又徵河工經費銀二萬一千兩二共每年共徵銀八萬九千七十二兩八錢零較原定吉蘭泰額徵之數每年多銀二萬五千四百八十四兩三錢零臣覆核無異查本年應給鹽引業經委員赴部請領其行銷地方據該道茅豫稟稱業已派定商情甚爲踴躍奉

硃批戶部知道欽此

增修河東鹽法備覽 卷五

晉商捐輸備餉疏

嘉慶十八年
巡撫兼鹽政衡　齡

竊臣據河東鹽法道陳中孚詳據商人王恆泰等呈稱商等仰蒙
皇上體恤垂慈至優極渥行鹽三省叨餘潤以資生銜感五中實情殷於報効茲聞豫東賊匪滋擾所有晉省接壤河南之潞安澤州二府及遼州等屬各隘口並太行山外俱設官兵防堵不使逃匪竄入商等情深桑梓義切同仇情願捐輸銀三萬兩以備防堵官兵之用惟一時未能迅集懇於藩庫閒款內先行借撥

俟十九年隨課歸款等情由道詳請具奏前來臣伏

念該商等感沐

皇上天恩捐輸報效其情詞懇切實出至誠臣不敢壅於

上聞爲此據情具奏十一月十九日奉

上諭衡齡奏晉商情殷報効一摺晉商因該省現有防堵

山隘事宜呈請捐銀三萬兩以佐軍需著加恩賞收卽

留備該省支發防兵之用並准其先於藩庫閒款內借

撥於十九年隨課完繳歸還該部知道欽此

晉陝酌加耗鹽豫省商運民銷部議嘉慶二十四年

戸部疏稱據山西巡撫成格疏稱竊照河東鹽務自嘉慶十二年復商以來承辦晉陝豫三省引鹽當各商甫經認充鹽價未定銀價平減是以踴躍經營尚無賠累迨至十六年加增吉蘭泰引課之後又值十八十九等年年歲稍歉銀價日增運本既倍於前而各商以錢賣鹽易銀完課每兩折至二三百文而一切運費俱係用銀其間折耗甚多計賣鹽一斤虧賠自三四釐至七八釐不等疲累日形是以舊商紛紛

以疲乏告退而新報之商又各畏避不前若不量爲變通辦理實形掣肘現據河東鹽法道葉汝芝以體察商情亟須分别調劑懇將豫省引地改爲商運民銷課項仍由商完納晉陝二省酌量加斤俾得稍紓賠累等情詳請具奏前來臣伏查河東鹽務情形與别省迥殊别省産鹽散在各場行銷地方即於附近配運且多係水程即陸運亦未有逾三四百里者河東行銷三省皆取運於一池之鹽俱係陸運路途既遠成本太重繁費尤多現以賣錢易銀虧折過甚商

力口疲急須調劑但其中情形亦有不同自應分別
籌辦緣行銷晉陝二省引地路途較近運本尚輕即
偶有消乏之處責成殷實之商接濟尚可勉力支持
近因銀價增昂辦理實形竭蹷仰懇援照乾隆四十
二年增加耗鹽之案每引酌加鹽十斤免其加課俟
銀價平減之時奏請停止其冬〻月加耗五斤之處仍
遵舊制如蒙
天恩允准則晉陝二省商力可以漸紓自可遵照舊章辦
理惟豫省銀價更昂陸運至一千一二百里運本尤

重鹽斤在途則巡役緝私多滋縻費抵岸則地方稽查難免陋規加以一商而辦數處一處而設數店本商勢難兼顧不得不雇夥商經理所有夥友辛工租賃房屋用度實爲繁重現在賠累不支者惟豫商爲尤甚如仍責令舊商承辦非惟力有難支勢必紛紛求退且疲乏既久慮於課食有虧所關非細現在豫商情形非一律加斤可資調劑再四思維別無良策惟查嘉慶十一年侍郎英和初彭齡奏覆河東復商應辦事宜案內曾有倣照淮商行銷江西湖廣之例

以商運民銷爲請經臣部以中州腹地慮其侵灌淮蘆並以鹽池廣延百里恐民人越境販私議未准行查豫省行鹽口岸南與淮北接壤東與蘆境毗連淮北前因展限乙丙兩綱捐內曾請設立公店招徠水販售銷經部覆准令其妥議章程在案是淮北引地尚欲改歸民銷則無虞潞鹽之充斥可知蘆商本係水運價值平減凡蘆鹽運行之地小民亦斷不肯舍賤就貴買食潞鹽則侵灌長蘆一節似亦可以無虞至鹽池雖廣延百里周圍設有禁牆平時委員巡役

人等稽查本密若改歸民販各商無須赴各引地運銷尤可齊心協緝自顧本源則鹽池亦不致有私販偷漏之弊如此量爲變通於淮蘆旣無虞窒礙而承辦豫省各商只須運鹽在晉豫適中之地以待商販地近事簡本商儘可自行經理無須假手他人其各口岸公店房屋夥友辛工及地方陋規均可全行革除約計每年省費不下數十萬兩以節省各項繁費專力納課辦理自能裕如於鹽務實可冀有起色至酌定口岸商運價值以及招募民販轉運銷售各事

宜應俟奏奉

俞允之後飭令河東鹽法道妥議章程再行詳請咨部辦

理等語臣等伏查該撫所奏河東鹽務其行銷晉陝

二省引地路途較近運本稍輕從前尚可勉力支持

近因銀價增昂辦理實形竭蹷仰懇援照乾隆四十

二年增加耗鹽之案每引酌加鹽十斤免其加課等

語臣等查兩淮從前曾經疏請加增鹽斤卽河東本

處亦曾於乾隆四十二年請加耗鹽今河東商力疲

乏自當量爲調劑應如該撫所請准令每引加鹽十

斤免其加課一俟銀價平減商力充裕即行奏明停止又據該撫疏稱豫省銀價更昂運本及辛工等項用度尤爲繁重現在賠累不支舊商紛紛告退新商不肯接充課食有虧所關非細復以商運民銷爲請臣等查河東鹽法志載潞鹽行銷豫省程途遠者一千餘里近者亦數百里俱係陸運是河南運鹽成本較晉陝二省爲尤重加以辛工等項繁費不支以致新舊各商均各畏避不前公私掣肘自屬實在情形再查從前侍郎英和初彭齡疏請商運民銷曾經臣

部議駮原處其侵越淮蘆引地及鹽池私販偷漏等情兹旣據該撫查明並無窒礙逐一聲覆所有奏請商運民銷以節糜費而紓商力之處亦應如所請辦理其如何酌定口岸商運價值以及招募民販轉運銷售各事宜均須詳晰確查務於商民兩有裨益蘆淮不致侵灌方可行之久遠應令該撫妥議章程咨

部核辦奉

旨依議欽此

增修河東鹽法備覽 卷五 三

豫省商運民銷部咨　嘉慶二十五年

戸部咨稱據山西撫臣成格將豫省商運民銷酌定口岸商運價値招募民販銷售各事宜開造款項清冊呈送咨部前來相應按照冊内各款逐一查議咨覆

一冊稱晉豫適中口岸統歸陝州之會興鎮查晉豫兩省以黃河爲界西偏之閿鄉靈寶盧氏内鄉四縣向係出西禁門由靈寶口岸運發東偏之陝州洛陽澠池新安宜陽孟津寶豐郟縣偃師南陽南召永寧登

封郟縣襄城鄧州唐縣新野泌陽伊陽鎮平葉縣嵩縣桐柏裕州汝州魯山淅川二十八州縣向由會興鎮發運原係兩處口岸惟查靈寶縣會興鎮東西相距僅九十餘里若靈寶口岸之鹽改由中禁門東禁門運發會興鎮與運至靈寶里數旣屬相佯又統歸一處發票稽查更覺簡易自應統歸會興鎮一處口岸至閺鄉縣鹽斤向由臨晉縣之夾馬口水運到地孟津縣鹽斤亦間有以牛皮餛飩水運者今旣統歸會興鎮行銷若准其水運恐價值低昂有礙本省銷

售更慮侵越陝西長蘆引地均應嚴行禁止等語查
豫省閿鄉等四縣鹽斤向由靈寶口岸運發其陝州
洛陽二十八州縣向由會興鎮運發原係兩處口岸
今該撫請將商運鹽斤統歸會興鎮一處運發既稱
事歸簡便稽察易周應如所咨辦理仍令該撫將靈
寶口岸運道及閿鄉孟津等縣水運鹽斤嚴行禁絶
以杜侵越販私之弊
一冊稱酌減例價以便民販查十六年定價咨案各商
運發會興鎮成本每鹽一名共計成本銀五百零九

兩三錢七分六釐陝州現行鹽價每斤銀一分九釐二毫今加攤歸公銀九兩共計成本五百一十八兩三錢七分六釐此次商運民銷原期商民兩便且糜費尚可撙節應於定價一分九釐二毫內減去二釐二毫仍照每銀一兩合制錢一千合算等語查豫省引鹽既定爲商運民銷則商人止須運鹽至會興鎮一切辛工雜費等項均可較前節省所有發販鹽價該撫請照陝州現行鹽價每斤銀一分九釐二毫內酌減銀二釐二毫以期民販踴躍應如所議辦理至

民販行銷地面應令該撫轉飭各州縣隨時稽察毋
得擡價售賣致妨民食
一冊稱先行出示以招民販查課歸地丁之時並未由
行鹽各縣招徠民販而民無淡食之虞此次商運民
銷相去未久該處民販舊章具在店口猶存先行出
示曉諭可期踴躍爭先至發運何縣應聽該販自便
等語查此次商運民銷事屬創始自應先期出示以
廣招徠至鹽斤發售何縣雖據聲稱聽該販自便但
竟無限制恐不免私販透漏等情應令該撫轉飭於

發運售賣時止許在三十二州縣之內不得任意侵越致妨淮蘆引地

一冊稱給票以辨官私查某縣民販若由該縣起票恐該販資本大小不一轉增守候領繳之煩似宜委員駐劄會興鎮發給戳記以便給發照票四百里以內者以半月爲期八百里以內者以一月爲期逾者仍照私鹽法以免影射等語查此次商運民銷課由商納引由商領該民販行銷之鹽並無引據未免漫無稽核該撫請委員駐劄會興鎮給予戳記發給民販

照票以憑查核應如所議辦理至所稱四百里以內者以半月爲期八百里以內者以一月爲期係爲防弊起見但該民販有無逾限究由何人查驗幷銷鹽後照票作何呈銷之處均未據分晰聲敘應令該撫轉飭查明咨覆

一冊稱引張照例截角以符成案查向例空車入禁門每車一輛執引十道該大使驗明截引一角車戶載鹽到門該大使點明裝數稱掣後截引一角商人運鹽到地該地方官驗明鹽引相符截引一角銷完後

該商將引呈交地方官截引一角此次商運民銷除照向例出場截去引角外發運行銷均在陝州應歸該州再截二角以便繳銷再查向例某縣鹽引由道戳明某商某縣字樣今行商雖不到地仍應照舊戳明以杜混淆等語查銷過鹽引定例截去引角此次商運民銷該撫請照向例由該大使截引二角外至發運行銷均在陝州即令該州再截二角幷據稱行商雖不到地鹽引仍應照舊用戳以免混淆之處均應如所議辦理

一冊稱唐縣裕州澠池歸公銀一萬七千八百七十八兩五錢五分五釐係屬餘利急公之項今豫省引張一律銷售自應按引均攤以昭平允每年除撥餉銀四千五百兩外餘銀由河東道委豫商解赴河南等語查唐縣等處應解歸公之款該撫既稱引張係一律銷售自應按引均匀攤解仍令於每年解交豫省時專案報部以憑查核

一冊稱設立公直以防專利查民販既不定地願買何商鹽斤亦聽其便惟恐謀利之徒或減價值或增秤

斗致有偏枯應令行商公舉明幹一二人按引之多寡均匀銷售如有減價增斗情弊公同立罰不遵者稟官懲處等語查民販等願買何商鹽斤原可各從其便但恐各商惟利是圖或有減價增秤等弊亦不可不防其漸應如該撫所咨飭令行商公舉明幹一二人按引均匀發售毋許偏枯仍責成委員不時稽察如有前項情弊立卽按律懲辦

一冊稱晉陜兩省加耗十斤宜照舊式給發秤錘查晉省載鹽出場每引分為兩袋卽俗名兩裝遇冬月加

五斤係鑄小秤錘二箇每袋二斤半此次加斤應仍
照加錘之式鑄法等語查晉省載鹽出場該撫既稱
每引分爲兩袋遇冬月加耗五斤係鑄小秤錘二箇
每袋加二斤半此次晉陝兩省加斤事同一律應准
照加錘之式鑄給秤錘仍令不時訪查如於例加鹽
斤外再有加增者卽查明按律懲治
一冊稱添設官秤以杜爭執查各縣鹽秤向由該縣較
准給發此次行商各家應由河東道按照砝碼給秤
一杆仍設立官秤一杆存於公所交接公直不時核

對等語查商鹽發售民販行銷自應各給官秤以免彼此爭執應如該撫所咨此次行商各家即由河東道按照例定斤兩各給官秤一杆仍另設一杆存於公所不時較對毋許畸輕畸重以昭畫一

一冊稱三省行鹽州縣均有督銷之責今豫省既商運民銷除晉陝兩省暨豫省之陝州照舊於奏銷後查辦外其餘俱毋庸查議等語查豫省此次商運民銷各州縣既無督銷之責自毋庸查議缺銷處分但民販究係行銷額引鹽斤應令該撫轉飭各州縣隨時

嚴密稽查以杜透漏之弊其各該處接界淮蘆引地
者並令一併嚴行查禁
一冊稱咨明遵行日期查向來新引五月請領八月領
回一切章程以本年九月初請領新引爲始等語應
如所咨辦理

《山西文華》編纂委員會 編

山西文華・史料編

增修河東鹽法備覽

第五册
卷六

清 江人鏡等◎修 清 張元鼎等◎纂

山西出版傳媒集團
三晉出版社

山西文華

增修河東鹽法備覽分目

奏疏卷六

河東捐免充商部議

增修河東鹽法備覽卷六

河東鹽經歷移駐會興鎮兼批驗所大使部議並給發民販照票部咨 道光四年

戸部議覆山西撫臣邱樹棠疏請將河東鹽經歷移駐會興鎮一摺疏稱臣等伏查河南省洛陽等三十二州縣向係行銷河東引鹽嘉慶二十四年前撫臣成格以該處道遠運艱疏請改爲商運民銷經部覆准嗣據將運銷事宜並設立委員稽察章程咨覆亦經部核准在案今據該撫疏稱晉省商人運鹽至河

南陜州之會興鎮聽民販轉運分銷向來雖有委員駐劄該處給發照票但民販多寡靡常委員並無額設書役所帶跟役一二人不但稽查難周卽按名書寫實非倉猝可就以致有未領照票卽運鹽往豫者且有銷售鹽斤總未繳票者辦理未免參差請將鹽經歷改爲兼管批驗所大使事務移駐會興鎮地方彈壓稽查給發民票鹽經歷衙門本有額設書役足供役使其廉俸及書役工食仍照鹽經歷衙門支領等語臣等伏思豫省行銷河東引鹽統由商人運至

陝州會興鎮地方轉發民販赴各州縣售賣其給票
銷票並彈壓稽查等事在在均關緊要向因委員經
理並無額設書役以致辦理一切未能周妥茲該撫
請以鹽經歷兼管批驗所大使移駐會興鎮管理鹽
務並據聲明鹽經歷本係繁缺今改兼管批驗所大
使仍定爲繁缺在於晉省候補試用鹽經歷鹽大使
及現任州判府經歷縣丞內擇其才能勝任者揀選
題補各等因應如該撫所奏辦理此後稽查鹽務應
即責成該經歷將某月給票若干銷票若干共運鹽

若干按季分晰申報鹽道於年終彙冊詳咨送部查核如該民販等再有不領照票輒將鹽斤運售並銷鹽後逾限不繳原票者卽行查拏分別懲治並將專管之員嚴叅議處奉

旨依議欽此道光五年撫臣福緜咨請給發民販照票經部覆准查該撫咨稱豫省陝州之會興鎮設有公所五處請於發鹽時由公所向現駐該鎮之批驗大使請給民販照票定以雙連式樣在騎縫處蓋用該大使印信一給民販收執一存批驗衙門備查於票式

內塡寫民販姓氏買鹽裝數並註明在洛陽三十二州縣境內融銷字樣等語其事尙屬可行應如所咨辦理至所稱民販未繳之票如逾限未繳卽作爲廢紙一層查民販所領之票前據該撫酌定十引以上者限三箇月繳銷一名以上者限六箇月繳銷經本部核准咨覆並令各該民販於鹽斤銷竣後將鹽斤在某州縣銷售註明票內呈繳委員查銷倘有逾限及透漏侵越等情卽令該委員詳請行文該州縣查辦業經纂入則例永遠遵行若如該撫此次咨稱民

販未繳之票如逾半年以上即作爲廢紙無庸照數繳銷是該民人等所販鹽斤運赴何州何縣銷售之處從此無可稽查勢必侵灌鄰綱致滋影射行私之弊所議斷難准行應令該撫仍遵前定章程辦理又據稱照票既歸批驗專管應請即用該員印信填給以歸簡易而專責成又冊稱現行引張不便再議截角應於該腳戶所執連環小票上蓋用該大使某月某日驗放扒記按月造報河東道衙門查核又冊稱鹽色或有高低官秤稍有大小民販必致紛紛爭論

請嗣後各商所運鹽斤於會興鎮渡口上岸時著落批驗大使挨引抽驗如鹽色低潮查訊該脚戶因何低潮之故按例究辦並各店官秤先行較准不得絲毫高下倘鹽色官秤一有弊端惟該批驗是問又據冊稱鹽經歷兼管批驗大使所有辦公衙署應照運城三場大使租賃民房之式在該鎮附近賃房居住以昭畫一各等語均應如所咨辦理又據文冊內稱從前經歷衙門部頒印信係河東鹽法經歷兼管知事字樣今既移駐會興鎮應請咨部改鑄河東鹽經

歷兼管批驗所大使字樣仍申明照從七品品級陞
轉以符體制所有原頒印信仍俟部頒到日即行繳
銷等語應咨吏部禮部分别查辦

請派撥兵役巡緝鹽池疏道光五年巡撫兼鹽政福　緜

竊查河東鹽池爲山西河南陝西三省民食攸關坐商澆曬運商行銷用以上納

國課該池週迴一百二十里地方遼闊雖有巡役人等巡緝而近年以來賊匪竊盜鹽料往往黌夜拆牆入池肆行搶竊且執持繩鞭器械拒捕傷人勢甚兇悍雖經拏獲究辦而此風未能稍息茲據河東道韓文顯稟稱現在正當產鹽豐旺之時常有賊匪百十成羣入池搶竊持械拒捕巡役人數無多力難抵禦請

飭運城營都司幷解州安邑縣派撥兵役攜帶鳥槍嚴密巡查稟請具奏前來查河東鹽池爲三省民食攸關今時有賊匪多人黌夜入池搶竊鹽料拒捕傷人巡役等力難抵禦恐私鹽充斥實於鹽務有礙自應嚴密防範已檄飭解州安邑縣各撥壯役二十名前往巡緝運城營都司駐劄該處保護鹽池緝匪防奸是其專責應請於該營內就近派兵二十名派外委二員督率巡緝查道光二年刑部奏准定例江西省行銷淮鹽各州縣其派出緝私員弁兵役准其攜

帶鳥槍編列字號官爲給發遇有大夥持械拒捕者
許令施放抵禦設有格殺照依罪人持械拒捕登時
格殺律勿論若遇零星小販及雖屬大夥而非持械
拒捕輒混行放槍致有殺傷仍照例治罪等因今河
東鹽池時有賊匪多人肆行搶竊持械拒捕事同一
律相應恭摺具疏請照江西省行銷淮鹽之例凡派
出員弁兵役每名准其攜帶鳥槍一杆編列字號官
爲給發遇有大夥搶竊賊匪及持械拒捕者許令施
放鳥槍抵禦若遇零星小竊及雖屬大夥而非持械

拒捕不得擅放鳥槍致有殺傷仍俟賊匪稍知斂迹
即將鳥槍掣回六月二十六日奉
上諭福崧奏河東鹽池時有搶竊拒捕請照江西省行銷
淮鹽之例派出緝私員弁兵役攜帶鳥槍一摺山西省
河東鹽池地方遼闊近來時有賊匪多人黑夜入池搶
竊鹽料拒捕傷人巡役人等力難抵禦恐私鹽充斥實
於鹺務有礙自應嚴密防範著照所請即飭解州安邑
縣各撥壯役二十名前往巡緝運城營內就近派兵二
十名派外委一員督率巡查所有派出員弁兵役每名

准其攜帶鳥槍一杆編列字號官爲給發遇有大夥搶
竊賊匪持械拒捕者許令施放鳥槍抵禦若遇零星小
竊及雖屬大夥而非持械拒捕不得擅行放槍致有殺
傷之事俟賊匪稍知斂迹卽將鳥槍收繳不得違例私
用該部知道欽此

晉商捐備甘餉疏　道光七年　巡撫兼鹽政福　緜

竊據河東衆商王恆泰等領引行鹽仰蒙
皇上體恤垂慈歷霑餘潤並奉准商運民銷及酌加鹽斤
生計益形寬裕凡此
國恩屢被實屬淪髓淪肌茲聞回疆稍有不靖並見卽日
蕩平該商等義切同讎擬少申蟻悃用備
賞需伏查河東歲徵鹽課銀五十餘萬兩向撥甘肅兵餉
分次起解今情願公捐銀二十萬兩於本年隨課如
數完納分六八兩月附餉解甘以期稍酬

高厚鴻慈於萬一伏乞代爲轉奏等情並據河東道韓文

顯具詳前來臣查回疆小醜跳梁已蒙

皇上先後撥帑六百萬兩此時勁旅咸集即奏膚功支用

尚有盈餘自無須該商等再抒忱悃惟查其情詞甚

爲懇切又願隨課完繳當年全清尤出樂輸至誠臣

未敢壅於

上聞合無仰懇

聖恩俯准

賞收以遂其急公報効之忱謹據情恭摺代奏奉

上諭福緜奏河東鹽商請報効賞需銀一摺河東商人因
軍營需用較繁籲懇公捐銀二十萬兩於本年全數隨
課完納附餉解甘尚屬急公著加恩賞收該省歲徵鹽
課銀五十萬兩向撥甘肅兵餉所捐銀兩即著隨同正
課於六月八月分起附餉解交甘省藩庫備用俟全數
起解後該商等著交部照例議敘該部知道欽此

省標兵糧請照舊本折兼放並將運費津貼各營兵丁疏

道光八年巡撫兼鹽政盧坤

竊查太原鎮屬暨臣標左右各營旣無牧廠地畝而菽粟之貴甲於他省各兵贍顧不足不能不兼謀手藝以資貼補遂至操練分心因與司道及三營將官悉心籌酌必先裕其生計始可責盡力差操查臣標左右兩營及太原城守營共有額兵二千餘名應給月米無閏年止放本色五月有零有閏年止放本色四月有零其餘均放折色每兵月米三斗僅給折色

銀三錢就省城米價計之三錢之銀祇能量斗餘之米約計不敷過半兵食委屬艱難自須量予變通以資調劑查太原府屬之岢嵐州嵐縣興縣寧武府屬之寧武神池偏關五寨忻州併所屬之定襄靜樂代州併所屬之五臺繁峙崞縣保徳州併所屬之河曲等十六州縣並寧武縣所屬之寧化所繁峙縣所屬之平型兩巡檢每年額徵兵糧係撥支東路等營兵糈馬料除按年撥用無閏之年約有餘賸本色米並豆折米共六千三百餘石有閏之年約有餘賸本色

米並豆折米共三千九百餘石如將此項餘糧撥給
省標三營作改支本色月糧之用計無閏年三營共
需添放本色米四千一百石有閏年三營共需添放
本色米五千二百石截長補短從此兵食充裕可以
盡力操防於營伍實有裨益其嵩嵐州等處距省自
一二百里至四五百里不等前項改支本色營兵不
能遠道赴領自應將各州縣餘賸米豆分別有閏無
閏酌定應撥數目飭令經徵之員按年解省就近支
放較爲便捷其運米腳價一項若僅照例價每石每

百里給銀一錢不敷較多勢難令州縣官賠累自宜仿照民運價值酌中給發綜計一年運腳不下數千餘金未敢請動正款查河東道庫內存有銷價生息一款本係支放商役工食及會試舉人路費等項並緊急工需歲修不敷之用除歷年支銷外現有餘賸銀六萬餘兩以後卽有緊急工需尚有續收息銀儘敷支放應請卽於此內動提銀三萬四千兩發交河東商人就近承領按月一分生息歲得息銀四千兩零解交司庫卽作前項之運腳需用責成藩司核實

給發每屆年終將一年用數造報臣衙門稽考請免
報部核銷部議如所奏辦理仍令按年造冊報銷以
杜浮冒奉
旨依議欽此嗣於道光十年三月經山西撫臣徐炘疏稱
臣標左右兩營及太原城守營兵丁近在省垣所有
應支月米計改本色以來行之已閱一年臣等詳加
體察該兵等每月支領本色較之折色每名多餘銀
不及二錢而岢嵐等州縣多係山路崎嶇轉運維艱
所給運費不敷仍須賠貼伏思兵米改放本色原爲

體恤兵丁起見計省標額兵二千餘名今改放本色
與支領折色兩相比較所餘既屬無幾轉貽州縣以
無窮之累實難行之久遠應請仍舊本折兼放即以
應給各州縣等運費銀四千兩零貼給各兵每月可
多得銀三錢有零再加原領折色銀三錢足敷買食
在於兵丁等既可果腹安心操練而州縣等又無須
運米藉口虧累官與兵均得其便奉
上諭徐炘奏省標兵糧請照舊本折兼放一摺山西撫標
左右兩營及太原城守營兵丁應支月米向係本折兼

放嗣以糧價昂貴奏准改放本色茲據該巡撫查明各縣轉運米豆所給運費不敷轉致虧累著照所請即將省標各營兵米仍照舊本折兼放並將籌給州縣運費銀四千兩零賞給各兵俾均勻津貼得霑實惠該部知道欽此

請罷設廠分運疏

道光九年　巡撫兼鹽政徐炘

竊查上年河南撫臣楊國楨以潞鹽自改歸民運後價值增昂擬令設廠分運札商前撫臣盧坤當經盧坤博採周諮將難以施行之處切實札覆嗣河南撫臣自行奏明請於河南汝州南陽三府州各設分廠一處將各該屬每年額銷鹽斤運廠發售並請將商銷原價每斤各加制錢二文俾得貼補經部議准行仍令臣體察情形務期行之久遠不致再議更張臣當即札行河東道韓文顯飭商遵辦並遴委籍隸河

南之知縣王四杰湯若泌秦煜三員分赴河南汝州南陽各屬周歷密爲訪查究竟鹽價是否過昂民食有無短缺茲據該委員等查覆各該處城市村鎮均有行店舖廠其僻壤遠鄉不乏肩挑駝載閭閻從無淡食之虞核其價值較從前商銷時每斤加增一二文至七八文不等惟南陽所屬距會興鎮較遠最貴之價賣至四十八文查淮商行銷豫省引鹽每斤價值七八十文較之晉省最貴之價尚多至半倍有餘且從前商銷時不免輕短分兩攙和泥硝自改民銷

以來俱係淨鹽足秤商銷與民銷於居民毫無損益
等語並據河東道稟稱晉商素稱疲乏自改議商運
民銷各口岸子店房屋夥友辛工以及地方規例均
得全行裁革商力稍紓今若分設鹽廠責令輾轉販
運不惟汝南等處相距產鹽之地千餘里之遙陸運
至廠運本不貲且豫省銀價過昂又貫以一切繁費
通盤合算實屬賠累難堪從前運商紛紛逃避頻籤
殷商累及通省富民而仍不能經久實難孟浪承辦
並據商人王恆泰尉世隆張隆泰馬德隆靳悠久張

恆履楊壎篪等來省環跪懇求以近年改爲商運民銷之後勉力支持應交課項並河工經費每年共銀七十餘萬兩年淸年款不致絲毫拖欠今若另行添設數廠分售是仍令商運商銷强以力之所不能必致貽誤課運所關非細商等俱有身家祗有懇請告退情詞迫切委係實在情形臣思添設一廠必有一廠經費加以陸運維艱卽使每斤各加制錢二文稍資津貼亦無補裨臣職司鹽政所轄各口岸本無畛域之分何敢稍存成見第添廠所以恤民果於民食

有裨亦不容該商等推諉然亦須兼量商力使行之
而不能久卒非恤民長策況民食並未缺乏而徒使
商力疲於轉運似非兩全之計查自嘉慶二十四年
奏請商運民銷迄今已閱十載商民相安已久課運
皆無缺誤今復遽議更張恐難期行之久遠與其窒
礙於日後何若規畫於事前合無仰懇
聖恩俯准仍令循照舊章辦理以裕商力而杜弊端四月
二十三日奉
上諭徐炘奏晉商行銷豫省引鹽請仍照舊章辦理一摺

河東各商行銷豫鹽自嘉慶二十五年改議章程商運民銷原爲調劑商力俾資辦運上年據楊國楨奏潞鹽改歸民銷以來價值增昂請於河南汝州南陽三府州各設一廠飭商分運發售酌加鹽價當經飭部覈議准行仍令山西巡撫體察情形務期行之久遠不致再議更張茲據該撫委員赴豫省行銷潞鹽各屬周歷訪查各該處城市村鎮均有行店鋪廠其僻壤遠鄉不乏肩挑馱載旣無淡食之虞並亦不致食貴若分設鹽廠責令輾轉販運加以一切繁費賠累難支民食未缺而商

力轉疲難期行之久遠等語行銷引鹽之道恤民兼須
恤商若果民虞淡食豈容該商藉詞推諉既據該撫查
明商運民銷與閭閻毫無損益而一經更改舊章商力
轉行疲乏是未能恤民而先致累商立法豈能經久且
近年以來商民相安運課無誤何必復議更張著照所
請仍照嘉慶二十五年議定章程辦理該部知道欽此

查辦蒲灘私曬情形疏　道光十一年巡撫兼鹽政阿勒清阿

竊臣於道光十一年四月承准軍機大臣字寄奉

上諭本日都察院奏河南商人馬德隆等呈稱私梟累課病商等情已明降諭旨交該撫親提查訊矣據該商人等呈蒲州永濟縣南北二灘有匪徒招集私梟開畦曬鹽並解池地方內有斗巡外有弓兵牆高數仞賊匪任意出入越牆偷漏覈計私銷鹽觔倍於正課以致引鹽滯銷商人歷年賠累又河東鹽務於嘉慶十六年額價之外加增一釐爲河工經費嗣河工告竣兩淮等處經

費久停河東事同一例請仍照減價等語著阿勒清阿
查明該商人等所控各情是否屬實如果蒲州永濟縣
等處實有匪徒招集私梟並任意偷漏以致累課病商
該官兵等所司何事必應嚴行懲究並酌議緝私章程
奏明辦理至鹽斤加價兩淮等處業經停止河東事同
一例是否應行照辦著該撫察看情形據實具奏將此
諭令知之欽此臣查此案前據該商人馬德隆張隆泰
具稟到臣飭河東道督同蒲州府暨監掣同知嚴行
查禁並飭查明實在情形妥議詳辦復札行河東道

並蒲州協將該商人等密呈解池私梟積匪范猴兒
蒲灘私鹽販韓天福嚴拏究辦飭據河東道督飭該
縣並委員等將范猴兒韓天福設法購線先後拏獲
當經批飭嚴訊究辦臣查永濟縣南北二灘澆曬私
鹽歷經前撫臣衡齡和舜武成格福綠盧坤檄飭河
東道幷該府縣等查禁前撫臣徐炘復於上年飭令
河東道派委文武官員幷前至該處會同該府州縣
查緝嗣據該府稟稱私曬漸知斂迹臣於本年查照
上年舊章復飭河東道派委文武官員幷查緝在案

惟該處袤延四十餘里有二十四村之多該處地係
滷鹻五穀不生曬鹽則旦夕卽成小民藉爲餬口之
計由來已久雖經查禁總由地方遼闊窮黎衆多此
逐彼曬稽查難週未能絕淨且難保無奸商圖利私
買夾帶行銷情弊該府縣所稱近來私曬較少之處
恐係掩飾之詞而該商人前稟倍於正課之處亦難
憑信經臣現飭藩司會同河東道委員詳細確查實
在情形如何杜絕私曬如何疏銷引鹽如何安頓該
處居民妥議章程奏請

聖主指示辦理如果該地方文武各官有任令曬鹽偷漏
情事臣即嚴叅懲究至解池賊匪屢經嚴拏究辦前
撫福繇復奏明添設鳥槍六十杆在池巡查上年三
月間據闔綱商人王恆泰等禀請減撤槍手禀內聲
叙近來大夥私梟歛迹昨據王恆泰等來省禀控蒲
灘情形臣復面加詢問據稱現署監掣同知宣麟捕
拏認眞目下解池不致偷漏今該商馬德隆等控稱
賊匪任意出入越牆私銷是否屬實容俟臣查訊核
辦再鹽斤加增一釐爲河工經費每年徵收銀十六

萬四千一百二十二兩零河東自復商以來歷係如
數徵收年清年款前據商人馬德隆張隆泰稟請減
去臣因此項係出自鹽斤加價並非該商等捐資且
歷年奉部撥解河工應用是以未經准行今據商人
等藉稱賠累仍請停止容臣再行察看闔綱情形據
實具奏奉
硃批知道了剔除姦宄當時要務勉之又勉毋被人欺朦
爲第一要著欽此

請動銷價生息給民開墾蒲灘部議道光十二年

戸部疏稱據山西巡撫阿勒淸阿疏稱竊照河東商

人馬德隆等赴京具控蒲解私鹽累商病課等情一

案經都察院奏奉

諭旨交臣查辦臣因蒲州府屬之永濟縣南北二灘居民

曬鹽有礙官引當飭河東道帶同委員督飭該府縣

等將鹽畦全行平毁並因該處居民頓失地利無以

爲生奏請動用商捐公項以爲完賦餬口曁墾復地

畝之資並將鹽土抛撒經戸部議覆以該處地畝旣

多鹻氣五穀不生村民完糧應核實豁免今擬試墾三年按年給予墾費銀九千餘兩誠恐墾地並無成效官項徒致虛靡應令體察情形悉心妥議具奏核辦並令將鹽土變價入官等因臣當即行令兩司並河東道暨各府縣等詳細確查妥議去後嗣據該府縣等覆行查議由藩司邱鳴泰臬司夏修恕河東道韓文顯會詳請奏前來臣查該處灘地滷退泥淤即可耕種並非始終廢荒前因各地戶恐豁糧歸官將來爲他人認種是以議請以商捐息銀代完錢糧今

戸部旣以徒多周折駁斥自應遵照豁除並將應豁
各地戸花名畝數造册存案俟可以耕種之時仍令
各認各地以順輿情而符名實至前議拋撒鹽土原
恐居民取以淋曬今部議以爲拋撒在地仍可取以
曬鹽令將積土入官變價查鹽土雖係產自灘地尚
須淋滷入畦再經日曬始行成鹽此時若將鹽土變
價不令淋滷曬鹽必致無人承買若仍准其價買修
畦淋曬是固該處居民所甚願惟易滋影射方當嚴
禁之不暇斷無令其買土復曬之理若令官商運至

解池曬鹽則脚費甚鉅是此項鹽土既不便民間承
買官商又無需用之處委難變價入官惟有仍照前
議抛撒使與沙泥混雜俾免刮取所需抛撒工費誠
如部議未便出自商捐任其糜費應責成各府縣等
於居民墾地之時順便逐漸抛撒毋庸另給工費所
有令民墾地給予餬口之資一層臣恐該府縣等體
察未周輕重失宜茲於校閱蒲州營伍之便親至該
處查得南灘常旺等三村北灘招德等十村産鹽地
畝不能種植實因滷氣上升遍地發白之故該村民

等向刮取發白之土淋滷曬鹽積弊已久所有鹽畦
業於上年平毀而已刮未曬之鹽土現在堆積莊村
各村民等實因查禁私曬無以爲生臣復與該道府
等體察民情叅酌衆議除禁曬墾地安民撤土而外
別無良法溯查嘉慶十二年復商以來歷任撫臣檄
飭查禁每年薪水工食不下數千金卒無成效此時
若再徒令禁止不先安頓貧民杜其私曬之原終恐
有禁止之名無禁止之實從前有議請買地歸商者
有議請民曬商運者夫買地則需費浩繁仍復設法

查禁若准該處居民開曬令官商承買運銷則解池現在產鹽甚多無需再用該處之鹽且該處地方界連三省濱臨黃河兩灘均無關攔易於私運誠恐官商配引有限私販透漏無窮今若明定章程准其開曬配引行運勢必鹽畦益開益廣鹽斤益曬益旺曬戶積壓工本必致設法售私是蒲灘之鹽斷不可不行嚴禁惟欲禁其私曬先須令其不能曬鹽欲令其不能曬鹽則惟墾地之一法而令民墾種灘地不能不給與經費該處貧民得領此項銀兩餬口有資是

墾地給予經費不惟可以安貧民亦正所以杜私曬實爲正本清源之計臣目擊情形核與司道等所詳無異合無仰懇

聖主俯准仍照前請在於河東道庫商捐銷價生息項下每年動用銀九千一百五十兩零按各村之情形貧民之極次地畝之多寡分別給予並飭該府縣將灘地責民勤墾隨時勸諭令其別謀生業毋須再行曬鹽致干究戻仍限俟三年卽行停止其餘委員巡查各章程悉照原議辦理等語臣等查該省南北二灘

地畝每年應完錢糧銀五百四十餘兩今該撫旣經
遵照臣部原議蠲除應令確查灘地糧數花名具題
請豁惟前地旣據該撫查明滷退泥淤卽可耕種并
令嚴飭場司各官隨時查勘一俟可以墾復卽行報
部陞科以重糧額至所稱積存鹽土前經臣部議令
變價入官現據該撫將未能變價緣由詳晰覆奏所
有此項鹻土應如何嚴禁灘民俾不致再行私曬之
處應令該撫自行酌核妥辦以杜流弊其所稱令民
墾地給予經費一節查該處灘地前據奏稱係屬斥

滷之區是以臣部恐其未能墾復今旣據該撫親往
查勘督同該道府等熟計詳籌並稱從前產鹽之地
近亦有可耕之地請仍在商捐生息項下動給墾費
不惟可以安貧民亦正可以杜私曬是該撫業已確
切查明於安民杜私均有裨益所有本年爲始每年
計需墾費銀九千餘兩應准其在商捐生息項下動
支俟限滿三年卽行停止其每年動支銀兩務須核
實散給未便以出自商捐漫無考稽應令明定章程
妥爲經理並將每年散給經費若干墾復地畝若干

於年底先行奏報一次仍將該處有無外來遊民曬
私情弊嚴飭該管各官實力查禁於年終取具切實
印結送部毋任含混統俟三年限滿核計歷年給予
銀數及墾復地畝確數一併彙奏造冊報部以備稽
核再查各省報墾地畝臣部並無給予經費之例亦
無成案可援此次准予墾資原爲權宜辦理嗣後不
得援以爲例並請
勅下該撫嚴飭該道府等核實辦理毋得徒託空言倘三
年屆滿公項業已支銷墾地迄無成效除將給予墾

費銀兩著落該撫及道府等攤賠歸款外仍查取各
該員職名分別咨部核議以重責成而嚴考核五月
初六日奉
上諭戶部覈議阿勒清阿奏查明蒲灘實在情形一摺河
東永濟縣南北二灘地畝每年應完錢糧著照部原議
確查糧數花名具題請豁該地滷退泥淤即可墾復升
科以重糧額所積存鹽土既難變價入官應如何嚴禁
灘民不致再行私曬著該撫酌核妥辦毋滋流弊其令
民墾地給予經費一節既據該撫親往查勘督同該道

府等熟計詳籌著自本年爲始每年計需墾費銀九千
餘兩准其在商捐生息項下動支俟限滿三年即行停
止其每年動支銀兩務須覈實散給該撫即明定章程
妥爲經理並將每年散給經費若干墾復地畝若干於
年底先行奏報一次仍將該處有無外來遊民𠠇私情
弊嚴飭該管各官實力查禁於年終取具切實印結送
部毋任含混統俟三年限滿覈計歷年給過銀數及墾
復地畝確數一併彙奏造冊報部查覈惟此次准予墾
費係屬權宜辦理嗣後不得援以爲例著該撫嚴飭該

道府等覈實妥辦毋得徒託空言倘三年屆滿公項業已支銷墾地迄無成效所有給過墾費銀兩即著落該撫及道府等將應得養廉全數扣出攤賠歸款毋許藉詞稍有延宕仍查取各該員職名分別交部議處該撫務當認眞督辦以重責成而嚴考核欽此

查覆蒲灘情形疏　道光十二年　大學士　長齡

竊臣於六月十八日甘肅平涼府途次接准軍機大
臣字寄奉
上諭有人条奏山西巡撫阿勒清阿辦理蒲灘鹽地聽信
商人慫恿妄事更張上年查辦時委員帶領民夫數百
人前往永濟縣南北二灘平畦騷擾幾釀巨案至蒲灘
鹽池既經該撫議令開墾地畝散給經費曾降旨准行
長齡路經該處並著查明該地可否開墾私曬能否杜
絕詳晰妥議奏明辦理等因欽此臣於六月二十六日

行抵山西蒲州府永濟縣地方卽差人分赴南北二灘產鹽處所詢問該處居民察看情形緣永濟縣地方東界中條山西濱黃河祇有南北二灘係屬平地自嘉慶十四年黃河西徙兩灘地畝盡成硝鹻不能耕種祇可曬鹽藉以供賦餬口上年官爲禁查刨穵畦槽百姓驚慌躲避並未滋生事端迨官爲曉諭令百姓等自行耕種官爲納課代賦津貼三年現在遵照例禁實未敢再爲私曬本年試種連日得雨業經發芽出土寸餘旋因晴日暄曬已盡槁萎詢之永濟

縣知縣萛兆文所稟相符復札調河東道韓文顯攜
帶文卷前來臣詳加查閱知蒲灘近年產鹽益旺以
致商引滯銷商人馬德隆等赴京呈控經撫臣阿勒
淸阿疏請官爲津貼三年令民自行墾復部議奏奉
諭旨准行實足以安頓窮黎惟三年後或經種植無成亟
須從長議計妥爲籌畫俾小民得以安業而商引亦
不致滯銷方爲經久盡善臣札飭河東道韓文顯督
同蒲州府知府黃德濂監掣同知郭書俊永濟縣知
縣萛兆文體察情形詳晰妥議去後茲據該道等稟

稱三年後灘地不能墾復如聽民曬官銷挪引分辦
則灘鹽粒小味苦非攙和解鹽不能食用在陝西相
距尚近而河南省及山西之平陽潞澤等府轉增腳
費且灘地遼闊并須添官設廠防範難周更易滋弊
現據闔綱商人王恆泰等以三年後未便令灘民失
業亦不敢始終仰累官賠商等情願捐資繳庫按年
代民完賦銀五百四十三兩零每年按畝給民津貼
銀九千一百五十兩零容俟將來收穫有成再請停
止情詞懇切出於至誠並將各商人等所遞甘結申

送前來伏思商民本爲一體既須恤商尤須恤民自
上年查禁蒲灘私曬鹽引已形暢銷此後商力自必
更臻充裕是禁止私曬大利於商而津貼僅止三年
蚩蚩愚氓任其失業殊非持平之道今該道等既稱
民曬官銷挪引分辦諸多窒礙商人情願捐輸以商
力之有餘濟小民之生計永遠代賦津貼事屬可行
自應准其將代賦銀五百四十三兩零津貼銀九千
一百五十兩零按年照數呈交道庫轉交永濟縣按
戶分給責令蒲州府永濟縣實力稽查如收穫有成

再將代賦津貼銀兩按畝劃除如此辦理灘地即不
能墾復小民生計不致竭蹷而私曬亦可杜絶洵於
裕商便民兩有裨益臣復傳集南北二灘居民面加
曉諭據居民等僉以三年後種植無成正慮無以供
賦餬口今蒙奏明仍令商人代賦津貼民等得有所
恃自當安分營生實力播種不敢私曬致罹罪戾異
口同聲各皆鼓舞歡欣呈遞甘結而去又據該道稟
稱上年查辦時委員署監掣同知平定州知州宣麟
平陸縣知縣李澍生會同前永濟縣知縣楊作梅在

城內雇夫百餘人於六月初六日分頭往平畦槽至
上源村地內時當酷熱夫役思飲即多躲避逃散牧
令等並未入村亦即旋回嗣經該縣楊作梅諄切勸
諭該村民即已自行平畦委無騷擾情事不敢徇隱
等語核與臣訪聞無異七月十四日奉
上諭長齡奏查明蒲灘鹽池情形詳晰籌議一摺山西省
蒲灘產鹽處所民曬官銷挪引分辦不特防範難周更
恐易滋流弊自上年查禁私曬鹽引已形暢銷現據該
商人等呈請捐輸永遠代賦津貼是以商力之有餘濟

小民之生計著照所議准其將代賦銀五百四十三兩零津貼銀九千一百五十兩零由該商人等按年照數呈交道庫轉發永濟縣按戶分給仍責令蒲州府永濟縣實力稽查俟將來收穫有成再將前項銀兩按畝劃除庶民力不致竭蹷而私曬亦可杜絶洵於裕商便民兩有裨益該部知道欽此

請提銷價生息津貼蒲灘代賦疏

道光十二年

巡撫兼鹽政　尹濟源

竊臣前准軍機大臣字寄奉

上諭阿勒清阿奏原議津貼蒲灘貧民三年銀兩借款動放捐廉歸補一摺據稱蒲灘鹽地經長齡議令商人按年捐輸永遠代賦津貼惟原奏係三年以後方行代賦津貼現在三年之內除該撫與該管道府分捐三分之二商捐三分之一尚不敷銀九千一百五十兩零請先在河東道庫商捐銷價生息閒款內自道光十二年起

至十四年止按年如數動給仍在巡撫養廉內每年捐
銀三千兩其餘一千五百七十五兩零在河東道蒲州
府監掣同知永濟縣四員養廉內均攤至道光十四年
底前項三年之內津貼銀兩官捐爲止接續商捐所有
動用銷價生息銀數分作六年勻捐至道光十八年即
可全行歸款至部議蠲除之蒲灘地畝應徵錢糧銀五
百四十三兩零請飭藩司暫爲籌款補足地丁原額俟
三年後即令商人永遠代賦所有灘地錢糧無容請豁
此項津貼銀兩係捐廉歸補請免造冊報部覈銷等語

是否可行著尹濟源到任後體察情形悉心妥議據實具奏將此諭令知之欽此臣由川來晉路經蒲州府當卽弔齊卷宗確體情形並行藩臬兩司詳籌妥議查知蒲州府永濟縣屬之南北二灘居民開畦私曬近年產鹽甚旺以致商引滯銷經前撫臣阿勒淸阿飭令平毀鹽畦禁止私曬灘民頓失地利生計維艱議請每年津貼灘民墾費銀九千一百五十兩零代完灘地錢糧銀五百四十三兩零本係自道光十一年起至十四年爲止按年在商捐銷價生息項下動給

嗣因戸部駁令再議經前撫臣阿勒淸阿將道光十
一年分津貼銀九千一百五十兩與藩臬司並該管
道府等分捐三分之二商捐三分之一給與蒲灘貧
民具領其自道光十二年起至十四年止應給津貼
銀兩仍奏請在商捐銷價生息項下動用復經戸部
議奏欽奉
上諭准其動支俟三年屆滿墾地無效卽著落該撫及道
府等攤賠歸款等因欽此旋蒙大學士長齡查議辦理
經河東商人請將三年以後代賦津貼銀兩永遠捐

輸奏蒙
允准其前撫臣阿勒清阿因試種前項灘地難以墾復若
俟三年後再行著賠恐致延宕是以奏請與該管道
府廳縣將三年之內應給銀兩分作六年捐廉歸補
並未將起止年分應捐總數分晰敘明茲據藩臬兩
司並河東道詳稱蒲灘津貼貧民禁其私曬原所以
疏銷官引於河東鹽商大有裨益現據河東商人王
愜泰等稟稱查禁蒲灘私鹽闔綱受益官引漸見暢
銷不敢將津貼銀兩仰累官賠亦不便因鹽務之事

動用藩司庫款補足灘地錢糧惟商力尚未復元所
有蒲灘貧民津貼並灘地應完錢糧均請先在商捐
銷價生息項下暫行借動仍請在於前項生息內另
提出銀三萬兩發商按月一分生息每年計得息銀
三千六百兩遇閏加增銀三百兩共計八年即可將
三年以內應給蒲灘津貼代賦銀兩全得歸款仍俟
道光十五年以後即遵照大學士長齡原議商人永
遠代賦津貼等情具詳請奏前來臣查州縣各官養
廉屢奉

諭旨不准多有攤扣近年晉省辦理解運甘肅駝隻修理
省會城垣並供支兵差等項捐款較增若再加添此
項在巡撫養廉優厚不難分年勻攤而在該道府廳
縣祿入無幾恐致辦公竭蹷且禁止蒲灘私曬大利
於商似未便因有利於商轉令失業之人仰給於官
大學士長齡所議以商力之有餘濟小民之生計實
爲至當不易之理惟據稱商力尙未復元三年以內
銀兩亦未便遽令商捐現據該商人等稟請在銷價
生息銀項下提出銀三萬兩生息歸補僅止稍緩時

日於公項仍歸有著商民兩有裨益查河東道庫現
存銷價生息銀四萬七千餘兩每年尚有應收息銀
一萬五千兩足敷動用無虞支絀合無仰懇
聖恩俯准將津貼蒲灘貧民自道光十二年起至十四年
止每年應給銀九千一百五十兩零總計三年共應
給銀二萬七千四百五十二兩零又每年代完灘地
錢糧銀五百四十三兩零總計三年共應代完錢糧
銀一千六百二十九兩零先在商捐銷價生息閒款
內挼年借動仍請在前項銷價生息內另行提出銀

三萬兩發商按月一分生息計至八年連閏可得息
銀二萬九千餘兩足敷歸還津貼代賦借動原款一
俟原款補足即將所發本銀三萬兩提回貯庫至前
撫臣阿勒清阿議令捐廉歸補並飭司籌款補足地
丁之處均無庸議又片奏臣由川來晉路經南北兩
灘彌望閒田皆屬斥滷內有大小土堆累累相閒詢
之沿途居民及該管各官復密行察訪僉稱自上年
查禁以後近灘各村不敢開畦私曬所有新掃鹽土
均經拋撒現在土堆從前俱已淋過鹽滷實不能再

曬等語查該處地勢遼闊產鹽必多自不准居民曬賣以致商運滯銷如挪引分辦則該處地濱黃河界連陝豫私販易於偷漏即添官設廠亦屬防範難周臣體察情形自禁止私曬後官鹽已漸暢銷即灘民亦獲有津貼銀兩生計不致拮据立法貴乎因時似無逾於此惟人情趨利若驚貪得無厭始焉有津貼以安其生久之雖津貼不能盈其欲須防其故智復萌更恐商夥人數衆多其中或有牟利作奸之輩藉官夾私因而勾串灘民乘間曬賣從來有治人無治

法臣現飭該管地方文武各官並委員等嚴密稽查
稍有前項情弊無難立時破案倘該管員弁及巡查
兵役營私包庇一併嚴行參辦並請嗣後每值撫臣
查閱營伍暨盤覈河東運庫之時順道親往察查如
日久弊生卽隨時具奏以昭覈實十一月三十日奉
上諭尹濟源奏酌議蒲灘津貼銀兩籌款生息歸補一摺
前據阿勒清阿奏請將津貼蒲灘貧民三年銀兩借款
動放捐廉歸補並飭司籌款補足地丁原額當降旨交
尹濟源妥議具奏茲據奏稱蒲灘禁止私曬官引暢銷

商綱受益自應以商力之有餘濟小民之生計惟三年內商力未復亦未便遽令商捐請在河東道庫銷價生息項下暫行借動提款生息歸補著照所請准將津貼蒲灘貧民自道光十二年起至十四年止每年應給銀九千一百五十兩總計三年共銀二萬七千四百五十二兩零又每年代完灘地錢糧銀五百四十三兩零共銀一千六百二十九兩零先在商捐銷價生息閒款內按年借動並於前項銷價生息內另行提出銀三萬兩發商按月一分生息計至八年連閏應得息銀二萬九

千餘兩歸足津貼代賦借動原款卽將所發本銀三萬兩提回貯庫又據另片奏灘民獲有津貼銀兩生計不致拮据恐閱時旣久故智復萌且商夥人數衆多或有作奸牟利之徒藉官夾私勾串灘民乘間矖賣誠不可不妨其漸著該撫嚴飭該管文武各官並委員等嚴密稽查如有前項情弊卽時破案倘該管員弁及巡查兵役營私包庇一併嚴行參辦毋稍姑容並著嗣後該省巡撫查閱營伍及盤驗河東道庫順道親往查察如日久弊生立卽隨時具奏實力整頓不得視爲具文欽此

舉商試辦三年再行接充疏道光二十四年巡撫兼鹽政梁萼涵

竊臣承准軍機大臣字寄道光二十四年正月三十

日奉

上諭御史烏淩阿奏山西鹽務招商混舉官爲勒派請飭查禁一摺據奏介休縣鹽商侯本城捏報商累告退朦混舉報經州縣行文關提差役押勒詐索多贓致居民逃往外境等語招商行鹽願應者方准認充豈容朦舉勒派藉端索詐致滋擾累著梁萼涵確切查明如該商等果有混行舉保及州縣等藉派勒索等弊即行嚴實

究辦萬不可受人欺朦原揩鈔給閱看將此諭令知之

欽此遵

旨寄信前來臣遵查商冊內並無侯本城之名惟查上年

二月間有介休縣商人侯協山的名侯本城曾在臣

衙門告退批飭不准是否卽係其人當經檄飭河東

道確切查明有無捏報混舉藉端勒索情事據實詳

辦茲據河東道李百齡查明侯本城卽係介休縣商

人侯協山的名侯本城承辦絳縣半籤引地近因鹽

務疲累家資淨盡於上年六月赴河東道衙門具呈

告退經前護道牛鎮查明該商家道消乏屬實飭據
該商舉保汾陽縣殷戶王承祚王承翼王承謨接辦
屢傳未到茲奉前因復檄飭侯本城之原籍介休縣
提訊鄉保族鄰人等僉供侯本城家產實已淨盡惟
存房院兩處山地三頃不足償債委非捏飾並據汾
州府查明王承祚弟兄實係汾陽縣殷戶王承祚原
捐郎中王承翼原捐翰林院待詔現於本年二月內
進京加捐王承謨向在直隸一帶生理並非因聞報
商逃避該縣亦無藉派勒索情弊等情咨經藩臬兩

司會詳請奏前來臣查介休縣商人侯本城既據河
東道查明家道實已消乏自難責令充商其所舉接
辦之王承祚等既能報捐郎中等官其爲家道殷實
並非朦混舉保可知且屢經飭傳未到亦無從押勒
詐贓是該御史所奏自係傳聞之誤惟原奏内稱招
募商人自願應募認充者方准到綱試辦等語臣查
招商行鹽願應者方准應充立法本爲至善而今昔
情形互異勢難拘泥舊章不能不量爲變通以爲權
宜之計河東鹽務從前池鹽旺產成本既輕銀價又

賤充商者藉資獲利是以招之即至尚屬踴躍爭先
自道光十一年鹽池被水鹽價增昂銀價漸長百姓
多畏縮不前近年則鹽價益昂車騾脚費無不倍增
銀價每兩貴至一千五六百文加以私鹽充斥官引
滯銷各商承辦半籤引地每年須賠四五千兩一籤
則約須萬金充當商者無論家產之厚薄一日不盡
則一日不能告退每屆封課之時比責監追無法不
備猶復積欠累累是以上年即本年奏銷臣兩次奏
明蒙

恩准展限實勢處於無可如何此等疲乏之商勢不能不准其告退又慮無人承充致誤課項不能不令報殷戶接充而殷戶畏累往往經年累月屢提不到其傳到者又復多方規避百計推諉不肯具結認充此時若拘泥成法願應者方准認充小民惟利是圖孰肯以有限之家私供無窮之賠累將來告退之引地派無應募之人故於提到之商不能不曲為開導勸令認充此近年來河東鹽務之實在情形也臣於二十二年莅任時見此疲累情形冀為補救苦無良策去

年春間臣查閱鹽池時有數十商人聯名具稟極言
伊等賠累之苦力不能支懇求減引減課臣嘗將該
商等傳至行次面諭以爾等苦況執事者並非不知
惟現當度支孔亟之時不於鹽斤加價已屬
皇上格外鴻施爾等具有天良何忍再言減少引課自當
設法辦理勉圖報効方爲無負
天恩該商等頗知感激多垂淚默默而退臣因思
國家藏富於民百姓之財力亦當稍留其有餘若充商
之人必令家貲蕩然始准告退亦覺有乖政體當飭

河東道確查各商如果力難承充准令告退又恐所
舉之商畏葸不前飭令先行試辦三年如情願認充
再行咨部更名作為正商或力有未逮即令另舉新
商接充如此辦理庶幾乏之商尚有告退之期新商亦
有更代之日或不至視為畏途而
國課民生兩無貽誤矣至此後該商等如果有捏報疲
累混行舉保以及州縣等有藉端派勒需索等弊仍
當嚴飭河東道確查究辦斷不敢含混瞻徇有負
聖主體恤商人之至意六月二十三日奉

旨依議欽此

奏留長商改行票鹽疏　咸豐元年　戶部

竊臣等伏查

國家歲入之數地丁關稅而外惟鹽課爲大宗蓋鹽爲人生日用所必需而所費無多故歲有豐歉容有缺糧之時而人無貧富總無乏鹽之日人人不能不食又爲人人力所能食故銷路寬而輸課易也產鹽之地各省不同雲南四川產於井河東產於池其濱海省分如兩淮兩浙長蘆山東閩粵等處則產於海所產之鹽皆待煎曬而成其附近居民之以煎曬爲業

者曰竈戶
朝廷設官以掌之招商以運之積斤成引按引抽課各
省一引之數自二百四十斤至六百斤不等按收正
雜各課自一兩數錢至二三兩亦各不同此大較也
顧納課之多寡以銷鹽之多寡爲憑銷鹽之多寡以
戶口之多寡爲斷自
國家定課以後至於今生齒之繁戶口之增豈啻倍蓰
乃食鹽之人日見其增銷鹽之路日見其廣而行鹽
之引地反多滯而少暢以致正雜之課額亦有絀而

無盈若是者一由私鹽之充斥也一由浮費之增加
也自設立長商以來各省官紳士庶皆視鹽務爲利
藪或藉口辦公巧爲侵蝕或受人情託曲爲通融他
若陋規罡費之類不可枚舉其課項則有時展緩而
陋規則無處減輕此浮費所以日增也浮費增則成
本重成本重則鹽價昂鹽價昂則銷路滯銷路滯則
課額虧而無課之私鹽乃得充斥於其際質既潔淨
價復輕微由是百姓樂於食私而奸民遂樂於販私
竈戶遂樂於售私於此而欲禁賤價之私鹽行貴價

之官鹽雖刑驅勢迫有所不能此鹽之所以日滯商之所以日疲而課之所以日短也爲今之計欲增課必先暢銷欲暢銷必先敵私欲敵私必先減費而欲減費敵私以暢銷而增課則莫若使各省改長商而行票鹽夫票鹽之所以愈於長商者何也長商受官管束官吏因之侵漁長商無可如何故有費而鹽自滯票商隨時認領官吏卽欲需索票商立許告發故無費而鹽易銷則減費卽所以裕課其利一長商有費則鹽價日貴貴則不能敵私而銷路日壅票商無

費則鹽價日賤賤則可以勝私而銷路日寬則敵私
即所以裕課其利二長商積疲已久每致先鹽後課
而課易拖延票商挾本而來故皆先課後鹽而課無
短絀則免欠課之積弊其利三長商按綱領運必挾
貲鉅萬而後可以承充票商量力納課即爲數無多
而亦准其販運則廣民間之生計其利四長商則恃
係官鹽迫人以不敢不食故鹽多攙和票商則各自
銷售恐人之或有不食故鹽多潔白則便各省之民
食其利五長商價重則人願食私而梟徒因之以多

票商價輕則人願食官而私販因之以戢則化天下之莠民其利六總此六利而又得人以經理之當今生財之大道計無有逾於此者溯查嘉慶六年滇省鹽課改歸井竈至今年年溢銷道光十二年淮北鹽務經前兩江總督陶澍奏改票鹽除年清年款之外每年協貼淮南鹽課銀六七十萬兩溢銷之數幾至加倍不止道光三十年兩江督臣陸建瀛因漢岸火災之後引滯商疲將淮南鹽務盡行改票彼時中飽之人藉詞搖惑仰賴我

皇上宸謨獨斷試行之後裁汰浮費百四五十萬票販踴躍爭先已酉一綱上課至五百餘萬兩去歲部庫支絀賴以接濟是改票之上裕
國課下便民食其效已歷歷可徵臣等思各省鹽課除淮鹽改票滇課歸井之外惟山東引票兼行尚能年清年款而亦總無溢銷其餘長蘆河東兩廣閩浙四川各鹽務無不商疲引滯苦累日形今兩淮雲南既辦有成效則各省亦可仿照成案量加變通雖因地制宜情形各有不同而銷鹽之地食鹽之人初無稍

異惟變法伊始總以裁費爲要恐向日漁利之人無
利可獲必致藉詞阻止搖撼百端設各該省大吏於
鹽務情形未能深悉恐以浮詞之眩惑轉致良法之
中撓不無可惜
皇上聖明洞照票鹽之利已在
宸鑒之中惟各省改定章程勢難同時徧及必須挨次辦
理方爲施之有序合無仰懇
天恩
特簡居心公正通曉鹽務之大員先擇一省前往酌量情

形仿照兩淮改票成案妥爲籌辦辦定一省再及其餘如此行之以漸持之以久以減費爲先務以緝私爲永圖不過數年各省盡行改票銷路旣廣交課愈多旣化私而爲官卽有暢而無滯課額之增將有加倍於今日者所謂便民裕課其利誠不可勝言也

酌擬留商改票疏

咸豐二年　王慶雲　侍郎

竊臣王慶雲臣聯英奏

命來晉會同臣兆那蘇圖查辦河東鹽務抵省後當將馳赴運城通盤籌畫緣由恭摺奏

聞先後奉到

硃批知道了欽此臣等一面檢查案卷一面延訪官商詳求利病竊疑河東鹽課既係年清年款何以稱爲疲累者異口同聲及悉心體察商情之渙散民情之驚擾有不得不急議變通者緣河東本係長商自道光

二十四年撫臣梁萼涵請改短商三年更舉商則移甲換乙課則李代桃僵有一年之中新舊更換至二十餘商者有一縣之地先後提送至一二十戶者規避營求曖昧不可究詰及其勉強充當又復苟且支吾指期告退名爲顧課實則百弊叢生於是富戶多有棄廬墓挾貲財而紛紛遷徙者此臣兆那蘇圖所以深嫉舉商之弊而有改行長商之請也茲復仰蒙

恩命會籌經久之方臣等伏思政在養民爲今之計安民業必先寬商累現商不疲乏告退則舉商之弊自除

而
國家正供亦可源源不匱查晉商疲累一在鹽本之鉅
一在浮費之多一在運腳之重官鹽既貴私販遂乘
間蔓延河東鹽法以二百四十斤爲一引一百二十
引爲一名八九十名爲一籤行鹽者曰運商曬鹽者
曰坐商從前鹽價平時每名不過值銀三五十兩乃
近年以來坐商貪賣無課之私多得價值囤積居奇
其畦地錠票租典靡常一業數主人人牟利現在一
名之鹽貴至一百二三十兩三四十兩不等視舊時

幾及三倍運商安得不困河東鹽行三省文武大小衙門一切公私酬應名目繁多不可枚舉更有由總商分派者名曰廳攤由散商自送者亦歲有常例統計不下二十六萬餘兩幾及歲課六十餘萬之半官吏視爲應得罔恤商艱加以河東鹽由陸運引重致遠脚費繁多每名自數十兩至百餘兩不等引地定價已久不容加增因而相率爲僞攙沙短秤民間購一斤之鹽僅得半斤之用引地愈遠民食愈艱此河東鹽務疲累以致商民交困之實在情形也臣等會

晤以來無日不公同商酌輕鹽本必先定池價革浮
費必先行票法減運脚必先分口岸併將緝私之法
分寓其中而大要總在留商改票先課後鹽庶法立
無弊而行之可久蓋引有專商票無定販留商招販
必使先課後鹽而後引目雖改不至虛懸課項有常
無虞短絀查向來坐商壟價總以缺産爲詞臣等周
歷鹽池見其地面寬廣鹵氣醲厚卽雨暘偶有不齊
衰多益寡總足敷五千六百餘名之額鹽貴之病實
不在缺産而在走私現擬定白鹽一名至貴不得過

六十兩青鹽以次遞減坐商工本之外儘有盈餘不許居奇擡價併令坐運各商立法互相稽察遇有售私官爲懲辦但使鹽不旁流則池價常平而商鹽自足其錠票銷價應爲核減畦地租典先儘運商總期成本減輕以敵私而衛課至出鹽行鹽各地方官吏浮費無不出自引商今旣改引行票卽令各商逐款開明永遠勒石示禁併以另籌公用一款每票一張徵銀七分有奇隨課收發以爲管鹽衙門辦公之用此外需索分毫官吏總商皆坐贓科罪其領票招販

完課掣鹽截角繳票各事宜卽仿照兩淮票法稍爲變通以歸簡易而防弊混再查河東鹽行河南引地向歸商銷自嘉慶二十四年改爲商運民銷以會興鎮爲發鹽口岸商民稱便現擬將陝西並本省之鹽一律設立口岸與會興鎮分爲三路各行各票不得互相攙越鹽到口岸然後發販隨地銷售商人自運亦從其便計一籤之商省官吏浮費銀二千餘兩脚價房租辛工等項數千兩所省旣多卽令一律售賣淨鹽再有攙沙短秤者嚴行究辦惟商販輾轉脚戶

衆多恐有夾私漁利應由臣兆那蘇圖遴委廉幹同知通判州縣各員分駐口岸嚴查懲辦於節費之中兼寓疏銷之法此臣等通籌全局改定章程之大概也統計河東全綱就上年鹽價比較節省銀三十八九萬兩設遇豐收池價更減所裁浮費除酌留公用外實裁銀二十六萬餘兩其改立口岸亦可省公私等費十萬餘兩通三項裁省銀七十餘萬兩向之賠累者轉獲贏餘從此得人守法商力不疲不至告退即間有事故歇業者或運商歸併或坐商頂充二者

無人卽各就各省運商按籤勻辦永不准再有舉商保商流弊臣等復傳集坐運各商一百四十餘人面加講求示以變通辦法有無窒礙難行之處不妨據實禀明該商人等鼓舞歡欣僉稱具有天良感激朝廷德意並願將現停一半活引四萬三千七百五十道一併改票運銷仍交銀八萬二千二百六十餘兩所有河工經費前請奏減銀二萬餘兩茲亦仍照十二萬兩之數一併解交臣等公同察看所復之數較新章裁省七十餘萬兩之數不及十分之一於商力並

無妨礙應准復還原額並據投具甘結前來茲臣等
於本月十五日回省謹將會籌擬改各章程分列十
四條另繕清單恭呈
御覽
一籤商之弊宜永遠禁革也河東池鹽自
國初招商分引以來從前保舉富戶之說乾隆年間鹽
臣薩哈岱奏請在晉省舉報富戶充當人始視爲畏
途嗣改爲五年更換百弊叢生經前撫臣農起奏請
更定長商六七十年循而不改逮至道光二十四年

前撫臣梁萼涵又因舊商告退奏請將新商試辦三年名爲短商乃行之甫及六載已更八十餘商其到官營免者尚不在此數緣富戶不諳鹽務全憑商夥經理浮冒侵漁本商因試辦不久甘受其愚比及三年祇圖脱身隨意舉報被舉之戶多方規避或賠課免充或挾貲遠遯遂至一商告退通省騷然臣兆那蘇圖所以有改復長商之請蓋運商受病之源不在承充之久暫而在賠累之過多茲臣等奉
命來晉目擊情形知籤商之弊一日不除鹺綱一日不整

而晉民疾苦一日不瘥現擬留商改票裁去浮費應攤減定池價銷價成本愈輕從此運商儘有贏餘不致仍前竭蹷倘復有藉口告退希圖拖累他人者概不准行惟間有因他故歇業者必須通商出具連環甘結由河東道詳明巡撫衙門方准告退所領引目或由運商歸併或由坐商頂充二者無人再各就各省運商名下均匀配搭運銷在衆商所加無多引課亦歸有著其從前保商籤商之弊應請永遠禁革以安生業

一改引行票宜責成現商領票招販納課掣鹽也查引由商銷票准民販而票之較勝於引者在官則省浮費在商則省辛工其餘運鹽赴岸車騾脚價俱可從省所以輕成本利轉輸也然改票爲商人甦困之良圖非爲商人脱身之私計自應明定章程責成辦理自咸豐二年癸丑綱爲始商人領票按照原領引數限期赴道請票呈明該商於某坐商某畦某料第幾號配定靑尖鹽若干名卽將課項封足由監掣衙門督同庫官彈收將票先截第一角方准掣鹽鹽到禁

門場官核對鹽票相符查無夾帶再將票截第二角由該商押運到店將票收帶以憑沿途照驗鹽到口岸將票呈交口岸委員截第三角按限申繳其鹽或發販轉運或由商人自運均聽其便遇有引地滯銷許商販運赴暢銷地方售賣如有夾私影射等弊各商販互相舉發稟官究辦其各商名下應交票課每年自二月起截至九月止責令埽數全完不許絲毫帶欠違者叅追

一三省公私浮費宜一概革除也鹽務陋規久干例禁

現查運商呈出底帳每商名下各引地浮費自一千二三百兩起至四千四五百兩不等前歲臣兆那蘇圖會經奏裁十分之四甫經奉部覆准茲將通綑核計所費不下十餘萬兩贓攤尚在其外實屬不成事體姑念歷有年所官非一任地非一處應請從寬免議茲既改引行票仍責成現商領票招販納課掣鹽恐陋習相沿難保不仍前授受應嚴申例禁所有商人向交浮費無論何衙門何項名目一概革除不准再有絲毫勒索倘各該管官吏及行鹽各地方官陽

奉陰違一經發覺卽坐贓科罪再票商經過沿途關津文武兵役以及地方匪棍刁難訛詐許受害之人指名禀究從重懲辦地方官不爲申理許該商販徑赴巡撫衙門控告問實嚴參

一總商攤派之弊宜嚴行禁絕也運城爲三省行鹽總彙向置商廳各商中擇其明白曉事者點充綱總嗣因把持漁利乾隆年間曾將綱總名目革除另立値年司季各商輪流辦公現查商廳每年攤派有五六萬兩至十餘萬兩之多任意冒銷已可槪見且運鹽

正商百餘家無幾人自行經理商夥與總商勾串營私大爲衆商之害前歲臣兆那蘇圖查明河南會興鎮值年司季業已裁撤改爲輪流辦公河東因有承辦事件擬擇公正殷實者三家定爲值綱三省各派値省一家管理事務現在改引爲票浮費一槪革除運城商廳應卽裁撤並責成河東道監掣同知督率各商從新整頓不准再有廳攤名目以淸弊竇

一池鹽宜酌中定價以免居奇也坐商無轉輸之勞澆曬供運理應公平交易乃近年以來往往有曬鹽已

成以多報少囤積待價漁利賣私現在池價每名賣至一百餘兩之多運商賠累實由於此雖產鹽豐歉容有不齊而將贏補絀澆曬工本不致大相懸殊前歲臣兆那蘇圖會經定價三等奏行尚未畫一現在臣等會同訪察傳諭坐運各商令其酌中定價不准任意取贏據各坐商結稱白鹽價至貴不過六十兩靑鹽價至貴不得過四十兩如有誤曬居奇願甘承罪畦地入官各等語應令河東道隨時查察倘嗣後坐商再行藉詞昂價准運商呈官懲辦再查運城商

夥往往有串通坐商短給鹽價攙和硝土情弊以致官鹽滯銷殊堪痛恨應責成河東道督率監掣同知及各口岸委員嚴切稽查如有前項弊端卽將該商夥並坐商盡法究辦

一酌減銷價以歸核實也從前坐商治畦曬鹽兼辦引課無所謂銷價也迨後坐商乏致遠之力三省引地皆由運商包運納課償之以價以爲坐商工本每錠出給銷價銀二十四兩乃日久滋弊名實不符坐商將錠票典與他人卽將銷價作爲利息並與澆曬無

關是坐商祇管賣鹽並不交課旣得鹽價復得銷價轉典漁利而運商重出無名之費雖節經裁減所省無幾今旣查明其弊本應一體刪除惟念各商典非一日若遽以法相繩不免商民失業當即傳問各商據結稱每名銷價定爲六兩交收嗣後仍責成河東道隨時稽察違者立即懲處亦補偏救弊之一助也

一畦地租稞宜申明舊章以防流弊也河東鹽法坐商有畦地而無力澆曬者准其呈明或租於運商或租於同畦夥商盡運商承辦引地例得澆曬以資配運

夥商有通力合作之義不致以罔利壞畦故租稞無
緣嗣因市棍串通賃畦收曬以致場價日昂乾隆四
年十七年屢嚴私租私稞之禁犯者鹽入官人坐罪
遇有惰曬惟本坐商是問現在河東畦地租稞流弊
更甚於前夥租者按年輪曬把持誤公先曬者盜乞
鹽根屯私肥已種種詭譎貽害匪輕應責成河東道
實力查禁現在已租各商令其加工澆曬以供配運
如再有把持誤公及盜乞屯私等弊即予懲辦嗣後
坐商無論租賃典賣總須歸運商及同畦夥商管業

不准市棍串通承買承佃以杜昂價而防壞畦違者
鹽入官授受人均照阻壞鹽法律治罪
一核定科則以輕成本也現在改引行票應將晉陝豫
額代正餘活引歲徵正雜科則卽定爲行票科則其
山西潞澤節省改照河南通攤唐裕歸公之例每引
攤銀九分零加以現定至貴池價每引銀五錢銷價
每引銀五分公用每引銀七分零統核改票成本山
西河南每票銀一兩六錢零至一兩七錢零陝西每
票銀一兩五錢零至一兩六錢零比較從前成本奚

酌減半該商等但當實心經理非惟不致賠累自必銷路暢而獲利多矣至以上應交正雜各項應令遵照新章於領票後一併交納運庫方准赴場掣鹽毋任遲延

一票鹽口岸宜酌量安設也查嘉慶二十五年豫引改爲商運民銷鹽斤渡河即在河南陝州之會興鎮設立口岸分路發販迄今三十年商民稱便現在留商改票山陝二省均應設立口岸以便招徠經衆商將應設口岸地方妥議呈請核辦前來臣等公同酌定

除河南會興鎮照舊設立外其陝西省三十四處向有永濟縣之下馬口夾馬口渡河過載今仍從其便山西本省四十四處山路崎嶇運脚繁重自應妥爲分設所有澤州潞安平陽三府霍絳二州各屬口岸應由臣兆那蘇圖委員察看適中地方設立以上三省口岸均應派委同通州縣一員分駐巡防並令各商販將鹽票呈交截角按限申繳至山西省近池蒲解兩府州屬票鹽應於安邑運城兩處立岸發販所有票鹽由各該州縣截角申繳以歸簡易

一鹽池透漏宜嚴行巡緝也引鹽改票首重緝私然必先禁坐商之私方爲正本清源辦法坐商積弊向有大賣小賣之號計堆計擔之名或刮收於未成料之先或預先串通新鹽夾積成料之內種種弊端不可枚舉應責成河東道嚴飭各場員於每年盤鹽歸料之時將新收詳細丈量編號冊報該道覆丈有無收多報少轉詳巡撫衙門存案並先於二月興工即飭坐商出具十家連環保結一家漏私九家舉首徇隱連坐有能破獲者將鹽充賞開釃以後該道分飭各

場員駐池督曬以産鹽之盈絀定督曬之勤惰分别功過以示勸懲開場放鹽之時守門人役查出夾帶者從重給賞至圍牆以外當飭三巡檢督率弓兵巡役按段巡緝以防扒越走私等弊如查緝不力兵役責革本管官叅處再近池村莊多有匪徒設立私窩勾引販買或乘夜馱載或用船運渡應飭令近池文武各衙門嚴密訪拏以絶根株

一三省引地及新立口岸私鹽宜並行堵絶也查河東引地周圍二千餘里東與長蘆南與兩淮西與花馬

池接壤其北則有口鹽蒙鹽而吉蘭泰之私沿河直下蒲灘之私地處適中尤易侵灌爲害不可不設法堵絕經臣等親赴蒲灘察看情形除飭該管府縣並遴委幹員分駐認眞查禁外應再責成蒲州協挑選得力弁兵於二灘滷氣最旺之處各設卡房每歲自二月起至八月止分駐巡查不許擅離遇有堆土開池立時拏究如一年後私曬果能堵絕將該員弁酌量奬勵二年著有成效即由臣兆那蘇圖奏明拔補其吉蘭泰私鹽以水運爲大宗由臣兆那蘇圖訪查

上游磴口等處發運地方設法稽查不使用船筏順流直下遇有河船夾帶停泊售賣卽行兜拏究懲至各引地鄰私從前因河東鹽苦價昂州縣每藉口不能禁止今改立新章價平鹽淨如再有鄰私侵越卽係各州縣有心故縱一經發覺立將該地方官按律叅辦再現在分立各口岸過載換馱過河渡口應嚴飭該地方官及派委員弁隨時隨地實力稽察夾私影射等弊有犯必懲其官鹽過境驗明印票刻卽放行倘有留難索詐等情許該商販稟究無論商販兵

役人等如訪得窩囤私鹽准密稟該管官究辦所獲鹽斤一半充公一半賞給告捕之人州縣委員有能查拏至五萬斤以上者酌量獎勵倘怠惰失察差役徇縱以致私充官滯即將該州縣照例參處委員記過停委如此嚴密查緝各固藩籬似於三省票鹽不無裨益

一另籌公用核實支銷也河東鹽行三省凡管鹽衙門督徵巡緝監掣稽查各有承辦事件茲旣將通綱浮費銀二十六萬餘兩一概裁除若不量爲籌款不足

以資辦公且此外尚有解餉津貼以及營兵薪水各項向不作正開銷皆取資於公費臣等公同商定按綱徵銀五萬三千三百餘兩每引均攤不過七分有奇隨同正課交納並酌擬某處給銀若干某款應用若干分列款目每年由河東道具詳如數分解倘遇撥解京餉所有津貼應照河餉解費按引分派隨課封交總不得另生枝節以示體恤而昭核實

一河南票商請酌加鹽斤也查晉陝豫引鹽向係每引二百四十斤嘉慶二十五年前撫臣成格奏請調劑

案内山陜二省每引加鹽十斤每名合鹽三萬斤免其加課河南省改爲商運民銷仍照舊每引二百四十斤每名止得鹽二萬八千八百斤茲據該商冀六成等稟請照山陜二省成案加鹽十斤臣等公同商議現在改引爲票山陜與河南係屬一律辦理准其每引加鹽十斤每名通合三萬斤之數免其加課但加斤之後商力更裕所賣鹽斤不許短秤攙沙以便民食倘有前項弊端卽將該商人從重治罪

一潞澤節省銀兩應歸山西通綱均攤也查潞澤節省

一項雍正四年商人范毓馪承辦潞澤二府等引地得有餘利於正課外交節省銀二萬兩與豫商唐裕歸公無異均不在正課之中嗣河南改爲商運民銷所有歸公一項攤入通省封納茲據潞澤二府商人曹七合等稟請仿照辦理臣等復查潞澤二府各引地運脚較繁且前項銀兩係相沿交納並非現商節省應准其歸入山西本省商人按引分攤以昭平允再鹽務關鍵首重緝私私不緝則票鹽不可得而行也臣等將河東引地私鹽來路博訪遍籌緣晉省土

多雜城省北一帶刮土煎鹽向不藉河東鹽爲民食
省南例銷河東鹽之處閒有貧民刮城煎食並不與
販自毋庸另立科條其山西引地與長蘆交界河南
引地與兩淮交界陝西引地與花馬池交界從前河
東本重價昂民閒食私容或不能盡禁今成本減輕
商賈圖利自必價平鹽淨若再任聽鄰私侵越則地
方官查禁不力之咎更無可追然臣等查河東私鹽
患在肘腋者尤莫甚於蒲灘而吉蘭泰與蒲城灘次
之蒲灘在蒲州城外南北二段舊係河灘陞科後因

滷氣日盛荒廢不耕失業貧民因而私曬經河東商
人呈請代完糧賦禁止曬鹽又兩次捐畝津貼銀一
萬三千一百餘兩歷年由永濟縣散給原於禁止私
鹽之中寓體恤貧民之意茲臣王慶雲臣聯英於運
城查辦事畢後會同臣兆那蘇圖馳赴蒲州連日周
歷二灘勘得該處長約百里廣自數里至十數里不
等東逼中條山麓尚有熟田西臨黄河地皆蕪廢其
滷氣最厚者南則夏陽獨頭常旺等村北則十里店
韓家營城莊等村其餘多係熬城而不能曬鹽之地

並訪知二灘私曬必先期掃堿成堆下開池口淋滷入池烈日蒸曬始成鹽花隨公同察看荒地之中土堆池面形迹尚存詢據各村耆老鄉約僉供近日實無私曬此語殊難憑信斷不可不嚴申禁令應由臣兆那蘇圖嚴飭蒲州府及蒲州協督率文武員弁嚴切稽查遇有私曬立拏究辦其土堆池口無論新舊勒限一律剷平並責成永濟縣於散放津貼時查無私曬方准給銀先期親諭各村民出具連環保結一家私曬將闔村津貼之銀全停散給仍不時密查該

守令將弁等如有因循諱匿情弊立予叅處至吉蘭
泰鹽產自口外例准接濟省北土鹽之不足不得用
大船木筏順流直下臣等思大河溜若建瓴疾於奔
馬卽設巡船勢亦不能禁遏莫若於上游發運之處
嚴爲禁止令仍遵舊例由陸運入邊輸稅至貨船不
免夾帶晉省黃河對岸卽與秦豫分界必須三省不
分畛域遇私鹽停泊售賣實力查拏且吉鹽顆大色
紅易於辨識務期杜偷漏而防侵灌又訪得蒲城灘
及鹵泊池地屬陝省私鹽出沒並秦豫與鄰省交界

各處時有售私應請

旨飭下陝西河南各撫臣會同臣兆那蘇圖妥議章程和衷共濟督飭各所屬文武員弁乘此新章認眞查禁遇有破獲即與按律究辦以仰副

聖主整頓鹺綱之至意

再臣等前經會同山西撫臣兆那蘇圖籌辦票鹽擬定新章十四條業已恭摺具奏茲復逐款勾稽科則條內銷價一款係額代鹽引應有之項餘活引內有公費而無銷價兩相抵算所有山西河南二省成本

每票銀止應一兩六錢零陝西省成本每票銀止應一兩五錢零又山西潞澤節省銀兩前以未復活引之數分攤每票計銀九分零今以全復活引通綱攤算每票止應徵銀八分零應一併奏請更正除咨山西巡撫遵照外理合附片陳明

留商改票章程部咨　咸豐二年

戸部咨山東司案呈本部議覆

欽差本部左侍郎王慶雲等會奏通籌河東全局酌議留商改票先課後鹽章程一摺又巡緝私鹽附片一件於咸豐二年四月初四日具奏本日奉

上諭前因王慶雲聯英會同山西巡撫兆那蘇圖奏通籌河東鹺務酌議留商改票先課後鹽章程開單呈覽當交戸部妥議具奏茲據該部逐條核明分晰議奏如所禁籤商以省拖累責成改票以期暢銷革浮費禁攤派

以杜虧絀定池價減銷價申明畦地租課舊章以免流弊覈科則以輕成本立口岸以便發販緝鹽池之透漏堵引地之私售另籌公用酌加鹽斤及潞澤節省銀兩歸於逼綱攤完各條既經該部悉心籌度分别准行著即照新定章程妥爲辦理整頓鹾務總以裁費緝私爲剔弊大端裁費務盡不得名去實留緝私本地方官負之責現在池價既定恐坐商罔利售私必應認眞巡緝不得藉口減費稍存玩泄該撫惟當飭屬力除積弊恪守新章鹾務自日有起色倘該官商等有敢於阻撓廢

格以致辦無成效卽著指名叅辦毋稍徇隱另片奏查
禁私曬堵緝鄰私各等語著山西巡撫督飭地方文武
員弁實力稽查嚴禁侵越其鄰省交界地方尤應不分
畛域認眞查緝並著陜西河南各巡撫會同山西巡撫
妥議章程奏明辦理欽此

敬陳管見亟宜變通鹽務疏咸豐三年　大學士　祁寯藻

竊照咸豐三年八月十三日奉

上諭戶部奏遵議哈芬條陳河東鹽務一摺並請派大員

前往查辦等語著派朱　恆春馳驛查辦欽此旋因

恆春奉

命簡放山西巡撫朱　尚未前往嗣於十月十二日恆

春片奏揀員接署道缺摺內奉

硃批知道了諸多推託緩辦乃向來積習豈可專俟直省

凱撤後再從新料理耶欽此仰見

聖明洞燭整飭鹺綱之至意鹽務本係巡撫兼管該撫自必迅速妥籌力求長策惟臣等伏思事期久而無弊法與時爲變通山西鹽務自籤舉富戶之說起而百弊叢生不可究詰大抵籤舉之初官吏視爲魚肉告充之後夥厮朘其脂膏是故定長商則苦於誅求改短商又慮其規避自乾隆嘉慶百數十年來迄無經久歷遠之法爲今之計若仍僅調停於長商短商之間亦不過敷衍於五年十年之際終爲小補何裨遠猷臣等再四熟籌莫若使現在運商一百餘家遵照

臣部上年捐免充商原奏准其一律捐免所有鹽課
另議就場徵收似爲保民裕
國一舉兩得之善策查晉商疲累一在鹽本之鉅一在
浮費之多一在運腳之重而尤莫患於銀價昂貴今
日完銀一兩足抵昔年二兩有餘因而商力難支道
光三十年前撫臣兆那蘇圖奏商人承辦半籤引地
者每年需賠銀四五千兩承辦一籤引地者其賠累
則又倍之今祇出其頻年賠累之資集一成數即准
其告退俾得爲脫然無累之身而又永無籤舉之患

有不樂從者必非人情其捐免銀數就各商籤數之多寡家貲之厚薄按一百餘家合計多則爲銀三百萬兩少亦不下二百四五十萬兩並足以佐目前軍餉要需尤爲事機之不可坐失者也至於課歸場徵在河東爲易辦河東鹽池周圍百二十里垣堰之重疊舖舍之周密澆曬之工價出鹽之界限一目了然非如他省之海濱廣斥散漫無稽者可比無論爲商爲販但售一引之鹽卽徵一引之課責成鹽道督率三場大使隨徵隨解此其易辦者一也河東鹽法舊

係坐商辦課後雖設立運商而引目猶用坐商錠名今運商雖准捐免坐商仍舊治鹽美利所在人必爭趨此其易辦者二也河東鹽銷晉陝豫三省其本省平蒲潞澤等府係屬疊嶺重關鄰私絶迹務必仰食池鹽其河南陝西口岸壤地相接凡池腳馱費比本省猶爲輕減又況課歸場徵一切浮費更可大裁成本必輕銷路必暢亦無慮鄰私侵佔此其易辦者三也河東鹽池爲天地之大寶自唐虞三代以來獲利起家者往往見之載籍晉商最工心計凡省會之所

歸懋遷之所聚貿易者居多豈鹽池自然之利獨無
一過而問乎此其易辦者四也臣等公同商酌就目
前之時務揣現商之情形實有見於捐免充商課歸
場徵爲保民裕
國一舉兩得之善策應請
旨勅下山西巡撫恆春郎就臣等指陳各情體察情形速
議章程奏明辦理並先將捐免銀數一面奏報一面
聽候撥用毋任遷延時日致誤事機是爲至要十一
月十四日奉

上諭戶部奏河東鹽務亟宜變通一摺河東鹽務自有籤商之議百弊叢生近年以來酌議章程屢定屢改不過調停於長商短商之間仍未能經久不敝今據該部奏請就現在運商一百餘家各按籤地之多寡家資之厚薄令捐免充商永無籤舉之患該商無不樂從所有鹽課另議就場徵收恤商裕餉誠爲兩得之計據該部約計捐資可得銀數百萬兩軍餉要需亦可藉資接濟至就場徵課該部所稱各條果能經理得人必當日有起色恆春前在山西歷任有年於該省鹺政情形定能洞

悉今任巡撫鹺政是其專管亟應妥籌良法與時變通著即照該部指陳各節體察情形速議章程奏明辦理並先將捐免銀數覈明奏報聽候撥用毋得任聽屬員朦混遷延致滋貽誤原摺著鈔給閱看將此由四百里諭令知之欽此

河東捐免充商部議　咸豐四年

戶部疏稱據山西巡撫恆春疏稱竊臣蒙
恩簡任晉撫兼辦河東鹽務時與司道屬吏詢求救弊情
形深知長商短商均非經久善策正在提集衆商妥
議捐辦改章間十一月二十日接准軍機大臣字寄
咸豐三年十一月十四日奉
上諭戶部奏河東鹽務亟籌變通一摺河東鹽務自有籖
商之議百弊叢生等因欽此跪聆之下仰見我
皇上恤商裕課之至意伏查河東鹽務舊係額徵正課等

項銀四十八萬餘兩嗣於嘉慶十五年加徵河工經
費銀十六萬四千餘兩十八年又加吉蘭泰活引八
萬七千五百道課務經費等銀六萬八千餘兩彼時
長商辦運已屬課重難支迨至道光二十五年前撫
臣梁萼涵因銀價日昂商力疲極議准試辦三年自
是百弊叢生其害不可枚舉咸豐二年
欽命戸部侍郎今任陝西巡撫王慶雲前江蘇布政使聯
英會同前撫臣兆那蘇圖復行查辦雖經大裁浮費
酌定長商而極疲之家無力辦運商累仍屬難除誠

如

聖諭不過調停於長商短商之間未能歷久不敝臣仰承

訓示並繹部臣原奏自以商捐免辦另於鹽池收稅納課爲目今第一要圖節經嚴催各州縣提集各商到省遴委明幹大員等開導再三已據商總孫慶餘等七十餘家共書捐銀二百六十餘萬兩除極疲十數家毋庸議捐外尚有王裕泰等十數家多方推諉現飭委員極力曉諭約計續捐成數共可輸銀三百餘萬兩上下惟不能一時措交求分三限呈繳自應俯順

商情稍寬時日現因軍餉孔亟責令各商歲內先湊
交銀二三十萬兩一俟收庫立卽起解查河東引鹽
山陝二省向係商運商銷嗣後改爲官運官銷河南
一省向係商運民銷嗣後改爲官運民銷均於鹽池
挨名納稅並定先課後鹽務期無虧正額試辦一年
如果有效自可經久奉行所有酌議章程十條應請
勅部議覆並
諭下陝西河南撫臣一體會籌辦理庶商民均沾樂利而
鹺政日有起色等語臣等伏查上年十一月臣部以

河東鹽務急宜變通擬令現在運商准其一律捐免所有鹽課另議就場徵收原不僅爲晉省商人出水火而登衽席誠欲得數百萬鉅資藉佐目前軍餉而此後鹽務亦必從長計議求一經久不敝之方庶幾一舉兩得茲據該撫勸諭約可捐銀三百餘萬兩可見人情之所樂從即爲事理之所易決所捐銀兩應准其分三限呈繳報部撥用至臣部原奏此後鹽課就場徵收意在不拘票販不論官私但使浮費盡裁成本頓減則銷路必廣招徠匪難向日之憚於充商

者今且羣樂於爲販況現在捐免各商乃平日出資賠墊之富戶耳其商夥商廝凡仰食於鹽池之人奚翅千計今若改爲官運非如票販之可以衆往羣趨恐私運私銷從而加厲且若輩生長河東熟諳鹽務一旦失其成業難保不句結販私與官爲敵不可不預爲之防該撫原奏章程中均未計及未免疎漏惟查官鹽行銷之暢滯以私鹽之有無爲斷私淨則官暢私不淨則官滯必然之理也向來辦法行銷責之商人緝私責之州縣州縣意存膜視辦理不肯認眞

鹽務疲敝多由於此今擬改爲官運官銷則行鹽之人即緝私之人所辦係切己之事而事權又歸於一與商人之止能行鹽而緝私則仰仗他人者較然不同此官運之所以愈商運也溯查道光二十九年臣徐　在山東巡撫任內會議變通鹽務奏准將山東德州等二十州縣衛統改官辦河南商邱等九州縣委員前往辦運並籌借運本分限五年解交運庫還款如該州縣行銷不力或將運本逾限不繳立予棨撤在案現在奉行數載已有成案可循又況河東產

鹽止此一區之地內有鹽池外有牆垣耳目易周防範非難與兩淮長蘆等處鹽場散在各州縣占地或百餘里或數百里之遠隨處可以走私稽查難於徧及者又復迥異今既據該撫定爲官運自必通盤籌畫熟慮而從應令自咸豐四年起試辦一年其咸豐三年引課仍照舊章奏銷毋許牽混並請

旨勅下陝西河南各撫臣會同該撫將官運章程一體籌商釐定條款飭屬妥辦以期裕

國便民勿蹈臣等所指前項弊端方爲至善至該撫所

議章程內請將河工經費吉蘭泰活引潞澤節省唐
裕歸公等項銀二十餘萬兩永遠豁除俟軍務告竣
後以公捐銀三百萬兩發典生息每年得銀三十萬
兩抵補豁除之數殊不思捐免籤商之舉原因該省
每逢更換疲商則富民避額而現在軍餉浩繁又亟
須續籌接濟故議令現商各出捐貲永免籤舉在
國家旣獲加增之款在商民得免苛派之虞辦理之意
實在於此而於河東額徵鹽課毫無干涉豈可因其
一捐之後遂將

國家常年應徵之課則藉圖永減況所捐之銀不過三百萬兩若將常年額徵河工經費等項二十餘萬永遠豁除計不過十餘年所捐之數已豁除淨盡此後常年虧銀二十餘萬兩是目前所獲之捐貲有限而日後所捐之正課無窮況既捐之三百萬原爲急籌軍餉而設該撫已奏明全行解部事竣之後此項已早爲軍餉用去部中又豈能再籌巨款照數解往該省以爲生息之資耶臣等公同商酌與其照該撫原議將額徵稅銀二十餘萬終歸無着莫若量加科則

開曬蒲灘為酌盈劑虛之策較有實濟謹就思慮所
及逐款臚陳另繕清單恭呈
御覽
一原奏稱山西陝西兩省改為官運官銷也官運之法
責成兩省中銷河東引鹽各廳州縣自派妥人領運
納課按名清交道庫均由監掣同知編明各廳州縣
額定引鹽票據給領照運運畢後彙繳查銷惟領運
之初各需借給成本於銷價生息本銀內發交各廳
州縣每處銀二千兩以為運本永遠列入庫儲如有

虧短照侵蝕地丁例嚴行叅追每運先課後鹽不准稍有懸欠惟現在銷價本銀各商均未卽交擬在商捐銀內暫借銀十數萬兩先作運本統俟一年後銷價本銀繳齊卽行歸還商捐原銀報部撥用等語臣等伏查山西陝西二省引鹽既據該撫定爲官運官銷所有編引給照領運納課各事宜均應如所議辦理仍按額委員赴部請領引張編發行運銷完殘引送部繳銷至各廳州縣每處借給銀二千兩以爲運本查運本之多寡視額引之數目山西各屬額引自

一二百道起至一萬餘道不等陝西各屬額引自百
數十道起至七八千道不等殊未便一律借給銀二
千兩漫無區別應令覈實借給並令酌定年限解還
借款未便永遠列入庫儲致滋弊混如有虧短即照
侵蝕地丁例嚴行參追每運先課後鹽不准懸欠現
在各商應交銷價本銀既未能即時繳清准於商捐
款內暫借動用統俟銷價本銀繳齊即歸商捐原款
報部撥用其各廳州縣領運若干納課若干借本若
干應令分晰造報以憑稽覈

一原奏稱河南一省改爲官運民銷也查河南省向食河東引鹽各州縣均係商人運至會興鎮聽民販自行買銷今既革除商運應責成河東道督同監掣同知遴委妥員一體借給運本仍按引運至會興鎮任聽民販買銷定爲先課後鹽以杜虧欠等語臣等伏查此條辦法與前條大畧相同應准照辦仍責成該道廳秉公潔已遴委妥員認眞辦理所有借給運本數目亦應分別覈給一併造報並酌定年限解還借款不得永遠列入庫儲

一原奏稱鹽池官運官銷及官運民銷應暫酌定稅則妥爲試辦也查河東鹽池坐商措資澆曬每歲豐歉不等至豐之歲約可獲鹽七千餘名至歉之歲不過三千餘名截長補短逐年均作獲鹽五千餘名酌覈每鹽一斤暫收稅銀三釐五毫每名三萬斤可收稅銀一百零五兩以五千名覈算約共收稅銀五十二萬餘兩除交納正課銀四十五萬餘兩尚餘銀七萬餘兩卽作爲蒲灘津貼鹽池歲修及一切公費之用另行覈明咨報統俟試辦一年後如果運銷無滯卽

可作為定額倘因稅本較重或至滯銷虧課隨時體
察情形再為設法籌辦等語臣等伏查稅則之重輕
關乎行銷之難易然必以售鹽之價值為衡使成本
之外綽乎有餘則領運不難而收稅自易查山西平
陽等府州縣每斤售價自一分四釐零至三分三釐
零不等陝西西安等府州縣每斤售價自一分七釐
零至二分五釐零不等河南南陽等府州縣每斤售
價自一分八釐零至三分五釐零不等卽令隨時長
落不致大相懸殊該撫所定稅銀三釐五毫似屬稍

輕臣等公同商酌擬每斤再加五毫統以四釐爲率
此外除鹽價池脚山脚等費外一切浮費概行删除
不許絲毫需索則每斤總計成本不過七八釐斷不
致因稅本較重或至滯銷即以五千名合算約可收
稅銀六十萬兩以之抵補河工經費等項豁除之課
較有實濟再查該撫原奏河東向徵鹽課四十八萬
餘兩而此條又稱四十五萬餘兩數目未符應令查
明實應徵課銀若干分晰款目迅即咨覆
一原奏稱河東各商現計約可公捐銀三百萬兩上下

自應革除充商請將河工經費吉蘭泰活引及潞澤節省唐裕歸公等項課銀永遠豁除也查河工經費吉蘭泰活引均係嘉慶年間復商後增添而潞澤節省唐裕歸公等項亦由商人按引均攤並非實有餘利近年銀價加昂各商因之受累今既公捐銀三百萬兩上下將來發典生息以長年一分計之每歲應收息銀三十萬餘兩足補河工經費等項二十餘萬兩增課之數自應將前項課銀全行豁除祇於官運官銷官運民銷責納正課至此項商捐銀兩現因

國帑支絀暫行撥用統俟軍務告竣後再議發典生息以還原額等語臣等伏查河工經費係嘉慶十四年因南河工需加課銀十六萬四千餘兩原案俟河工告竣即行停止嗣據長蘆兩淮等處先後奏准停徵而惟河東商人照常輸納本屬偏枯其活引課銀六萬八千餘兩係嘉慶十八年停止吉蘭泰引鹽八萬七千五百道加於河東帶銷謂之活引本非定額至唐裕歸公銀一萬九千餘兩潞澤節省銀二萬兩係雍正乾隆年間商人所得餘利節省歸公亦非正課

可比以上三款該撫奏稱向由商人按引均攤並非實有餘利近年銀價加昂各商因之受累係屬實在情形今旣商捐銀三百萬兩免其充當則無商可賠自應准其豁除另籌抵補惟原奏稱商捐銀三百萬兩現在暫行撥用俟軍務告竣後發典生息以息銀三十餘萬補河工經費等項之數在該撫不過爲請豁前項銀兩因借生息名目以爲將來彌補有期殊不知軍務告竣後各省善後事宜需費浩繁又安得此閒款發典生息是以臣等於前條徵收鹽稅項下

照該撫所定之數酌加五毫再於後條津貼蒲灘項下議令開澆收稅爲酌盈劑虛之策較有實濟所有商捐銀三百萬兩上下悉數報部撥用毋庸再議發典生息以免轇轕

一原奏稱河東各商現已遵捐銀兩應請由部發給永遠免商執照以示優恤也查河東商人承辦引鹽或充長商或充短商每戶中均係同族有力者出資公辦門數多寡不一今既遵例捐免該商等僉稱不敢照前定之例仰邀議給戶部山東司職銜祇求由部

查照此次公捐姓名總給永遠免商執照一紙以爲存據統俟依限交淸銀兩後再行咨明辦理等語臣等伏思咸豐元年臣部以行鹽省分富戶不願充商准其分等捐免給以戶部山東司職銜永遠免其籤舉奏准行知在案茲據該撫查明河東商人均係出資公辦門數多寡不一祇求查照此次公捐姓名總給永遠免商執照一紙以爲存據自應俯如所請統俟公捐銀兩依限交淸後由該撫咨明臣部查照發給以省繁冗而昭公允

一原奏稱鹽池坐商鹽價毋庸限定銀數也查河東坐
商不下數百戶多係無力之家畦地租自他人措資
澆曬每歲豐歉不等豐收則獲鹽多而本輕價賤歉
收則獲鹽少而本重價增歷來各運商自向坐商買
鹽行運其價值均隨豐歉爲長落素稱兩便並無居
奇今既改爲官運若限以例定價值誠恐一遇歉收
該坐商等遵照定價售賣不敷工本勢必多有歇業
則池內鹽斤短絀轉於運銷收稅大有妨礙應請將
坐商鹽價仍聽視豐歉爲長落毋庸限定銀數以歸

利便等語臣等伏查坐商售鹽如果公平交易則隨
豐歉爲長落自毋庸官爲定價惟道光三十年前撫
臣兆那蘇圖以近來坐商擡價居奇運商身受其累
曾經定價三等嗣於咸豐二年
欽差侍郎王慶雲等前往河東查辦訪明坐商往往有曬
鹽已成以多報少每名賣至一百餘兩之多因傳諭
坐運各商令其酌中定價當據各坐商結稱白鹽價
至貴不得過六十兩靑鹽價至貴不得過四十兩如
有誤曬居奇願甘承罪畦地入官各等語在案今旣

改爲官運該撫慮及歉收之年坐商以例價不敷工本必多歇業轉於運銷收稅大有妨礙所有池鹽價值應准其視豐歉爲長落仍不得過至貴之數並責成該管道廳嚴飭三場大使認眞督曬毋任坐商以歉收爲詞高擡價值致誤運銷如查有誤曬居奇情弊照例治罪畦地入官

一原奏稱官運價值毋庸例定銀數也查山西陝西河南三省各廳州縣向銷河東引鹽均係陸運原按程途之遠近定價值之多寡近來承辦各商每因官引

滯銷私鹽充斥不得不於例定價值中減數售賣以致賠累今既改爲官運官銷官運民銷卽與票鹽之法無異應聽各廳州縣及委員等各就地方情形酌定價值不必示以限制庶幾緝私加緊滯岸可轉爲暢不致虧本誤課等語臣等伏查官鹽定價所以示均平利銷售也自私鹽充斥官不敵私遂至定價亦爲虛設茲據該撫奏稱河東引鹽改爲官運官銷官運民銷卽與票鹽之法無異所有各廳州縣及委員領引運銷均聽各就地方情形酌定價值不必示以

限制但不許有擡價短秤以及攙和稍土勒售病民
等弊應請
旨勅下陜西河南山西各巡撫嚴飭所屬妥爲領運倘各
廳州縣所派非人甚至勾串胥役致有前項弊竇立
予嚴条至緝私本地方官專責現旣改爲官運自應
各顧考成加緊巡緝毋再膜視以整鹺綱而肅功令
一原奏稱蒲灘仍應嚴禁照舊查緝並給津貼銀兩也
查河東池鹽現定官運則按名納課鹽本較重若不
加緊緝私恐充斥必多竟至滯銷誤課所有南北蒲

灘二處自應照舊嚴禁澆曬其花馬池吉蘭泰各處走私隘口及解州小池尤應一體嚴查所有蒲灘原定津貼銀兩及官役弁兵緝私公費均於稅課餘項內議定支給另行分別咨報等語臣等伏查蒲灘私鹽從前之所以封禁並由河東商人代完糧賦又兩次按畝津貼每年需銀一萬三千餘兩原以河東池鹽足供額銷引目且池鹽有課本重私鹽無課本輕官不敵私是以嚴行封禁近年池鹽屢以歉收爲詞不敷配運且現在既收池稅即照臣部酌定每斤四

釐之數此外一切浮費概行删汰比之商運科則大爲減輕不得謂鹽本較重況蒲州南北二灘長約百里廣自數里至數十里不等滷氣日旺小民生計所關豈肯坐廢更難保無作奸牟利之徒藉官夾私勾串灘民乘間曬賣與其名爲封禁徒費津貼之資何如令其開曬藉收稅銀之益其每斤該稅若干比較池鹽酌定務使池鹽與灘鹽成本不相上下則斷無私充官滯之虞從此化私爲官非但貨不至棄於地貧民餬口有資卽每年津貼銀一萬三千餘兩可以

節省而前條請豁之河工經費等課大可將盈補絀
及解州六小池亦不妨一體開曬應如何設法辦理
之處請
旨勅下該撫督同河東道蒲州府將此事另作一案通盤
籌畫酌量情形奏明覈辦至花馬池吉蘭泰各處走
私隘口自當一體嚴查咸豐二年
欽差侍郎王慶雲等查辦時曾將各處私鹽情形詳悉縷
陳附片疏請
勅下陝西河南各撫臣會同山西撫臣督飭各屬文武員

弁認眞查禁在案誠恐日久視爲具文大小文武員
弁屢經更易應仍請
旨勅下各該撫臣查照前奏妥議章程會同奏辦
一原奏稱河東各商原領銷價生息銀二十九萬四千
兩請自甲寅年爲始免繳息銀並寬限一年清繳原
本以示體恤也查河東各商近年富厚均不如前今
竭力輸將籲求分限呈繳若責令遞交銷價本銀或
仍出息銀洵屬力有未逮且內有已革之商家產盡
絕無可追之項應請緩至甲寅年冬季再行歸交原

本並免取一年息銀以紓商力統俟追交後有無虧短另行分別覈明具奏辦理等語臣等伏查河東引鹽既據該撫定爲官運於銷價本銀內借給運本則該商原領銷價生息銀二十九萬四千兩自應趕緊交清以爲運本之用惟現在各商既公捐銀三百萬兩上下若將銷價本銀責令遞交或仍出息銀未免追呼過迫應准如該撫所請緩至甲寅年冬季歸交並免取一年息銀以示體恤仍令該撫居限追繳清楚毋任稍有虧短據實奏明覈辦

一原奏稱各商公捐銀兩爲數較多宜酌寬限期以示平允也查山西各商多係領運半籤近因銀價增昂每運各賠銀三四千兩及五六千兩不等今准捐銀免辦該商等自應樂從惟據僉稱通省商民全賴各直省生理流通藉資行運迺因賊氛不靖資本多致散亡現雖竭力書捐而一時全繳現銀萬難設法求於現交銀若干兩外寬立三限定於咸豐四年二月四月六月内陸續趕措交清不致再有延宕衆口如一查係實在情形應請准予分限以示優恤等語臣

等伏查河東各商公捐銀三百萬兩上下既據該撫查明該商等現雖竭力書捐而一時全繳現銀萬難設法求於現交銀若干兩外寬立三限定於咸豐四年二月四月六月內陸續措交應准照辦惟不准意存延緩致誤餉需應責成該撫每屆一限上緊催交悉數報部聽候撥用以重帑項

再河東鹽課既改爲就場收稅必當保護鹽池凡坐商之積弊相沿尤不可不認眞整飭查河東鹽池坐商有畦地而無力澆曬者准其呈明或租於運商或

租於同畦夥商盡運商承辦引地例得澆曬以資配運夥商有通力合作之義不致以罔利壞畦故租稞無嫌嗣因市棍串通賃畦收曬以致場價日昂乾隆四年十七年屢嚴私租私稞之禁犯者鹽入官人坐罪遇有惰曬惟本坐商是問咸豐二年

欽差侍郎王慶雲等查辦時訪明河東畦地租稞流弊更甚於前夥租者按年輪曬把持誤公先曬者盜挖鹽根屯私肥己種種詭譎貽害匪輕當經奏明責成河東道實力查禁除已租各商令其加工澆曬以供配

運外嗣後坐商無論租賃典賣總須歸運商及同畦夥商管業不准市棍串通承買承佃以杜昂價而防壞畦等因列入條款飭遵在案現在運商既皆捐免則坐商畦地如有無力澆曬者無論租賃典賣祗准歸同畦夥商管業不准市棍串通仍前滋弊違者鹽入官授受人均照阻壞鹽法律治罪並請

旨勅下該撫督飭河東道詳查致弊之源力求杜弊之法認眞查禁毋稍徇隱庶鹽價不至昂貴而運銷收稅均有裨益

《山西文華》編纂委員會 編

山西文華·史料編

增修河東鹽法備覽

第六册 卷七

清 江人鏡等◎修 清 張元鼎等◎纂

山西出版傳媒集團
三晋出版社

山西文華

增修河東鹽法備覽分目

奏疏卷七

三河口驗發陝鹽委員請暫給運判職銜以資彈壓
疏　王慶雲
商捐軍餉請加學額部議
酌取羡餘以濟經費部議
請加票以濟海防經費部議
潞鹽暢行請變通增課部議
酌議加票加費情形疏　英桂
加費加票以裕歲課部議
准減陝靈五成加費並停壬癸兩綱活引加票五百

名部議

准停前後加票並減半陝豫加課部議

遵查河東鹽務實情分別辦理疏　鮑源深

陝省減抽潞鹽釐金咨　邵亨豫

奉准乙亥綱積引分作兩年帶銷部議

奉准減徵本省五成加費部議

續准裁除三省加費羨餘部議

增修河東鹽法備覽卷七

陝省鹽課請歸地丁攤徵部議 咸豐四年

戸部議奏據調補山西巡撫陝西巡撫王慶雲疏稱竊照陝省行銷河東引鹽前經山西撫臣恆春疏請改爲官運官銷由部覆准咨行陝省試辦本年七月經臣將籌商先鹽後課按季截徵各條款奏奉

飭部核覆試行在案伏思鹽務關係

國課民食其要領全在疏銷陝省例食之官鹽約七八種潞鹽特官鹽中之一其餘私鹽旁見側出尚不在

此數是以臣前奏會將官鹽難運難銷情形瀆陳
聖聽半年以來竭力督催仍復隨時體察始知臣前奏難
運難銷者猶未窮其流弊臣始以爲官鹽難運不過
水陸紆迴果能運本充盈無難轆轤周轉乃自前次
藩庫籌本三萬兩外別無閒款可籌河東議借運本
迄無實濟不得已兼令州縣分運州縣不能自出己
資其運本所從來難保不移甲換乙掩舊挪新此中
情形不可究詰是官鹽難運不在道途而在資本也
臣始以爲官鹽難銷特因私鹽未淨果使竭力緝捕

或可積漸銷售乃查陝省自潞綱敗壞之後不特停運引地習慣行私卽商店尙存亦皆買私充官攙沙短秤苟且塞責一旦行運官鹽民間轉以爲不便城邑尙勉強買食村鎭則斷難銷售州縣慮及滯銷賠課或按里給鹽或計糧授鹽目前已屬支吾積久將成科派此陝省試辦官運官銷公私窒礙實在情形也惟是鹽課上關

國家正供不得不力求有著入冬以來臣與司道悉心體察博訪輿論僉以爲此項鹽課必須援照舊案改

歸地丁攤徵庶能官民兩便檢查乾隆五十七年陝西山西河南三省鹽課一律改歸地丁攤徵官民俱覺相安課項亦無短絀嗣於嘉慶十一年將西安同州商州乾州四府州屬改歸商運而鳳翔興安邠州三府州屬一再更議仍歸地丁溯查原案係地丁一兩攤徵鹽課銀九分九釐二毫零二忽三微四纖八沙七塵西同商乾四府州三十六廳州縣當日共額徵地丁銀一百二十二萬三千一百九十八兩五錢八分一釐共攤徵鹽課銀一十二萬一千三百四十

四兩一錢七分二釐比較咸豐三年奏銷額徵地丁銀一百二十二萬二千七百三十七兩七錢二釐計短少地丁銀四百六十兩八錢七分八釐係節年升豁不同是以減少此時議復攤徵自應照現在額徵地丁銀數按兩勻攤以九分九釐二毫核計共該額鹽課銀一十二萬一千二百九十八兩四錢五分二釐雖較原案攤徵之數短銀四十五兩有奇爲數無多宜仍舊貫再查陝省近年商課歲額徵銀一十一萬九千一百四十五兩彼此相較尚屬有盈其按年

隨同地丁徵納遇閏無增遇荒無減官無加耗民無
加費成案俱存均可遵照如此變通辦理仍係率由
舊章既於
國體無傷且於輿情甚順所有鹽課中官錢公務公費
已照原案併入每兩九分九釐二毫之內別無錙銖
累及農民所有陝省民食鹽斤聽民自運自銷更無
官私之別農民得食賤鹽以鹽價之所省抵攤徵之
所費亦屬有益無損至前准部咨每斤以四釐計課
細繹部議係因河東原奏每斤徵課三釐五毫酌量

加爲一引徵銀一兩以符整數其實河東原奏之每斤三釐五毫亦係通併陝西山西河南引額多寡牽算定爲按引課額二者均非陝西本省應徵鹽課之定額且銀價貴賤今昔懸殊若按照四釐科則均攤不但民力弗逮且恐愚民有加派之疑於大局殊有關係惟作事謀始不得不倍加愼重臣復將鹽課攤歸地丁之法面詢在籍公正紳士均以爲率由舊章官民兩便事屬可行合無請

旨將陝省應徵鹽課照乾隆五十七年舊案每地丁一兩

攤徵鹽課銀九分九釐二毫以咸豐五年上忙爲始
隨同地丁正項開徵陝省錢糧向係年清年款此後
鹽課亦按年徵完不許絲毫短欠卽由臣飭司遍行
各屬明白曉諭凡民間攤完鹽課查照舊案除每兩
正項九分九釐二毫外不准有絲毫加耗加費其本
年試辦秋冬兩季應完課款仍照議每斤四釐之數
按各屬滿年行引半額責令如數清完銷不足數亦
令攤賠秋季之課以本年十二月爲率冬季之課以
來年三月爲率催令掃數解司報部候撥至舊案科

則每兩九分九釐二毫之外尚有二忽三微四纖八
沙七塵零數合通省歲額積算僅銀二三錢應請照
乾隆三十一年戸部咨案銀數以釐毫爲斷餘悉刪
除以便輸將而歸簡易再查嘉慶十七年四川總督
常明奏請課歸地丁以川省與兩湖毘連恐私鹽侵
灌淮綱奏
旨將常明交部議處臣非不知此事業有駁案特以今昔
情形不同年來淮綱敗壞幾於不可收拾
國家歲錸度支數百萬臣在部時曾所親見今潞商又

復捐免若非各就各省因地制宜更無補苴之術所以再四思維不得不議復舊章冒昧陳奏又據清單內開
一山西河南鹽務應聽該省籌辦也查乾隆五十七年舊案係將陝西山西河南三省鹽課統歸地丁攤徵今陝省因鹽務官辦棘手援案改歸地丁係就陝省情形辦理所有山西河南鹽務應聽該二省因地制宜自行籌辦
一課銀應年清年款解歸本省藩庫也查鹽課攤入地

丁應另立易知單內註明每地丁一兩隨徵鹽課銀九分九釐二毫免其加耗字樣雖遇蠲免地丁之年不在蠲免之例陝西地丁錢糧向係年清年款此項隨徵鹽課銀兩亦應於上下忙批解本省藩庫另立專款報部候撥毋庸解赴河東各廳州縣按年徵解全完照例議敘如催徵不力致有缺額著落賠完並取職名送部議處再查陝省漢中延安榆林鄜州綏德五府州屬鹽課向係歸地丁攤徵解交藩庫自應循舊辦理惟鳳翔興安邠州三府州屬雖歸地丁攤

徵仍係解赴河東完納未免事出兩歧今西同商乾
四府州屬已議解歸本省藩庫所有鳳興邠三府州
屬鹽課亦應一律解交本省藩庫毋庸再解河東
一行鹽引張應請停領也查西同商乾四府州屬向係
行銷河東額引今課歸地丁則鹽由民運毋論何處
鹽斤均可販運所有河東鹽引應請停領以省案牘
再查漢中延安榆林鄜州綏德五府州屬向不領引
外惟鳳興邠三府州屬課歸地丁民間多係食用土
鹽及花馬池鹽自運自銷而各州縣按年仍赴河東

領引所領引張並不行用每年解銀赴河東時將引張空領空繳殊屬具文今課銀旣議解歸本省藩庫所有引張亦應毋庸請領

一私鹽之禁宜弛也查課歸糧輸則鹽由民運無論何處鹽斤均聽民間自運自銷並無此疆彼界之分應飭各屬凡係陝省地方不拘何州縣民人販運何處鹽斤均許隨處售賣所過道路渡口如有市井棍徒把持攔阻許卽稟明該地方官從重究治俾商販無擾民食充裕所有河東池鹽凡陝民前往買運應照

常公平交易不許擡價勒掯仍請移咨山西鹽院轉飭河東道查照辦理

一私鹽之禁旣弛仍須嚴防侵越也查陝省課歸地丁鹽聽民運係專指本省而言第恐謀利之徒私行販運出外以致侵佔淮綱及鄰省官引應於陝省各鄰省要隘隨處設卡盤查不准運往鄰省致礙官引如有侵越鄰省阻滯綱引等弊卽將疏防之地方官從嚴議處並請移咨各鄰省一體嚴緝以杜偸越

一鹽法道衙門應仍舊駐省毋庸遷移也查乾隆五十

七年鹽歸地丁之後將鹽法道移駐鳳翔府城嗣於
嘉慶十一年復商又移駐省城所有衙署一切輾轉
變賣甚形糜費迄今五十餘年鳳翔公廨久已荒廢
現在鹽課改歸地丁均須隨時督催且該道兼管寶
陝局鼓鑄事務現在奉文新鑄大錢鐵錢在在均關
緊要自應令該道仍舊駐劄省城督辦毋庸遷移以
專責成而節糜費並請毋庸更換關防以歸簡便各
等語臣等伏查陝西鹽務止有西安同州商州乾州
四府州屬行銷河東引鹽由商納課其餘八府州屬

鹽課向係歸地丁攤徵民間多食土鹽及花馬池鹽
並不仰給於河東該撫原奏所稱該省私鹽旁見側
出官運自是棘手旣據該撫督同司道悉心體察博
參輿論僉以爲此項鹽課必須援照舊案改歸地丁
攤徵臣等公同商酌所有陝省西同商乾四府州屬
應徵鹽課銀一十二萬一千二百九十八兩四錢五
分二釐准其援照每地丁銀一兩攤徵鹽課銀九分
九釐二毫此外不准有絲毫加耗加費名目以杜弊
端其清單六條內除山西河南鹽務應由該省籌辦

再行核議外其餘如課銀一律解交本省藩庫年清年款行鹽引張聲請停頒以及弛禁私鹽並嚴防侵越暨鹽法道衙門仍舊駐省各等情均悉如該撫原奏辦理其咸豐四年該省試辦官運秋冬兩季應完每斤四釐鹽課旣據該撫聲明按各屬滿年行引牛額應卽責令如數清完銷不足額勒令各州縣賠繳不准攤入地丁所有秋季之課卽以咸豐四年十二月爲率冬季之課以五年三月爲率催令掃數解司報部候撥以上各情臣等詳悉講求現商旣已捐免

官運又屬難行不得不爲因地制宜之策陝省地丁
向係年淸年款則以鹽課改歸地丁攤徵向屬衆擎
易舉應請
旨勅下陝西巡撫督率司道按照王慶雲所擬章程認眞
妥辦惟山西河南二省爲河東鹽課大宗前撫臣恆
春奏請將山西鹽務官運官銷河南鹽務官運民銷
是否能行之處應並請
勅下山西巡撫王慶雲會同河南巡撫英桂各就地方情
形悉心籌辦以整鹺綱而保課額奉

旨依議欽此

試籌補救以衛正供部議 咸豐五年

戶部議奏據山西巡撫王慶雲疏稱晉省行銷潞鹽者四十四州縣所產之鹽不足以供本地之食勢無餘鹽侵灌惟向因土鹽不足准以各種蒙古鹽及花馬池鹽接濟自上年商運既停官運未起此等私鹽遂源源驀越而來灌入潞鹽引地後雖官運官銷而私販蔓延未能驟絕此晉省私鹽之宜禁也運鹽輸課皆以銀而賣鹽則以錢銀價既昂鹽受其弊上年鹽課增至四釐又因官無資本准令招商夥運不得

不以母權子運本既重鹽價遂不能輕而籌銷倍形
喫力此晉省成本之宜議也現已飭委幹員分赴磧
口鎮等處相度走私路徑籌議設卡堵截務期杜絕
私販來源所慮緝私費無所出此一難也再查陝省
歲額應銷鹽一千三百三十餘名照上年官運新章
共應封課銀一十六萬餘兩特以攤徵係照從前科
則勢不能按現額增加是以僅攤銀十二萬餘兩其
所短四萬餘兩不特正雜額課有關度支卽銷價公
費等款亦度支之不可缺者此又一難也因與司道

再三商酌陝省患在鹽多而晉省苦於價貴擬按陝省攤徵實數核計每名應封正雜課項公費銷價之數從實扣算應領鹽額九百餘名仿河南官運民銷之法借本給票委員運赴陝省口岸招販銷售兼防回灌卽將陝省已攤課餘鹽三百餘名匀銷晉省以輕成本而利銷售此項已經攤課之鹽擬卽籌酌津貼以補陝省攤徵之不足使課項有著而緝私之費亦可撙節取資此晉陝兩省通籌補救之情形也第晉省官運各屬閒有掣運已竣另請新引者亦有隨

銷隨運尙須督催者且潞澤數屬運遠價昂刁民藉
鹽價滋鬧間有停運業經委員往查有無州縣辦理
不善商夥牟利侵漁情事再行核辦現復通飭各屬
就地遠近逐處公平定價以便民食其各屬引地或
暢或滯原不能齊亦不可不爲通融調劑以顧全局
此又晉省現行官運章程力籌補救之情形也惟河
南鹽額至上年年底已掣者十之八已銷者十之七
尙覺暢行無滯現擬於河南官運之外兼行民運果
能多多益善以廣招徠豫省額課可望有盈無絀至

陝省應分別奏銷運本應分別借繳代銷應分別勸
懲因地因時通籌辦理臣謹督飭司道臚爲條款十
四條恭呈
御覽伏乞
飭部核覆等語查該撫將山陝兩省鹽務通盤籌辦既足
以補陝課又可以利晉運立法亦爲盡善均應如所
奏辦理至所稱河南官運向覺暢行無滯擬於河南
官運之外兼行民運一節查豫省銷鹽歲有定額可
否於官運之外兼行民運必須就地酌量情形籌辦

既據該撫聲稱未與河南巡撫會商應請

勅下河南巡撫英桂將該省官運之外兼行民運有無窒

礙之處悉心體察會同山西巡撫奏明辦理至山西

巡撫王慶雲此次所奏河東鹽務設法籌補條款一

十四條臣等謹按款核覆詳晰臚陳另繕清單恭呈

御覽

一奏稱分辦奏銷以專責成也陝省鹽課攤歸地丁除

甲寅綱官運半年河東道庫收過華陰朝邑兩縣鹽

課銀一千餘兩詳報候撥外餘俱徑解陝省藩庫由

陝省報撥嗣後河東道庫但收晉豫兩省鹽課每年
按數造報其陝省奏銷由該省自行辦理等語臣等
查陝省鹽課既攤歸地丁自應徑解陝省藩庫由陝
省報撥辦理奏銷其河東道庫所收晉豫兩省鹽課
仍由河東道每年按數造報以專責成而免轇轕
一奏稱更定奏限以便分綱也查河東奏銷向以四月
底爲限癸丑綱鹽課上年曾請展限兩月截至六月
底奏銷其甲寅綱官運係自七月初旬始行陸續領
掣仍照四月底奏銷趕辦不及擬請嗣後奏銷改以

六月底截限七月初具題等語臣等查河東鹽課每
年係限四月底奏銷今請改爲六月底截限七月初
具題核計祇推展兩箇月應准照辦

一奏稱試行陝運以杜回灌也陝西課歸地丁毋庸赴
池重納所有該省鹽販僅令赴池辦運竊恐無課之
鹽行有課之地沿途侵銷有礙晉引應由晉省相度
口岸如三河口潼關等處委員轉鹽居積平價招徠
陝販運銷至陝省課既攤徵民間行鹽卽無公私之
別其餘晉省毘連之處應以河爲界凡鹽之渡河而

東者無論何處所産均屬私鹽應令兩省沿河各州
縣於津渡處所遇有大小船筏及皮餛飩等項實心
查緝以防回灌等語臣等查該撫擬由晉省相度口
岸委員轉鹽居積平價招徠陝販運銷並於晉省毗
連陝西之處以河爲界凡鹽之渡河而東者令兩省
沿河各州縣實力查緝辦理頗屬周密應如所奏辦
理
一奏稱核給陝鹽以昭公允也陝省額鹽一千三百三
十一名一百一引該正雜課公費銷價等項銀一十

六萬八千一百三十九兩零今按舊時科則攤歸地
糧銀十二萬一千三百四十四兩零計不敷銀四萬
六千七百九十五兩零應扣鹽三百七十名有奇按
數核算止應運銷鹽九百六十一名二十引等語臣
等查陝省額鹽一千三百三十一名一百一引據該
撫聲稱現時止應運銷鹽九百六十一名二十引應
扣鹽三百七十名有奇臣等核算相符至所稱陝省
額鹽一千三百三十一名一百一引該正雜課公費
銷價等項銀一十六萬八千一百三十九兩零應令

將應完鹽課銀若干公費銷價等銀若干分晰款目

報部查核

一奏稱匀撥餘鹽以恤晉運也晉省官運納課頗形拮据擬請陝省餘鹽匀銷於晉省各額引之內每斤貼價二釐庶幾成本稍輕藉資濟運每額引十名酌加餘引二名不願領者仍聽其便等語臣等查該撫擬將陝西餘鹽三百餘名匀銷於晉省各額引之內每斤貼價二釐並擬每額引十名酌加餘鹽二名係於濟運補課兩有裨益應如所奏辦理

一奏稱酌撥鹽價以籌彌補也陜西不敷銀兩有關撥給陜庫既無可補苴又未便任令缺額擬於官運陜鹽每斤攤銀一釐暨晉省代銷貼價通融併計以資彌補其歸補陜省缺額者係屬正款辦有成效儘數報部候撥緝私經費爲一大宗亦應咨部立案等語臣等查該撫擬將官運陜鹽每斤攤銀一釐又晉省代銷陜鹽每斤貼價二釐彌補陜課不敷並取資緝私經費籌畫頗爲周備應准其將前二項銀兩先儘數彌補不敷陜課報部候撥餘銀留作緝私經費仍

令將歸補陝課若干餘銀若干於造報時分晰聲敘
以憑查核
一奏稱籌借官本以資陝運也現在試行陝西官運雖
屬無課之鹽而鹽價脚價辛工雜費每名亦需二百
餘兩擬請試辦百數十名查有陝省應借河東道庫
運本銀四萬兩存庫未動應將此項遴委妥員領辦
隨銷隨運轆轤周轉所有運本分年籌款歸還等語
臣等查陝西官運應給運本既有應借河東道庫運
本銀四萬兩存庫可以動給應准其遴員領辦至所

請運本分年歸還之處究須分作幾年未據該撫聲
明應令卽行聲覆
一奏稱酌用鹽票以歸簡便也陜西課歸地丁毋庸領
引所有河東已領乙卯綱陜引應請隨晉豫兩省殘
引解繳其運赴陜省及晉省代銷鹽斤擬照三年票
鹽章程給票行運此後河東止領山西河南兩省引
張等語臣等查陜省鹽課旣歸地丁攤徵改引用票
所有河東已領乙卯綱陜引應准其如數繳銷至山
西河南兩省應領引張仍令按年照舊請領以符定

制

一奏稱匀銷滯引以保課額也山西省滯銷州縣准其報明缺銷若干名聽暢銷州縣具領通融代售不拘名數不爲定額等語臣等查州縣銷鹽原有暢滯之分今該撫擬請將各州縣滯銷之鹽於暢銷州縣通融代售之處自係爲顧及全局起見應准其辦理

一奏稱分還借本以重庫項也山西行鹽州縣前領運本甲寅綱應繳五分之一擬俟奏銷前催令按數彙繳自乙卯綱爲始請改於領運時每名帶繳六兩等

語臣等查咸豐四年正月閒准前任山西撫臣恆春
奏應給各廳州縣運本請於商捐款内暫借動用俟
銷價本銀繳齊卽行歸還當經臣部議令核實借給
嗣於四年六月閒據該撫奏借給各廳州縣約共銀
一十五萬餘兩此項先在商捐項下暫借濟運分限
五年繳還等因復經臣部核准各在案該撫所稱山
西行鹽州縣前領運本甲寅綱應繳五分之一核與
前次奏定分限五年繳還之案相符所有各州縣應
繳還甲寅綱初限銀兩務須催令於奏銷前繳全毋

得遲誤至請自乙卯綱爲始令各州縣於領運時每名帶繳銀六兩較之分限完繳更爲妥速應准照辦再查原借商捐銀兩係應行解部之款應令該撫一俟各州縣將甲寅綱應繳銀兩如數繳齊即行解部交納其自乙卯綱起各州縣領運時每名帶繳之銀亦即隨時解部以資京餉

一奏稱飭報鹽估以防擡價也州縣鹽價必須公平官民始可相安應令行銷潞鹽各屬按月將鹽價長落實數具報院道衙門查核其有擡價漁利或隱瞞不

實者隨時詳察等語臣等查鹽爲民食所必需平價銷售方於民生有利倘各州縣任意擡價致小民日食貴鹽何堪受此苦累該撫擬令每月詳報鹽價之處係屬正辦應令嚴飭行銷潞鹽之各州縣將每月鹽價長落按月據實詳報倘查有擡價漁利及隱瞞不實情弊即行從嚴察辦

一奏稱催繳豫本以試新引也河南官運委員與地方州縣有閒擬於奏銷前完繳運本方准試辦新引乙卯綱内酌改每名給領運本十五兩不願領者聽等

語臣等查河南官運委員前借運本該撫議令於奏銷前完繳清楚方准試辦新引自係核實辦理之道應令該撫移咨河南巡撫照辦至乙卯綱內酌改每名給領運本十五兩之處亦令會同河南巡撫辦理

一奏稱酌椮民運以利豫課也河南向係商運民銷今請酌椮民運與官運並行但不給運本餘照官運章程辦理等語查此條臣等已於正摺內核覆毋庸再議

一奏稱嚴立巡卡以絕私販也鹽務首重緝私而緝私

不能無費晉省私販水陸路徑分歧現在委員分查
相地設卡其扼要處所必須多撥兵役遴委幹員駐
緝一切薪水工食應於晉省代銷貼價内酌給能否
敷用隨時籌辦如果委員得力詳請奏明優奬疎縱
者立行詳撤等語臣等查晉省鹽務首重緝私已據
該撫於正摺内詳晰陳明所有各委員緝私費用自
係必不可少應准其於晉省代銷貼價款内酌給至
所稱能否敷用隨時籌辦之處究竟緝私每年約需
費若干應令該撫酌定數目報部至緝私委員該撫

務須隨時查察如實有得力之處准其奏明請奬其
疎縱者卽行撤退以重緝務而節經費

豫省官民並運並無窒礙疏

咸豐六年 巡撫兼鹽政 王慶雲

竊照河東引鹽行銷山陜河南三省自商人捐免充商之後將山西陜西兩省改爲官運官銷河南一省改爲官運民銷當經臣就現辦章程設法試籌補救議於豫省酌祭民運與官運並行但不給運本餘照官運章程辦理以期額課有盈無絀維時因河南撫臣英桂出防未及會商僅將奏稿及所議章程咨會酌辦在案旋奉部覆以豫省銷鹽歲有定額可否於官運之外兼行民運有無窒礙之處必須就地酌量

情形籌辦奏請
勅令會同悉心體察奏明辦理茲准英桂咨覆晉省果能
再爲廣招民販源源濟運所運引鹽旣裕則豫省各
屬小販亦可飭令廣爲招徠赴鎭販運偶有不及自
有民運行銷民運或缺仍有官運接濟不惟鹽引藉
此暢銷誠於
國課民食兩有裨益並行不悖似無窒礙擬卽嚴飭行
銷潞鹽各州縣遵照出示招民仍赴會興鎭販運分
銷並於要隘處所多派人役嚴密查緝務須私梟絕

跡民販樂運等因咨商覆奏前來臣查河南鹽課自
咸豐四年改爲官運嗣因籌本未裕是以於河東衆
募民運現在乙卯綱業經試辦一年先課後鹽民販
均無貽誤實與官運可以並行且經該省體察情形
毫無窒礙旣省運本復保額課自應照議酌辦除飭
河東道妥招民販運鹽至會興鎭後由豫省民販照
舊分銷外所有會商妥辦緣由理合聯銜恭摺具奏

添設靈寶縣口岸試辦鹽票三百名部咨 咸豐六年

戶部咨山東司案呈咸豐五年十一月二十六日准山西巡撫王慶雲咨稱據河東鹽法道黃經詳稱查得河南靈寶縣地當東西往來要路縣城南面靠山北臨黃河其南山一帶緊接盧氏商南且路通秦楚地境遼闊向來居民食鹽例須赴會興鎮運買惟相距百餘里之遙山徑崎嶇小民憚於遠涉往往私就大河兩岸偷買私鹽此積習相沿未能禁絕之實在情形也現議添設口岸試辦鹽票移官就私不惟該

處人民便於買食如能銷鹽較暢則於課項亦少裕
如幷於緝私一層均有裨益除分飭遵照辦理外理
合詳請移咨爲此合咨等因幷鈔送清摺一靈寶分
岸無庸立局也卽由會興鎭委員兼理其事靈寶去
會興鎭只六十里不時親往巡查將鹽斤四柱按旬
摺報院道衙門一請招募商販發票領運也商民內
如有願領靈寶官鹽者試辦三百名爲率照陝省官
鹽例用票不用引令卽取具的保赴轅呈報領掣務
於奏銷前掃數完竣不任延誤一請札飭靈寶縣示

諭居民嗣後食鹽卽赴官店買運不得仍前偷買私
鹽致干查究一請鹽從會興鎮行走由道札飭茅津
渡縣丞俟前次票鹽運到一體挨次驗放渡河不得
留難阻滯一請前項鹽票過河卽由會興鎮批驗大
使查明將票截角繳銷由本商轉運靈寶口岸銷售
照現在豫綱官運章程一律妥辦毋庸另事更張一
嚴查津渡以免走私也靈寶商運時係由芮城之陌
底曲里等處過渡今應倂太安渡大禹渡鄭家渡等
處及附近津要廣張告示有由此等處過渡者卽係

私鹽拏獲報官將鹽充賞責成解州芮城牧令稽查如盤獲私鹽訊係由某處假道而來即將該處失察之員查參各條咨送到部本部詳覈所議章程尚屬周妥應准照辦並查籌補豫省歸公銀兩咨內聲明加票三百名每斤四釐每年增正課銀一萬五千兩雜課銀一萬六千五百兩公費銀四千五百兩限苂年六月奏銷前完納應咨該撫轉飭認眞妥辦依限專案另行奏銷以昭覈實而免混淆再緝私爲行鹽第一要務該處大河兩岸以及解州芮城所轄各渡

口向爲透私之所務飭該地方官實力查緝私販有犯必懲如失察偷漏卽行從嚴叅辦至截角殘票隨同每年殘引一律造册送部查銷以憑稽覈可也

陝鹽攤課擬請變通疏

咸豐六年
陝西巡撫吳振棫

竊照前任撫臣王慶雲具奏陝西鹽課十二萬兩改歸地丁併徵一案於咸豐五年二月奉部覆准照辦臣於是年七月到任察看情形諸多棘手隨於九月內附片據實陳明在案其時甫經試辦不敢遽議更張惟嚴飭各屬趕緊催徵又恐民間不知按糧攤課之故疊經出示剴切曉諭原期衆情感悟及早輸將乃數月以來凡糧少課輕之處尚能按限催交其糧多課重如蒲城富平臨潼渭南等處率皆觀望不前

雖或勸或懲竭力整頓而完納者仍屬寥寥推原其
故陜省民人勤苦儉嗇計較錙銖是其本性近年各
省商賈不逼生計較前窘乏加以連次勸辦捐輸丁
糧又提早一月至於兵差絡繹亦有借資民力之處
今復加徵鹽課實覺竭蹷不遑且地方偶遇災荒丁
糧或有蠲緩之時而鹽課向無蠲緩之例小民以追
呼爲苦不免有他日之憂又查按糧攤課與歷辦引
課多寡迴殊卽如蒲城富平二縣戸部照引加課俱
僅止五千三百餘兩商辦課額則尚不及此數今按

糧攤算蒲城應納課一萬一千二百餘兩富平應納課銀九千三百餘兩其數增至一倍民間狃於習見疑懼更深至現行章程原許民人持照赴廠買鹽但地在隔省焉能人人前往仍係積年市販熟於營運者買回四路分銷此輩惟利是圖鹽價亦不能甚賤小民納無鹽之課驅會賣無課之鹽此尤衆情撓阻之所由來雖百說以喻之而終難踴躍者也山西巡撫王慶雲辦理公事一片眞誠不分畛域會與臣往返函商時以裕課便民須求良策爲念近聞豫省鹽

課自改行河東招販先課後鹽之法銷暢課充官民
稱便業已著有成效陝省大致相同似亦可以照辦
現在攤徵之法既已窒礙難行若不及早變通必至
坐誤卽將隨徵州縣一一查參終於公事無補臣用
敢不避冒昧據實瀝陳仰懇
格外天恩
勅下山西撫臣通盤籌畫可否仿照豫省現行章程辦理
之處於奏明後咨行陝西通飭遵照其中應行叅酌
一切事宜再由臣等兩省會商隨時定議總期鹽課

不至稍絀而民氣藉以稍紓則樂利同沾永荷
鴻施於無旣矣四月二十八日奉
上諭吳振棫奏請將陝西攤徵鹽課變通辦理一摺據稱
陝省鹽課改歸地丁併徵諸形窒礙請仿照河南鹽課
改行河東招販先課後鹽之法變通辦理等語著王慶
雲將前辦章程悉心叅酌通盤籌畫其有應行變通之
處即咨行吳振棫會商妥辦以裕國課而便民食欽此

會議陝省官民並運先課後鹽部議咸豐六年

戶部疏稱據陝西巡撫吳振棫山西巡撫王慶雲會

奏驗票截角各事宜現據山陝兩省司道會議章程

前來查鹽課每斤交銀四釐先行封納而後掣鹽係

復舊章辦理其領運之後山西省在於永濟縣屬之

下馬口臨晉縣屬之夾馬口二處各委員一人驗票

稽查以杜夾帶渡河到陝即在華陰縣之三河口設

立總局委員一人專司截角繳銷以杜重運截角之

後任聽販運隨處行銷不必定以例價等語臣等查

鹽法初經變通總以顧課爲要務現擬官民並運先封課而後掣鹽似與前辦官運官銷先鹽後課之議較有把握且照前定稅則每斤納課銀四釐以陝西額引一千三百三十一名零計之應徵課銀十六萬八千餘兩較之課歸地丁僅攤徵銀十二萬一千餘兩亦屬有盈無絀所擬下馬口等處各派員驗票截角之處查河東鹽法志載陝省鹽路自運城陸行由下馬口及夾馬口上船渡黃至三河口分運各州縣行銷是各該口向爲引鹽必由之徑於此扼要派委

各員查驗布置尚爲周妥自鹽販到口截角之後聲請任其隨處散銷不必定價亦屬體量情形期於利運均應如奏辦理惟現當改章之始招販以趲運督銷以裕課一切均形吃緊應令山西巡撫督飭河東道遵照現定章程認眞妥辦以整新綱而保課額所有單開各款臣等逐加細核歸併四條另繕清單恭呈

御覽

一奏稱陝西額引一千三百三十一名一百一引每引

納課四釐應封正雜課並銷價公費等銀十六萬八千一百三十九兩零由河東道曉諭官民領票封課試辦河東在夾馬口下馬口二處委員各一人稽查過載鹽店盤驗過渡鹽票彈壓船戶無許把持陝省於三河口設立總局委員一人截角繳銷以杜夾帶等語臣等查咸豐四年臣部議覆河東變通鹽務案內鹽池收稅酌定科則每斤統以四釐爲率此外一切浮費概行删除今陝西循照前定四釐科則飭販封課合算額引名數應徵銀十六萬八千一百餘兩

聚與奏定章程相符應飭令河東道照額徵完備撥此外不准官吏勒索浮科以利販運如販情日形踴躍額引全運之外再有溢銷所得贏餘課銀並令儘收報部查核其驗票截角事宜最爲轉運緊要關鍵應令遴派妥員在於各該口實力稽查嚴杜偷漏重運之弊如該委員奉行不力漫無覺察或扶同弊混及有需索浮費情事立卽從嚴叅辦

一奏稱丙辰一綱試辦官民並運先用票張俟請領丁巳綱晉豫鹽引時並領陝西額引又鳳輿邠三府州

前經陝省奏請免其領引鹽稅徑解陝西藩庫奏銷此次仍毋庸領引給發等語臣等查陝省西同商乾四府州向係行銷河東額引自上年鹽課改歸地丁攤徵奏明停領引目茲既復課歸鹽自應領引營運俾清綱分惟本年丙辰一綱初更章程若俟領引到日開辦新綱爲時已遲應照所議先用票張權宜辦理仍令陝省丁巳綱鹽引同晉豫引目一併請領以符舊制其鳳興邠三府州屬向例課歸地丁仍赴河東領引上年亦經奏明停領茲該府州仍照舊攤徵

不在官民並運之列應於下屆請領引目咨內聲明
劃除毋庸給領其鹽稅或徑解藩庫抑仍解交河東
摺內未據分晰聲敘應令查明咨覆
一奏稱鹽販過河截角後任各家招販不分引地隨處
散銷並准其於舊日行鹽之地營運地方官弁兵役
均不得需索留難又舊例官鹽均有例價現在官民
並運運無定人自不能擡價銷無定地亦無可居奇
自不必限以例價緣鹽與布帛菽粟同爲日用所必
需布帛菽粟隨時作價貿易相安鹽斤亦應一律等

語臣等查認地銷引所以防侵越定價售鹽所以示
均平此歷來商運辦法今試行官民並運卽與票法
無異自與商運有別該撫等縷陳行鹽不分引地售
鹽不限例價各情係屬因時制宜於恤販之中兼權
便民之意應請照准自此銷無定處鹽無定值販民
自相交易各從其便地方官弁並無督銷巡緝專責
概不准胥役人等多方留難藉端需索儻查有前項
情弊卽行究懲以肅鹺務

一奏稱復課歸鹽時值河流大汎非運鹽正候須八月

以往方能暢運奏銷限期能否與晉豫一律屆時察
看奏明辦理又三省行鹽暢滯無常應於奏銷前由
河東道權其暢滯酌量變通並聲稱官民並運均不
承領運本陝省各廳州縣並無交代之事毋庸開送
督銷完欠職名奏銷考成均屬河東道專責等語臣
等查河東鹽課例應次年四月奏銷現在開辦新綱
距奏銷期尚有八月之久應令迅飭趕緊運銷與晉
豫一律依限奏報毋任參差貽誤至謂奏銷前權其
暢滯酌量變通意在三省通盤合算以此處之暢銷

補彼處之滯運亦屬權宜辦理總期奏銷鹽課照額全完毋稍短絀是爲至要其陝省各廳州縣既無交代之事亦無督銷之責完欠職名應准免其開送現在官民並運一切徵課運銷事宜統歸河東道經管應於奏銷案內聲敘已未完分數開報該道職名以專責成而定考覈

請嚴禁需索以衛課運疏　咸豐六年 巡撫兼鹽政 王慶雲

竊臣具奏陝省鹽務一摺奉部議准河東鹽販納課領鹽分銷所過山陝各境官吏不准需索留難致誤課運等因咸豐六年六月十八日奏奉

諭旨依議欽此現據兩省司道會議條款詳由臣咨商陝西撫臣吳振棫會同妥議辦理竊惟鹽務之利病全在浮費之有無今陝省力禁官吏需索鹽務可望轉機而河南會興鎮一路銷鹽較多惟恐日久弊生官吏漸萌需索難保必無其人應併請

旨飭下河南撫臣嚴飭河陝汝道及行銷潞鹽各屬無論

文武員弁幕丁兵役人等均不准需索留難以通銷

路而裕正供臣蒙

恩委任兼管鹽政河東鹽行三省典守攸關責任綦重亦

惟有嚴密訪察設鄰省或有阻撓鹽法者定卽據實

查參斷不敢稍分畛域意存徇隱至晉省現辦官運

官銷各州縣非能挾貲營運多係招徠商夥代爲運

銷前經出示嚴禁需索等弊臣仍隨時督飭司道府

州明查暗訪如有設立名目藉端需索者卽行嚴參

重究以冀行銷無滯醝綱日有起色所有三省鹽務

普律請禁需索緣由謹繕摺具陳伏乞

皇上聖鑒再臣接准湖廣督臣來咨以潞鹽私越楚境擬

在信陽州抽釐濟餉奉部議准化私爲官事屬可行

蓋以鹽利佐軍興乃古來之成法然必鹽所經行之

處需索盡除商販有利可霑自能絡繹奔赴否則裹

足不前抽釐仍無所得是嚴禁需索尤爲此時之急

務合併附陳七月初五日奉

上諭王慶雲奏請嚴禁鹽務需索一摺河東銷鹽徑行山

西陝西河南三省業經王慶雲會同吳振棫妥議章程於所過各境嚴禁官吏需索惟河南會興鎮一路銷鹽較多難保無官吏藉端阻撓且信陽州現辦抽釐接濟湖北軍餉倘需索未能盡除必致商販裹足著英桂嚴飭河陝汝道及行銷潞鹽各屬無論文武員弁幕丁兵役人等均不准需索留難如有此等情弊即著從嚴究辦以整鹺綱而暢課運欽此

三河口驗發陝鹽委員請暫給運判職銜以資彈壓疏

咸豐八年　巡撫兼鹽政王慶雲

疏

竊照陝省行銷河東引鹽現經臣會同陝西撫臣吳振棫奏明改照河南會興鎮章程官民並運所行鹽票應在華陰縣屬之三河口設立總局由河東委員截角掣驗發販散銷是總局者行鹽之關鍵也查三河口北自同郡南接潼關回漢雜居良悍不一且現當試辦伊始與會興鎮民情樸厚諸事就理者不同該處委員責成既重必須職位略大方足以資彈壓

而河東差遣委用向皆七品以下雜職微員就中將
熟悉體面者擇能而使究恐職位太輕臣與司道公
同商酌擬將該處總局委員援照江蘇通海等州鹽
運分司之例暫給運判職銜庶稽查較能得力俟試
辦一年後察看該局應設何官再行核議奏明辦理
據河東道移會藩臬兩司具詳前來臣查河南會興
鎮總局係以七品之鹽經歷分駐稽查今陝省民情
事勢既有不同未便拘泥相應請
旨將陝西三河口鹽務總局委員暫給鹽運判六品職銜

以重事權而資彈壓惟此項坐鈌兼銜仍不准作爲

隨帶以示限制

商捐軍餉請加學額部議咸豐六年

戶部疏稱據山西巡撫王慶雲疏稱竊照咸豐二年山西省辦理捐輸廣西軍餉案內河東商人侯六來等共捐輸銀二十萬三百七十兩業經前撫臣奏明嗣准部咨會議酌加中額學額案內河東商學遵照於咸豐五年科試時廣文學額十名今於歲試時廣武學額四名均按數加訖在案兹據商籍進士薛宬等稟請酌加文學十名武學四名作爲永遠定額捐輸各商姓名先由本籍地方官查造清冊開送河東

道及商學存案將來無論有無畦錠准其子弟由本
籍起杳移送商學應考等情恭查咸豐三年欽奉
上諭凡紳士商民捐資備餉廳州縣捐至二千兩者准廣
該處文武試學額一名如應廣之額浮於原額即遞行
推展儻捐數較多展至數次猶有盈餘者准其於奏請
時聲明分別酌加永遠定額等因欽此欽遵查河東商
學原定文學額十名武學額四名除已廣額一次外
尚餘銀十八萬兩零合無仰懇
聖恩俯准將河東商學酌加永遠定額文學十名武學四

名俾昭獎勸等語戶部查咸豐二年三月據前任山
西撫臣兆那蘇圖奏報河東商人捐輸軍餉共銀二
十萬三百七十兩三年三月臣部遵奉
諭旨查明捐數較多之省分總數及各廳州縣分數酌加
中額學額案內將河東商人捐輸銀兩彙入山西捐
數總數擬加中額並酌廣該商學文武學額各在案
兹王慶雲奏稱該商等捐輸銀數除廣額一次外尚
餘銀十八萬零據商籍進士薛宬等稟請酌加永遠
定額臣等核其所請與欽奉

諭旨及議定章程相符應准加該商學永遠定額十名並原額十名共作爲文學定額二十名至此次捐輸之商人亦應如所請冊送河東道及商學存案將來無論有無畦錠其子弟均准由本籍咨送商學赴考仍不得復在本籍應試以杜兩籍跨考情弊兵部查河東商學原定武學額四名今據該撫疏稱該商等捐輸銀數除廣額一次尙餘銀十八萬兩請加武學定額四名卽作爲永遠定額八名以示優獎仍不得兩籍跨考如蒙

俞允應由臣部等咨行山西巡撫學政諸臣遵照辦理俾

該商等永沐

皇仁倍加感奮謹將臣等遵議緣由恭摺具奏八月二十

三日奉

旨依議欽此

酌取羨餘以濟經費部議咸豐九年

戶部議覆據山西巡撫英桂疏稱竊臣於咸豐九年正月初二日准戶部咨河東鹽務宜仿照四川鹽斤抽釐成案籌辦令迅速籌議章程奏明核辦等因當經臣將河東鹽務大概情形附片奏

聞一面分行藩臬兩司會同河東鹽法道體察商情悉心妥議詳辦去後茲據詳稱河東引鹽咸豐四年閒免商官運以來民販辦理者率非素豐之家或合夥湊貲或出息稱貸以逐錙銖之利其情有利則趨無利

則去非若商運確有把握全恃在官之曲加體恤使之踴躍從事近年兩淮鹽引阻滯潞鹽得以疏通各販行運較多此數年來河東鹽課有增無減辦理無誤之情形未敢援爲常例查川鹽多由水運需費較輕而引課俱散於竈戶就井熬鹽工本既省出鹽甚多故於正課之外可收餘利河東鹽務每鹽一名納課一百二十兩而池鹽價值陸運腳費以及店用辛工火雜等費通算幾近三百餘兩各販戶行運售賣山陝河南三省道途遠近不同計其所得羡餘每名

不過十餘兩至三十餘兩不等較之川鹽獲利之厚大相懸殊若每斤加捐二釐則鹽引一名加銀六十兩不特盡取其利並將虧及其本卽每斤加捐一釐每名亦需加捐銀三十兩誠恐各販無所取利裹足不前日久於正課轉致有虧所關匪細溯查咸豐八年豫省軍務緊急擬在河南陜州之會興鎮於民販赴豫潞鹽按斤抽釐當經前撫臣恆福體察商民咸生疑畏礙難遽行酌擬在於河南新添靈寶口岸課銀內每年動支銀二萬兩解交河南藩庫藉充軍餉

至行運陝省引鹽業經陝省自行抽釐似未便於晉省重複抽收其本省行銷引鹽止有四十四州縣暢滯未能畫一獲利多寡不同按斤抽釐尤慮民販藉詞觀望再四妥籌擬就銷引暢滯情形將山西陝西河南三省各州縣分別等次酌取各販羨餘三分之一均勻核計每鹽引一名可收銀八兩每歲共抽銀四萬五千餘兩又加票內每名公費銀一十五兩通計三百餘名公費合之前款共可得銀五萬兩有零請歲以五萬兩報部其傾寶起解各費即以零數開

銷造報現在己未綱引鹽收款請俟奉到此次部文
覆准之日儘數徵解其未奉部文以前運銷者免其
補繳嗣後自庚申綱起按年查照全額派收造報以
歸核實等情詳請具奏前來理合恭摺具奏伏乞
勅部核覆施行等語臣等伏查該撫所稱民販辦運惟利
是趨非若商運確有把握並稱潞鹽成本較重獲利
不若川鹽之厚未便按斤抽釐致販戶無所取利裹
足不前係爲維持鹺綱起見其疏稱於各販所得羨
餘內酌取三分之一並湊加票內三百餘名公費每

歲請以五萬兩解部等語是於體恤商情之中酌籌
裕課之法應准照辦至請將本年己未綱引鹽收款
俟奉到此次部覆之日儘數徵解未奉文以前運銷
者免其補繳嗣後自庚申綱起按年照額派收造報
之處亦應如所奏辦理所有己未綱應收銀兩一俟
收齊即行解部嗣後自庚申綱起每年收銀五萬兩
應令按季分批解部交納以濟京餉再河東鹽務當
此淮鹽阻滯潞鹽疏通之際各販戸運銷日暢獲羡
迭增仍請

旨飭下山西巡撫督同河東道隨時體察情形如可按名

酌增收取務須實力籌辦毋稍推諉

請加票以濟海防經費部議咸豐十年

戶部議覆據山西巡撫英桂疏稱竊臣接准戶部咨直隸督臣恆福預籌海防要需請將河東歲銷額鹽每斤價增一文豫票每名加配餘鹽八九百斤陝西靈寶等處酌盈劑虛亦不無小補等因經部議奏行令體察情形奏明辦理前來當經檄行藩臬兩司河東道會同妥議並咨會河南陝西各撫臣查照去後茲據藩司常績署臬司瑞昌河東道劉子城會詳山西行鹽四十四州縣大半山路崎嶇運腳甚重鹽價

較昂且與土鹽蒙鹽衛鹽蒲城鹽各來路在在歧通
如原奏擬以每斤增價一文雖食者每日所需無幾
未必日出一錢惟晉省民情重利一聞增價難免因
此藉口商情不無阻滯而販私之徒轉得遂其所欲
暗地私售似於鹽務多有窒礙至豫陝靈寶民票按
名加斤配運一節現查各引尚有餘鹽陝省各口岸
本非暢銷之所難以加斤豫引亦暢滯不齊如僅於
暢銷處酌量加配餘鹽則各路鹽名斤數多寡又相
懸殊不足以昭畫一且恐稽察難周商販藉端影射

故年來屢經加票未敢輕議加斤致生流弊也查上
年六月間以天津需餉欽奉
諭旨飭在鹽課項下撥銀五萬兩迅解天津遵即籌撥六
年各項鹽課銀五萬兩解津交納在案茲以海防需
餉擬以河東鹽務酌加鹽價鹽斤值此庫款支絀設
防緊要之時自應體察情形從長計議查前次扣存
陝省甲寅年半綱引鹽六百六十名匀入戊午己未
兩綱帶銷現已全數銷竣尚可照舊加票今擬查照
戊午己未兩年帶銷數目每年加銷三百三十名外

再行酌加二百七十名共成六百之數按年加票內除三百三十名仍照前案解六留四以備本省防堵經費其餘續加之二百七十名每名課費一百二十兩計可得銀三萬二千四百兩全數撥解天津應用另於道庫各款內動銀一萬七千餘兩每年湊成五萬兩較之增價加斤之利有盈無絀但所加之票必須庚申開綱後極力疏銷兼須池鹽旺產始能加定現在海防經費緩不濟急擬請先行籌備銀二萬兩解津以應急需餘俟加票收課後再行補解以符五

萬兩之數仍俟海防撤後即行停止等語臣等伏查
現在天津海防緊要必須各省設法籌款撥解方足
以資接濟今既據英桂擬請自庚申綱起加票銀兩
並另動道庫各款共湊成五萬兩解赴天津應用似
於海防要需不無裨益應如所奏辦理其請將原加
三百三十名仍照前案解六留四以備本省防堵經
費一節亦應准其照辦至所稱先行籌備銀二萬兩
解津之處查該省每月應解天津餉銀二萬兩臣等
另摺議令於此項加票項內湊解應令該撫遵照奏

案按月照數湊足二萬兩之數解往以濟要需不得僅以此項加票銀五萬兩解清後藉此塞責遂置月餉於不顧再查河東鹽斤加價業經該撫以未便舉行奏覆臣等復思鹽售於民每斤加價一文爲數甚微於民生似無窒礙而積少成多每年可得制錢五萬餘串亦足以濟經費之不足應令山西巡撫再行體察情形鹽價如何酌加卽行籌議奏明辦理毋稍推諉是爲至要

潞鹽暢行請變通增課部議咸豐十年

戶部議覆據湖廣道監察御史薛書堂疏稱潞鹽每歲計五千七百餘名每引一名納課銀一百二十兩計每歲共課六十餘萬兩行之已久惟近因淮鹽阻滯楚皖各省多食潞鹽去冬川省多事川鹽亦滯潞鹽更覺流暢自七八九年以來鹽價昂貴聞每逢發引之期該鹽道先酌量候補人員資格深淺各分數名其餘令各商先行交銀然後掣籤其商人掣得及候補人員分得之引每名就地即可賣三百餘金除

交課銀一百二十兩外尚可餘利二百餘兩而商運遠方者利猶在外也是商人雖有資本而掣引一名不過半日即獲利二百餘金候補人員且不費資本而分引一名亦獲利二百餘金以有用之財付之無用之人因此河東附近富商及鹽務候補人員人人飽騰惟當此軍餉支絀之時百計籌畫尚慮不足乃以

國家自然之利不思變通歸公可惜可恨臣籍隸靈寶縣去河東不及百里久有所聞及訪問山西鄰近河

東之安邑解州各官紳及鹽務各官人人言同臣謹

擬請

旨或就原引酌加課銀或於例引外量加引數計每年再

增鹽課六十萬該官商尚有餘利不至辦理不前俟

淮鹽暢行潞鹽漸滯再行裁歸舊章亦無窒礙等語

臣伏查近來淮引阻滯楚皖兩省均食潞鹽銷路頗

暢前經臣部議令山西巡撫體察情形籌辦加引加

價加斤並仿照四川抽釐成案試辦抽釐曾經該撫

以加價加斤抽釐未便舉行請酌取商羨等項銀兩

每年以五萬兩解部並查照戊午已未兩年帶銷截存陝省甲寅半綱引鹽數目每年加銷三百三十名外再加二百七十名共成六百名除三百三十名仍照舊案解六留四其餘續加之二百七十名課費全數撥解天津等因先後奏覆各在案茲據該御史以潞鹽流暢鹽價昂貴每逢發引之期鹽務候補人員各分數名其餘各商掣得每名就地可賣三百餘金除交課項一百二十兩外尚可獲利二百餘兩此項鹽利亟應變通歸公請就原引酌加課銀或於例引

外量加引數每年再增鹽課六十萬兩等因具奏前來臣等查潞鹽自各商捐免籤充以來山西陜西等屬改爲官運官銷河南等屬改爲官運民銷一百二十引爲一名以五千名作爲定額每斤收課銀四釐合計徵課銀六十萬兩近來潞鹽銷路日暢僅據該撫籌議酌取商羨等銀並加增引票核計銀數無多若如該御史所奏潞鹽獲利甚厚盡爲官商等所有是該撫於河東鹽務並不遵照臣部疊次奏案實力籌辦已可概見查該御史籍隸靈寶縣去河東不遠

所聞自必確實並訪問鹽務各官所言又同其請將
鹽利歸公自係籌備兵餉之一策臣等謹就該御史
原奏悉心酌核如所擬於例引外量加引數一節查
河東鹽斤業經該撫奏明每年加增六百名如再令
加增引票數多則轉致壅滯不若就原引酌收課銀
爲善並非額外加增乃盡官商入己之私橐無害於
民查潞鹽每名原定交課銀一百二十兩今官商等
將掣分之引每名就地可賣三百餘金令其照原數
外再加一百二十兩共二百四十兩完繳官商等尙

有餘利可獲並無窒礙而河東鹽課每年可多收銀
六十萬兩共銀一百二十萬兩於兵餉實有裨益應
請
旨飭下山西巡撫查照該御史原奏督飭河東道即照原
奏情形奏明辦理斷不可瞻徇情面藉詞推諉將此
鉅款任聽乾沒必當革除節壽之奉酬應之儀總須
有益於
國方不愧爲大吏再臣等訪聞潞鹽行銷各處每斤須
錢五六七八十文不等與該御史所奏鹽價昂貴情

形相同此項鹽斤民食攸關理宜平價銷售應令該
撫轉飭河東道按照行銷各處路程遠近酌中定價
毋許任意昂貴再行加增致病民生是爲至要

酌議加票加費情形疏　　咸豐十年　巡撫兼鹽政英桂

竊臣准戶部咨議覆御史薛書堂奏潞鹽暢行請變通增課以充軍餉經部臣以潞鹽每名原定交課銀一百二十兩今據該御史風聞官商將掣得之引每名就地可賣三百餘金令照原數之外再加一百二十兩共二百四十兩每年可多收銀六十萬兩於兵餉實有裨益並聞潞鹽行銷各處每斤須錢五六七八十文不等與該御史所奏鹽價昂貴情形相同行令按照路程遠近酌中定價毋許任意昂貴致病民

生等因奉
旨依議欽此又臣前奏鹽斤加價擬在晉豫陝三省通融
酌加以濟餉需經戸部以所增無幾應仍照議覆御
史薛書堂原奏每年再增課銀六十萬兩奏奉
硃批著英桂恪遵前議迅速籌辦官商分肥勢所必有酬
應上司事豈必無總在該撫破除情面正己率屬自無
格礙之理也欽此當經先後行道會同藩臬兩司妥議
籌辦去後兹據藩司常績臬司黄經河東道劉子城
詳稱遵查河東引鹽自咸豐四年免商之後人皆視

爲畏途數月無人領運經臬司黄經在河東道任內查得庫儲銷價息本尚未撥解諭令所屬各官有願領引者每名借發銷價銀三十兩以作資本應徵課銀准於銷後封繳彼時僅有一二官紳領辦因薄有餘利始接辦者多本省鹽引責成各州縣領運亦借給資本暢滯准其通融在暢銷之區雖可敷衍而滯銷州縣仍不免於賠累迨五六兩年河東漸有起色每引一名可得餘利五六兩當各收回運本定先課後鹽之例六年陝西改照豫引辦理數月後陝仍滯

銷每名虧本十餘兩方敷配運七年設法變通勻交
豫販兼辦以盈補絀始無遺誤八年三省均有成效
河南尤暢每名餘利二三十兩不等是春即有酌加
羨餘之議九年冬臘引利日增河南每名約八九十
兩陝西七八十兩本省亦四五十兩故又有加票之
請凡所以為餉需計者未嘗少遺餘力然均在領引
之後陸續增長封課過半礙難再議今春豫捻滋事
餘利頓減現值鹵耗之時遲發仍滯此歷年鹽利增
減靡常之原委也自來引價之昂必各口岸銷暢利

重方有把握今查河南之會興鎭爲商販聚集之所因各路鹽價較減竟有折本圖銷者其銷數不及八九兩年三分之一每月詳報有案不能纖毫遮飾引之利出於鹽鹽果無利則引雖暫貴直不啻礬兩傾盆涸可立待萬一課增價減販以無利而散則每歲六七十萬之額課一有遲誤關係匪輕此又鹽引暢滯不同全無把握之實情也鹽行三省本省至遠者每斤不過三十二文豫陝州縣不過四十文惟湖北鹽價六七十文不等良由路遠脚貴兼收釐金而河

東實無此價況河南則有長蘆衞私陝西則有花馬蒲城山西則有蒙鹽土鹽皆犬牙交錯互相覬覦明知淮川道阻私販必多方將減價敵私之不暇何敢多增價值開私鹽暢行之路此又鹽價貴賤不一之實在情形也至運城候補各員向因免商後無人承領由候補大使首先領辦俾商民咸知觀感是以每年酌撥豫陝引九百餘名按到運先後分派數年均無多利惟九年鹽引獨昂藉獲餘潤其中豫引爲最陝引次之本省引又次之並非掣得之引皆獲重利

亦無每名售銀三百餘兩之多推其較前稍獲餘利
者由於上年川鹽不行銷路漸廣係屬一時僥倖且
官民並運久經詳定章程利害各有專責似未便以
暫時之利爲久遠之圖今奉部議每名加課銀一百
二十兩以現在鹽價合算如係豫引除交課之外已
無多利若陝引晉引轉須虧本五六十兩必致商販
裹足於全綱大有關礙即如本年庚申綱課將次全
完一聞加課之議遂有心生疑阻者此其明證然値
此軍餉浩繁庫藏支絀該司道等受

恩深重具有天良如果有此自然之鉅利何致市惠官商

罔顧

國計自當破除情面力求補苴因思銷路旣有暢滯之

分引價自有貴賤之別若不論其行銷何省按名倍

徵恐人情有利則趨無利則避轉於全局諸形掣肘

思維再四與其明定加課致商販觀望不前莫若量

爲變通於其領引時視口岸之暢滯定領費之多寡

雖不能每名概加一百二十兩能自十餘兩至三四

十兩分別試行約計每年可得領引費銀二十萬餘

兩是則不議加課而加課卽在其中矣如果試行有效尚可按年加增不效則另議裁減總期有裨於兵餉而仍無礙於全綱方爲盡善除庚申綱餘引無多毋庸再議外所有辛酉綱請於今秋新引未發之先新鹽歸料之後按切時勢確察商情統計正雜課費羨餘各款以及鹽本脚價等項可得餘利若干酌定某省之引每名加領費銀若干兩俟議定成數報部候撥以濟餉需等情詳請具奏前來臣查引價之貴賤向以銷路之暢滯爲區分銷路暢則引價增昂銷

路滯則引價減落上年川匪滋事川鹽不行加以皖
捻屢擾豫疆蘆鹽亦滯不但豫陝二省多食潞鹽卽
湖北襄漢一帶皆惟潞鹽是賴引價因而日增商民
藉獲餘利職此之由臣於今春訪知大概本擬設法
變通作裕課充餉之計因庚申一綱已於上年秋冬
次第配運勢難於已定之課復令加增致涉紛擾惟
有俟今秋起運辛酉新綱再行籌議而御史薛書堂
適有此奏欽奉
諭旨令卽迅速籌辦現據該司道等請以各省口岸之暢

滯定領引經費之等差所議尙爲平允惟每年加銀二十萬餘兩有無不實不盡且川省軍務未竣淮綱片引不行楚北食鹽屢鈌如可酌量加票俾該處鹽價不致增昂一俟淮路疏通仍行停止似於

國計民生兩有裨益第此係臣懸揣之見究於陜豫等省議加引費有無妨礙之處均應委員確切訪查方有把握查有候補道鍾秀老成練達曾任戶部司員於鹽務情形頗爲熟悉又有候補知縣譚廷榮龍汝霖皆才識優長辦事認眞已飭委該道隨帶該二員

馳赴河東會同鹽道劉子城按照時勢細察商情每
年可增領引費銀若干此外能否加票俟籌議到日
再行據實奏報臣職兼鹽政當此時艱帑絀苟可設
法補苴自當殫竭愚誠妥爲籌辦斷不稍徇情面有
負
聖主委任封圻之至意

加費加票以裕歲課部議 咸豐十年

戸部議覆據署理山西巡撫常續疏稱竊准戸部咨議覆御史薛書堂奏潞鹽暢行請變通鹽課一摺經臣部以該御史風聞潞引每名就地可賣三百餘金除交課銀一百二十兩外尚可餘利二百餘兩令再加一百二十兩每年可多收銀六十萬兩等因經撫臣英桂行據河東鹽道劉子城查得潞鹽行銷三省銷路有暢滯之分引價有貴賤之別並無每名售銀三百餘兩之多勢難概加一百二十兩擬請每名酌

加領引費十餘兩至三四十兩不等每年約徵銀二十萬餘兩等情撫臣英桂以所議恐有不實不盡當委候補道鍾秀帶同候補知縣譚廷榮龍汝霖會同鹽道劉子城妥爲籌議先將大概情形奏奉

硃批戸部速議具奏欽此經部臣以潞鹽增課銀六十萬兩係仿照川鹽加課一倍成案行令遵照前議辦理毋任官商分肥中飽等因後又諄飭該道等破除情面實力籌辦去後旋據候補道鍾秀河東鹽法道劉子城會詳稱御史薛書堂所奏潞鹽每名就地可賣

三百餘金一節查由鹽池運鹽一名至會興鎮等處正雜各課及鹽價腳價等項合需成本三百餘兩現在會興鎮鹽價售銀四百餘兩確有販商帳簿可稽若票價果如該御史所奏可獲利二百餘兩便需成本五百餘兩不惟無利轉需虧折百金方可圖銷似係傳聞之訛前議加費二十萬餘兩原爲恤商力而保正課起見但際此軍務未竣餉需浩繁不得不力求變通以期時艱共濟現經督同委員傳集三省販商剴切曉諭示以

朝廷德意祇令將餘利歸公並非額外增加勿生疑阻反
復開導該商販等始勉力順從請自辛酉綱爲始再
加活引五百名合之先後奏定擬加六百名爲一千
一百名正雜各課可增銀十四萬三千兩陝豫兩省
及新增活引每名酌加領引費銀六十兩本省仍分
三等暢銷八縣每名四十兩中等十九州縣每名三
十二兩次等十七州縣每名二十八兩共合領引費
銀三十三萬九千餘兩統計共增銀四十八萬二千
餘兩內有撥解及外銷等款悉照向章分晰辦理仍

將抽數另行報部似此折中定價均係按切時勢斟
察商情幾至搜剔殆遍實難增至六十萬之數所以
然者其故有四河東票價冬臘則賤春夏則昂始而
新發之票其數贏繼而售銷之票其數短價亦因之
騰貴潞鹽封課期在上年之冬勢難待價而沽稽抽
綱運致誤奏銷例限此其礙難多增者一也民間總
匯之區物價常平零星小市物價恆貴販商操奇計
盈售止自便
國家立政有體掣籤領運例以一綱萬不能畸零封納

此其礙難多增者二也陝豫額引三千餘名初非名名出售大約掣而轉賣者居其半掣而自運者亦居其半籤掣固覺饒有盈餘買籤僅不虧資本販商因掣籤之有餘足償買籤之不足今則引引加費幾無餘利若令輸納過重則賠累實深此其礙難多增者三也本省官運官銷由各州縣領運向無買票本屬無可議加第昔時銀貴而錢賤今則銀賤而錢貴州縣售之於民者錢納之於庫者銀此中稍有沾潤究亦無多且暢滯皆取羨餘辦公不無竭蹶此其礙難

多增者四也凡此皆係近時之實情爲遐邇所共曉無從掩飾日後試行有效不妨另議加增倘川淮路通或本省銀價仍復增長亦當酌量裁減總期遵照部議無病於商有益於

國方撫流弊又自免商後定爲先課後鹽官民並運廣示招徠因而有資本者封課掣籤旋卽售籤於人藉圖蠅利此等官商迹雖近於中飽分肥實則貿易常情無關弊竇惟旣迭經部議莫若自辛酉綱以後除晉引官運官銷無庸紛更外所有豫引陝引先令確

員字號民販儘數挐抽民販所餘始准給官領運以符舊制並防民販一旦觀望不前猶留官運以待其後蓋民販張甲李乙朝去暮來非官所能操縱更恐人情有利則趨無利則避轉於全綱大有關礙他若節壽之奉酬應之儀查自二年留商改票奏減浮費七十餘萬之後久已無此陋規四年改行票販行止自便來去靡常更無此項名目等語臣等伏查本年四月臣部議覆御史薛書堂條陳河東鹽務奏令該省酌加課銀六十萬兩連課額共銀一百二十萬兩

旋據山西巡撫英桂奏擬加鹽價銀三萬四千餘兩
經臣部查與前議加增課銀六十萬兩數目大相懸
殊仍令照數倍增課款妥議籌辦奏奉
硃批著英桂恪遵前議迅速籌辦官商分肥勢所必有酬
應上司事豈必無總在該撫破除情面正已率屬自無
格礙之理也欽此嗣據該撫覆奏籌擬每年酌加引費
銀二十萬餘兩復經臣部以所奏尚有不實不盡仍
令遵照前議增課銀六十萬之數即行妥速籌辦奏
准飭遵在案茲據該署撫常績以河東鹽務委員會

同河東道會議聲請自辛酉綱爲始再加活引五百名合之先後奏定擬加六百名爲一千一百名正雜各課可增銀十四萬三千兩陝豫兩省及新增活引每名酌加領引費銀六十兩本省仍分三等暢銷八縣每名四十兩中等十九州縣每名三十二兩次等十七州縣每名二十八兩共合領引費銀三十三萬九千餘兩統計共增銀四十八萬二千餘兩覆奏前來臣等查河東鹽務一百二十引爲一名每年額銷以五千名爲率每名交銀一百二十兩額徵正課銀

六十萬兩本年二月該撫英桂奏加六百名自庚申
綱起徵課銀經臣部核准此次請自辛酉綱爲始再
加引五百名將上案六百名歸併牽算先後共加一
千一百名均係正額五千名之外新增之引所有增
引正雜課銀十四萬三千兩並每名分別酌加領引
費銀三十三萬九千兩共銀四十八萬二千餘兩查
上次該撫所奏僅加引費銀二十萬餘兩核計此次
酌加銀數雖屬一倍有餘究與臣部前議酌增六十
萬之數計尚不敷銀十一萬數千餘兩惟據該署撫

聲稱此次酌加引費等項均係按切時勢體察商情

幾至搜剔殆遍並將礙難多增其故有四縷晰具陳

臣等核其所奏尚非支飾且查潞鹽新綱封課領運

均在冬令此時正値開辦來年新綱之際若再駮令

增加湊足六十萬銀數輾轉稽時倘商販課運稍誤

轉得有所藉口臣等公同商酌應請

旨俯如所奏准其暫行試辦仍令該撫認眞籌畫欽遵前

奉

諭旨破除情面正己率屬隨時體察情形如可再行酌加

之處務須實力籌辦總須增至六十萬以裕課項不得以此次准加引費等銀四十八萬二千餘兩作爲定局並令將新增銀兩照數徵齊專款存儲解交部庫以充京餉毋許別項擅動仍將加引一千一百名正雜課銀若干並陝豫兩省每名所加引費若干及山西本省分別等第酌加引費係何州縣逐一詳細妥造清冊隨同正課奏銷報部查核毋任舛錯遺漏再查上年五月該撫奏准酌收羨餘五萬兩自庚申綱爲始徵解京餉應令各歸各案按年徵收解交部

庫不得稍有短絀

准減陝靈五成加費並停壬癸兩綱活引加票五百名部議 同治二年

戸部議覆據山西巡撫英桂疏稱竊臣前因河東新綱屆期舊引仍滯奏請停止加票免誤正課奉
旨戸部議奏欽此嗣准部議以潞鹽銷路雖多阻滯然陝西大兵雲集不難迅掃賊氛道路必無久阻之虞所有壬戌綱加票一千一百名行令轉飭鹽道再行悉心籌畫設法疏銷等因當經行道遵照辦理去後茲據河東鹽法道劉子城轉據三省運糉民販王恆盛

等稟請裁減引費以疏額引而裕正課等情詳請具
奏前來查河東鹽務自改官民並運以來行銷通暢
故有加增羨餘之議辛酉綱又議加費本省分爲三
等豫陝每名六十兩又加票一千一百名蓋因川淮
道路疏通豫陝平靖潞鹽得以遠行湖北故能運銷
踴躍課項全清詎自上年五月八月豫省兩次被賊
竄擾行鹽地方節節梗塞又值陝回滋事陝省片引
不行迨豫境稍清而蘆鹽又復侵及潞鹽引地湖北
一帶川鹽淮鹽漸次充斥其價均較潞鹽爲賤潞鹽

自加賦之後成本過重以致阻隔不行日益壅滯本
省領運各州縣銷售於民亦因成本太重增長鹽價
民間嘖有煩言臣與鹽道劉子城目睹情形萬分焦
灼深知京甘各餉皆惟河東鹽課是賴如可照舊督
銷何敢輕議裁減惟思加費加票原奏內曾有日後
川淮路通即當酌量裁減之語刻下不獨川鹽淮鹽
水陸並運未能遠行湖北即蘆鹽亦復侵及潞鹽行
銷地面而河南魯山等處抽收鹽釐每名需錢三十
餘千成本益重商販視爲畏途課觔封納鹽不能銷

日甚一日於正課大有妨礙且京甘各餉急如星火
倘有遺誤所關匪輕再四思維若非裁減加費停止
加票萬難望有起色合無仰懇
天恩俯准將新加引費無論豫陝本省各予酌減五成使
成本稍輕民販等勉力辦運庶於正課不致有誤並
請將上年壬戌綱加票一千一百名同本年應加之
票一併停止以恤商力而保正課等語臣等伏查河
東鹽務咸豐九十兩年經山西巡撫先後奏定加票
一千一百名正雜各課加增銀十四萬三千兩並徵

引費銀六萬六千兩又河東正額引五千二百餘名
內河南陝西靈寶加引每名徵引費銀六十兩山西
分上中下三等共徵銀二十七萬三千六百六兩有
零統共銀四十八萬餘兩除外銷各款銀六萬二千
餘兩實應報部候撥銀四十二萬餘兩同治元年九
月十二月間山西巡撫以豫陝道路梗塞河東鹽引
滯銷兩次奏請停止壬戌綱加票當經臣部議令設
法疏銷毋庸停止奏奉
諭旨行知在案茲據該撫以上年五月八月豫省兩次被

賊竄擾行鹽地方節節梗塞又值陝回滋事陝省片引不行迨豫省稍清蘆鹽又復侵及潞鹽引地湖北一帶川鹽淮鹽漸次充斥潞鹽積滯不能銷售日甚一日請將上年壬戌綱加票一千一百名同本年應加之票一律停止並請將新加引費無論豫陝本省各孑酌減五成等因尙屬實在情形查壬戌綱加票一千一百名迭經臣部奏咨行令設法疏銷原以河東鹽課爲撥解京餉一大宗未便輕議停止今旣據該撫再三奏停若責令照舊辦理勢旣有所不能然

竟全行停止於京餉碌有窒礙臣等公同商酌所有
河東最後加增之活引五百名應准其自壬戌綱起
至癸亥綱止暫行停緩其餘六百名仍令實力疏銷
惟合壬戌癸亥兩綱覈計共一千二百名若令於本
年一併加銷爲數未免喫重銷售未能足數應再推
展年限令將壬戌綱加票六百名於本年補銷癸亥
綱加票六百名於來年補銷以紓商力至請將新加
引費無論豫陝本省各予酌減五成等因查河南額
引一千九百九十名一百十引每名加引費銀六十

兩共銀一十一萬九千九百九十餘兩山西額引並
岢嵐州引一千六百六十六名一百八引分上中下
三等加費共銀五萬五千七百兩有零現在河南軍
務漸平路無梗塞鹽可暢銷山西係完善之區豈得
將原加引費率行覈減所請將河南山西引費酌減
五成之處應毋庸議至陝西額引一千三百三十一
名一百一引每名加引費銀六十兩共銀七萬九千
九百一十兩五錢又靈寶額引三百名每名加引費
銀六十兩共銀一萬八千兩陝省軍務未息販運較

難所有本年加費應准其酌減五成覈討壬戌綱暫停加票五百名課銀九萬五千兩癸亥綱暫停加票五百名課銀九萬五千兩並酌減陜省加費銀四萬八千九百五十五兩零所以體恤商人者已屬無微不至應請
旨飭下山西巡撫遵照臣部此次奏案嚴飭鹽道轉飭該商等將壬戌癸亥兩綱加票各按年運銷並癸亥年正額引鹽務須悉數銷完斷不准再請減停致干嚴辦仍飭該撫隨時體察情形如陜省銷路漸通務將

暫停之五百名活引即行運銷並陝省引費仍按名
徵收六十兩以復舊規毋得恃有此次准其停緩之
案習以爲常不復力加整頓是爲至要再據奏稱河
南魯山等處抽收鹽釐每名需錢三十餘千成本益
重商販視爲畏途等因查河南抽收潞鹽釐金並無
報部案據現在潞鹽滯銷豈可再行抽釐致運鹽成
本愈重商販畏葸不前應令河南巡撫於文到日即
將魯山等處抽收潞鹽釐金概行停止以輕成本而
疏銷路五月初九日奉

旨依議欽此

准停前後加票並減半陝豫加課部議同治四年

戸部議覆據護理山西巡撫王榕吉疏稱據河東鹽法道楊寶臣詳稱本年春間該道聞楚省淮綱已復且襄樊各處加抽釐金意在杜潞鹽之路並訪得襄郟一帶蘆私充斥當經遴員前往河南湖北等處確切訪查旋據委員回運稟稱楚省鹽務現經兩江湖廣各總督重整淮綱設立總局頒行條款淮鹽每斤在漢口售價六十文而潞鹽運至樊城每斤售價七八十文再加釐金六文運至漢口三處又加釐金十

八文成本過重不能運赴武漢安陸德安一帶僅有樊城一處尚可發售而襄城郟縣隰旂店等處復有蘆私侵灌其價較賤加以髮捻各逆不時竄擾南汝等處商販不敢冒險行運陝西現雖稍定而兵燹之後戶口流亡過半食鹽頓減其附近鄜陽地方亦因老河口釐金增重商販畏葸不前鹽路實形壅塞本省行鹽四十四州縣多係商夥自備本金代官行運近年糧價昂貴池鹽不旺兼以兵差絡繹騾馬缺乏脚價逐漸增長官引亦復積壓請將豫陝加課自丙

寅綱起每名各裁減銀三十兩其本省加課亦照原
定數目酌減一半嗣後新引一律照辦所有癸亥綱
展緩之活票五百名並甲子綱以後加票六百名均
請停止以保正額等情詳請具奏前來臣查潞鹽之
暢滯視川淮之通塞川淮道阻則潞鹽暢行川淮路
通則潞鹽積壅情勢使然加課加票本因暢銷而增
自應因滯銷而減惟本省究屬完區若將加課與陝
豫並減未免無所區別應令設法照舊徵收不准減
半其豫陝二省從前每名加課六十兩合無仰懇

天恩俯如該道所請准其各裁減銀三十兩並將癸亥綱
展緩之活票五百名同甲子綱以後加票六百名一
併停止等因具奏前來臣等伏查潞鹽續加課票屢
經該撫奏請展緩均由臣部察看情形分別議准已
足以示體恤若遽將奏定之案統行裁減停止恐非
覈實之道惟該署撫所奏潞鹽運楚不如從前暢旺
髮捻各逆不時窺擾南汝等處陝西兵燹之後戶口
流亡過半食鹽頓減各等語尚係實在情形應准如
所奏將前後加票一千一百名暫行停辦豫陝二省

咸豐十年所加每名課銀六十兩暫行裁減銀三十兩俾紓商力而彰大信至山西本省究屬完善之區所有加課應令照舊徵收不准減半以示區别十月二十五日奉

旨依議欽此

遵查河東鹽務實情分別辦理疏

同治十一年
巡撫兼鹽政鮑源深

竊臣前准軍機大臣字寄同治十一年四月十一日奉
上諭御史袁承業奏敬陳河東鹽務流弊一摺據稱河東行鹽引地係晉豫陝三省分銷豫陝引票於每年掣籤時扣留引票若干不行入筒分給現任候補各官以爲調劑屬員之計山西引地各州縣招商代運勒索分肥私立官費甚至幕友家丁佐雜營員皆分其利擬請將

豫陝引票統歸掣籤其山西引地卽照代運之法令該
商取具保結領運等語著鮑源深確切查明酌覈具奏
如有前項弊端卽行認眞釐剔毋稍姑容所擬辦法是
否可行並著妥籌辦理原摺著鈔給閱看將此諭令知
之欽此遵經轉行河東道升泰查明妥議並以藩司李
慶翱署臬司王溥均係曾任河東道於鹽務利弊自
必確有見聞復飭該司等會同核覆在案伏查河東
行鹽引地本係山陝豫三省分銷山陝則商運商銷
豫省則商運民銷嗣因籤舉富商百弊叢生商力因

而疲乏之全綱敝不能支於咸豐四年間遵照戶部奏
定章程將運商一百餘家一律令其捐免鹽課就場
徵收並將山陝兩省改爲官運官銷豫省改爲官運
民銷嗣又將豫陝兩省均改爲官民並運迄今已閱
十有餘年課食兩無貽誤目下情形但能整飭隨時
尚不致大有妨礙今該御史原奏內稱豫陝引票於
每年掣籤時扣留若干不行入筒分給現任候補各
官以爲調劑之計各官持票出售輾轉剝削價必增
昂食鹽之民隱受其害請將豫陝引票統歸掣籤其

屬員差委較勤者於雜款項下酌給薪水一節竊查
豫陝兩省額引及蠶寶加增名引共三千六百餘名
當咸豐四年免商之初民販皆視爲畏途無人領運
經河東道邈員倡率分運河南之會興鎮陝西之三
河口聽民販買試辦年餘漸有成效民販始趨之若
鶩接辦者多復經河東道議定章程官民並運以一
成歸官二成歸民官則按資分派民則配籤聽掣官
引民引判然不紊歷屆新綱均係照辦從未將民引
扣留若干不行入筒而各民販雖願領運仍未能統

歸挈籤者艮以在暢銷之時聽民領運或不致於誤事萬一行銷疲滯民商望而卻步課項恐無著落仍須責成於官以濟民運之窮是官民並運實有相維相繫之意非爲調劑屬員計也至各官持票出售者亦因豫陜兩省額徵課項多寡不一引則分成搭配如每號紅籤八名內陜引三名豫引五名事隸兩省勢難一人兼辦彼此售易卽有議加津貼之舉但津貼之低昂要視銷路之暢滯官民事同一律不能獨自居奇且鹽務人員現已增至二百餘員之多卽擇

其差委較勤者酌給薪水亦覺款無可籌更恐力難
爲繼所有該御史請將豫陝引票統歸掣鑑另籌薪
水藉資屬員辦公之處事多窒礙難行應毋庸議又
該御史原奏內稱山西本省引地各州縣率皆招商
代運久之官商皆視爲利藪遂至營謀勒索私立贄
見季規節敬壽禮等名目官費繁重無不取償於民
是以鹽價倍增任意攙雜減斤非奸商敢於作弊實
貪官驅之使然也請將本省引地即照代運之法令
該商取具保結認眞領運仍必核辦有人方准推卸

一節竊查山西本省行銷潞鹽引地共計四十四州縣自免商以後改爲官運官銷卽責成各州縣領運納課該州縣有自行領辦者有派人代運者其代運之人名爲運夥凡辦理之是否得宜運夥之是否得人均惟該州縣是問嗣恐各州縣設立名目苛求餘利曾經前撫臣逼飭嚴禁並經河東各前道明立章程如有更換運夥須令新舊各夥親身赴道投具甘結退稟方能脫卸近年池鹽底價騰貴各路銀價高昂運夥賣鹽收錢封課用銀其中折耗不少閒有酌

增鹽價者必須稟明核示遵辦且所增不過三四文
蓋深慮各州縣之或有勒索運夥之或有受累更恐
官商扶同包庇取償於民杜漸防微舊章具有深意
今該御史原奏各情旣有所聞恐日久弊生亦難保
必無其事應由臣申明舊禁委員會同各府州實力
確查有則分別撤叅俾各屬知所儆戒至該御史擬
請照代運之法令該運夥取具保結以的名認眞領
運係爲釐剔弊端起見應由臣通飭行銷潞鹽各州
縣以後凡有由官自行領辦者或初係招夥代運嗣

因告退及滋弊斥逐該州縣情願自辦者仍責成照
章領運納課毋庸更議其現在招募代運者即由該
州縣查明確係殷實良民並無捏名朋充取具保結
以領辦的名通報各衙門查核准其領運所售之鹽
務令乾潔足秤如敢私增鹽價及任意攙土和沙扣
減斤兩等弊即由該州縣隨時查明嚴行斥逐究辦
倘該州縣百端勒索壟斷居奇私立贄見季規節敬
壽禮等名目亦即從嚴參處各官與商扶同包庇剋
苦閭閻以致控訴無門並將該州縣及代運之人一

併按律嚴懲至代運之人或有退辦必俟接替有人仍照前定章程令新舊各夥親身赴道投具甘結退稟仍將接辦的名逼報核准後方准退辦如此定立章程則官無所用其抑勒商亦無所用其營謀仍將鹽價視成本輕重隨時酌減則民閒實惠可沾更不致隱受其害矣倘此後尚有應興應革之處由臣隨時體察情形督飭妥籌辦理不敢因目前課食尚無貽誤稍涉因循總期弊盡利全以整鹺綱而裕課項

八月初八日軍機大臣奉

旨覽奏已悉著該撫督飭河東道隨時體察情形實力整
頓期於有利無弊以肅鹺綱而裕民食戶部知道欽此

增修河東鹽法備覽　卷十　六十

陝省減抽潞鹽釐金咨

同治十二年　陝西巡撫邵亨豫

據陝西釐稅總局司道會呈案奉飭議山西巡撫部院鮑函稱河東鹽務自裁商後如陝之西同商乾悉由民販運鹽銷售年來課引疲滯雖緝私格外加嚴而運販並無起色據民販等稟稱潞鹽運赴陝省有入境卸載兩項釐金共計二十餘兩請代籌裁減等語查潞鹽引地本隘民販無籍可稽設因費用煩重畏阻不前勢將場鹽壅塞貽累軍儲伏望於無可酌裁之中量爲核減等因前來合飭通盤籌畫應如何

核減之處悉心妥議以便遵飭遵照等因到局遵查陝省自咸豐八年奏定章程抽釐濟餉河東運陝潞鹽同各貨一律按照四釐五毫科則抽收嗣於同治六年因髮捻接踵滋擾庫項日形支絀征防各兵需餉繁鉅不得已仿照南省抽釐章程酌議增收當將潞鹽一項每百斤酌擬改抽庫平銀一錢五分甫經遵飭適値左督憲駐節潼關各該鹽商以釐金加重紛赴行營籲懇量減蒙飭會議復經前總局司道公同核議每百斤改抽庫平銀五分詳奉批准遵飭遵

辦各在案茲奉前因本司道再四會商並檢核陝省額銷鹽引及近來每年民販運陝鹽斤計所銷之數照額引尚無短絀是課引疲滯自非因釐重畏阻不前況釐數原定每百斤抽銀一錢五分後改爲每百斤抽收五分是已減而又減本難再議減抽惟旣准函商於無可酌裁之中量爲核減自不得不通盤畫算酌爲籌減擬請每百斤減抽銀一分以順商情而期暢銷所有遵議緣由理合詳請核示祇遵等情到本部院除詳批示外相應咨覆查照施行

奉准乙亥綱陳引分作兩年帶銷部議光緒二年

戶部議覆據前任山西巡撫鮑源深疏稱竊惟河東引課例定四月奏銷嗣以行銷疲滯節經奏請展限本年四月因乙亥綱未銷引票尚餘二千餘名勢難依限運完經臣援案奏請緩至七月造報旋於六月間據該道以本年春夏雨澤愆期河南旱荒尤甚鹽斤未能暢銷迭經督催封運無幾所有乙亥綱奏銷詳請再行續展當以課項攸關未便延緩卽經駁飭勒限嚴催茲復據河東鹽法道升泰詳稱溯查河東

鹽務雍正以前原定三省額引二千九百餘名每名
徵正雜課銀五十餘兩共徵銀十七萬兩有奇嗣因
引課迭加道光年間商情漸見疲乏因有准令乏商
舉報殷實代充之舉然核計額徵每年亦僅五十萬
兩咸豐三年改章官民幷運三省額引共五千名時
値川楚淮蘆引地阻隔處處買食潞鹽銷售倍前暢
旺逐年屢加票費徵銀至一百餘萬兩同治三年各
省克復引地復舊潞鹽不能越境行銷奏准將活引
停止新加引費一律酌減五成每年計尚徵銀七十

餘萬兩該商等領辦引鹽一名除應納課項不計外
鹽價腳價所需每名約銀一百餘兩售賣實形喫力
至豫陝兩省久經兵燹需鹽不及從前且有蘆淮私
販侵灌隱受其累近今數年名爲課項全完實則各
口岸鹽斤囤積皆由商民賠墊前此尚恃年歲豐收
民力有餘銷售較廣車輛馱隻專以行鹽爲大宗腳
價不致增昂此河東連年賠累尚可勉支之實在情
形也本年春夏以來三省均無透雨豫省荒歉尤甚
小民難於謀食他顧弗遑車輛騾馱又因爭運糧食

腳價倍長致會興鎭口岸囤積豫鹽數百萬斤迄未
運售山陝商販資本不充封課買鹽皆係銀款所收
零星鹽價錢文易銀喫虧不少現屆展限之期統計
乙亥綱未掣三省額引尚有一千餘名若不設法變
通勢必商累課虧日益積壓且丙子綱新引至今尚
未掣銷而前項存引未完現若先銷陳引則新引開
綱過遲專顧新綱則陳引掃數無日查長蘆兩淮雲
南山東等省曾於道光年間暨同治四年請將積引
分限帶銷所有河東乙亥綱未完引票惟有籲懇援

照各省歷辦成案准予分年帶銷俾得新陳兼運不致貽誤等情具詳請奏臣查商情疲累不得不量予變通餉項攸關尤不得不嚴催封銷秋後正鹽斤旺銷之時此時得多銷一名存引日後即可少一名帶銷蒂欠無多辦理較易除飭該道迅催各商販等趕緊竭力封銷并一面將未完引票查明確數造冊送部查核外現當展限已屆合將河東引銷積滯商力周轉爲難各情據實瀝陳籲懇
天恩俯准將乙亥綱未掣引票俟該道趕催封銷截數造

報後援案分年帶銷以紓商力等語臣等伏查河東
引課例定次年四月奏銷自道光二十四年經前山
西巡撫梁萼涵以引滯商疲奏准展限兩箇月同治
二年復經升任協辦大學士前撫臣英桂援案奏懇
展緩嗣後歷年每屆奏銷均先期聲請緩限三箇月
本年四月據鮑源深以乙亥綱未銷引票尚有二千
餘名勢難依限掣完請展至七月造報欽奉
恩旨允准由臣部行知遵照去後茲據該撫咨覆前項陳
引七月後續銷二百一十八名五引實未掣八百三

十六名十五引丙子新引甫飭領辦來年四月即屆
奏銷存引甚多爲時甚促若勒限一年則新引尚不
能全完陳引更難以兼顧體察商情實係萬分疲累
並非有意推延擬請分作兩年帶銷等語臣等查長
蘆兩淮山東各省均經奏准分限帶銷積引此次鮑
源深援案籲請分作兩年完補爲期亦尚不致久懸
合無仰懇
恩施俯念潞商積困未紓准將乙亥綱掣賸陳引八百三
十六名有奇分作兩年帶銷以示格外體恤十二月

十七日軍機大臣奉

旨依議欽此

奉准減徵本省五成加費部議光緒五年

戶部議覆據山西巡撫曾國荃疏稱據河東鹽法道江人鏡詳稱河東引鹽行銷晉豫陜三省光緒三年三省引地均遭奇荒戶口流亡過半以致乙亥丙子積引未能依限全完是年冬間據前護河東道卓熙泰先後詳呈經臣疏請裁汰晉豫陜三省加費並請暫停河南靈寶加引未蒙

俞允四年十二月丁丑綱額引正展限滿未能完銷復經臣奏懇續展一年部議覆准展限四箇月截至本年

四月底作爲奏銷限滿其戊寅綱引准自己卯年五
月起接續開徵旋因運銷仍滯復經臣請將丁丑綱
未完積引二千一百七十餘名比照乙亥丙子兩綱
成案亦分三年帶徵奏
旨允准在案溯查自咸豐三年捐免充商後將本省改爲
官運官銷豫陝改爲官運民銷三省歲行額引四千
九百九十八名七十九引以一百二十引爲一名每
名徵正課銀五十兩雜課銀五十五兩歲共徵銀五
十二萬四千八百兩零彼時江南湖北等省均遭兵

蔡淮鹽停運胥藉潞鹽接濟西路則花馬池一帶亦皆買食潞鹽河北直隸蘆鹽不能按時到岸潞鹽行銷日暢咸豐五年議加靈寶口岸鹽票三百名七年改領部引九年又加羨餘銀三萬七千三百餘兩接濟京協各餉同治元年又加籌補羨餘銀三千四百兩當時奏明日後滯銷仍准還原引迨同治五年淮鹽暢行潞綱日滯經前撫臣奏准豫陝靈引每名酌減五成加費銀三十兩共減銀一十萬八千九百五十餘兩本省因屬完善之區未蒙核減統計三省實

行額引五千二百九十八名七十九引歲徵銀七十六萬一千七百兩零其時西路花馬池鄰鹽絕跡北路蘆鹽亦滯河東鹽務尙能依限奏銷同治七八九十等年西北𢌞捻削平蘆鹽暨花馬池鹽行銷如舊潞鹽日益疲滯不能依限奏銷現值三省連年荒旱潞鹽引地悉被災祲本省災害尤重戶口流亡十之六七豫省之河陜陜省之西同民亦凋殘相望留此孑遺餬口不遑何嫌淡食河東行鹽處處陸運民販全賴騾馬年來牲畜宰殺餓斃殆盡加增腳價成本

過重多致虧折至三場坐商每年澆曬全仗人工而
種鹽之人餓斃過半人工口食倍增曬鹽一名成本
需銀一百二三十兩售價不過七八十兩一時並無
受主本重累多目下各場已有無力澆曬坐荒畦地
者坐運兩商困累至此縱使設法調劑亦非一時所
能見效與其徒有額銷虛名無益餉項轉至礙及全
局何如從權酌減引費等情詳請具奏前來臣查該
道所呈委係實在情形合無籲懇
天恩准自己卯綱起山西引暫減四百名河南引暫減三

百名陝西引暫減二百名數年後疏行有效仍請復歸原額並請自戊寅綱起將三省加費一十六萬四千六百餘兩暨羨餘及籌補羨餘共銀四萬七百餘兩一律裁汰以維全局而紓商困其戊寅綱新引自五月開辦後領辦寥寥並請展至本年九月開辦所有分年帶徵之丙子丁丑積引遵照原奏辦理至己卯綱新引請俟戊寅綱全引辦有端緒再行舉辦其奏銷限期仍請依次迭展一俟年穀順成鹽務稍有起色即當逐漸提前催運年清年額以符原限仍督

飭該道轉飭監掣三場行鹽各州縣及民販等實力
疏銷並嚴行緝私等語臣等伏查潞鹽章程自咸豐
三年奏定晉省官運官銷豫陝兩省官運民銷晉省
歲額應銷引一千一百六十六名零豫省歲銷引一
千九百九十九名零陝省歲銷引一千三百三十一
名零共計額銷引四千九百九十餘名零咸豐五年
議加靈寶口岸鹽票三百名七年改領部引統計晉
豫陝靈各岸實行額引五千二百九十餘名零每鹽
二百四十五斤爲一引一百二十引爲一名每斤徵

正雜課銀四釐每名約徵課銀一百二十兩歲共應徵課銀六十萬兩有奇此河東歷徵鹽課正額大概情形也咸豐初年各省軍興江路阻塞淮鹽片引不行狥捻各匪蹂躪西北花馬池及長蘆兩路運道梗絕潞鹽遂得溢銷於江楚河陝直隸諸境暢旺倍常於是咸豐九年由該省定議加徵羨餘每名銀八兩並加票三百名每名徵公費銀十五兩二共徵銀五萬兩按年解部充餉十年復據前山西撫臣疏請每年除前加銷三百三十名外再加二百七十名共成

六百名計續加二百七十名歲徵銀三萬二千四百兩另於道庫提銀一萬七千兩湊成五萬兩照數解直作爲津郡海防經費是年四月前御史薛書堂奏擬加徵潞鹽課銀每年六十萬兩旋據前晉撫常續覆奏請再加活引五百名合前加六百名爲一千一百名計增課銀十四萬三千兩又加徵三省引費銀三十三萬九千餘兩共四十八萬二千餘兩除去外銷各款實應報撥銀四十二萬餘兩此又河東引鹽暢銷陸續加徵引費羨餘各款大概情形也維時潞

鹽正課加課歲可得銀一百餘萬兩實爲撥解京協各餉一大宗乃徵收甫一二年江楚肅靖川淮兩路鹽皆暢行而潞銷漸滯加以捻狪各匪疊擾陝豫道途梗阻河東銷滯運難同治元年該省卽有請停加票之奏當經臣部議駮二年五月又請停止加票並請將各岸新加引費統予酌減五成復經臣部議令准將最後增加活引五百名暫行停緩其餘六百名仍令實力疏銷並准將陝省額引加費每名六十兩及豐寶額引加費每名六十兩各減五成四年十月

復經前署晉撫王榕吉請將豫陝引費各予減半徵收並將前加票六百名一併停止臣部議以陝豫被擾戶口流亡食鹽頓減係屬當時實情准令將豫陝二省應加引費每名六十兩暫減徵收三十兩暨將前後加票一千一百名悉行停辦至山西本省係完善之區加課仍令照舊徵收不准減半以示區別以上先後綜計共停減加票加費等銀三十一萬七千八百餘兩僅存應徵加費銀十六萬四千六百餘兩光緒三年晉撫曾國荃復以豫鹽滯銷請將靈寶加

引停徵又請將豫陝五成加費及山西未減加費一
體停止亦經臣部議駁奏令認眞整頓照常徵課藉
供撥款等因行知遵照各在案臣等查該撫所陳河
東各引地同被災祲食鹽戶少坐運各商積困難紓
自係實在情形惟該撫在晉言晉目擊商情困累不
憚再三請命上乞
恩施而臣部綜核度支不能不兼權中外溯自光緒三年
歲旱西北各省多告偏災仰賴
皇仁宥加無已於議蠲議緩外

疊頒內帑賑濟咸周在子遺實戴
生全而帑藏焉資取給頻年出多入少徵發恆苦不敷河
東額課歲收六十萬兩歷年僅敷指撥西征餉需及
金順軍營歲餉其加費銀十六萬四千餘兩及羨餘
銀四萬餘兩則按年撥解京餉十五萬兩固原提督
雷正綰營軍餉六萬兩但令徵收足數亦不過祇敷
報撥倘再議減議停解款將何從籌措近年各直省
支絀情形彼此如一即東南夙稱財富而歷歲籌防
協賑均亦羅掘告空西陲兵練未奏凱旋則該處協

餉尚不能不按時協濟可知其金營雷營亦同此相需孔亟此時若准曾國荃將河東正課減額加費停徵竊慮應解各餉項更無他省他款可以籌抵京協餉需動關緊要一有貽誤厥咎誰歸度勢揆時該撫臣奏請停減之處臣等實未敢率准惟所請停減各課係爲因災銷滯補救頹綱起見亦不能不量加體恤查豫陝靈各岸加費前均議准減半徵收獨山西以完善之區未邀核減今值晉省洊饑難保各官商不藉口偏枯似亦未昭平允臣等公同商酌擬請將

河東現辦戊寅一綱應徵晉引加費援案酌減五成以示調劑河東引費陝豫靈寶均按名加費銀六十兩獨晉省向分上中下等則徵收上等長治等九州縣額引五百名二十六引每名徵費銀四十兩中等長子等十九州縣額引七百五十六名三十引每名徵銀三十二兩下等絳州等十七州縣額引四百一十名五十二引每名徵銀二十八兩合算共徵銀五萬五千七百兩有奇應令該撫轉飭鹽道按照定則暫將上等各州縣改徵銀二十兩中等十六兩下等

十四兩計共應減銀二萬七千八百餘兩此項加費
有關撥解京餉減徵後萬一解款稍有不敷應令該
鹽道查照從前協解天津海防銀兩成案於道庫酌
提閒款抵補足數毋任虧短京餉要需又此次係因
災暫准減徵該官商不得覬覦永免一俟來年歲獲
豐收運銷自必加暢將來接辦己卯綱時即令仍按
原定等則銀數啟徵其陝豫靈各岸引費業經先減
五成當此需用浩繁之際縱不能力圖復額又豈容
屢議減停所請應毋庸議以顧課餉而示限制至正

課及羨餘各款關係西餉及雷營歲餉現在西邊兵事功告垂成需餉正殷臣部統核各省進款均僅敷用無多餘存不能另爲籌撥該撫所請減額引裁羨餘各節礙難照准亦毋庸議其戊寅綱引據稱自五月開辦後請領寥寥懇展至本年九月開辦己卯綱新引請俟戊寅綱辦有端緒再行舉辦等語查河東丁丑綱引迭經該撫一再疏請展至本年四月底截限迨屆限滿又據疏稱尚有未完丁丑綱積引二千一百七十餘名比照乙亥丙子兩綱成案分限三年

帶徵前經奉

旨允准是丁丑綱積引已准歸入陳引陸續帶徵何以戊

寅綱尙不能依限接辦又復覆請展期其爲該鹽道

等怠玩習成已可槪見惟計此案覆揩到晉爲時已

屆九月應請

飭下該撫臣嚴飭鹽道督率各官商竭力疏銷趕緊將戊

寅綱應銷各引於一年限內照額全完並將已卯綱

新引查照臣部奏咨各案作速委員赴部請領俾得

上緊接續開辦均毋遲延嗣後年穀順成務將各綱

遞行趲前催運俾得年清年額以符定制尤爲至要

續准裁除三省加費羨餘部議光緒十八年

戶部議覆據山西巡撫曾國荃疏稱竊臣前因河東行鹽引地連年災祲戶口凋殘懇請將晉豫陝三省鹽引自己卯綱起分別暫減並請將三省加費暨羨餘及籌補羨餘銀兩一律裁汰戊寅綱新引展至五年九月開辦分年帶徵之丙子丁丑積引遵照原奏辦理己卯綱新引請俟戊寅綱全引辦有端倪再行舉辦其奏銷限期仍請依次遞展旋准戶部議覆准將現辦戊寅一綱應徵晉引加費援案酌減五成

其三省額引羨餘及豫陝加費未蒙准減並令將戊寅綱應銷各引於一年限內照額全完已卯綱新引作速委員赴部請領等因卽經轉行分飭遵辦去後茲據河東道江人鏡詳稱遵查晉豫陝三省凡係河東引地三年同被災旱戶口流亡十之六七目下每年銷數日形短絀滯引愈積愈多天災流行人力亦窮於術非不知引課關繫餉源但鹽不暢銷課從何出課不封納餉從何籌因之歷年奉撥京協各餉未能照數撥解與其日後貽誤坐失機宜何如先事綢

繆尙堪補救溯查當日加費之案原以川淮引地借
銷潞鹽議增加費原奏內卽有川淮路通仍當裁汰
本未敢據爲定額也現在川淮復舊潞鹽滯銷又值
大災之後銷路更窄若令加費羨餘照前封納實屬
力有難支蓋加費羨餘前因暢銷而遞增玆因滯銷
而求減盈虛消息時勢使然況求減之數均係咸豐
年閒迭次加徵之課並未請減原額如以川淮花馬
池鹽之有餘補潞綱之不足通盤籌畫似於
國計民生均無窒礙據該民販稟由監掣同知張元鼎

詳經河東道呈請具奏臣思河東鹽引因災銷滯該
道所詳各節委係實在情形合無仰懇
恩施俯准自戊寅綱起仍將豫陝靈減剩五成加費並本
省現蒙暫減五成及仍留五成之三等加費暨前後
續增羨餘一併裁汰俟試辦數年轉滯爲暢即當漸
次請復以濟餉需至前定額引原係計口授食目下
戶口凋殘食鹽人戶不過昔年三分之一各州縣均
有戶口冊籍可稽若照現行額引勢難依限行銷應
請將三省額引仍自己卯綱起山西省暫減四百名

河南省暫減三百名陝西省暫減二百名日後生育
復原銷數暢旺隨時請復原額以符定制至戊寅綱
鹽引早遵部示開辦加費羨餘如蒙裁減請自奉准
部覆之日爲始按數減收以昭核實己卯綱引業已
派員赴部請領等語臣等伏查光緒三年晉豫陝三
省大旱凡潞鹽行銷口岸無不同被災祲現時流亡
未復戶口減損致引鹽日益滯銷該撫籲請裁加費
減額引自係目擊商艱不能不爲再三請命惟臣部
綜理度支當此時勢艱難尙須在常年撥款外加籌

餉項以資備豫何敢於例徵額課輒准刪減以虧正
供況西北防軍未能遣撤所需於河東者甚鉅若加
費羨餘正課一時並准議停議減則西餉將憑何支
應各直省拮据如一改撥又苦無從而曾國荃所稱
潞商積困亦確係實在情形倘必概加駁斥又恐商
民徒擾追呼課餉終無禆益臣等公同商酌各省鹽
運銷路漸暢晉省實又曾被災荒若正課加課同時
併徵商力實有未逮合無仰懇
天恩准如該撫臣所請自本年接辦己卯綱爲始將豫陝

靈寶減臢五成加費並山西本省現准暫減五成仍留五成之三等加費及先後續增羨餘一概暫予裁除經此次停減後該商民等渥荷
皇仁尤當激發天良力圖報效保全正額務當年清年款不准絲毫蒂欠至本年京餉內指撥河東加課羨餘共銀十五萬兩又應解雷正綰協餉每月五千兩此時課既停徵款無所出自應一併暫准免解俟復舊後再由臣部酌量指撥所有此次免解京餉銀兩本應補撥惟查各省關應還部庫墊發並積欠京餉各

款爲數尚鉅業經臣部另摺奏催趕緊補解如能源
源解到尚可敷衍本年暫請毋庸撥補其雷正綰月
餉待用孔殷若不另行改指誠恐貽誤軍食擬卽在
於兩浙鹽課鹽釐項下每月撥銀五千兩應請
飭令浙江巡撫轉飭該運司卽自本年起按月照數籌解
以濟兵糈其河東額引係屬例定正課且歷經臣部
指撥西征軍餉關繫要需該鹽道身任督徵自應按
年按額徵完撥解未便輕議減成所有曾國荃請將
河東現引分別晉陝豫暫予酌減定額行銷之處應

毋庸議仍令該撫臣督飭鹽道實力催徵毋任藉詞延欠以重正供兼顧協餉至該省己卯綱應銷各引應並令該鹽道恪遵奏案趕緊於一年限內督銷全完報部毋稍遲逾奉

旨依議欽此

奉准試辦督銷期復課額部議光緒二十年章程附後

戶部議覆據山西巡撫張煦疏稱河東鹺綱每年正加額引五千二百九十八名零行銷陝豫晉三省自咸豐四年捐免充商除晉省係歸官運官銷外陝豫兩省改爲民運民銷嗣因散漫無稽未能通暢又改爲另募專商祗以商民本小利微不敷分布迄今懸岸仍多益形疲滯近年銷數三省均匀牽算不過七成餘遂致奏銷展限年復一年光緒十二年原任河東道邁拉遜以鹽務積疲部撥甘肅新餉力難如數

批解詳經調任撫臣剛毅奏交戶部議令由藩庫代
爲設法經臣前在山西藩司任內詳請由藩庫地丁
項下按年籌墊銀十萬兩交該道湊解甘餉亦經前
撫臣剛毅奏明在案查藩庫自十三年迄今已代河
東道庫借墊銀五十餘萬兩伏思晉省連年荒旱錢
粮徵收不齊藩庫支應浩繁日形竭蹶惟有設法整
頓鹽務以冀漸有起色俾該道應解協甘之款可以
自顧不至再累藩庫亦節流之一法於大局不無裨
益當飭河東道設法認眞整飭茲據該道詳稱近來

陜豫鹽務疲滯已極似非變通辦理難期成效臚陳
現在情形請示遵辦前來臣查陜豫改招專商以後
銷數非不稍增祗以商力單薄販運未能周遍各處
私鹽乘間投隙官引難於暢銷欲圖補救祗可仿照
兩淮督銷局辦法仍就陜豫引岸商販所不能及之
處發給官本募用商人設局派員試辦督銷添募勇
丁嚴緝私販以官運彌其罅隙則私鹽可免横行由
近而遠次第擴充官惟督運緝私商則專事營販界
限分明兩無窒礙當不致有折閲虧本之虞現經臣

查有河東監掣同知張貽琯熟悉鹽務檄委該員在河東運城設立督銷總局專司其事又在陜西同州一帶設立陜運分局河南襄城葉縣郟縣一帶設立豫運分局並由臣遴委分辦幫辦各員與該同知會同辦理仍統歸該總局稽核擬在道庫雜款項下籌借銀六萬兩以二萬兩作爲陜運官本四萬兩作爲豫運官本先陜後豫次第試辦辦理稍有贏餘陸續歸還原本所有支發各項均由該同知彙總按月報臣查核並仍由河東道就近稽察試辦一年後有無

成效再行據實奏明至本省各屬近在目前應飭該
道照舊督銷等語臣等伏查潞鹽章程自咸豐四年
奏定山陝二省官運官銷河南一省官運民銷咸豐
六年先後將陝豫二省改爲官民並運歲行額引五
千二百九十餘名計一百二十引爲一名每名徵課
銀一百二十兩歲共應徵課銀六十三萬餘兩此河
東鹽課歲徵正額之大略也咸豐年間各省軍興淮
鹽片引不行潞鹽溢銷於是加徵羨餘八萬餘兩活
引課十四萬餘兩加費三十三萬餘兩是爲潞鹽之

極盛同治初年江楚肅清川淮兩路鹽皆暢行潞銷
遂滯同治四年將陜豫二省加費減半徵收活引悉
行停辦其時正課尚能年清年款迨光緒三年晉陜
豫三省同被災祲引鹽疲滯復將陜豫減賸之五成
加費山西本省之加費暨前加之羨餘陸續停免並
節據該撫奏展各綱限期每歲僅徵銀五十餘萬兩
未完引課亦請分年帶徵潞鹽遂有日趨於下之勢
茲據該撫以河東鹽務陜豫兩省引岸銷數仍多疲
滯擬請仿照兩淮督銷局辦法仍就陜豫商販所不

能及之處給發官本募用商人設局派員試辦督銷
添募勇丁嚴緝私販一年後有無成效再行奏明等
因具奏臣等查河東引鹽自光緒初年該省迭被災
祲引滯課絀十數年來每綱均請展限四箇月然正
展限内銷完引數新陳牽算尚不能盡如歲額核計
辦理三綱卽隱占一綱之限暗中虧課甚鉅該道庫
應協甘餉不能不借助於藩庫代墊者實由於此若
不卽思變計誠無以挽頹綱而裕餉源今該撫擬就
陝豫商販所不能及之處發給官本募用商人設局

委員試辦督銷自係爲因時變通力求整頓起見臣等公同商酌擬請准其先行試辦俟一年後察看情形由該撫奏明辦理惟既設局督銷其奏銷期限應如何提前趕辦積引如何疏銷從前官民並運章程原設之陝西三河口河南會興鎮各局是否仍循其舊新設各局每局委員幾員添募勇丁若干名所需經費係由何項動用其由道庫雜款項下撥發運本銀六萬兩應如何分年歸還原奏均未議及相應請

旨飭下山西撫臣督飭鹽道迅即妥議章程詳細聲覆並

將開辦日期報部備核至該省鹽務現既仿照兩淮
試辦督銷所有行銷引目徵收課款擬令即照淮南
章程每屆半年由該撫查明徵收數目先行開單奏
報一次以憑稽核正月十四日奉
旨依議欽此
議定河東試辦督銷局大小事宜章程
計開
一督銷總局設立運城陝運分局在於同州府屬一帶
豫運分局在於襄城葉郟兩縣一帶察度設立以取

適中

一督銷運本陝綱撥銀二萬兩在於運庫閒款內提發豫綱撥銀四萬兩該局須由水運開辦應俟來春聽候續撥

一總局總辦係實缺人員照章不支薪水其分局會辦幫辦薪水各按官階照章支給統屆年終核計餘利若干由總局稟請酌提分給以資津貼

一總分各局正印委員由省札委其隨同幫辦之佐雜應用幾員卽由總局總辦在於河東就近揀派隨時

具報薪水照章支給辦有成效實屬出力者准由總
辦年終於餘利內稟請酌提給奬以示鼓勵
一巡私勇丁陝岸定以百名除現有八十名外募補添
足豫岸定以六十名除三門口現有十六名准留六
名仍巡私渡可以酌提十名陵川縣河東勇二十名
可以全行移撥外募三十名補足以資分布
一委員薪水勇丁口粮油燭等項均在於運庫之三河
口會興鎮打帖項下支給無論正佐委員各運局不
准私借絲毫違者認賠

一發鹽配運分岸行銷陜綱按六十名豫綱按一百名
均准先鹽後課限以兩季封陳借新辦有成效再行
酌加至運本課限及打帖項下支給各項統由總局
總辦承領按月具報如有交替造具接收交代清楚
冊結申報查核
一各局封配發運行銷各事由總辦愼擇司事專責承
領經理其何處運發何處過載何處存儲分運到岸
以後何處爲總運何處爲分銷全由該總辦選用熟
悉鹽務生意一人總司號事其經管帳目暨一切號

夥入數各就號事繁簡爲準由司事約束所有收支
銀鹽帳目每月開由總辦查核至應定號規辛金火
食房租雜費均由總辦酌定在於運銷帳內開支總
辦委員附入月報按季申呈本部院暨河東道備查
年終彙總具報開除應支暨實在存鹽逼盤核計如
有餘利若干隨詳聲明聽候批示提解以重運本

《山西文華》編纂委員會 編

山西文華·史料編

增修河東鹽法備覽

第七册 卷八

清 江人鏡等 ◎ 修 清 張元鼎等 ◎ 纂

山西出版傳媒集團
三晋出版社

山西文华

增修河東鹽法備覽分目

吉蘭泰鹽務本末卷八上

增修河東鹽法備覽卷八上

吉蘭泰鹽務本末

謹按北魏書載漠南漠北鹽池金史有烏古里石壘部鹽池之名朔漠苦寒地兼舄鹵亦天地自然之利也山西大朔忻代等處密邇邊陲我

朝自乾隆元年山西撫臣石麟於咨查殺虎口鹽稅案內始准蒙鹽入口行銷於向食土鹽不敷之州縣嗣以解池被水缺鹽屢議借運迨撫臣伊桑阿奏准水運而吉蘭泰鄂爾多斯蘇尼特等處蒙鹽自此水陸

並銷五十七年潞鹽課歸地丁甘肅回民馬君選販
運吉蘭泰鹽池無引之鹽獲利甚厚經太谷民人夏
國瑚以馬君選交通外藩具控審明遣戍嘉慶十二
年奉
旨命侍郎英和等查辦河東鹽務首議禁止蒙鹽水運旋
以阿拉善王瑪哈巴拉將吉蘭泰鹽池呈獻始有潞
鹽口岸一併招商辦運之議今謹將吉蘭泰鹽務裁
置本末各疏議依次編輯用資考覈

吉蘭鹽池情形疏　　嘉慶十一年　英　和　侍郎

竊臣等奉

旨會同山西撫臣同興查辦河東鹽務業經奏明禁止水運招商承辦仰蒙

俞允欽遵在案臣等行入甘境途遇甘省所委駐劄磴口稽查蒙古水運之知州徐學采詢據該員稟稱在彼將及一載目擊吉蘭泰鹽池寬廣數十里産鹽豐旺而蒙古人等性拙耽安向來不能撈取自馬君選獲罪後各處嚴禁內地民人出口現在鹽池已成廢棄

磴口並無鹽斤等語臣等伏思阿拉善疆土雍正年
閒始
賞給額駙爲遊牧之地乾隆年閒准其行鹽獲利實爲格
外
深恩今以蒙古人等拙於開空不能辦理竟致廢棄於伊
等生計不無拮据臣等夙欽
皇仁體恤藩臣無微不至合無仰懇
特恩勅下陝甘總督山西巡撫督同兩省藩司悉心會商
妥議如何招商承辦設官駐劄該鹽池地方稽查水

陸各運並每年應令商販出資若干以裕蒙古生計之處均當詳慎籌定期於永久可行從此不至棄有用爲無用而蒙古人等長得仰沐

鴻慈矣

吉鹽辦運情形疏

嘉慶十一年英和侍郎

竊臣英和臣初彭齡臣倭什布臣方維甸臣同興恭

奉

上諭據同興奏到籌議河東鹽務招商辦理情形一摺並據英和初彭齡奏到阿拉善鹽觔懇照河東事例一體招商代辦一摺看來此二事相爲表裏山西民人所以不願充商者自以鹽池獲利細微易於賠累之故爲今計莫若將蒙古池鹽河東池鹽一併招商承辦按照成本多寡口岸暢滯情形因利乘便酌劑行銷總使得需

餘潤商人自必樂從著英和初彭齡會同倭什布方維
甸同興將山陝甘三省鹽務如何一律招商承辦設官
經理一切建置衙署廉俸等項需費若干其行鹽地界
如何分別劃定以便民食每年輸課若干其從前改歸
地丁應行撥還若干之處一一詳細通盤籌畫妥議章
程具奏等因欽此臣等伏查吉蘭泰鹽務臣英和初彭
齡前與臣方維甸會商因山西殷實之戶頗多擬在
山西招商運辦今准陝甘督臣來咨並擬撈鹽之坐
商亦令運商自行雇覓查撈鹽必熟悉地利方知辦

理情形尤必素識附近人夫方免匪徒混跡若隔省招募人地生疎諸多未便自應在甘肅就近募充以期得力至運商止須家道殷實不致虧課者卽可承充則山西尚可招募惟吉蘭泰鹽斤向用船隻由黃河運至山西省北一帶行銷現准陝甘督臣咨商亦擬令運商自行購買木植造船行銷等語查購買木植係甘肅木商承辦之事從前馬君選係甘肅回民素諳辦理木商情形是以易於請票購買今旣擬在山西另招承辦吉蘭泰鹽務則鹽商不能兼充木商

以致一商二役貽誤行銷所用鹽船木植應由甘肅
另派木商照舊例在該管衙門請票購買修造以供
運商之用所有造船大小丈尺及每隻可裝鹽若干
每隻須工料銀若干均由甘肅核定令運商納銀領
船裝鹽運至山西行銷後准其將船變價以歸商本
緣黃河水勢溜急鹽船到晉後不能數千里雇覓人
夫將空船挽回磴口也又查從前阿拉善王辦理鹽
務之時每歲撈運各夫在內地備買口糧均有定數
今鹽池既經入官招商承辦即與內地鹽場無異其

撈夫運商口糧應照內地鹽場聽民自便無庸額定
口糧數目報官驗放以杜土棍壟斷把持吏胥藉端
需索之弊至甘肅地方經臣倭什布查明向無行銷
吉蘭泰鹽斤之處所有向來山西兼食吉蘭泰鹽觔
之口外五廳大同朔平兩府屬並陽曲等四十四州
縣應定爲吉蘭泰行鹽引地惟各屬均產土鹽自應
分別查明除向不需吉蘭泰鹽斤接濟地方仍令照
舊完納鹽稅不派引張外餘俱查照從前除食土鹽
外實銷吉蘭泰鹽數按派引額試行二三年察看情

形再行覈定其鹽斤仍照河東每引重二百四十斤
並照每引納課三錢九分八釐零之數以歸畫一其
課卽在甯夏運司衙門徵收報解所有從前民納鹽
稅散歸地丁者除其所食土鹽之稅仍覈實酌留外
餘悉撥出歸商完納以免重徵至鹽政應否山西巡
撫兼管磴口應否添設運判先經臣英和臣初彭齡
臣方維甸會奏候
旨定奪茲准陝甘督臣倭什布咨稱吉蘭泰爲撈鹽運鹽
總匯之區自應專設大員督辦但其地附近甯夏一

應撈運夫役均雇甯夏所屬之人若另設運司籌雇
人夫及造船工匠與購買口糧木料等事恐呼應不
靈擬將甯夏兵備道改兼鹽法道較爲得力其廉俸
衙署書役均仍其舊既可專司轉運而呼應亦靈是
否有當伏候
命下施行又吉蘭泰爲撈鹽之地磴口爲發鹽之所均應
各設鹽大使一員辦理督撈驗放等事又吉蘭泰磴
口二處雖設運判大使若無武職不足以資彈壓均
應各設武職一員卽照口外屯防之例於內地各提

鎮營內都遊等官派撥移駐毋庸添置以節糜費並於磴口吉蘭泰一路酌設墩汛數處派兵數名均照屯防例支給器械鍋帳鹽菜腳費並酌定一年更換以均勞逸其餘勘定鹽池界址及衙署官役廉俸工食請引繳引截角秤驗緝私各事宜由臣倭什布再行詳議分別應題應奏辦理至河口鎮係引鹽入境要地爲鹽船停泊轉運之處應設批驗大使一員以司查驗又吉蘭泰池鹽旣經商辦派引行銷自無侵越之虞所有鹽船應請仍准運至磧口等處以省腳

費沿河所經之河曲縣保德州臨縣永和大寗吉州等處均對岸與陝西接壤往往有鄂爾多斯鹽斤侵越且磧口至龍王廟以下即非吉蘭泰鹽引之地應設官稽查但處處設官員缺未免多費應將山西職事稍簡之佐雜等官改撥移駐以節經費其餘一切詳細章程容臣同興再行率同藩司妥議具題辦理

七月初十日奉

硃批大學士九卿議奏欽此旋經大學士慶桂等議覆據英和等疏稱吉蘭泰鹽斤向用船隻由黃河運至山

西行銷現准陝甘總督倭什布咨擬令運商自行購木造船但鹽商不能兼充木商所用鹽船木植由甘肅另派木商照例在該管衙門請票購造以供運商之用造船大小需用若干由甘肅覈定令運商納銀領船運至山西行銷後准其將船隻變賣歸本等語查運商自行領票購木造船運至山西行銷後將木料變價得有餘利可以彌補運費若定由木商造船轉給運商難保無勒掯情弊自應令運商自行購造方足以資輓運應如何妥爲經理俾運商得以從容

裝載不令木商從中掣肘應令該督等再行酌定又
據英和等疏稱運商口糧照內地鹽場無庸額定數
目報官驗放等語查商人出口辦運應帶口糧自應
官爲驗放不可漫無稽考但出入人數多寡視該處
產鹽旺歉難以預定而按口給糧每名應帶若干自
應酌定額數隨時造報不准浮多又據英和等疏稱
吉蘭泰爲撈鹽運鹽總匯應專設大員督辦等語查
河東鹽政照舊以山西巡撫兼管所有河東運司毋
庸復設應卽令河東道兼辦鹽法道事務其吉蘭泰

鹽斤即令甯夏道兼管鹽法道辦理並令該撫於文職佐雜武職都守中各派委一員在該處輪流駐劄以資查察其陝西鹽務仍照舊令鳳邠道兼鹽法道管理統由山西巡撫覈轉至所請磴口添設運判一員吉蘭泰及磴口各設鹽大使一員河口鎮添設批驗所大使一員以及派委武職彈壓之處應如該侍郎等所奏辦理所有一切吏役務從減省臣等再查吉蘭泰池鹽較之河東池鹽本屬旺產又其鹽撈曬即成不需煎燒工本鹽價極輕最易侵越他省嘉慶

八年奉

上諭准用五百隻鹽船入口每船裝載二萬八千斤共計引票四萬餘引今該處鹽池旣歸內地自應廣增引目酌加課則以杜私販其陝西山西等處行銷潞鹽之地如去河東道途遙遠轉運維艱均應酌量改銷口鹽當如何定地配引之處應令該撫等詳議具奏再行覈辦又蒙古產鹽處所不止吉蘭泰一處今除吉蘭泰鹽池改歸官辦應聽官商按引販運外其陝西山西沿邊附近蒙古地方如有民人販賣蒙古私

鹽並應嚴行查禁其如何堵緝章程當令該撫等詳悉擬議以憑覈覆其從前散歸地丁民納鹽課除土鹽之稅仍覈實酌留外其餘課銀均歸商完納俟鹽務酌定後再行專摺陳明於地丁內照數開除奉旨依議欽此

試辦吉鹽疏

嘉慶十一年　護理巡撫　金應琦

竊查吉蘭泰鹽務前准甘肅藩司蔡廷衡奏明委員前往磴口將舊封鹽二十船趕緊運至晉省托克托城接濟臣已於月前檄委試用知縣賈汝愚帶同新商馬遵義等前往托城按引試辦俟銷辦完竣再行分晰陳奏十月十九日奉

上諭金應琦奏稱磴口運至托克托城鹽斤已委員帶同認充新商馬遵義等前往按引試辦一節此則與原議章程殊有不符吉蘭泰鹽斤原議令河東運商一併承

運蓋以口鹽獲利較贏庶可以彼之有餘補潞鹽之不
足今據稱新商馬遵義等挨引試辦乃係另行招商專
運吉蘭泰之鹽又與潞鹽分爲兩事前經戸部議令該
撫將潞商口商詳籌調劑究竟該省情形如何使商民
兩便而鹺課亦能寛裕之處該撫惟當督同藩司悉心
體訪速定章程妥議具奏將此諭令知之欽此嗣於十
一月十七日山西撫臣成齡疏稱臣到任後遵奉
諭旨卽細覈全卷虛衷訪察伏查吉蘭泰鹽池距河東鹽
池三千餘里前據王恆泰等僉稱該商等均係河東

舊商因河東鹽務現蒙出示將積弊盡革又蒙奏准試辦三年不定長價將來行鹽可免賠累該商等均有河東舊行引地是以情願復充河東運商至吉蘭泰鹽務遠在外藩該商等俱係人地生疎不諳口外情形恐致貽誤引課不敢認辦等情該司道等復博訪輿論細加體察緣潞鹽與口鹽不能合併辦理者其故有二以行鹽地勢而論口鹽池在黃河上游比鄰甯夏潞鹽池在黃河下游地接豫秦兩地相去三千餘里中雖一水可通而天橋壺口飛瀑險灘不止

一處鹽船至此必須起撥所費正復不輕故歷來口鹽至臨縣磧口地方每斤脚費多至三四分不等而潞鹽至吉州龍王廸地方每斤脚費不過一分六釐小民乘便買食斷無捨賤食貴之理是以歷來口鹽不能越險至龍王廸以下行銷河東地方亦猶潞鹽不能涉太汾至省北一帶行銷大朔等府也溯查成案乾隆二十二年河東池遭水漫鹽不敷配鹽政那俊議買口鹽三千三百餘名遲逾兩載僅運到鹽三十七名二十五年鹽政薩哈岱又議買阿拉善鹽遲

逾一載僅運鹽九名四十七年欽奉
諭旨令商買運阿拉善鹽斤經巡撫兼鹽政農起以路遠
費重輓運維艱奏請停止此歷來口鹽雖旺不能行
銷河東地方確有可據查口鹽旣不能越銷河東原
可無需潞商併辦况潞商業已一家承辦河東數處
引地更難兼辦口鹽又以行鹽多寡獲利盈虧而論
今昔情事亦有不同舊制河東鹽行三省每年銷引
六十餘萬道納課五十餘萬兩其引課較多則獲利
亦厚在乾隆十年以前鹽未定價河東商人本無賠

累今既蒙
聖恩准照彼時成例鹽不定價試辦三年則潞商獲利未必不豐更無不足之慮至吉蘭泰鹽務從前未經商辦馬君選等所行皆無課之鹽其成本既輕又復漫無限制視鹽價較昂之地任意行銷是獲利遂無一定今既招商納課認地行銷則獲利勢不能如從前之多又查吉蘭泰池鹽前經英和初彭齡會議請以山西口外五廳大同朔平兩府暨陽曲等四十四州縣並陝西神木府谷等八州縣均改爲吉蘭泰鹽池

引地統計雖有七十二處然內多舊食土鹽之區查
各該州縣民居瘠土地本作鹹隨處皆可刮土熬鹽
以謀生活其事本難查禁且均經認納鹽稅歷久相
安亦難禁止現擬循照前奏分別確查如係向食口
鹽州縣將從前鹽稅撥出歸商領引行鹽納課其餘
向食土鹽不需口鹽接濟者亦不强派行銷仍令照
舊完稅准食土鹽以順民情是口鹽引地雖有七十
二處而銷鹽數目遠遜於河東本年五月英和初彭
齡行至甘肅據甘肅委員駐劄磴口查鹽之靈州知

州徐學采訪查馬君選代蒙古撈運鹽斤每年約銷鹽二萬八九千石至三萬一二千石不等每石重七百斤等語覈與山西歷年所銷口鹽船數及英和等前奏所查馬君選每年給與阿拉善利息多則二萬少則萬餘之數均相符合實歷來口鹽行銷確數今酌中以三萬石爲率計每年可銷鹽二千一百萬斤照河東每引鹽重二百四十斤共應配引八萬七千五百道覈計正雜課銀公務官錢等項在內吉蘭泰鹽課每年共應徵銀六萬三千五百餘兩即慮商情

未可輕信或從前銷鹽不止此數但此後吉蘭泰旣
經設官將來運鹽必需按引掣配不能稍有隱漏茲
當試辦之初似應暫照歷年舊行鹽數請引定課俟
試辦一二年後如果暢銷引不敷配再行隨時議增
現在銷數尙屬無多納課有限是口商納課未見有
餘潞商亦無需兼辦前因大興縣民人馬遵義及太
谷縣民人苗夏戴明亮等七名自行呈請願充口商
該司道等細加查詢該商等均屬家道殷實向在口
外生理熟悉蒙古地方前經撫臣同興附片陳明飭

取該商等認保各結令其趕緊前赴河口接運存鹽
試辦以收來年駕輕就熟之效此口鹽船隻所以未
派潞商行運必需另招口商試辦之原委也所有河
東吉蘭泰鹽務應分別招商各辦引地及口鹽歲銷
引數各緣由理合恭摺覆奏二十八日奉
硃批戶部會同英和議奏欽此十二月初六日戶部覆稱
臣等伏查河東及吉蘭泰鹽務一體改歸官辦一切
事宜首在招商認地前因該撫疏請王恆泰等承充
河東新商馬遵義等承充吉蘭泰新商臣等慮及口

私侵越壅滯潞綱又以潞商易於賠累口商多獲贏
餘奏令詳籌調劑茲據該撫覆稱吉蘭泰鹽池在黃
河上游比鄰甯夏河東鹽池在黃河下游地接豫秦
兩地相去三千餘里口鹽斷不能越險行銷河東地
方原可無需潞商併辦況潞商業已一家承辦河東
數處引地更難兼辦口鹽又河東鹽行三省每年銷
引六十餘萬道納課五十餘萬兩課引較多獲利已
厚口鹽每年酌中以三萬石爲率計配引八萬七千
五百道應徵銀六萬三千五百餘兩課銀有限獲利

未見有餘口鹽潞鹽應請分別招商各辦引地等語

查嘉慶八年欽奉

上諭蒙古鹽斤進口定以五百隻鹽船原因口鹽越界多

銷致滯官引是以嚴定限制今口鹽潞鹽均歸官辦

各分疆界定額銷引所有豫晉等處並無引之鹽如

有偷販私商原易於查察又據該撫詳查地勢口鹽

斷不能侵越潞綱無需潞商兼辦而兩地引鹽之多

寡獲利之盈虧該撫復詳細覈明亦無需通融調劑

自應如所奏辦理本日奉

旨戶部會同英和奏潞商口商分辦鹽務事宜一摺俱照

所請行欽此

吉鹽入陝路徑疏

嘉慶十二年　陝西巡撫　方維甸

竊臣於二月內接奉

諭旨御史涂以輈具奏吉蘭泰池鹽由甘肅鞏秦一帶入陝西隴州分途入楚從前私販透漏俱由於此等語著方維甸查明從前私販到彼係由何處州縣販賣入楚應否即將該處一帶地方改爲吉蘭泰池鹽口岸妥議具奏等因欽此臣查從前阿拉善販賣吉蘭泰池鹽水運者多陸運者少其陸運私販祇在鞏秦地方間有由秦州至略陽者若從略陽沔縣至漢中再漢江東

下原可由興安至楚但漢中民運鹽斤係花馬大池及小池之鹽從前阿拉善鹽亦間有馱運到彼者原不甚多漢中地方因鹽皆陸運鹽價較下游爲貴而興安地方向係河東民鹽從商州上津堡漫川關水路販往爲數甚多且有川省井鹽由山內捷徑運來該府鹽斤易銷鹽價亦賤是以漢中從前私鹽不能越西鄉而下似難由漢江侵灌淮綱其自興安一路及龍駒寨荆紫關一路侵及鄖陽私鹽卽係河東民鹽似與阿拉善私鹽無涉至隴州地方與汧陽鳳翔

相通若由漢江入楚須由棧道南山行走道路崎嶇
轉運甚難亦未聞有隴州分途入楚之事再查吉蘭
泰池鹽至漢中等處俱由甘省鞏秦陸路行走今鞏
秦一帶並未行銷吉蘭泰池鹽漢中興安兩府應請
照舊行運花馬大池河東鹽池官鹽毋庸議改奉
硃批覽奏俱悉欽此

增修河東鹽法備覽

吉鹽另募商運疏

嘉慶十二年
陝西巡撫　方維甸

竊臣於七月准軍機大臣字寄欽奉

上諭蔡廷衡奏酌籌趕運晉省鹽斤期免貽誤一摺吉蘭泰池鹽額運晉省河口鹽三萬石分銷晉陝兩省前於定議章程時晉省遴選殷商責成銷運似屬辦有條理今據蔡廷衡奏稱該坐商馬起龍等業將額鹽三萬石如數撈足運貯磴口而晉省行商七八直至三月間始據署運判張璟帶同總商馬遵義一名赴磴口轉運該商並未攜帶資本所有鹽價船價大半賒欠迨五月上

旬甫運鹽二千三百餘石旋又停止並據馬遵義稟稱該商係因任國屏投充行商將伊一併報名關提到晉不知如何報作總商現在實無資本接濟難望其再行趕運等語可見晉省從前辦理籤商一事本未妥協吉蘭泰池鹽甫經改歸官辦且關係兩省民食自應籤派殷商妥爲行運何以馬遵義並無資本率令充作總商赴甘承辦現在閱時已將半載所運鹽斤尚不及十分之一而其餘六商亦均未前往接運殊屬不成事體看來馬遵義等充當行商難保無營求籤派情弊否則或

係因晉省殷實之戶規避充商皆以賄囑免派轉將此等素乏資財之輩逼勒充數該商等何以輙行認充不可不查究明確以肅鹺政此事係同興任內酌定籤派成齡無所用其迴護著卽詳細查明據實具奏其行商七人除馬遵義一名卽著蔡廷衡飭令委員解交成齡訊究外其任國屏等六人併著成齡就近提集併訊毋稍徇隱此時蔡廷衡已令坐商馬起龍等將應運鹽斤如數運赴河口交晉省商販接買行銷其明歲籌運章程成齡當另選殷商會同甘省妥爲籌辦以期國課民

食兩無貽誤方爲妥善將此傳諭成齡並諭蔡廷衡知之欽此遵

旨寄信到臣遵查吉蘭泰池鹽上年經侍郎英和等請歸晉省招商承辦運銷當經前撫臣同興督同藩司金應琦等出示招募其時正值河東鹽務復商之始曾經循照原議諭令潞商一併承辦緣吉蘭泰遠在外藩該商等俱因人地生疎恐致貽誤堅辭不敢認充此外晉省地方原不乏殷實之戶亦因不諳口外情形未敢應募承辦迨至九月內有大興縣人馬邊義

太谷縣人任國屏自行呈請願充口商並據招得晉
省民人苗夏趙勉史廣居張哲戴明亮五人爲夥商
該司道等傳案查詢伊等均係家道殷實熟悉蒙古
地方堪以充辦經同興附片陳明取結著充令其趕
緊前赴河口接運存鹽試辦此吉蘭泰鹽務上年招
商認辦之原委也臣仰蒙
聖恩調任山西於上年十一月二十七日抵省任事查照
接案據藩司金應琦等稟悉前情歷將查辦章程恭
摺具奏一面給發照票飭令該商等齎帶資本速赴

河口趕運存鹽並至磴口向甘肅所招坐商馬起龍等接運鹽斤赴晉陝引地銷售祇因口外嚴寒需待三月間黃河冰泮始能用船轉運馬遵義等於本年正月内領票自太原省起身往磴由草地行走程途遥遠三月下旬始抵該處旋據馬遵義遣令夥商赴晉具呈伊等在磴口領鹽甘肅坐商馬起龍等索取撈鹽費用及自吉蘭泰運鹽至磴口馱脚每石四兩有零並造船工本數亦加倍難以照給以致辦運掣肘等情並據甯夏鹽道王棨棨呈請飭令照交臣查

上年侍郎英和等行抵甘肅據該省靈州知州徐學
采查報前此民販馬君選辦鹽每石止交撈費銀一
錢運磴腳費銀一兩七錢開單發交晉省照辦而馬
君選辦鹽時所交阿拉善使費此時鹽已歸官毋庸
再給則撈費馱腳之外別無所需何以彼處坐商馬
起龍等索銀逾倍而造船工本更復多寡懸殊在口
鹽運赴晉陝兩省引地出售從前民販馬君選等行
銷時既有定價不能多賣今坐商索費過昂則運商
多費成本到地計本加利出售必至擡價病民況原

定山西口外五廳大同朔平等府屬暨陽曲等州縣
及陝西綏德等州縣行銷引地內多舊食土鹽之區
若口鹽賣價過昂民間勢必舍貴就賤官引滯銷難
敷額課均有關係伏思吉蘭泰商辦鹽斤事屬創始
坐運兩商各執一詞該處如何撈鹽馱運並船隻實
在需價若干非就近確查核定究恐未能公允難以
歷久遵循甯夏距晉既遠往返行查轉致躭延當委
朔平知府廣玉前往會同該道王棨等悉心訪查
定議飭辦業經附片奏明在案原擬俟該委員等查

明覈定後再行詳悉具奏茲經護陝甘督臣蔡廷衡
以該處坐商馬起龍等將額運鹽三萬石如數撈足
運儲磴口晉省行商止有馬遵義一名赴磴未帶資
本難以辦運已令馬起龍等將鹽運赴河口行銷等
情具奏仰蒙
聖明垂詢並
指示查辦臣伏查所招馬遵義等七人已據該商等原籍
大興太谷等縣詳查均係殷實之戶取具印保各結
呈送答部上年因潞商不能兼辦另招新商係馬遵

義協同任國屏赴案投認其夥商苗夏等五人又係伊等所招合夥辦運行銷馬遵義赴磴口後所有任國屏苗夏等六人亦經臣續行委員押催前往協辦今馬遵義在彼因何又稱並無資本所運鹽斤不及十分之一誠如

聖諭實屬不成事體臣現在飛催委員知府廣玉將撈費及水陸運脚船價速行查實具稟加以應納課務官錢通盤覈計賣價於甘省坐商馬起龍等鹽斤運抵河口飭令照交晉省商販接買分銷一面欽遵

諭旨委員星赴河口等處將馬遵義並任國屏等七人分

別迎提押解來晉查究實情並確究有無別項情弊

另行奏辦其明歲籌運章程並卽督同藩司金應琦

等出示召募另選殷商會同新任陝西督臣長齡妥

爲籌辦以期

國課民食兩無貽誤奉

硃批不可推諉甘省非汝所派何須迴護秉公查辦欽此

綏德等州縣難行吉引疏嘉慶十二年陝西巡撫　方維甸

竊查陝省綏德吴堡向食該州三眼泉土鹽清澗延川宜川向食定邊花馬大池鹽前經司道會詳該五州縣距吉蘭泰甚遠鹽價必昂且土鹽係小民世業未便禁止應請毋庸改爲吉蘭泰行鹽引地臣以該五處俱近黃河水運尚便似無窒礙仍請試銷一二年後再行定爲永制嗣准戶部咨稱五州縣既食三眼泉及花馬大池鹽令其舍近就遠恐於民食未便因何又稱改配行鹽並無窒礙應令該撫再行查訪

該處實在情形究竟應否改配抑仍應照舊之處悉
心妥議具奏等因臣復與藩司常明護理鳳邠道周
光裕體察情形並委妥員訪察悉心籌酌綏德吳堡
二州縣向食土鹽色白味甘每年所產足敷民食竈
戶祖業相傳其中界址如民間地畝各有定所衣食
是賴若遽禁止小民實有失業之虞清澗宜川延川
三縣向食花馬大池鹽路程較近腳費較輕鹽價不
致增昂民情稱便五處地處偏僻並無富戶可充運
商即使由晉省招商運本既重鹽價必昂邊隅土瘠

民貧舍賤食貴勢所難行且晉省地方如歸化城五廳大朔二府太汾各府州屬皆係向來行銷口鹽引地近聞山西運商因成本價值過重河口積鹽甚多不能銷售是山西舊食吉蘭泰鹽之處尚因價貴難銷今若將綏德等五州縣改配吉蘭泰口鹽必更難於銷售臣不敢稍有迴護謹將覆查實在情形據實陳奏可否將綏德等處五州縣仍食三眼泉土鹽及花馬大池鹽之處恭候

訓示遵行八月初六日奉

上諭方維甸奏覆查綏德等五州縣食鹽一摺陝省綏德吳堡食鹽向食三眼泉土鹽清澗延川宜川向食花馬大池鹽路程較近脚費稍輕民情相安已久自毋庸改食吉蘭泰池鹽轉致舍賤就貴所有綏德吳堡二州縣著准其仍食三眼泉土鹽清澗延川宜川三縣著准其仍食花馬大池鹽該部知道欽此

查辦吉鹽誤運緣由疏　嘉慶十二年　巡撫兼鹽政成　齡

竊臣懔遵

訓諭飛咨陝甘督臣委員將馬遵義管解茲於十月初五日到晉其夥商任國屏等亦經分路委員提集至省臣隨督藩臬兩司訊據馬遵義供稱我籍隸大興上年聞吉蘭泰鹽務招商應募來晉與太谷榆次兩縣民八任國屏苗夏趙勉史廣居張哲戴明亮六人合夥投充我係商首任國屏等幫辦我於本年正月内自太原領票旋卽攜帶資本銀三萬餘兩前赴甘省

運鹽任國屛等六人亦各帶銀兩隨後分赴各口岸
照料並置廠店器具三月內我行抵甯夏正値黃河
氷泮當赴甯夏道請領引票循照上年英和侍郎等
所發靈州知州徐學采開呈馬君選舊日辦鹽撈費
運脚自吉蘭泰至磴口每石銀一兩八錢向坐商馬
起龍等交兌掣鹽詎料馬起龍等不照原議每石索
銀四兩其裝鹽船隻向日每隻價銀不過百兩伊等
又索銀一百八十兩均多逾倍我恐成本過重難以
行銷又恐誤運故一面禀請查辦一面照坐商所索

之數交價掣鹽二千三百餘石裝船五十七隻趕運
河口後又交價接辦二運鹽斤並經差人趕催夥商
速將銀兩接濟不期甘省即稱我乏本誤運委員將
引票撤回並將已裝鹽一百餘石押令起卸呈報奏
辦我在甘所交課務官錢鹽本船價並購辦木植等
項約用去銀五萬餘兩除帶三萬餘兩外餘係在河
口等處挪湊現在尚措備運本銀十萬兩可以呈驗
並非乏本誤運等語訊之任國屏等六人各供出銀
合夥并各帶銀兩赴口岸照料及置備店口器具無

異臣查馬遵義供稱赴甘辦運交過課務鹽本運腳
船價並置備木植用銀五萬兩並稱尚有措備運本
銀十萬兩而任國屛等亦供齎銀兩前赴各口岸置
有店口器具則甘省所稱該商並無資本已不甚相
符又據馬遵義所供裝載二運鹽斤被委員將引票
撤回令將已裝之鹽起卸亦與甘省所稱馬遵義不
能辦運情形迥異臣復查馬遵義赴甘領運鹽斤前
據該商遣令商夥回晉具呈坐商馬起龍等索取撈
費馱腳每石四兩有零與侍郎英和等發交靈州知

州徐學采開報每石一兩八錢之數竟至逾倍其造
船工本數亦較多誠恐運商成本過重到地加利出
售必致擡價病民官引滯銷難敷額課曾經奏明派
委陞任冀甯道朔平府知府廣玉前往會同甯夏道
王榮檕訪查定議飭辦旋據該道等將坐運兩商撈
馱行運一切價值費用查議開報到臣其時正值甘
省奏交坐商馬起龍等代運臣隨批行藩司金應琦
等將所議價值復加覈實飭遵該司等詳覆尚有可
以撙節酌減之處而甯夏道王榮檕又詳據馬起龍

等呈稱如必須酌減惟有停運等情是馬起龍等難保無居奇勒捐之事且本年額運鹽三萬石除馬遵義運過二千三百餘石外原經甘省奏交馬起龍等務於黃河未凍以前照數運銷毋許遲誤今據甯夏道文報馬起龍等止代運過鹽一萬八千餘石尚短運鹽九千六百石現值河凍停運等情馬起龍等或因覈減費用藉詞諉誤亦未可定在馬遵義等是否之本誤運抑係坐商壟價捐勒一面之詞復難定案若不飭提馬起龍等來晉質對明確無以服該商之

心且查廣玉等議詳價本運費按照馬起龍等所索之數雖稍有減省第統計成本較之當日馬君選運鹽發賣尚多一倍必得該坐商來省督令面同覈定飭辦庶於民食商運兩無窒礙目前鹽池均已結凍該坐商並無應辦之事趁此遲緊酌定可以無悞來春撈運除移咨陝甘督臣長齡飛提坐商馬起龍等委員解赴晉省交臣一併迅速訊明會同長齡妥議具奏外所有查辦緣由理合恭摺具奏奉

上諭成齡奏查訊吉蘭泰運商馬遵義供情並咨提坐商

馬起龍等赴晉質訊等情一摺前因蔡廷衡奏運商馬

遵義等資本不敷稽遲誤運酌令坐商馬起龍等代運

當經降旨令成齡查提馬遵義等訊辦並據成齡奏稱

據馬遵義供稱赴甘辦運交過課務鹽本運脚船價並

置備木槓用銀五萬餘兩並尚有措備運本銀十萬兩

若所供果係實情則運商馬遵義似屬殷實何以甘省

前奏該商赴磴口運鹽並未攜帶資本鹽價船價大半

向坐商賒欠且馬遵義並無資本情由據蔡廷衡前奏

係委員代該運商轉禀是否確實現在成齡所奏馬遵

義供赴甘辦運共用過銀五萬餘兩有何確據其所稱
尚有備運銀十萬兩存貯何處以該商前在磴口竟致
不能領運看來該運商前在甘省所稱資本不敷及現
在訊出坐商馬起龍等索取撈費等情俱難憑信長齡
現到任未久其馬遵義亦非成齡任內招認伊二人均
可毋庸迴護著長齡詳查馬遵義果否資本不敷馬起
龍等是否有索取撈費情事逐一詳細確查至馬起龍
現經成齡咨提應俟該坐商提解到時秉公查訊總之
吉蘭泰鹽斤經部臣議准晉省招商領運原期於民食

運課兩有裨益今本年額運鹽三萬石馬遵義僅運過鹽二千三百餘石嗣馬起龍止代運過鹽一萬八千餘石尚短運鹽九千六百餘石現因河凍停運似此誤運墮銷於國課民食均有妨礙辦理殊未妥協長齡成齡務須一秉至公不可稍分畛域預存成見或係運商馬遵義實無資本或係坐商馬起龍等有居奇勒掯情事必當悉心查訊逐一詳細妥議具奏將此各諭令知之

欽此

會商查辦吉運情形疏　嘉慶十三年　陝甘總督　長齡

臣等竊照前護陝甘督臣蔡廷衡具奏吉蘭泰運商馬遵義等資本不敷稽遲誤運等情臣成齡欽遵

諭旨行提馬遵義等到案訊供因與甘省所稱該商乏本誤運情節不符并據指稱坐商馬起龍等多索撈費馱腳當經恭摺奏明咨提該坐商等赴晉質訊并應將辦鹽價本運費督令面同覈實飭辦欽奉

諭旨悉心查究逐一詳細妥議具奏等因欽此臣長齡業將遵

旨委員查訪行坐各商辦理情形并覈減鹽價數目繕摺
覆奏外所有甘省坐商馬起龍及夥商馬驤先經派
委靈州知州徐學采於嘉慶十三年正月二十四日
管解到晉臣成齡親督藩臬兩司提同馬遵義質訊
據馬起龍等供稱伊等承充吉蘭泰坐商撈鹽馱運
至磴口貯廠以俟晉省運商到彼接運除撈費每石
需銀一錢又馱脚銀一兩七錢共一兩八錢外尚有
添置撈鹽器具運鹽口袋繩席并廠座歲修押運管
廠商夥辛工飯食器用等項約需費用並不在一兩

八錢之内每鹽一石共需價本脚費等銀四兩有零
上年三月馬遵義赴磴掣鹽僅肯交撈費馱脚伊等
勢難賠補是以未允又成造裝鹽船隻因購辦木植
艱難需費較重伊等每隻索銀一百八十兩雖稍有
浮多亦非逾倍多索旋經馬遵義將頭運鹽二千三
百餘石掣運計裝船五十七隻先照伊等所索銀數
交收言明聽候兩省委員公同酌定如有長餘統俟
下運扣出抵算伊等原未敢固執至馬遵義實有資
本若干伊等本未深知因吉蘭泰鹽斤運赴晉省河

口發賣每年須俟三月間黃河冰泮後始能在磴口
用船裝載開運八月後河水結凍即需停運伊故父
馬君選在日辦鹽總於三月以後將全年應運之鹽
趕緊辦足并將船隻裝造齊全接續裝運不能等待
前運鹽斤運抵河口銷完得價齎回接濟後運所需
全年鹽本運費即前後稍可轉移湊用亦必需二十
餘萬兩斷非數萬金所能濟事前此馬遵義所交頭
運鹽價船價約用銀二萬兩內交現銀七千五百九
十餘兩又預先於河口兌交銀一萬兩尚欠銀一千

九百兩又交鹽課銀四千九百餘兩其運鹽購木共用銀若干兩伊等不知數目因二運鹽斤馬遵義交兌銀兩不能足數經甯夏道查知飭令停辦由伊等代運委員將馬遵義所領引票撤回已裝之鹽押令起卸迨晉省委員朔平府到甘會同甯夏道酌定鹽價後復奉批行尙須酌減伊等恐裁減過多難於賠累故呈請停運非敢有心居奇勒捎上年蒙飭代運鹽斤已屆七月下旬爲時無幾至九月內河冰漸結不能續放呈明停止以致短運鹽九千六百石亦非

因夥減費用藉詞誘誤復訊據馬遵義供稱伊應募
認充運商向日雖曾在口外貿易略知道路遠近其
鹽務實未熟諳意謂備帶本銀數萬兩赴磴口掣鹽
可將前運鹽斤變出價本并獲餘利賫回磴口再辦
下運之鹽無虞缺乏實不知口外運鹽時日甚促必
需接續趲運以致所帶資本不能充裕辦理掣肘伊
上年在甘掣兌頭運鹽斤除完納課銀四千九百餘
兩外照馬起龍等所索鹽價約共銀二萬兩內現交
銀七千五百九十餘兩實係自帶並非向馬瑞圖等

湊備伊自河口赴磴口從草地行走不能多帶銀兩
會有資本交夥商收貯河口備用故寫票會交馬起
龍等銀一萬兩亦非賣鹽後兌運尚有欠交銀一千
九百餘兩係因馬起龍等所索鹽本運費船價言明
尚須聽候酌減故未全交加以運鹽費用銀四千餘
兩又購買木植銀九千餘兩實共用去銀三萬五千
餘兩從前自晉起程原囑夥商任國屛等隨後將銀
接濟不期遲久未到伊家遠在京都又趕湊不及以
致二運之銀交兌前供續經措備運本銀十萬兩業

己赴京取到銀八萬兩呈驗各等語臣成齡復查押解馬起龍等來晉之靈州知州徐學采從前侍郎英和等在甘省原據開報馬君選舊日辦鹽撈費運腳之人而於該地辦鹽情形俱所深悉隨傳面詢據稱當日開報一兩八錢之數止就撈費馱腳而言其器具廒座辛工飯食等項原不在內前經甘省查出馬君選遺有儲鹽廒座房間及空鹽器具等件尚値銀數萬兩此其明驗馬起龍等現供均係實情委無揑飾臣成齡查馬遵義所稱在甘用過銀三萬五千餘

兩固與原供五萬餘兩之數未符而前稱措備運本
十萬兩現只呈驗銀八萬兩亦未足數第該商前後
有銀十數萬兩尚非竟乏貲本之人而口外運鹽情
形及實需成本若干匪特馬遵義不能熟悉即晉省
招商辦運伊始亦未深知當馬遵義等應募充商飭
令赴運時均未籌計及此以致辦理未能妥協臣成
齡歷蒙
聖訓何敢稍涉迴護今已質明馬遵義辦運掣肘事非無
因馬起龍等亦非有心居奇勒掯與臣長齡在甘查

訪情形大概相同惟坐商撈鹽運至磴口所需價本
運費經臣成齡督同兩司並原委赴甘查辦之朔平
府知府現陞冀甯道廣玉及甘省委員徐學采傳集
該商等面爲覈實計算每鹽一石重七百斤僅需銀
三兩五錢覈與臣長齡所委蘭州道積朗阿等減定
數目適相符合依馬起龍等所索四兩有零之數計
減去銀五錢有零其原索船價亦有可減省則馬起
龍等前次未免有多索之處今兩省已公同覈定其
運商自磴運鹽以至河口現亦酌定計須船價辛工

火食雜費等項銀三兩七錢又加應納課務官錢等
銀二兩六分零每石實共需銀九兩二錢零以每歲
額運鹽三萬石計算約需成本銀二十餘萬兩就馬
遵義所有資本銀十萬餘兩未爲充足既難望其辦
理裕如其夥商任國屛等六八前供各帶銀兩赴口
岸置備店口器具由臣成齡委員往查屬實尙非揑
混外現在再三訪詢該商夥向日僅係幫夥貿易雖
自有些須資本亦難多爲腋湊且馬遵義既與坐商
未能和衷妥辦又不諳練運務舉凡購木造船雇募

八夫駕駛等事斷不能撙節辦理一經多糜價本則
賣價因以增昂有民間食貴官引滯銷之慮臣成齡
悉心籌酌馬遵義未便仍令承充運商伊亦情願告
退此時春運屆期課食攸關亟須另募殷商接手臣
成齡前經遵
旨督同藩司金應琦出示招認晉省殷戶祇因人地生疎
半載以來無人應募伏查甘省坐商馬起龍之父馬
君選原因販鹽獲咎嗣緣所遺廒房器具成本過重
甘省別無殷實之戶出貲置買是以仍令馬起龍等

承辦坐商臣長齡曾經附奏委員確估另募嗣後查
明甘省別無殷實之戶除馬起龍不准充商外尚有
馬驤等四人足資辦運奏明咨會過晉目前爲期既
迫非特甘省坐商不能另募卽晉省運商亦乏人承
充臣成齡復思馬君選從前獲咎實因鹽未歸官私
自交通外藩販賣牟利業已治罪身故其子尙無過
犯此時鹽已歸官若令充當官商納課辦鹽於事理
似無違礙馬起龍與馬驤等四人向係合夥營生更
可無庸區別而馬起龍家資素裕住居甯夏備悉邊

口情形諸事駕輕就熟此時總以裕課便民爲重所需鹽價業已覈定減省馬起龍馬驤亦情願連運商一併認辦臣成齡會商臣長齡似可將坐運兩商概交馬起龍馬驤等暫時承辦接充設將來招募有人再行接替亦無不可惟是目前已屆春深自晉至彼程途遥遠若俟奏准後再飭往辦不無遲誤臣成齡業經取具馬起龍馬驤等認辦切實甘結於審明後交甘省委員押令馬起龍馬驤等即日兼程前往將上年未運鹽九千六百石先行趕緊補運足數一面

將本年應運鹽三萬石接續作速運辦以期無誤課
項民食其馬遵義等七人概行黜退伊等冒昧認充
辦理不善究因未悉鹽務情形所致請從寬免其深
究其頭運應交馬起龍鹽本運脚船價照現定之數
計有盈餘而馬遵義尚欠銀一千九百餘兩已飭清
算分別扣還找給所購木植並任國屏等所置店口
器具准其公平作價令馬起龍等交銀接收抵用馬
遵義運抵河口之鹽已據發售完竣課項繳清毋庸
再議臣等於上年准部咨吉蘭泰運商行鹽與河東

無異辦理不應兩歧前因晉省馬遵義等誤運是以
暫令坐商馬起龍等將鹽運至河口賣銷至明歲仍
令晉省招募殷商分認各州縣引地運銷等因臣成
齡查吉蘭泰引地雖有山西口外五廳大同朔平兩
府暨陽曲等四十四州縣其中多有出產土鹽之區
歷經奏明准其兼食完納鹽稅且沿邊一帶又有鄂
爾多斯蘇尼特鹽斤進口售賣前准理藩院奏明咨
查有關蒙古生計難以禁止是以吉蘭泰引地兼食
數處之鹽而土鹽設遇天色長晴所產即旺若雨水

過多便形短絀蒙鹽進口每年亦多寡不齊故吉鹽到境總與土鹽蒙鹽兩項幷行兼銷互爲衰益一時難以定額今若配定引目遽令運商分認引地運銷事多窒礙難行而於民情亦有未便惟令該商應在磴口交課領票運鹽至河口而止悉聽民販接買運赴缺鹽待濟各處銷賣至於河東引地均在吉蘭泰引地之南黃河運程之下臣成齡到任之初卽經查明口鹽不能越險運至龍王𢌞以下無虞侵越應請悉照原定章程辦理仍責令各引地州縣將該地每

歲所銷吉蘭泰鹽斤數目隨時開報俟一二年後察看情形或銷數可以酌定再行遵照部議飭商分認引地配銷以昭覈實其河口小販運鹽赴地臣成齡現飭該管道府督令確查按其接買成本分別道路遠近加計運脚人工飯食費用准其酌加餘利出售覈實賣價申報備查倘有擡價病民飭令嚴行究辦勿稍徇庇其餘一切事宜如尚有應行參改之處容臣等悉心體查另行會商奏辦旋奉部議均如所奏辦理奉

旨依議欽此

磴口吉蘭泰二缺改繁疏嘉慶十三年巡撫兼鹽政成　齡

竊照吉蘭泰鹽務前經定議奏請令甘肅甯夏道兼管鹽法新設磴口運判幷河口批驗大使均定爲繁難要缺其吉蘭泰磴口兩大使定爲簡缺准部議覆照行嗣據甘肅司道以磴口吉蘭泰等境縣亘二千餘里俱係口外阿拉善蒙古地方商人在彼撈鹽造船行運聚集漢蒙夫匠䭾夫人數既多一切命盜鬬毆等案均所常有從來鹽未歸官此等事件係阿拉善王自行查辦今鹽池呈獻諸事官爲經理既未便

添設多員致糜經費而所設運判大使駐劄其地自應責令兼管遇有前指案件卽爲相驗剖斷稽查拘犯輕事就近完結命盜及稍重之案民人則飭交內地歸地方官訊辦民蒙交涉幷關係鹽務蒙古人犯由地方官會同司員審理是磴口吉蘭泰運判大使不止專管鹽務實有地方之責事務殷繁幷須熟悉口外情形非初任之員所能治理議請將磴口吉蘭泰大使一幷改爲繁難要缺連磴口運判均由甘省揀補等情前來兹臣等悉心體察往返札商該司道

所陳係屬實在情形應請將磴口吉蘭泰大使一并改爲繁難要缺在外揀補所有前指一切事件責令該運判大使就近兼管各該處均係甘省所轄山西鹽政駐劄太原省城相距數千里之遠平日稽查既難周密遇有陞遷事故缺出接據文報揀補委署往返稽延時日該處懸缺以待更多未便且揀補晉省人員恐難熟諳邊情所辦蒙民事件又與甘省地方官交涉自應併如該司道所議將該運判大使各缺統由陝甘總督揀選熟悉口外之員會同山西鹽政

題補歸甯夏鹽法道統轄部議如所奏辦理惟甘省
揀補遇有該大使缺出無員陞調反致窒礙難行所
有奏請將磴口運判鹽大使吉蘭泰鹽大使統由甘
省揀補之處應毋庸議奉
旨依議欽此

吉鹽過口納稅疏　嘉慶十三年巡撫兼鹽政成齡

竊查吉蘭泰池鹽歸官招商辦運前據運商稟請豁免殺虎口鹽稅經該監督查覆向日徵收口外蒙古鹽稅每鹽一駝重一百二十斤徵銀四分五釐復經咨查兩淮兩浙長蘆等處鹽政據覆徵稅情形不一難以比例辦理咨准戶部以各關額課有常各省行鹽處所均有鹽稅晉省鹽務新定章程旣未便遽請免稅而運商等納課之外尚能納稅若干難以懸擬

奏明請

旨交臣確查地方情形覆奏到日再議等因奉
旨依議欽此咨行到臣又經行查殺虎口監督節年徵收
鹽稅數目去後兹據造冊咨覆由藩司金應琦等覈
議具詳前來臣查吉蘭泰鹽斤該運商挈運進口銷
賣已照河東之例每引納課務官錢餘平等銀七錢
二分六釐零而經過殺虎口仍令照舊納關稅固非
恤商之道惟照該商所請全行豁免又恐於稅額有
虧自應量爲變通伏思兩淮鹽務甲於各省兹舉該
商鹽務而論淮南每引僅完揚關鈔銀二分惟淮北

每引完淮關船鈔火耗平色等銀四分一釐零而淮
鹽每引重三百七十四斤吉鹽每引重二百四十斤
即依淮北所納關鈔稍重之數並就其引鹽斤數多
寡計算比擬吉鹽每引不過應納稅銀二分六釐零
臣悉心籌酌若照殺虎口向例每鹽一駝計一百二
十斤完稅四分五釐比較淮北鈔銀幾及兩倍該運
商既納鹽課自未便責令多完稅銀應請酌中定議
嗣後吉蘭泰官鹽經過殺虎口水陸稅口每引鹽二
百四十斤共納正耗稅銀四分五釐雖視淮北關鈔

有增而照舊日稅銀實已酌減一半並查該監督冊開自嘉慶元年至十一年該稅口每年徵收鹽稅自四千餘兩至二千數百餘兩不等課額本無一定此係統計各部落蒙鹽進口徵稅數目今就吉蘭泰官鹽每年額引八萬七千五百道除去口外五廳分銷毋須進口納稅外計每年應完殺虎口稅銀三千餘兩與該關歷年所徵稅課既不甚懸殊且有別部落無引蒙鹽零星進口銷售仍照舊例納稅自於關稅無虧短而吉蘭泰運商亦不致納稅過重多費成

本可免昂價滯銷之處實屬兩有裨益旋奉部議如
所奏辦理至所請別部無引蒙鹽零星進口銷售仍
照舊例納稅之處查吉蘭泰池鹽既已歸公別部落
無引蒙鹽卽當禁止該撫所奏應毋庸議奉
旨依議欽此

鄂蘇鹽進口分别限制疏嘉慶十三年巡撫兼鹽政成　齡

竊查吉蘭泰池鹽歸官招商辦運前因所辦大同朔平二府陽曲等四十四州縣暨口外五廳引地多有鄂爾多斯蘇尼特鹽斤進口行銷恐致吉蘭泰引鹽滯銷虧課經臣咨請理藩院查辦旋准咨行向來歸化城等處係奉

旨行銷鄂爾多斯鹽斤舊地今若查禁窮苦蒙古等不能度日有關生計而吉蘭泰鹽斤既係官辦所有鄂爾多斯鹽斤亦應歸官由吉蘭泰官商收買售賣其應

如何納課之處請
旨交臣擬定章程秉公辦理其蘇尼特鹽斤查明另辦等
因具奏奉
旨依議欽此咨行到臣當將鄂爾多斯蘇尼特兩處蒙鹽
向日進口銷賣情形飭司移行該道府廳州縣確查
去後兹據查明由藩司金應琦等定議詳覆前來臣
查鄂爾多斯地居晉省西北與甯武府屬之偏關暨
保德州並所屬之河曲等縣及口外之清水河托克
托城薩拉齊等廳對峙僅隔一河其蘇尼特地居晉

省東北與大同府屬之豐鎮疆界毗連歷來該二處蒙鹽俱由民販赴彼收買並用貨物易換就近運往各該廳州縣境內或渡河進口行銷情形參差不一並向與吉蘭泰鹽斤及本境所產土鹽並行兼銷互爲衰益歷經奏明在案今吉蘭泰鹽斤既已歸官招商辦運額課有關如仍聽鄂爾多斯蘇尼特兩路蒙鹽照常販賣固恐充斥吉蘭泰引地官引滯銷有虧課項而該二處蒙古惟賴遊牧產鹽度日今若概行禁止又恐窮苦蒙古生計艱難似非

國家撫馭外藩之道且陝省昆連蒙境之府谷等縣已
由陝西撫臣奏准改食鄂爾多斯鹽斤晉省情事相
同自可並行不悖惟理藩院所指鄂爾多斯鹽斤併
交官辦飭商收買行銷一節臣查鄂爾多斯及蘇尼
特兩處與吉蘭泰商人辦鹽之地相距甚遠該商既
力難兼顧此外若另行招商內地民人未悉口外情
形勢必裹足不前未肯應募承辦臣悉心籌酌目前
吉蘭泰商鹽價本運費業已覈實減定將來運赴引
地賣價不致過昂可免民間食貴捨此就彼之慮惟

有將鄂爾多斯蘇尼特兩處蒙鹽向日進口銷售地方分别予以限制仍聽民販運銷如口外之歸化城清水河薩拉齊和林格爾豐鎮甯遠等廳皆與蒙古地方接壤且草地平衍四通八達各蒙順帶鹽斤赴彼與該地居民交易本難禁阻應准其就近兼食鄂爾多斯蘇尼特之鹽内惟托克托城一廳爲吉鹽緊要口岸水陸轉運之處仍應查禁别部蒙鹽入境責歸綏道督率廳員及河口批驗大使實力稽查以免混淆侵灌至於口内之大同朔平甯武保德等府州

屬沿邊沿河一帶州縣請照江浙等省老少鹽之例
准令民販肩挑背負到境零星售賣不得過四十斤
之數如有駝運車載及水運多斤到地者仍以私鹽
論罪飭令各該地方官明晰出示曉諭俾知遵守仍
不時嚴密巡查防堵如此酌量調劑既於吉鹽引課
不致滯銷虧短而蒙古生計亦無妨礙似屬兩有裨
益至鄂爾多斯蘇尼特鹽斤進口行銷均經殺虎口
監督抽收稅銀毋庸另議合併陳明旋奉部議均如
所奏辦理奉

旨依議欽此

增修河東鹽法備覽　卷六　五十二

蒙鹽進口仍行徵稅部議嘉慶十三年

戶部疏稱前據山西撫臣成齡於比照兩淮酌定殺虎口鹽稅額案內請將別部落無引蒙古鹽零星進口銷售仍照舊例納稅經臣部具摺奏明吉蘭泰池鹽既已歸公別部落無引蒙古鹽即當禁止且先經奏禁有案應毋庸議嗣據該撫以鄂爾多斯蘇尼特鹽斤有關蒙古生計未便禁止請令口外之歸化城清水河薩拉齊和林格爾豐鎮甯遠等廳俱准食鄂爾多斯蘇尼特之鹽以順輿情而撫遠裔口內之大

同等屬向食該二處之鹽亦難遽行禁止請照江浙等省老少鹽之例每人肩挑背負准帶四十斤過此卽爲私販經臣部議准奏明在案今據該撫所稱老少鹽卽昨項所稱零星蒙古鹽自應遵照原奏准其進口行銷惟是老少鹽斤原爲撫恤貧民起見例無經過各關納稅明文今無引蒙古鹽零星進口銷售每人每日肩挑背負止准帶鹽四十斤若經過殺虎口責令納稅每人應完稅銀一分五釐爲數無幾且邊外蒙古非內地民人可比可否免其輸稅以示體

恤之處出自
天恩等因具奏奉
上諭戶部議覆山西省奏明鄂爾多斯蘇尼特鹽斤比照老少鹽之例准令在口內行銷並聲明可否免稅請旨一摺向來附近場竈孤獨殘疾貧民報明註冊後始准每人每日挑負鹽四十斤售賣易食並於經過各關例皆免其納稅用示體恤今鄂爾多斯蘇尼特無引蒙古鹽亦比照老少鹽之例進口銷售該處人數衆多非場竈貧民之向有限制易於驗查者可比若聽其自行販

賣漫無稽覈以一人肩挑背負而計爲數固屬有限而每日在內影射謀利紛至沓來正復不少勢必至鹽斤充斥於課引不免阻滯亦有關係至此項挑負之鹽經過殺虎口地方每人應完稅銀雖止一分五釐而積少成多不可不統爲覈計著將該鄂爾多斯蘇尼特行銷口鹽斤數每日挑負者如何酌定人數設法稽查其有違犯者應如何妥議章程並將酌定人數後殺虎口應免鹽斤稅銀統計一日共有若干著一並具奏再降諭旨欽此嗣據山西撫臣成齡覆奏稱原定吉蘭泰引地

之朔平等州縣查明現在均無鄂爾多斯等處蒙古鹽到境惟保德州及所屬之河曲縣現有民人肩販鄂爾多斯鹽斤由殺虎口分設之黄甫川税口到境每日十餘人及七八人不等每人販鹽四十斤多寡牽算按日以四百斤爲率又大同府民人赴蘇尼特肩挑背負鹽斤由殺虎口分設之得勝口進口每人遵例販鹽四十斤三日内始有鹽販一起每起三四人所販之鹽不過一百數十斤以每鹽四十斤納税銀一分五釐計算每日税銀不過一錢五六分爲數

原屬無幾第此鹽斤悉係內地人民出口販運並非
蒙古人自運進口且一經免稅各口既漫無稽查而
民販價本輕減恐挑負日增有礙吉蘭泰官引應請
令殺虎口監督照舊徵稅仍責成該府州縣選撥妥
役協同各稅口隨時實力稽查以後民人販鹽進口
總不得有逾前數倘有違禁馱運車載船裝及多販
鹽斤進口經過者卽行獲解以私鹽論罪部議如所
奏辦理奉
旨知道了欽此

吉鹽坐運兩商分別責成並應徵課項按限匀繳部

議嘉慶十六年

戸部疏稱臣等伏查吉蘭泰招充坐運兩商於上年八月內據陜甘總督臣那彦成等奏報晉省募有新商郭綸音等十五人措集貲本銀二十萬兩兼辦坐運兩商經臣部議以郭綸音等既稱家道殷實何以又須措集貲本且此十五人中尚有十一人並無商名冊結此內盈絀不齊將來遇有墮引誤課等事殊難責成請

旨勅交該督等另行確切查明妥議具奏等因在案今據
該督等疏稱郭綸音等承辦吉蘭泰鹽務分辦則各
用各夥費用較重合辦則同心協力酌盈劑虛嗣後
坐商責成武三元曹九齡經理日後如有撈鹽不力
惟伊二人是問運商責成郭綸音牛嘉謨辦理日後
如有運鹽遲悞亦惟伊二人是問等語臣部查吉蘭
泰坐運商各有專司勢難責令兼辦今該督等請將
撈鹽事宜飭令武三元曹九齡管理運鹽事宜飭令
郭綸音牛嘉謨管理各有專責自無顧此失彼之虞

將來如有貽誤卽惟該商等是問事屬可行應如所
奏辦理又據疏稱十五年應運額鹽業已趕辦不及
請自十六年起勻作三年帶運應徵餉課亦分三年
隨鹽完納一節查吉蘭泰鹽務前因乏商承辦是以
十五年鹽斤尙未運銷今雖有新商等酌帶貲本前
赴辦運但今歲春融正當開運十六年正鹽之際若
將十五年鹽斤一倂令其同時補運商力未免拮据
自應量爲調劑所有十五年未運額鹽三萬石亦應
如所請准其自十六年起分作三年帶運應徵課項

按限勻繳倘三年內補運不足致有墮引誤課情事
將各商等立時嚴辦以昭懲創至十五年鹽課內例
應給發
恩賞阿拉善王並甯夏涼莊將軍都統以及磴口文武官
役兵丁廉俸工食共銀八千八百兩請於徵存十四
年鹽課內作正開銷之處查十五年鹽課既請分年
完繳其應支各項自應准其在於十四年鹽課內通
融支給仍令該督等將支給數目造入奏銷冊內報
部查覈奉

旨依議欽此

吉鹽請暫爲官運民銷部議嘉慶十六年

戶部疏稱臣等查得據署理山西巡撫衡齡疏稱竊照本年吉蘭泰鹽務新商接辦遲誤應即令招殷商承辦惟運務緊迫一時招募難得其人經前撫臣成齡札飭河東鹽法道於河東現充商人内擇其力能兼顧者籤派數名前往吉蘭泰接辦旋據該道茅豫轉詳商人王恆泰等稟稱商人等現辦河東鹽務兼辦兩淮山東等處鹽引已屬難以兼顧若令再辦吉蘭泰不獨人地生疎且更顧此失彼於河東引地亦

大有關礙商仰沐

天恩至優極渥不敢膜視情願公捐銀五萬兩按引分攤以爲津貼之用惟各商貲本營運在外一時驟難措齊懇於運庫課項內先行借墊俟嘉慶十七年隨課按限歸款詳請具奏前來臣細加體察該商等實係出自至誠可否准其捐貼以資官運之處伏候

欽定惟是吉蘭泰鹽務河東現充商人旣難兼顧此外又一時招募維艱而來年春融冰泮卽須開運未便再有貽誤目前惟有暫爲官運民銷一面招商承辦所

需資本除商捐銀五萬兩外亦惟有暫挪河東道庫
積存銷價銀十五萬兩共湊銀二十萬兩以作運本
俟新商招募有人再行抽歸原本此項銷價仍按每
年一分行息其如何分別提解河東道庫以備支放
之處臣與陝甘督臣那彥成酌議辦理等語臣等伏
查吉蘭泰鹽務前據陝甘督臣等奏明飭令郭綸音
等十五人充辦經臣部議覆遵行嗣於本年九月內
據該督咨稱新充各商迄今並無一人到甘現在移
咨晉省查辦等語復經臣部行令山西巡撫會同陝

甘總督熟籌妥議作速辦理各在案今據署山西巡撫衡齡奏稱吉蘭泰新商一時招募難得其人河東現充商人難以兼顧來年春融冰泮即須開運未便貽誤目前惟有官運民銷所需資本除商捐銀五萬兩外再暫挪河東道庫積存銷價銀十五萬兩以作運本俟新商招募有人再行抽歸原本等語臣等查吉蘭泰新商招募既難其人運務又未便遲誤該撫疏請官運民銷並挪借道庫銷價銀兩作爲運本之處係爲暫時權宜起見自應如所請辦理仍請

勅令該撫轉飭上緊招募商人接充辦運以期
國課民食兩有裨益奉
旨依議欽此

查明吉鹽誤運情形疏　嘉慶十七年　巡撫兼鹽政衡齡

竊照吉蘭泰新商辦運遲誤前據甯夏道蘇成額詳報臣當卽派委通判秦鏊前往查催因未得確情未經具奏旋卽卸事嗣經陝甘督臣那彥成前任山西撫臣成齡先後具奏欽奉

上諭甘省吉蘭泰鹽務既經晉省招募新商郭綸音等十五人兼充坐運兩商到官認辦本年自應趕緊依限辦運何以遲延至今資本尚未到齊而頭撥赴甘之商人武三元文內開載本銀五萬五千兩只齎帶銀二萬兩

又復私行逃避此皆前任巡撫成齡及河東道茅豫原
定章程未妥所籤各商又均非殷實之戶以致連年誤
運殊屬不成事體著衡齡卽提到各商人並嚴緝武三
元到案將因何短缺本銀貽誤課運緣由查訊明確分
別究辦並將辦理不善之前任巡撫成齡及河東道茅
豫一併參奏其接辦章程著該撫會同那彥成另行妥
議具奏等因欽此經前任撫臣成齡行提飭緝各商陸
續到晉未及查訊臣接任後提集應訊商人及委員
等逐一研訊緣新商武三元等夥充吉蘭泰坐運兩

商原由太谷縣武舉郭綸音邀同合夥承充而各商情願合夥者因郭綸音平日向在口外生理深知兼辦坐運兩商實有利息惟無力獨辦遂邀武三元等十五人合湊資本銀二十萬兩郭綸音即充商首到案具呈認充武三元曹九齡先帶現銀二萬兩已於嘉慶十五年九月赴湖口撈鹽嗣又收得會票銀一萬二千餘兩撈就鹽三萬石並買木植等項郭常新繼又攜帶現銀會票於十六年三四五等月先後起程約定七月內人銀齊集磴口商首郭綸音在後管

催乃於七月間在途身故各夥商因無人指撥於一切運銷情形全無把握各皆疑慮遂爾先後潛回質之委員河口大使孟調梅試用通判秦鏊所供情節無異現據武三元等情願將湖口撈存鹽三萬石計撈費辛工等項合銀二萬八千五百兩並本植等銀三千四百兩又郭常新現銀五千兩共銀三萬六千九百兩抵作十六年鹽課懇求免其治罪具結呈送前來臣伏查吉蘭泰鹽務自舊商馬起龍等於十五年辭退坐運兩商之後甘省並無接充之人因歸晉

省招募晉省富戶固多但願充河東商人者有之若吉蘭泰遠隔三千餘里經由黃河之險一切情形與河東迥異此非熟悉彼處行鹽底裹鮮有認充之人惟是課食攸關未便遷延時日是以臣遍行出示招募十五年九月內始據太谷縣武舉郭綸音邀合武三元等十五人集資二十萬兩具呈認充坐運兩商經臣傳詢俱無異詞遂會同陝甘督臣那彥成恭摺具奏嗣卽分撥起程滿望各商到後自可依限開運不料商首郭綸音於未到磴口以前在途身故各夥

商全無依藉因而疑慮不前先後潛避是誤運固出

意外但各商分撥起程時臣並未專派大員督押前

往以致中途潛避貽誤至今實由臣辦理不善捫心

自問咎實難辭查十六年鹽課銀六萬三千五百餘

兩除新商將鹽價木植並現銀抵補外尚不敷銀二

萬六千六百餘兩臣受

恩深重每年所得養廉優厚惟有叩懇

天恩准臣分作三年賠繳解赴甯夏道庫並求

皇上將臣交部議處至河東道茅豫係專管河東鹽法之

員從前吉蘭泰鹽務章程該道未經涉手委員河口
大使孟調梅試用通判秦鏊係在後奉委查催各商
因商首無人因而避匿實無受賄縱放情事均請免
其置議新商武三元曹九齡係屬帶銀先往辦鹽置
買木植郭常新亦經攜銀前往繼因後撥商貲不能
接濟始行回省若竟將伊等所撈鹽斤及木植並現
銀抵賠課項未免偏枯自應仍令在夥商名下按股
歸償以示公允覈其情節該商等究與已經領引獲
利拖欠課項者有間並請免其治罪奉

上諭衡齡奏訊明吉蘭泰鹽務誤運實在情形一摺吉蘭
泰鹽務上年誤課係因商首郭綸音在逃身故各商夥
無所依藉以致誤運與領運獲利拖欠課項者不同所
有十六年鹽課銀六萬三千五百餘兩著照所請准將
商等認賠銀三萬六千九百兩抵充正課仍於各夥商
名下按股均攤俱免其治罪衡齡未經派員督押辦理
不善其抵補不敷銀二萬六千六百餘兩著於該撫養
廉內分作三年扣繳著加恩免其議處餘依議欽此

議覆吉鹽仍歸商辦並官運聽販商銷售及課項分別扣繳疏　嘉慶十七年　大學士慶桂

竊據該侍郎等疏稱嘉慶十七年四月初十日奉

旨吉蘭泰鹽務自招商承辦以來屢經誤運虧課辦理總未妥協著文孚等就近體察情形應如何領運行銷之久遠無弊妥議章程具奏欽此臣等復跪聆

聖訓指示周詳得有遵循馳抵晉省之後細查案牘徧訪輿情求其所以誤運虧課之由緣晉省介休以南皆是河東引地當年課歸地丁馬君選在吉蘭泰興販

無課之鹽由黃河南下既占潞引且衝淮綱吉鹽暢
銷不計其數自河東復商稽查嚴密吉鹽遂不能越
渡黃河積口暢銷如前且吉蘭泰原定引地六十四
廳州縣內如太原汾州等屬出產土鹽隨地輸稅朔
平等屬亦有鄂爾多斯蘇尼特等處蒙古稅鹽接濟
土蒙鹽賤買食者多吉鹽水陸三千餘里路遠價昂
如遇雨多土鹽歉產頗可暢銷如遇土鹽旺產卽爲
壅滯察此情形本不能遽定引額乃十一年定議每
年吉引八萬七千五百道正雜課銀六萬三千五百

八十兩引課皆屬過多約計銷不及半此數年來商人賠累誤運虧課之原委也上年因招商乏人不得已改爲官運民銷之議竊查官運不難難於民銷苟不能銷愈運愈滯若因滯銷兼顧課額勢不得不分派州縣認引督銷州縣若非虧挪倉庫必致擾累閭閻是能銷之弊更甚於不銷種種格礙難行斷難久遠無弊臣等督同戶部郎中張業南主事福克旌額體察籌議擬將吉引改爲活數儘銷儘徵停止官運仍歸商辦正在查覈酌辦間旋准戶部咨到河東道

茅豫條奏吉蘭泰鹽務一摺内稱該道以内地鹽斤
現皆豐產奏請停止水運自係該處足敷民食無需
吉鹽協濟惟是吉鹽既經
賞收應如何辦理之處未據確切聲明殊難懸擬請
旨勅文孚等就近體察情形妥議具奏等因臣等當卽札
河東道茅豫帶同總商數人來省將伊等奏請停止
水運其吉鹽究竟作何辦理之處向其確切指問據
該道回稱河東復商每年課額各項不下六十餘萬
兩

國帑所關甚鉅若令官辦吉鹽順流南下滯於晉北必
侵晉南不數年間潞引滯銷商力必致疲乏至吉鹽
應如何領運俾課項可以無虧職道實無確見隨派
戶部司員傳商人王恆泰等查詢所稱與該道相同
是該商等但知自護潞引藩籬並未深悉吉鹽不可
偏廢之故查嘉慶十一年該藩王瑪哈巴拉將鹽池
呈官辦理荷蒙
皇上賞收
勅下該督撫等招商辦理該運處撈工駝價每年藩屬人

等及口外貧民多賴此以爲生計內地民人亦賴此
以補各鹽之不足自應仍爲撈運俾其均沐
恩施若如該商等所稱概行停止水運均屬有礙臣等當
即加以駮斥不准議行惟查吉鹽自招商承辦以來
動皆折本虧課以致紛紛告退此後縱有願辦之商
多係合夥湊資輕於一試每遇引地不能銷售勢必
越境走私甚至逼同句結將來侵灌瀦引亦屬實在
情形自應通盤籌畫兩無窒礙方可永遠遵行復傳
河東商人細加詰問據稱近年吉鹽滯銷虧課半因

潞引辦理周密之故若復大興水運必致侵壞潞綱

商等仰沐

皇仁數省均沾樂利商等具有天良豈敢於同省民食轉

爲膜視今公同商議如蒙停止吉鹽水運情願仿照

長蘆之例於河東額餘引張之外再增添活引八萬

七千五百道自嘉慶十八年爲始察看何處暢銷趕

緊配運每年得課六萬三千五百八十餘兩年清年

款如虧願賠等語查吉鹽連年滯銷課不足額今該

商情願以潞引之有餘補吉鹽之不足尚屬可行惟

求停止水運一節終於口外蒙古生計及内地民人口食均有未便且吉鹽既經

賞收仍應調劑行銷以裕民食方爲正辦臣等復傳集山西藩司陳桂生臬司錢臻河東道茅豫公同妥議該司道等僉稱查據舊案嘉慶十一年侍郎英和等疏請吉蘭泰鹽船准至磧口起岸十三年原任陝甘督臣長齡等奏吉鹽票運至河口而止聽民販買赴各處銷售查河口至磧口相去千里而磧口則切近河東引地誠恐防範稍疏致累潞綱引課自應就此兩

次奏案酌中定地示以限制請於河口之南三百餘
里黃甫川地方爲界將磴口大使一員改爲黃甫川
大使移駐該處專司稽查所有吉鹽水販只准至黃
甫川而止其自磴口商運鹽船仍照舊至河口起卸
存倉如此畧爲變通潞鹽口鹽兩無妨礙臣等即令
將此酌定緣由曉諭該商知悉隨據該商等皆情願
具呈由該道申送印詳前來臣等定稿後送與撫臣
衡齡閱看意見亦屬相合恭懇
皇上天恩俯准所請如蒙

俞允即由河東鹽政咨部請領十八年活引照例辦運至吉蘭泰引地實因土鹽蒙鹽歉旺不常未可限額行銷致使商民並累應請將吉引改爲活額不必限以定數俟此次十七年官運八萬餘引銷完之後十八年仍歸商辦如銷若干引鹽即完若干引課先後鹽課隨運隨徵無論引數多少資本若干皆聽商民自便從此商民皆無擾累各項不致有虧藩民不失生計潞淮均無侵越仍可行之久遠無弊又據奏稱查甘省官運吉鹽現抵河口兩月以來民販尚未踴躍

緣吉鹽銷路原應任向缺鹽處行銷且向來會欠等票互可通融布粟等物皆可准折庶能交易而退各得其所今經官辦不得不責以現銀又且不察土鹽旺歉靡常一概出示招商派定引地是以民販裹足不前臣等路經平定州屬及抵駐省城卽有士民以不願遠食貴鹽等詞呈訴察此輿情豈可相强是甘省官運只可暫行晉省民銷之議雖暫亦不可行應

請

勅下山西撫臣將現在分引定地出示招商之處卽行停

止惟聽販商前往河口販買此次官運之鹽向缺鹽
願買之處銷售以期商民兩便至十五年分課銀六
萬三千五百八十餘兩係退商馬起龍應完之項已
據具結在於應領鹽價内分作三年扣繳查馬起龍
磴口存鹽三萬石計本銀十萬五千兩現在交官辦
運應先儘十五年課項全數扣完俟有多餘再行發
交該退商收領不必限定三年庶課項先歸有著等
語臣等伏查吉蘭泰鹽斤因晉省復商疆界旣清不
能任意侵灌遂致額設之引壅滯難銷商人誤運虧

課招募不前上年復有官辦之議奈行銷無地將來勒派虧挪等弊勢所不免茲據侍郎阮元等奏是商辦官辦均多格礙難行自應另籌久遠之計而該侍郎阮元等酌議吉鹽章程又自十八年以後仍歸商辦是明知不能久遠無弊姑令該處試行俟一二年後又必以前議難行復請另議旋議旋改興廢不常鹺綱難期整飭且所稱改爲活引儘收儘解是引無限制奏報多虛考覈難憑易啟弊混臣等伏思吉鹽原定引地太原汾州等屬六十四廳州縣既有本地

土鹽及鄂爾多斯等處蒙古鹽價廉易購吉鹽道遠值昂自無人售販今若仍令吉鹽水運直至磧口如河東鹽務未歸商運以前聽民到處販運恐必侵占各省鹽綱若如該侍郎阮元等所奏票運吉鹽以黃甫川爲界示以限制仍歸商辦亦屬有名無實其改作活引徵解無常尤非覈實之道且河東額餘引六十二萬一千三百二道正雜銀六十餘萬兩吉蘭泰額引八萬七千五百道額課銀六萬三千五百八十餘兩是吉蘭泰引課僅止河東十分之一自不便因

行銷吉鹽致令河東鹽務僻壞臣等公同酌議擬令
內地悉遵舊制統行潞鹽其吉鹽引額八萬七千五
百道准令河東商人認辦卽以吉鹽六十四廳州縣
行引之地歸於該商等一體行運潞鹽以昭覈實至
引額現加潞鹽引之內卽不得稱爲活引致滋牽混
應請照長蘆之例定爲餘引以十八年爲始洛部領
引交商行運吉鹽引地既歸潞商承辦無需吉鹽銷
販其吉蘭泰鹽池應請
旨勅還阿拉善王瑪哈巴拉仍聽該處人民自行撈運俾

藩屬人等及口外貧戶足資生計如有興販入口者
照鄂爾多斯蘇尼特等蒙古稅鹽之例應由山西巡
撫查照舊章按數收稅止准車載騾駝由陸路運販
不准水運以防侵越其課銀六萬三千五百八十兩
河東各商既因停止水運不致侵壞潞綱應如該侍
郎阮元等所奏卽由河東商人按年完納吉鹽既已
停運其阿拉善王瑪哈巴拉
賞項應請
旨停其賞給倘河東鹽池閒有如乾隆二十二年被水歉

收或須請運吉鹽池以濟民食再由撫臣臨時酌量
奏辦其原設磴口運判鹽大使吉蘭泰鹽大使河口
批驗所大使等員應令裁撤以節糜費又據另摺奏
稱甘省官運吉鹽現抵河口惟聽商販前往河口販
買銷售請將現在分引定地出示停止至十五年分
課銀係退商馬起龍應完之項已據具結在於應領
鹽價內分作三年扣繳等語查甘省官運吉鹽既經
運抵河口自應聽販商前往販買向缺鹽處銷售應
如所奏辦理至十五年分課銀六萬三千五百八十

餘兩前經陜甘總督等奏明飭令新商郭綸音等分
作三年帶完玆因該商等誤運斥革既據該侍郎阮
元等查明係退商馬起龍應完之項查該商現有存
鹽三萬石計本銀十萬五千兩交官辦運應令該撫
作速催運先儘十五年課項如數扣繳報部查覈並
據該侍郎阮元等查議章程內稱十七年官運吉鹽
應令船運仍至磧口俟銷竣後另案奏銷所增十八
年潞引歸於河東鹽務內一同奏銷均應如所奏飭
令該撫屆期分別具題辦理至所稱甘肅山西前借

河東銷價銀十五萬兩又商捐銀五萬兩湊足二十萬兩以作運本此内已解銀十二萬兩足敷運費不久皆可歸還毋庸再令起息其未解銀三萬兩並將歸還運本十二萬兩即陸續發商生息亦應如所奏辦理奉
旨依議欽此

吉引歸入潞鹽配運疏　嘉慶十七年巡撫兼鹽政衡齡

竊臣接准戶部咨大學士會同議覆侍郎阮元等奏吉蘭泰鹽務章程一案吉蘭泰鹽引額八萬七千五百道准令河東商人認辦卽以吉鹽六十四廳州縣行引之地歸於該商等一體行運潞鹽並照長蘆之例定爲餘引以十八年爲始咨部領引交商行運其吉蘭泰池鹽聽該處人民自行撈運如有興販入口者照鄂爾多斯蘇尼特蒙古稅鹽之例由山西巡撫查照舊章按數收稅止准車載騾駝由陸路運販不

准水運等因臣當即飭行遵照去後茲據河東鹽法
道茅豫會同布政使陳桂生詳據河東商人王恆泰
等稟稱太汾大朔甯武等府忻保代遼沁平各州並
口外七廳各該處向食土鹽兼食蒙古鹽每年俱有
額課土鹽價賤易於買食其蒙古鹽入口地方近至
數十里至百里遠亦不過二三百里布匹雜糧均可
換易今以素食蒙鹽土鹽之六十四廳州縣令商等
通行潞鹽計程二三千餘里覈算每斤實需銀八九分
至一錢數分不等較之各廳州縣現食土蒙鹽價約

增五倍又兼山路不通車轍價貴運難商等實難遵辦至商等前懇停止吉鹽水運情願於河南山陝引地內酌增餘引八萬七千五百道又因暢滯情形究難懸定每年察看何處暢銷卽趕緊稟請挈配濟運並非儘銷儘解是名爲續增活引實與板設餘引無異懇請仍在河東現行引地內酌增活引八萬七千五百道以期年清年款等因由道覈議會同詳請具奏前來臣伏查晉省食鹽地方大同朔平二府州縣向食蒙鹽土鹽又岢嵐等十四州縣又口外七廳專

食蒙鹽蒙鹽入口按例輸稅太原汾州代忻等三十州縣俱就近專食土鹽引課向歸地丁交納歷久稱便河東鹽池僻處省南所食蒙鹽土鹽之陽曲等六十四廳州縣遠居省北計程自一千數百里至二千餘里不等數皆崇山峻嶺路徑崎嶇舟楫既不能通車行又多險阻以潞鹽向未行銷之地今以現辦河東之商復令其兼辦六十四廳州縣引地無論道險途長成本必貴所費不貲而民閒素食賤鹽斷不能強令食貴該商等所稟自係實在情形合無仰懇

天恩俯准將陽曲等六十四廳州縣向係兼食蒙鹽土鹽課稅兩完之地仍循其舊所有潞鹽每年加增餘引八萬七千五百道卽請仍歸現行潞鹽引地分銷則不獨該商等無賠課之虞而於六十四廳州縣民食仍得各從其便又該商等原請加增活引一節實緣現行引地暢滯不一若令按地一律酌加則暢行地方不患難銷而滯銷之地必致賠累所有現請餘引自應准其臨時察看何處暢銷卽於引張內塡註商名引地趕緊配運是名爲活引實與板設額引無異

不過因地制宜稍爲變通於餘引課額仍無流弊至吉蘭泰池鹽興販入口照舊收稅一節查各處蒙鹽進口均由殺虎口監督收稅當吉鹽未經商運以前蒙鹽入口每駝一百二十斤收稅銀四分五釐迨後吉鹽招商辦運改爲二百四十斤收稅銀四分五釐以示體恤今既停止商運自應概照一百二十斤收稅銀四分五釐之例辦理除移咨殺虎口監督轉飭各稅口一體遵照外並飭沿河各州縣營汛嚴密稽查毋許水運偷漏俾免充斥現在吉蘭泰鹽池既經

奉
旨勅還聽該處人民自行撈售則甯夏道已無應辦鹽務
自可毋庸再兼鹽法惟現在尚有十七年鹽課奏銷
應請奏銷完竣飭回本任供職此外尚有磴口運判
鹽大使吉蘭泰鹽課大使三缺應於本年吉鹽運竣
先行裁撤其河口大使一缺應俟十七年鹽引銷竣
再行裁撤其應如何分別歸部銓選候補之處應聽
部議遵照辦理俟屆期另行飭造履歷咨部旋經大
學士九卿會議均如所奏辦理奉

旨依議欽此

吉鹽甘運晉銷情形疏　嘉慶十九年　巡撫兼鹽政衡齡

竊照吉蘭泰鹽務前因新商郭綸音等誤運經臣會同前任陝甘總督那彥成奏明甘運晉銷官爲經理臣並奏明動借河東道庫銷價銀十二萬兩作爲運本甘肅委員將舊商馬起龍原貯磴口鹽三萬石運至河口交晉省委員行銷嗣因河口發販較遠經臣酌存河口鹽一萬餘石俾口外各廳及大朔甯三府屬民販領銷其餘仍照部議運至磧口發販行銷均經具奏在案茲計自十七年銷鹽起至本年九月全

數銷竣蓋緣從前商人承辦內遇販戶備無現銀以物料換鹽或准販戶賒欠故銷售較易此次官銷均係現銀領鹽且令於原銷吉鹽地面行銷是以致稽時日所有十七年鹽課銀六萬三千五百八十八兩零先已解交甘省其應還舊商馬起龍鹽本銀九萬七百五十兩亦於十七十八兩年分起解甘其十五年馬起龍應交鹽課即於應得鹽價內奏明劃抵在案至前借河東道庫銷價運本銀一十二萬兩茲已陸續解交該道發商生息又於上年鹽課前經臣奏

蒙

聖恩准令誤運之退商等將存鹽等項覈抵銀三萬六千九百兩其不敷銀二萬六千六百八十八兩零於臣養廉內分作三年扣繳除兩次繳過銀一萬八千兩外茲於十月十二日將三限銀八千六百八十八兩零發交藩庫兌收退商名下抵課銀兩並已全數繳清除飭同委員解赴甯夏道庫並咨部查照外查退商認繳課銀除郭常新名下已繳銀二千八百餘兩其餘原議吉蘭泰官鹽運玆始准民販銷鹽所有前

項存鹽尚未運售雖屢經催繳該退商總以鹽未與
販稟請懇緩臣以課項爲重未便任延是以督飭辦
運委員撙節辛工先爲解繳茲於十六年分課項現
已全清其退商存鹽卽應由陸路興販臣現已飭取
遵結俟販鹽之日起勒限一年將認繳課項按季解
司報撥充公合併陳明奏
硃批戸部知道欽此

吉運未完充公銀請豁免部議嘉慶二十三年

戶部疏稱臣等查吉蘭泰鹽務於嘉慶十六年誤運案內革商武三元等應賠課銀六萬三千五百八十八兩零嘉慶十七年奏准在於前撫臣衡齡養廉內認賠銀二萬六千六百餘兩業經按限繳清其餘銀三萬六千九百餘兩將該革商存鹽木植等項變價抵補嗣經郭常新扣繳銀二千八百三十八兩木植變價銀三千四百兩尚未完銀三萬六百六十二兩旋因存鹽一時不能運售課項未便久懸於十九年

是以從前奏明存鹽銷售之後將鹽價認繳充公今

該撫既經查明鹽斤實在不能銷運此項銀兩可否

准其豁免之處出自

皇上天恩如蒙

俞允俟

命下之日將撈存鹽斤即照該撫所奏

賞給貧苦蒙古肩挑負販以資生計並移咨阿拉善王派

員照料每名止准給鹽四十斤以免爭奪滋事奉

旨河口撈存吉蘭泰鹽斤正課早經全完墊解辛工撙節

銀兩亦毋庸歸還餘存鹽斤現據查明陸運實難銷售

所有未完充公銀二萬二千四百七十四兩零俱著加

恩豁免郎將存鹽賞給貧苦蒙古挑販俾資生計餘依

議欽此

增修河東鹽法備覽分目

藝文卷八下

鹽池防水議　但明倫

商學廣額紀

恩碑記　黃經

重修河東運垣文昌魁星閣記　方俊

重修城隍廟碑記　王溥

重修運城眞武廟記　升泰

修河東書院後齋記　馬蕃康

河東新修四門城樓紀功頌　王軒

告城隍驅狼疏　江人鏡

呂祖閣記　江八鏡

詩十八首

增修河東鹽法備覽卷八下

藝文

前人本經濟爲文章後人即文章見經濟或爲圖說或爲碑志或爲問對記序詩賦議箴文體雖殊要皆繫乎

國計民生而不徒以詞章相焜燿迄今採藝林珠玉掇文苑菁華則文學與政事交濟和其聲者胥以鳴

國家之盛焉

天馬山文筆峯碑記

嘉慶十六年河東鹽法道劉大觀

余莅河東之三年孝廉郭子兄弟返自都門持余友宋芝山書以馬鞍山文筆峯爲屬夫運安兩城鹺海爲堂條山作案離巽之間兩峯並峙其象爲天馬其嶺爲分雲亦名彩雲其貴爲太乙其星爲天節爲天錢倚峯建塔爲貴人秉筆爲貴人乘馬爲文筆淩雲余雖未諳陰陽之書而深信陰陽之理卽捐廉俸屬郭子相其基址擇吉修築同志紳士亦殊踴躍輸貲共襄盛舉起工於庚午二月下浣落成於四月上旬

是役也或疑不利於平邑而庚午之秋安邑舉孝廉三人平陸舉孝廉一人辛未之春又復各捷南宮一人可知天挺其秀地效其靈而文星普照原所在皆吉也或曰偶然耳未必其應如是之速也余亦曰偶然耳然因是舉也人人各懷一文筆發祥之意人人各勵其讀書上達之心吾知其科第聯翩正未有艾是亦鼓勵之一端爾辛未夏紳士將勒石屬余記其事因書其事之緣起而記之至若總理何人出貲姓氏捐貲若干工費若干悉屬郭子勒之碑陰以垂不

朽郎以復諸芝山未知芝山以爲何如也

重修龍王廟碑記

道光元年　河東鹽法道　張大鏞

嘉慶庚辰之夏余分巡河東旣視事凡祠廟之列祀典者例得致祭而龍神祠在北門外不一里出郭直視平原漫衍僅舊宇三楹在頹垣宿莽中心耿耿不自安亟思修整以妥神靈會初履任簿書旁午又河南鹺政甫改商運民銷一切轉運事宜句稽綜核靡有暇晷越明年辛巳三月諸務稍稍就理始委員勘估擇日鳩工未匝月而垣墉榱桷圮者築之斜者正之窳者剔之且黝堊之丹漆之雖限於舊規艱於經

費未能恢崇巍煥而甫出郭門卽遙見金碧輝煌不至如向者之荒蕪莫辨矣惟神興雲致雨澤潤生民厥功甚偉而兹地之特建神祠則尤在於鹽池渠堰之仰賚保障焉然商民之求助於神者神能默相之渠堰之淤澱頹潰者神不能代爲修濬之也所望官斯土者本恤商愛民之實心以敬事神神之賚以雨而應以候也必矣渠堰之修工費甚鉅籌款匪易余尚有志未逮兹因葺祠工竣敬誌其顚末如此幷爲後之來者勸焉

重修運城文廟碑記

道光元年河東鹽法道張大鏞

運城學宮之設其端委詳見舊志大要以既富宜教爲旨夫兹地之富以商兹學之設亦以商而晉之富民視商爲畏途避之惟恐不速猾吏奸胥從而高下之其弊百出富且不保何有於教大鏞莅任數月訪察既確悚然曰使者奉

天子命來脫不剔弊除奸宣

上德意以重恤民隱其尸位孰甚乃整飭之噢咻之莠者鋤之良者懷之此政也即教也

文廟爲立教根本之地顧坐視傾圮尙安在其宣德意
哉然經費無出前之人欲修不克者屢矣查乾隆四
十四年前運使沈公業富修葺時由坐運兩商挼引
攤費其數無幾至一載後猶嚴檄頻催今距前又數
十年商力益憊設仿而行之遲滞將益甚非所以敬
至聖而崇文教也審顧躊躇毅然撥款興工復懼選材
弗良司事或怠間一二日必親往督視經始於道光
元年三月初七日閱兩月卽告成內而
大成殿兩廡明倫堂敬一亭外而

崇聖殿尊經閣名宦鄉賢各祠皆巍峩堅整是役也不

請

帑不累商而蕆功迅速咸謂河東未有之舉蓋裕立教

之源在盡保富之實富願其保而忍令於正則外多

所輸將哉士子升斯學者澤詩書植品節克副

盛世養育賢材之意而不徒以獵取科名爲務使者有

厚望焉

重修野狐泉亭記

道光二年　河東鹽法道張大鏞

野狐泉亭卽前明惠民館爲巡鹽御史督撈採地日久頹廢余履其地泉聲潺潺坐而樂之顧板屋數椽漂搖風雨巋然魯靈光矣迺捐俸修葺之僚屬暨合商協力襄事克蕆厥功進重門而翼然者六角亭也方池夾亭中通以橋顏之曰廉讓之間再進爲廣廈五間顏其中曰延薰堂其前庭東西廨各仍其舊堂後重構三楹爲聽泉所面岡臨流蒼靄排闥顏之曰來青過此小憩忘其身在塵境也繞泉而北渡石梁

復折而東古柏斜聳作龍形根嵌石罅若連若斷急
築隄護之匝以朱闌廣可容席憑闌觀水得滄浪趣
焉隄上構小亭名之曰湛碧與伫月臺遙遙對峙由
是上石磴陟層坡巍然峙空者飛雲閣也閣中供純
陽眞人像不知昉自何時查舊志祇名淩虛亭乾隆
年間前解州知州言如泗續修志圖内始見之勝地
煙霞靈山香火殆神仙亦樂此耶惠民之舊址到此
而止余復於閣下拓出百弓構堂五楹登堂而白雲
萬疊晴雪千頃掩映几席間此含雪之所由名而泉

亭勝景於是乎益備其旁添小屋數椽俾司泉者居之他如庖湢之屬皆備焉周圍繚垣計共二百三十餘丈經始於辛巳孟夏迄仲秋告成今春二月復植柏樹二百株桃柳桐榆槐杏等樹各數十株夫林木之成待十年而余顧亟亟焉爲後來者計毋乃拙甚然世事之以巧而坐視其廢者可勝歎哉館之左舊有

關帝廟并鼎新之連以牆合爲一覽斯泉者勤思夫地寶之何以旺商困之何以蘇渠堰禁垣之何以次第

修治自不得以遊觀之地目之矣

重修河東書院碑記

道光二年 河東鹽法道張大鏞

運治河東書院建自明侍御張公士隆後遞改爲三
聖廟宗聖館育才館我
朝康熙十九年御史黃公裴復舊名是時講經堂退思
堂崇義遠利諸齋及各園亭向在迨乾隆四十八年
運使沈公業富重修時已頹圮無存計相去未及百
年而書林藝圃瓦礫荆榛矣無惑乎覽古者之題詩
壁間也詩見沈記沈公記云向之屋瓦鱗次鐙火青熒絃
誦相聞之盛未能卽復以待來者余承乏此邦不敢

不勉爰於道光二年三月鳩工庀材先葺三聖祠竣
次而藏書樓之舊者新之四教亭之廢者復之聚奎
堂之㰱者整之由堂而南添東西屋六間堂前後樹
塞門顏其前曰進德修業門左建山長屋十三間門
右建監院屋五間皆别爲庭院而坊表相向再東建
士子學舍上中下九間西亦如之東西舍前後各員
牆植槐俾障夏日便誦讀焉他如庖廄與丁胥廬舍
皆具築内外周垣二百八十餘丈大門外石杠南崇
以屏墉蓋前運使沈公所未復者至是而規制乃備

以本年秋七月告成是役也崇實黜浮舉前志所載
園亭名目概從畧焉舊有田三十九畝飭解州州判
汪應璧勘丈清釐立案備查復捐廉倡籌經費歲得
二千餘金藉以延師育才庶臻寬裕此後豫陝兩省
及三十六屬民籍生童准送院中肄業其隸商籍者
另歸宏運書院肄業運城蕞爾地有兩書院以磨礪
人材文風當益振夫書院之設仿古者黨庠術序而
推廣之務在考於世道人心者甚鉅至僅事帖括掇
科名抑末矣近來以講學之地爲射利之場朝挾一

紙書來夕卷數百金去詩與文絕不過問嗚呼末且失之尙何論其本哉河東係堯舜禹誕生舊地士氣純樸其文章不趨華靡於入道爲近惟視教之者何如人耳教之而果君子儒也修於鄉爲善士登於朝爲名臣必能仰副

聖天子之作人雅化是則余今日復建書院之本心而重有望於後之維持風教者也

重修顯應王崔府君廟碑記

道光三年河東鹽法道　張大鏞

自古有功於民則祀之運治西門内舊有崔府君廟蓋神之聰明正直生而功在社稷沒而德佑民人者也歷代久崇祀典廟宇載入鹽志比因經理無人漸至頹廢歲壬午本城紳商張權等並近廟居民稟請修葺余惟崇德報功爲民祈福乃守土者之責用是嘉其所請首捐廉俸爲大衆倡又飭監掣同知督同三場大使仿照從前每鹽一車輸銀一分之例妥酌籌濟經始於壬午六月告成於癸未八月自寢宮正

殿香亭樂樓山門並道衢牌坊以及東西兩廊皆次第修整廟門外舊有隙地甚廣不知何時被居民建屋侵佔殆盡姑勿深究但已往之咎戾雖寬後來之侮慢宜禁爰定每年神誕日由道捐廉親祭每月朔望委員行禮此外尚有香火地畝及廟外賃屋月值皆飭解州州判查明立案以期絕侵漁而肅瞻仰俾此邦人士永遠蒙福是則余雖去任之後而猶如在任之時此心惓惓不能自已也官斯土者其率紳與民共勉之是爲序

重修池神廟記

道光十五年河東鹽法道但明倫

古者山林川澤能出財用利民者則祀之河東鹽池山海經所謂鹽販之澤也舊稱神曰鹽宗而不詳其所自昉唐以前未崇祀典至大歷丁已秋池中紅鹽自生度支韓滉請加神號詔錫池名曰寶應靈慶始置祠焉嗣禮部尚書崔從知河中院以神之舊宮遷卧雲岡開殿設像容衞畢備宋崇甯四年詔封兩池之神東曰資寶公西曰惠康公大觀二年進爵爲王迨金季兵火蕩無孑遺元至元十二年奉勅建二神

廟錫廟號曰宏濟祠大德三年加惠康王曰廣濟加
資寶王曰永澤明洪武初正號曰鹽池之神萬歷十
七年錫廟號曰神佑歷代營建碑記具載鹽志可考
我
朝雍正五年冬十月花鹽不種自生鹽臣碩　題請加
號
欽定昭惠裕阜鹽池之神飭運使朱運同王重修乾隆四
十八年運使沈業富復加整葺迄今已閱數十年矣
道光十二年壬辰前中丞阿公巡閱鹽池留俸一千

兩飭屬勸修旋以事內召未果越明年癸巳夏余奉
命簡任河東下車謁廟省視殿廡丹漆剝落愀然有動於
懷竊思天下財賦鹽居其一鹽之品彙各異或煮於
海既需盆鑊之勞或汲於井或掃於鹵亦待煎熬之
力惟解鹽全賴風日鼓盪而成則茲神之能出財用
以利民者嘉惠正無盡也廟貌不新何以妥吾神卽
何以阜吾民因飭屬集商謀所以經營之者衆商乃
進而請曰神惠所及民之資也商之利也工費雖鉅
商何敢辭踴躍捐貲鳩工庀材經始於道光十　年

月落成於十　年　月凡　月而工竣棟宇之黝
朽者易之垣廡之傾圮者整之黝堊之黯澹者新之
亭碣之頹墜者樹之廟前海光樓歌薰樓地寶天成
坊廟左右
關帝廟條山風洞祠太陽廟雨神廟甘泉廟土地祠均
次第具舉金碧一新是役也不糜少府錢不假官吏
手於數十年風雨漂搖之後而輪奐壯麗蔚然改觀
於戲盛矣夫河東鹽池爲三省民食所關我
朝定鼎以來首除戶口派累繼免鹽丁任役美利斯興

國賦彌裕涵濡生息數百年於茲矣其間疏引裕課之方築堰捍水之策以及開畦配運緝私剔奸諸要務全在良有司宣
上德意而不得盡諉之於神然天事治而人事隨之雨暘時若災沴不作神之靈爽實式憑焉方今寰宇肅清太和翔洽覩此新廟巍煥神來宴娭將見休徵應嘉祥至五風十雨玉燭均調阜財解慍之休商民於茲稱慶矣書有之曰無曠庶官天工人其代之此則余與同僚諸君子共勉焉庶足以酬

國恩而答神貺

鹽池防水議

道光十五年河東鹽法道　但明倫

鹽課之所由出也池鹽之所自生也而以池中主水生亦以池中客水敗是以未治鹽先治水未治主水先治客水此從來治鹽者防患之大較也乃自漢迄今惟有歷年防護之策不爲不多而卒不免崩隄潰岸之憂無他先患而防其患故事至無患旣患而思無患故無救於患也按池方百二十里縱短橫長南對條山北枕臥雲岡又有常平桑園金盆諸隄故水潦不爲災其可患者獨池東之王峪口西之姚暹渠

耳王峪爲中條衆水之所匯姚暹發源於夏縣瑶臺之巫咸峪又益以横洛禹王渠諸水旱時田家分截灌溉水勢以微一遇秋後水無所分或乘暴雨於是王峪之水横決於李綽入黑龍潭東郭壁水等堰不能支而東禁受其患矣姚暹自夏而安而解泛溢於硝池入女鹽池七郎卓刀等堰不能支而西禁受其患矣夫下流不舒者上流不和旁流不分者正流不殺五姓湖者納受衆水之壑而入河達海之經流也是莫若於孟明橋經流諸處疏通其淤塞使之由渠

入湖由湖入河則水得以順流而下不致泛濫於池之左右所謂下流通而上流自順者也一時山水間發則西有長樂東有苦池等灘地窪而廣曠水所停瀦處也亦可以旁流殺正流之勢至於修渠之法渠有定式人有常工則濬土以開渠使深而闊足以容水之奔流起土以增堰使堅而峻足以備水之沖決抑亦有備無患之意也是則堅隄深渠以修其常分支灑流以通其變而客水不泛則諸水不傷由是池安而鹽積鹽積而課充一勞永逸可爲千百年久遠

之計而無患而解愠阜財之休風何難復見焉不然
患至而始爲苟且堵塞之圖無論勞民傷財其亦何
恃而無崩隄潰岸之患也哉

商學廣額紀

咸豐七年河東鹽法道黃經

恩碑記

河東商學初制每科歲試取進文武生各二十名嗣後裁爲文額十名武額四名

皇帝御宇之六年禮部以粤西軍餉孔般運商曾踴躍輸助遵例議奬奏荷

恩旨特增文生十名武生四名永爲定額紳士感戴抃舞籲臣黃經爲紀

恩碑臣惟書升論秀政莫要於旁求蹈德詠仁情各殷於

舉頌値區中之曠典祇懈報効於涓埃收例外之英
流何幸周旋乎庠序兹者取材維倍仰自
天申錫之休允當摛藻以陳爲多士賡颺其盛　臣夙司彤
管舊厠玉堂洊躋職於諫垣遂分符於鹺海公餘偶
暇課士彌勤退食微閒衡文自適盟心若水勵涑水
之澄渟拄笏看山喜條山之秀拔層城翥鳳地是靈
鍾頻沼躍鱗人應傑出雖按部就班之内高才生早
免沈淪而蜚英騰茂之餘弟子負尤欣增廣溯自粤
疆伏莽久漏天誅鄂渚飛芻備殫民力内府罄金錢

之賚司農殷餉糈之需於是誼切修矛商衿同奮算
勷籌筆鹽筴取盈在闤闠偶爾輸將匪邀宏獎惟大
吏欣然啟奏不泯微勞
皇上迺
闓澤覃敷泮林加惠媲十夫於周室更增民獻之徵倍四
相於蜀都隱備腹心之彥在庭萬舞多逢俁俁碩人
肄雅三章益見祁祁儒術始知茂才廣舉漢詔難侔
學舍宏開唐宗非匹諸生或精研螢案或秘領豹韜
思脫穎而無由快及鋒而競試雲程發軔預占中選

於青錢星馭聯鑣並待立勳於赤幟所冀鵷行領袖

士號無雙麟閣畫圖名標第一異日解池增邑程才

盡作鹽梅此時井里臚歡誌始合宣金石庶

國家稽古右文之至意耀螭蓋而長垂

朝廷覲光揚烈之宏規鎮龜趺而不墜云爾

重修河東運垣文昌魁星閣記　同治六年宏運書院山長方　俊

國家之肇修祀典所以報本反始也重農則祀

先農重道則祀

先師孔門之教不貴隱逸故曰不仕無義歷代入仕之途

法度不同至唐宋始以文藝試於有司列爲科目修

儒由此仕進者蓋十有七八矣既有科目必有主之

之神然此與道德實一事

國朝陸閣學隴其謂宜於

孔子而下從祀諸賢中擇一以祀誠不刊之論也近代則

祀

文昌按史記天官書斗魁戴筐六星曰文昌宫一曰上將二曰次將三曰貴相四曰司命五曰司中六曰司祿春秋文耀鉤云文昌宫爲天府孝經援神契云文者精所聚昌者揚天紀輔拂並居以成天象故曰文昌宫春秋元命苞云貴相理文緒司祿賞功進士是貴相司祿與文事科第相涉崇祀固宜然

文昌天神也今之所祀則梓潼山神神著靈異首見於唐李翺集又李商隱有張

惡子廟詩嗣後諸家叢說稱述者多頗涉怪異但皆未及其掌文事因廟祀肇於蜀或謂文昌是祀漢文翁又有宋代蘇軾之說更爲荒誕至天神人神不宜混爲一解之者謂傅說反眞箕尾王良揚輝天駟實沈閼伯之主參商蕭何之秉昴精從古有是未可以常理測也

國朝嘉慶六年大學士朱珪

奏進化書

命各直省皆立

文昌帝君廟列春秋祀典咸豐中升爲中祀今
文廟之設必府廳州縣有司治所乃有之而
文昌則私廟更多於官廟河東運垣商學之巽方舊有
文昌閣年久傾圮維時河東觀察加都轉銜邵武楊公
寶臣莅任三載政通人和尤加意培養學校諸生以
修閣請兼修
魁星閣觀察倡捐清俸五十兩俾紳耆藉以集事是役
也鳩工於秋九月落成於冬十月俊適爲宏運主講
諸生徵文泐碑俊謂爲政之要莫善於因諸生因重

科第而祀
文昌因恪恭祀事而修閣觀察即因其善端以成之竊
維
文昌之教孝友之教也諸生學期務本先道德而後文
章將見言揚行舉科第聯翩庶不負觀察教士之盛
心歟是爲記

重修城隍廟碑記

同治八年署河東道王　溥

蓋聞禦災捍患一方憑保障之勳斯享德報功千古有明禋之典惟神恩之普著自廟貌之宜新運城舊有

勑封靈富公城隍神廟膺歷代之褒崇錫下民之靈貺巍巍古殿高臨鹺海之濱肅肅靈旂永鎮條山之麓旣鑒觀而不爽亦靈驗之多端欽茲神力翼我民生第以年代既深滄桑遞變雖修葺屢經於前而廢荒仍見於後免葵燕麥不勝搖落之思紺宇琳宮無復崇

甍之象歲已巳余以監司由冀甯攝篆河東每於瞻
拜之餘不勝悚惶之意時邑人士方謀重修而工程
浩大物力維艱地非崇化相輪則奚易飛來寺豈光
明金像則無由自具雖已分途而勸募久未集腋以
成裘乃同具稟由周丞轉請籌貲於余余以軍需旁
午兵餉浩繁豈易多金襄兹勝果第念民生造福端
有賴於神庥浮圖合尖終必藉夫人力乃量爲撥款
俾得竣工於是丹青炫爛金碧輝煌內觀則松茂竹
苞外耀則翬飛鳥革晨鐘暮鼓時縹緲於烟雲舞榭

歌臺亦滉漾夫風日而叉刀山劍樹時警惕於羣心阿鼻泥犁亦創懲夫逸志雖前因後果本皆由釋氏之輪迴而福善禍淫亦何異聖王之條教則神功可補夫治功陰律亦參夫陽律將見是舉也艱難締造原足見同心協力之有成而參贊幽明亦可爲覺世牖民之微助云爾

重修運城眞武廟記

同治十二年河東鹽法道升　泰

嘗聞聰明正直之爲神夫聰明正直未有不佑

國家而福黎元者也我

朝祀典尊崇凡有功於一時施惠於一方或爲山川河

嶽之精四極五行之鎭足以佑

國家而福黎元者皆以隆俎豆而報馨香蓋神以人靈

人以神賴也予自奉

命河東都運之明年運之紳耆以重修北街之眞武廟爲

請蓋嘗周歷殿宇徧考碑文而莫得其創建之始惟

自明迄我

朝道光年間代有重修石勒俱在謹按太和志稱

神爲靖樂王太子號眞武又號元武初爲榔梅眞人位

次北極宋元之會廟號崇焉夫考立號之義位列於

北其方爲壬癸癸陰水主靜故曰元壬陽水主動故

曰武要之即北方之正神也故自大江以北歷齊魯

韓衞燕趙宋中山及秦晉隴塞間多建斯廟亦北方

之人祀北方之神固其宜也運城廟貌歷數百年相

傳禱雨祈年禦災捍患靈異迭著仕宦農商獲福無

量洵鹺海之重鎮抑亦河東三十六屬之宗仰也迄今殿廊坊宇傾圮已多幾乎難蔽風雨予旣嘉郡之紳耆有志爲善而又念治民事神爲守土者分內事爰首捐廉銀以爲之倡復經紳商樂助經年修葺成內外工程一如舊制惟廟外水路風鑑家議增石橋以通之規模宏麗稱完美焉緣敘其事之顚末勒諸貞珉將見俎豆常隆馨香永報佑我萬年

修河東書院後齋記

光緒二年河東書院山長馬蕃康

河東書院創自前明規模宏鉅歷年久屢修屢圮迨乾隆時運使沈公業富道光時觀察張公大鏞先後重葺規模漸復堂廡巍然而學舍僅東西各九楹不足容多士今觀察升公持節莅斯邦於士林尤加惠一時肄業者衆無所棲止觀察憫之首捐廉二百五十金樂善者復爲之繼冣三百三十金鳩工飭材增置學舍二十二楹蕃康時厠講席迺與司馬賈公世琅度地勢維堂後兩翼宜遂於丙子二月初六日興

工四旬而訖顔其齋曰勤業曰立誠木石甃壂之屬
胥堅實庖湢咸備屋瓦鱗次士之居斯者涵濡於觀
察教澤務通經致用以求實效而不徒佔畢卒乃事
是則觀察經營作育之志也

河東新修四門城樓紀功頌光緒二年宏運書院山長王　軒

天下鹽官皆寄治而河東獨有專城不與府廳州縣同理自鹽法道以下與其寮宲胥萃居焉城在鹽池之陽建置最古舊曰路村俗以其爲鹽運之所治因呼之爲運城蓋卽春秋之苦城也晉之郤錡食采於此故號苦城叔周禮苦鹽杜子春讀苦爲鹽是其證也又攷潛夫論曰苦成城名也在鹽池東北後人書之或爲枯齊人聞其音則書之曰車敦煌見其字呼之曰車城其在漢陽者不喜枯苦之字則更書之曰

古城氏是初以池名城假同音之字爲苦後遂以名邑又因以爲氏焉但地不同今治又非專以榷鹽與後世異耳今城之建見於圖志碑記者蓋本唐宋以來之舊而門之而垣之而樓之而堞之而又甃之又非一時之爲崇墉輪奐遂屹然爲晉南一都會矣城爲門者四各有樓二城外各有郭郭有門有樓不重如城制而稍殺四隅樓各一又殺於郭焉年久傾圮新修不一同治辛未今升任浙江按察使蒙古竹珊方伯觀察河東時鹽法久滯商販裹足池產復比絀

公下車息疲興廢逾年池産日增商民漸甦公迺次
第擘畫積滯諸政不再朞百廢具舉公既廉悉池之
弊在漏鹽而漏鹽之故在池垣歲久失修也因酌取
池鹽所出爲經費預支庫款分綱歸繳不假胥吏手
坐商各修各段故民不勞商不費而事集既成功市
野額視僉謂數十年無此舉也公又以城本以衛商
民而門又旦夕所出入今樓櫓毀圮且將有傾壓之
虞非所以肅觀瞻也會紳商僉以新修爲請公立允
之即以紳商之廉正者董其事材木無因乎舊礎甓

惟取其堅恢拓基址高大逾前名則重修功倍作焉凡四門大小十二樓靡不巍然而改觀重闉洞啟表裏鉤連商民不擾一如其築池垣復以其餘貲修東門外之玉皇閣計經始於乙亥七月落成於丙子十月實光緒二年功甫蕆而公亦奉

特命提刑兩浙矣董事諸君僉以公之豐功駿績不可無傳且公又將去商民之思愈不容已也謀泐石以示諸後而丐文於軒自公莅鹽軒即尸茲賓筵相依久而知又深又胡能己於言竊以爲公德在人非筆墨

所能宣公之遠猷在修池垣築隄堰諸大端茲樓特
公德政之緒餘耳而後無所須前無所緣動不爲補
苴苟且之計此豈取辦倉卒而能然乃考茲城命名
建立之由而徇輿情之公著此銘鐫俾後之莅茲土
者有所式旃至工之程度當別有紀載不具書董事
者例得備書其詞曰
鬱鬱陑陰膴膴隂壄澤臨鹽販地沃近鹽晉霸初啟
爰建名城代遷基移迄昉地名有叚斯城匪郡匪縣
總鹺莅止實茲衛捍曩遘鄰警秦疆毘連寇絶窺覦

賴城是全峩峩方伯綏撫保障仡仡言言力與城抗
美利不言害馬務去咨劇池垣隄防鞏固顧茲樓櫓
民人胥瞻狹陋傾圮奚示崇嚴棼甍楣橑丹楹刻桷
重扉翼翼方隅嶽嶽公來樓新惠我商民公去樓存
福我後昆李堰屹東姚渠注西巍棟矗雲流澤孔齊
維公之功億萬斯口維公之名茲樓並壽豐碑穹隆
爰頌公德敢告來者覿此貞泐

告城隍驅狼疏

光緒五年河東鹽法道江人鏡

維

光緒五年歲次己卯七月癸酉朔宜祭之辰二品銜

山西分守河東兵備道兼管山陜河南三省鹽法道

江人鏡謹以剛鬣柔毛淸醴庶饈之儀敢昭告於

城隍之神曰惟

神靈通萬類福庇羣生轉三界之法輪滌四魔之塵障

凡此負毛戴角咸託

帡幪豈容吮血磨牙恣其饕餮比者遺黎無幾浩劫初

回何堪惡物之凶殘轉益生靈之荼毒乃獸人時獻
令未及於三冬而狠子野心熒竟延乎六郡慨委齒
分形之痛實傷心慘目之尤人鏡職忝監司分儕守
土冀鴟鴞之無毀閔螻蟻之微生爲
聖人㫰祭報尙迎夫貓虎受
天子命牧芻亦寄夫牛羊等疾痛之在身遑辭己罪拯創
痍而援手終賴
神庥夫虎解渡河感使君之善政鱷能徙海避刺史之
明威猥以庸材敢希前軌惟念鴻嗷始集鴿怖宜鐲

謹竭鄙忱藉邀

冥助

指舒獅子容肅象王走律令之車雷降修羅之兵雨靈

臺洞闢猰狳莫遁其形慧刃旁推鼯鼠易窮其技倘

謂罪花燋種數所難移畏障魔枝孽由自作則祭從

騂牡將報賽之云何曰殺羔羊笑方禋爲多事於虖

幽明雖判職任何殊敢祈

默召諸曹涣頒大號取並驅之義各奏爾能無易種於

茲以除民害人鏡雖慚駑弱亦備馳驅有衆同呼操

毒矢强弓以從事

相予是賴假降龍伏虎之餘威會看陳合魚麗漏網難

容兔脫從此民安蝸舍結廬無使厖驚哀我氓蚩登

之仁壽殄兹醜類震以聲靈大德曰生豺虎遠投於

荒裔禦災則祀牲牢永薦乎馨香謹

告

呂祖閣記

光緒六年
河東鹽法道江人鏡

易湫隘以寬廣化塵俗以神仙此天地閒不易覯之境而古今來所獨有之奇也路村野狐泉距城數里耳平地而山山纍纍如貫珠然山有池而泉泉琤琤如琴筑然自山麓陟其巔不過千百步而𪋝池之形勝畢陳矣山腹有閣祀

呂祖兩池以閣判上下凭闌則南山遙遙相對如在畫圖中其風月雲霞雨雪烟靄與夫卉木花草禽鳥蟲魚莫不呈露其聲色以爭爲神悅信神仙宅也昔人

謂山不在高有仙則名此之謂歟同治辛未冬余守
蒲州來護斯篆瞻棟宇之輝煌景物之幽邃不啻遊
海上三山焉越六年余蒙
恩簡重蒞是邦所謂輝煌而幽邃者已十失其三四洎捧
檄幷州代陳臬事攝晉藩以賑荒弗克來己卯五月
始踐吾故官至則高閣僅存而亭宇臺榭圮者圮傾
者傾半將淪於蕪廢其上下兩池者父老相傳泉水
暢流越歲鹽倍出顧亦漶漫污塞幾如一綫撫今思
昔感滄桑己夫境之變遷物之興廢天爲之也昔在

丁丑戊寅之歲晉南北斗米值白鏹四兩斤麥踰百
錢民之疾痛死亡轉徙流離不可勝數村落倏已邱
墟市宅鞠爲茂草其情其事有耳目所不忍覩且聞
者而斯閣也嶙嶙焉矗矗焉若絕若續之交不至盡
歸榛莽意者豈非神靈呵護而衆商之敬信感孚歟
論者謂大祲之餘物力既耗是修是葺其惟緩圖不
知山赭泉竭無以發物產之菁華轉以沮生人之志
氣迺謀之鹺尹吳君以詢衆商而是年司事有若王
恆盛福長慶張玉成朱泰順諸人醵之紳商鳩工庀

材用期歲事是役也始於庚辰正月九閱月落成需銀一千二百兩當此艱難之會而施之者慷慨董之者勤勞既堅且速所謂見義勇為者非耶後之人當思湫險之何以易塵俗之何以化傾圮之何以興其謂神人之交洽有非可以常情測者毋徒以遊眺之區而輕忽視之也余嘉衆商之誠用堅來者之約故樂而為之記

詩

以詩招胡殿襄飲　　劉大觀

犂翻繡壤蒲州雨塔聳瑤臺夏縣山三尺簿書隨手盡一庭花鳥趁心閒方將酒釀春缸熟乍喜書從故國還試問永和賢令尹可無醽醁染朱顏

與諸僚屬野狐泉小集

呂仙閣下有清泉泉水入池生碧烟約客依泉作會春氣水氣浮閣前主客循循致恭敬修髯玉貌瞻金仙仙人嗜酒甚於我巨觥三酬心虔虔閣上嵐光

撲衣襳羣峯對面羅嬋娟閣下泉聲寓琴妙一吞一
吐聞鏗然刺史胸中有琴譜下閣挽袖調冰絃入手
一揮調猶澀凝神再鼓機初圓旖旎朱霞門巷駐嗬
啾碧鳥山隈還泉聲至淸琴韻古薰風默溯重瞳先
祥符一客曰無逸新安一客曰收田二客身爲賀若
後各囊綠綺泉水邊挑撥有法意無競餘音散入中
條顚是時羣峯醸雪意雲隨碧峭飛賓筵衆客起舞
我先醉一掃世態開拘攣三琴貯入牡丹錦一詩書
上霞光箋此會生平未易得新春五日戊辰年

與客夜話來青館

空齋雨後燭光冷麈尾蕭蕭弄雙影世慮潛教酒送
回萬金難買秋宵永中條日日入簾帷不負青山更
有誰金粟花前宜夜坐談深遮莫曉風吹

重陽後二日讌諸僚屬晴雪山房

久藏嘉醞待諸公向菊開尊夜燭紅琴劍影浮花影
外笑談聲入雨聲中一年如此無多日雙轂催人作
老翁歸去勿嫌霖灑盞寒音醒酒響梧桐

歌薰樓懷古　　但明倫

危樓高聳插層霄對廠疎櫺敞麗譙四面雲山環入
抱萬家烟火俯垂髫銀濤翻雪艖成海玉管迎風樂
奏韶載頌南薰歌一闋嘯聲如響達中條

遊野狐泉

條山地脈接靈長古寺寒泉瀉石牀疎柳小橋通畫
舫暖風晴日貯詩囊鐘聲隱約層嵐外草色迷離曲
徑旁靜對靈源心活潑吟鞭一指上雲岡

野狐泉謁呂仙閣　郭書俊

暖風催客興隨意過城南勝事叓初踐艮遊春正酣

柔萍看射鴨深柳許停驂此地容蕭散買閒吾亦堪

孤閣俯天表淩虛四望開泉聲留客住山色逐人來

宦業黃粱飯吟情阜筴盃惟憐新舊雨倚杖破蒼苔

石磴曲復折迴廊天際斜暖波翻荇藻古鉢種新花

鹽筴賈人市仙機羽客家風鑪生活火閒試雨前茶

到來意自適歸去更如何草色迷前路人聲付短歌

塵中春夢短花外夕陽多爲訂重遊約閒門訪辥蘿

鹺城絕句

居人豔說鳳凰城百貨紛紜鬧市聲向晚葡萄新酒

熟醉鄉有夢不分明安邑葡萄酒最佳

林烟石氣曉參差如縠溪紋綠一陂到此應將塵事

浣瓣香先拜呂仙祠

道是閒官自愛閒閒將禿筆倣荆關開窗忽底靑如

畫屋頂飛來一角山署與中條山相對蒼然聳秀高出屋上

鹺池一夜長新花萬頃琉璃浸月華向有仙人遺墨

在勸栽玉樹絢金霞

鏤金錯碧勢輝煌萬瓦鱗鱗夜有霜我向名庭訪遺

迹詠梅存竹盡荒涼

蜂衙小小愛憑闌五月薰風夏亦寒不爲野狐泉上
好仙人今歲已休官

鹽池郎事　　　　黃　經

四載監鹽池解作鹽池談鹽池在何許乃在運城南
環百十六里繚垣闢門三其內晝畦町偃息有廈庵
殖鹽如殖穀方春課丁男塍溝縱橫列千畦水渟涵
黑河與霁霪寶氣潛內含鴨池與西灘清流引相參
炎天五六月薰風扇和酣傾盆急雨過雲散澄蔚藍
白日下照灼花浮開鏡函揭之用木耙刮之積筠籃

質成判靑白味厚佐和甘販貪猗頓策載壓孫陽驂
利周秦晉豫趨騖勢趁邅遂令此閈人不省重農蠶
以池爲世業以鹽充儲儋須思工作苦恤哉吏毋貪
嘗登海光樓池波浸晴嵐野狐泉館側亦屢陟層巘
連畦皓堆雪倚望中情耽點翰據梗概疎漏知懷慚